ドイツ自由学校共同体の研究

——オーデンヴァルト校の日常生活史——

渡　邊　隆　信　著

風　間　書　房

オーデンヴァルト校ゲーテハウス前での集合写真（1911年頃：AOS）

目　　次

序章　研究の課題と方法……………………………………………… 1

　　1．研究の課題と先行研究 ………………………………………… 1

　　2．研究の視点と方法 ……………………………………………… 6

第Ⅰ部　自由学校共同体理念の形成と特質 ………………………15

第1章　ゲヘープにおける自由学校共同体理念の形成 …………17

　第1節　時代精神としての「共同体（ゲマインシャフト）」………18

　　1．工業化の進展と共同体の危機 ………………………………18

　　2．ゲゼルシャフト批判とゲマインシャフトへの思慕 …………20

　　3．ドイツ新教育における共同体のテーマ化 …………………24

　第2節　オーデンヴァルト校設立にいたるゲヘープの思想形成………27

　　1．生い立ち――ガイザ―― ……………………………………27

　　2．「宗教による社会改革」から「教育による社会改革」へ

　　　　　――ベルリン/イエナ―― …………………………………29

　　3．オーデンヴァルト校設立への助走

　　　　　――ハウビンダ/ヴィッカースドルフ―― ………………35

　　4．オーデンヴァルト校の設立――ヘッペンハイム―― ………40

　第3節　ゲヘープにおける自由学校共同体理念の特質

　　　　　――ヴィネケンとの対比で―― …………………………43

　　1．自由学校共同体の2つのメルクマール ……………………43

　　2．ヴィネケンの自由学校共同体理念 …………………………49

　　3．ゲヘープの自由学校共同体理念 ……………………………51

　　小括……………………………………………………………………54

ii　目　次

第2章　田園教育舎運動と自由学校共同体 …………………………67

第1節　田園教育舎系自由学校の簇生………………………………68

第2節　「ドイツ自由学校連盟」の創設
　　　　　——ネットワークの形成—— ………………………………71

　　1．ネットワーク形成の端緒 ………………………………………71

　　2．オーデンヴァルト校会議の開催と連盟の創設 ………………74

第3節　ベルリン大会の開催——ネットワークの始動—— ………77

　　1．中央教育研究所の組織と活動 …………………………………77

　　2．共同開催の経緯と大会名称の決定 ……………………………79

　　3．大会の内容と意義づけ …………………………………………80

　　4．大会をめぐる報道と出版 ………………………………………82

　　小括 …………………………………………………………………84

第Ⅱ部　自由学校共同体における関係性の諸相 …………………93

第3章　生徒-生徒関係の位相（1）
　　　　　——異年齢集団による共同生活—— ………………………95

第1節　異年齢生徒の混在………………………………………………96

　　1．生徒の構成 ………………………………………………………96

　　2．生徒の時間的・空間的分離とそれへの対応 …………………99

第2節　生徒-生徒間における制度上の同権 ………………………102

第3節　生徒-生徒間における能力上の差異 ………………………106

　　小括 ………………………………………………………………108

第4章　生徒-生徒関係の位相（2）——男女共学の実験—— ………115

第1節　男女共学の制度的背景………………………………………116

第2節　ゲヘープによる男女共学の実践とその理念 ………………119

　　1．男女共学実践への道程 ………………………………………119

　　2．男女共学の理念………………………………………………122

　　　　　　　　　　　　　　　　　　　　　　　　目　　次　　iii

　　3．性をめぐる葛藤･･･ 125

　第3節　男女共学に関する生徒の経験・知覚・行為･･････････････ 129

　　1．生徒の経験　･･ 129

　　2．生徒の知覚　･･ 130

　　3．生徒の行為　･･ 134

　第4節　男女共学に対する社会の反応･･････････････････････････ 137

　　1．肯定的評価　･･ 138

　　2．否定的評価　･･ 139

　　小括･･ 141

第5章　生徒-教師関係の位相

　　　　　──＜学校共同体＞と＜作業共同体＞──･･････････････ 151

　第1節　制度としての＜学校共同体＞･･････････････････････････ 152

　　1．＜学校共同体＞の起源･･･････････････････････････････････ 152

　　2．＜学校共同体＞の実施形態　･････････････････････････････ 153

　　3．＜学校共同体＞の討議内容　･････････････････････････････ 157

　　4．＜学校共同体＞にみられる生徒-教師関係　･･･････････････ 160

　第2節　＜作業共同体＞の設立と展開･･････････････････････････ 164

　　1．＜作業共同体＞設立の提議　･････････････････････････････ 164

　　2．＜作業共同体＞の実施形態──自由意志の原則を中心に──　････････ 166

　　3．＜作業共同体＞の討議内容　･････････････････････････････ 168

　　4．＜作業共同体＞にみられる生徒-教師関係　･･･････････････ 170

　　小括･･ 172

第6章　教師-教師関係の位相──教職員組織の多層性──　･･･････ 179

　第1節　教職員の構成･･ 180

　　1．教師･･･ 180

iv　目　次

　　2．教師以外の職員 ……………………………………………… 185

　第2節　教師以外の職員の役割 ………………………………… 187

　第3節　意志疎通の場としての＜教師会議＞ ………………… 189

　第4節　教師間の関係 …………………………………………… 193

　　1．教師間の連携と乖離 ……………………………………… 193

　　2．教師間の序列性 …………………………………………… 196

　第5節　教師組織におけるゲヘープの位置

　　　　　　──教師からみたゲヘープ像── ………………… 200

　　小括 ……………………………………………………………… 205

第Ⅲ部　自由学校共同体を支える時間と空間 ………………… 211

第7章　オーデンヴァルト校における時間割の創造 …………… 213

　第1節　19/20 世紀転換期ドイツにおける時間割 …………… 214

　　1．教育学事典における項目「時間割」の変遷 ………… 214

　　2．19/20 世紀転換期の標準的時間割モデル …………… 219

　　3．時間割厳密化のパラドックス ………………………… 221

　第2節　オーデンヴァルト校と他の田園教育舎系自由学校の日課 …… 222

　第3節　オーデンヴァルト校におけるコース組織の理念と実践 ……… 224

　　1．コース組織の導入の経緯 ……………………………… 224

　　2．エアドマンによるコース組織の理念 ………………… 227

　　3．コース組織の実践 ……………………………………… 230

　　小括 ……………………………………………………………… 232

第8章　オーデンヴァルト校における学校空間の創造 ………… 239

　第1節　20 世紀初頭ドイツの学校建築をめぐる議論 ……… 240

　第2節　オーデンヴァルト校の学校空間の構成 ……………… 243

　　1．学校の立地とハウスの購入・増築 …………………… 243

目　次　v

　　2．建築家メッツェンドルフ …………………………………… 248

　　3．学校空間に対する教員の認識 ……………………………… 250

　第3節　学校空間と学習活動………………………………………… 252

　　1．コース組織における学習 …………………………………… 252

　　2．コース以外の活動 …………………………………………… 254

　　3．ハウスの使用例 ……………………………………………… 256

　第4節　学校空間創造への生徒の関与 …………………………… 259

　　1．運動場建設への協力 ………………………………………… 259

　　2．運動場建設の新教育的意味 ………………………………… 260

　　小括 ……………………………………………………………… 262

終章　ナチス期における自由学校共同体の変容 ………………… 267

　第1節　ナチス体制下の田園教育舎系自由学校………………… 269

　第2節　ナチス期前夜のオーデンヴァルト校

　　　　　──ファミリーシステムから世話係システムへ── ………… 273

　第3節　ナチスによるオーデンヴァルト校の干渉と

　　　　　ゲヘープのスイス移住……………………………………… 276

　　小括 ……………………………………………………………… 280

付論　新教育の「大きな合流」を創る試み

　　　　──新教育連盟とヴェーニガー── ………………………… 283

　第1節　ロッテンとドイツ本部…………………………………… 285

　第2節　教育アカデミー教授としてのヴェーニガー…………… 286

　第3節　新教育連盟との出会い…………………………………… 289

　　1．エルシノーア会議での報告 ………………………………… 289

　　2．ノールの消極的協力 ………………………………………… 290

　第4節　ドイツ支部創設と会長への就任………………………… 291

vi　目　次

　　1．ハンブルク地域グループの創設 ……………………………………… 291

　　2．ドイツ支部会長への就任 ……………………………………………… 293

　第5節　ニース会議に向けての準備 ……………………………………… 294

　　1．マルクトブライトでの会合 …………………………………………… 294

　　2．準備協議会の結成 ……………………………………………………… 297

　第6節　「大きな合流」形成の困難 ……………………………………… 298

　第7節　会長としての最後の活動 ………………………………………… 301

　　小括 ………………………………………………………………………… 304

主要参考文献 ……………………………………………………………………… 313

初出一覧 …………………………………………………………………………… 339

あとがき …………………………………………………………………………… 341

事項索引 …………………………………………………………………………… 347

人名索引 …………………………………………………………………………… 350

序章　研究の課題と方法

１．研究の課題と先行研究

　本研究は，20世紀初頭ドイツの教育改革家パウル・ゲヘープ（Paul Geheeb, 1870-1961）を取り上げ，彼がオーデンヴァルト校（Odenwaldschule）において「自由学校共同体（Freie Schulgemeinde)」という理念をいかに実践していったのかを，同校の日常生活の微視的観察を通して解明しようとするものである。

　1910年4月，ゲヘープはダルムシュタットにほど近いヘッペンハイムにオーデンヴァルト校を設立した。彼はそれ以前にリーツ（H.Lietz）主宰のドイツ田園教育舎ハウビンダ校で校長を務め，さらにヴィネケン（G.Wyneken）とともにヴィッカースドルフ自由学校共同体を運営していた。こうした経験をもとに，オーデンヴァルト校において「男女両性の共同生活」，「全校集会による統治」，「教科課程の自由選択」といった，それまで以上に革新的な実践を展開した。その結果，同校は1920年代当時すでに，国内外の多くの教育関係者に注目されるとともに [1]，ノール（H.Nohl）とパラート（L.Pallat）編の『教育学ハンドブック』において「ヨーロッパのなかでもっとも内的に包括的でもっとも大胆な実験学校」[2] という評価を受けることになる。

　こうしたゲヘープの経歴からも推察されるように，オーデンヴァルト校は一般にドイツの初期田園教育舎を代表する学校の1つと見なされる。例えば，ドイツ新教育（改革教育）[3] の代表的研究者であるシャイベ（W.Scheibe）やレールス（H.Röhrs）は，リーツ，ヴィネケン，ゲヘープ，ハーン（K.Hahn）という4人の学校実践を一括して田園教育舎運動と理解している [4]。このこと自体，決して誤りではない。しかしながら従来の研究では，ゲヘープ自身

がオーデンヴァルト校を，田園教育舎のなかでも特に自由学校共同体と規定していたということが見落とされがちであった。

　ゲヘープおよびオーデンヴァルト校に関する先行研究を挙げると次のようになる。まず日本においては，オーデンヴァルト校を訪問した教育学者らによって同校の紹介がなされたほか[5]，戦前・戦後を通じていくつかの研究成果が発表されてきた[6]。しかし，ゲヘープ研究は量的にもリーツ研究[7]やヴィネケン研究[8]に比べて少なく，またそうした数少ない研究の大半が海外の二次文献の祖述・紹介にとどまっているのが現状である[9]。このようにこれまでゲヘープ研究が遅れてきた主たる理由は，リーツやヴィネケンが自己の教育思想と実践を理論的に体系化し次々と世に送り出していったのに対して，ゲヘープ自身，自己の教育思想や実践を理論的に記述しておらず，それゆえまとまった著作を1冊も残していない点に求められる。こうした状況においては，せいぜいゲヘープの教育思想と実践が断片的に紹介される程度で，オーデンヴァルト校全体を自由学校共同体として理解し解釈しようという試みは現れなかった。

　次に海外の先行研究に目を向けてみよう。オーデンヴァルト校は開校以来，革新的な実験学校として注目されてきたこともあり，すでに同時代からその教育実践の紹介がなされてきた。例えば，1910年代にはグルンダー（F.Grunder）によって紹介がなされ[10]，ワイマール期にはオーデンヴァルト校の教師であるフォン・ケラー（A.v.Keller），イルグナー（A.Ilgner），ウーゲナン（E.Huguenin），イェケル（W.Jäkel）らの自己の経験を踏まえて同校の特色を紹介した論考[11]や，オーデンヴァルト校の見学をもとに同校の特徴的な活動を整理したカルゼン（F.Karsen）の論考[12]などがある。第二次大戦後も，主に同校の関係者によってゲヘープ研究の成果が発表されてきた。その代表的人物が，1961年から1972年までオーデンヴァルト校の校長を務めたシェファー（W.Schäfer）である。シェファーはゲヘープの書簡集[13]を編纂するかたわら，ゲヘープの伝記的研究[14]やオーデンヴァルト校の学校沿革

誌的研究 15) などを著した。一次史料に基づく同校の実態解明に着手した点で，まさしくゲヘープ研究の第一人者と言える。学校関係者以外にも，オーデンヴァルト校を含む田園教育舎における「教育的関係」を特徴づけたシュプリンガー（S.Springer）の研究 16)，同校の＜学校共同体（Schulgemeinde）＞（一種の全校集会）について考察したヒーアダイス（H.Hierdeis）とコンラート（F.-M.Konrad）の研究 17) などがある。

　1990 年以降，一次資料を駆使した本格的なゲヘープならびにオーデンヴァルト校の研究が公刊されている。まず，ゲヘープがナチス期のスイス亡命後に創設した「人間性の学校（Ecole d'Humanité）」で教師として働いたシャーリー（D.Shirley）が，『進歩主義教育のポリティクス——ナチスドイツにおけるオーデンヴァルト校——』（1992 年）18) において，ナチス期におけるオーデンヴァルト校の変容を，ナチス教育政策に対するゲヘープの「反応」に焦点を当てながら，詳細に描き出している。続いて，ネフ（M.Näf）が『パウル・ゲヘープ——オーデンヴァルト校創設までの展開——』（1998 年）19) および『パウルとエディス・ゲヘープ＝カッシラー——オーデンヴァルト校と人間性の学校の創設者：ドイツ，スイス，国際的な新教育——』（2006 年）20) という浩瀚な 2 部作の伝記的研究を発表している。前者においてネフは，ゲヘープの幼年・青年時代から，学生時代における社会政策的，教育学的関心と活動，さらにリーツおよびヴィネケンとの協働と確執を経てオーデンヴァルト校を創設するまでを，人間性の学校に保管されている膨大は未刊行書簡等の分析により克明に描き出している。その続編である後者では，ゲヘープと妻エディスによる 1910 年代におけるオーデンヴァルト校の経営上，教育上の基礎固め，20 年代のインフレ前後の展開と国内外の新教育家とのネットワーク形成，30 年代前半におけるナチス政権との対峙を経て，スイスへの亡命と人間性の学校の設立，さらに戦後の活動を，包括的に詳述している。さらに，人間性の学校の教師で現共同校長の 1 人であるハヌザ（B.Hanusa）が『パウル・ゲヘープ新教育の宗教的側面——新教育における宗教への問

い──』（2006 年）[21] において，従来の研究ではほとんど検討されていな
かったゲヘープの思想と実践の宗教的基盤を丹念に跡づけている。同様に人
間性の学校の教師であったレンブケ＝イボルト（B.Lembke-Ibold）が『パウル.
ゲヘープ──田園教育舎における共同体とファミリー──』（2010 年）[22] に
おいて，田園教育舎（オーデンヴァルト校）における共同体とファミリーを鍵
とした実践を，19/20 世紀転換期ドイツにおける社会と教育の問題状況への
リアクションとして理解し，その特質について論じている。

　このように海外では，オーデンヴァルト校は 1910 年代から注目され，
1920 年代には新教育に関心を示す多くの実践家や理論家によって紹介され，
その特質が個別的に論じられてきた。戦後は 1960 年代から 70 年代にかけて
オーデンヴァルト校の校長を務めたシェファーによって，一次史料に基づい
た基礎的，総合的な研究が開始され，1990 年代以降，ゲヘープの生涯の活
動をまとめた伝記的研究（ネフ）に加えて，ナチズム（シャーリー）や宗教
（ハヌザ）といった視点からの個別研究が深められてきた。

　しかしながら，こうした研究の蓄積にかかわらず，これまで自由学校共同
体という視点を軸にしてゲヘープのオーデンヴァルト校実践が検討されるこ
とはなかった。確かに，上記のレンブケ＝イボルトは，オーデンヴァルト校
を有機的な共同体として捉え，その実態を解明しようとしている。だがその
書名の副題に示されているとおり，自由学校共同体の理念には関心を寄せて
おらず，考察対象となっていない。

　以上のように，わが国においても欧米においても，本研究のように自由学
校共同体という概念に着目してゲヘープの教育思想と実践について体系的に
考察したものは見あたらない。ただし本研究は，従来の研究で見落とされて
きたオーデンヴァルト校研究の「穴」を見いだし，それを埋めようとするも
のではない。むしろ本研究は，従来の研究が意識的あるいは無意識的に前提
としてきた事柄を改めて問い直そうとするものである。つまり，「オーデン
ヴァルト校＝田園教育舎」という図式をいったん括弧に入れ，自由学校共同

体という観点からオーデンヴァルト校の理念と実践を改めて再構成することが本研究の課題である。

　こうした課題設定は，次の4つの点で意義づけが可能であろう。まず第1に，他ならぬ自由学校共同体という概念が，ゲヘープの教育思想と実践を理解するうえで鍵となるということである。従来の研究では，オーデンヴァルト校実践の全体を統一的に把握する観点が欠如していたために，男女共学，全校集会による自治といった特色ある個々の実践が相互に関連づけられることなく，ばらばらに理解される傾向があった。しかし，自由学校共同体という観点をもうけることによって，オーデンヴァルト校における個々の実践を全体として，有機的に結合しあったものとして把握することが可能となる。第2に，自由学校共同体という概念に着目することによって，リーツのドイツ田園教育舎やヴィネケンのヴィッカースドルフ自由学校共同体などとの共通点と相違点をより厳密に探究することができる。それにより，ドイツの田園教育舎運動の全体像とそのなかでのオーデンヴァルト校の位置を，より一層明確に理解することが可能となる。第3に，オーデンヴァルト校における「共同体（ゲマインシャフト）」という側面に光をあてることによって，オーデンヴァルト校を田園教育舎運動のみならず，より広くドイツ新教育運動のなかに位置づけることが容易となる。つまり，ドイツ新教育運動に通底する「学校のゲマインシャフト化」のもっとも代表的な事例の1つとしてオーデンヴァルト校実践を把握することが可能となる。最後に第4は，今日的な教育課題とのつながりである。近年，日本の学校現場では社会状況の変化を背景に，学校や学級を1つの「共同体」と見なし，そこでの児童生徒と教職員らの相互作用を学習指導，生徒指導に活かそうとする実践が広まっている。佐藤学の「学びの共同体」はその代表であろう[23]。また，2008年に出された中央教育審議会答申「幼稚園，小学校，中学校，高等学校及び特別支援学校の学習指導要領等の改善について」では，小・中・高の特別活動の改善のポイントとして，「子どもの自主的，自発的な活動を一層重視する」と同時

6　序章　研究の課題と方法

に，「よりよい人間関係を築く力，社会に参画する態度や自治的能力の育成」
を特に重視することが明記された[24]。オーデンヴァルト校は共同体を基軸
に据えた実践の1つの源流であり，自由学校共同体の理念とその実践形態は，
個を生かしつつ学校・学級づくりに参画可能な児童生徒を育成するという今
日的課題に対して，明確な実践例を提示してくれるであろう。

　以上の理由から本研究では，ゲヘープにおける自由学校共同体という理念
の意味を明らかにするとともに，その理念に基づいたオーデンヴァルト校で
の実践を分析する。その場合，研究の力点は自由学校共同体という理念それ
自体の考察よりもむしろ，その理念が実践化される過程の考察に置くことに
する。というのも，オーデンヴァルト校を含む田園教育舎運動は，教育理論
の運動というよりも教育実践の運動であったと言えるからである。それに関
して，バドリー（E.Badry）が的確にこう指摘している。「彼ら（リーツ，ヴィ
ネケン，ゲヘープ，ハーン：筆者）は，歴史的─教育学的思考の進行に割って
入ったり，その進行をまったくエポックメーキングな形で規定したりするよ
うな創造的な理論家では決してなかった。彼らによって実現される教育理念
は，彼ら独自の思想の所産ではなかった。けれども彼らは，有効な教育学的
諸原則を新しく統合し，具体的な構想に転換し，その構想を実現するための
モデルと条件をつくり出したのである」[25]。このように，田園教育舎運動の
教育学的意味は，その理論の独自性よりもその実践の独自性にあると考えら
れる。したがって，ゲヘープにおける自由学校共同体の考察に関しても，そ
の理念の解明よりもむしろ具体的な実践形態の分析を重視したい。

2．研究の視点と方法

　ゲヘープはオーデンヴァルト校を創設するにあたり，ヴィッカースドルフ
自由学校共同体よりも完全な形で自由学校共同体を実現しようとした。そこ
では，自由学校共同体という理念が学校のあらゆる人間関係の基準として位
置づけられていた。本研究では，同校を構成する基本的な人間関係の類型と

して次の3つに着目したい。すなわち，生徒-生徒関係，生徒-教師関係，そして教師-教師関係である。オーデンヴァルト校での共同生活を織りなすこの3つの人間関係に焦点をあわせながら，同校における自由学校共同体理念の実践形態を解明することにしたい。

　その際に留意したいことは，オーデンヴァルト校の日常生活を可能なかぎり微視的に観察するということである。ドイツ教育学では1970年代の終盤に，「日常生活への転換（Alltagswende）」と呼ばれる傾向が生じた。日常的な教育世界に対する新しい関心は，1978年と1980年の第6回および第7回ドイツ教育学会大会の議論において高まりを見せた。この日常生活に定位した教育学においては，解放的教育学のマクロ・レベルの理論では見通すことのできなかった複雑な人間形成のメカニズムが，個人の主観的経験世界にまで立ち入って理解される。それによって，「日常的な教育のミクロな世界を，客観的に意味理解し行為を方向づけるような仕方で再構成する」ことが目指されるのである[26]。日常生活に定位した教育学は，インタヴュー，自伝の読み解きから図像解釈の手法をとるものまでさまざまで，方法論に関して確固たる統一性を有していない。とはいえ，「一人称による知覚と行為の語り」を重視する点は，おおかたの共通理解となっている。これにより，教育的意図を出発点にして教育を論ずる場合に死角に入らざるをえない「教育を受けた側の現実」を視野に入れることが可能となるのである。

　こうした教育学の傾向は，ドイツ歴史学の研究動向とも連動している。1970年代後半以降，歴史学の世界において，「人は個別的なもののなかで，いわば小さきもののなかで全体性を把握しうるとする信条が再活性化」された[27]。そうした歴史研究は一般に「日常生活史（Alltagsgeschichte）」と呼ばれ，従来の社会史，すなわちヴェーラー（H.-U.Wehler）やコッカ（J.Kocka）に代表される「歴史的社会科学」派に対抗する批判勢力として台頭してきた。ヴェーラーらはランケ（L.v.Ranke）以来の，歴史の一回性や個性を重視する歴史主義に対して，歴史学を社会科学として位置づけなおそうとした。その

8　序章　研究の課題と方法

ためヴェーラーらは，経済学や社会学と提携して，積極的に近代化論などを導入し，構造と過程の分析に力を注いだ。彼らは，「法則や理論を重視し，理論や概念や数量化で社会の総体がわかるはずだという一種の法則主義，科学主義の認識に立つ」[28]。こうした従来の社会史に対して，日常生活史家は，「社会は理論や数量化ではとらえきれないものであり，領域であれ個人のものであれ細部からしか全体が見えないし，その細部の中にこそ社会全体の重要なモチーフがみごとに出ているのだという認識に立つ」[29] ものである。こうした日常生活史の関心領域と方法論，特徴は一般に以下のようにまとめられる。日常生活史は，「ごく普通のまたは下層の『小さき人々』の生活に目を向け，一人ひとりの人間やごく小さな人間集団というミクロな単位を用い，彼らの感じ方，考え方，態度という主観的世界を取り扱う。その場合，家庭生活，職場の生活，近所づきあい，休日の過ごし方などが対象となる。しばしば文化人類学の影響を受け，『小さき人々』の世界になるべく近づいて，できれば自ら語らせ，それを共感と理解を持って取り扱う。そしてしばしば数量化・理論化・概念化への反発と，歴史の『語り』の要素への固執が見られる」[30]。

　本研究は，こうしたドイツの教育学ならびに歴史学における「日常生活の微視的観察」という課題意識を共有するものである。そこから導かれるオーデンヴァルト校の日常生活史研究の方法論的含意はさしあたり以下の2点に集約できる。

　まず第1は，オーデンヴァルト校における自由学校共同体理念の実践形態をゲヘープの言説に還元してしまわないということである[31]。ゲヘープの論文，講演記録，書簡等の分析は，本研究の課題遂行にとって確かに有効かつ不可欠な作業である。だが，自由学校共同体理念の実践化をこのようにゲヘープの言説のレベルで説明してしまうことはできない。なぜなら，ゲヘープの言説は，実践を常に学校の創設者の立場から，また理念の構想者の立場から記録しているからである。本研究では，ゲヘープの言説を分析すると同

時に，彼の理念に基づいてなされた実践を，オーデンヴァルト校の構成員すなわち生徒や教師たちが現実の学校の日々の生活のなかでどのように受け止め，行為していたのかを明らかにしたい。いわば「生きられた共同体」が問題となるのである。

しかしながら，「日常生活の微視的観察」が意味するのは，ゲヘープが構想し実現しようとした自由学校共同体に，学校構成員の個人的な知覚や行為を対置することにとどまらない。さらに第2に，オーデンヴァルト校における自由学校共同体理念の実践形態を，ゲヘープと他の学校構成員との相互作用の産物として理解することが重要となる。一方で，ゲヘープの採用・導入した様々な教育的な試みが学校構成員に一定の知覚と行為を呼び起こすと同時に，他方で，そうした知覚や行為はゲヘープの意図へとフィードバックされることによって，オーデンヴァルト校の共同生活のあり方を変化させてきた。その意味で，自由学校共同体理念の実践形態とは決して固定的なものではなく，柔軟に形を変えてゆくものである。本研究では同校の日常生活を詳細に観察することによって，自由学校共同体理念の実践形態を，個々の活動主体が相互に関係しあうことによって構成された動的な産物として把握したい。

本研究の考察の手順は以下の通りである。

まず第Ⅰ部では，ゲヘープが自由学校共同体の理念を彼の思想の中核にするに至った背景について，当時のドイツの社会状況，新教育運動，ゲヘープ自身の思想的経歴を中心に解き明かす。そのうえで，田園教育舎運動における自由学校共同体の独自性を明らかにする。

続く第Ⅱ部では，自由学校共同体の理念が学校の日常生活においてどのように具現化されていたのかを，同校の3つの関係性から分析する。第1に生徒-生徒関係について，異年齢集団での生徒同士の関係と，共学における男女の関係という2側面から考察する。第2に生徒-教師関係について，自由学校共同体の理念を象徴する＜学校共同体＞（一種の全校集会）と、そこから

派生した＜作業共同体＞との分析から，両者のパートナー的関係の特質を明らかにする。第3に教師-教師関係について，教師相互の対等性と序列性を併せ持った教師組織のあり方について検討する。

第Ⅲ部では，自由学校共同体の実践を背後から支えていた学校の「時間」と「空間」について論究する。時間については，当時の公立学校及び他の田園教育舎系自由学校の時間割との比較において，オーデンヴァルト校の独自の授業形態の導入経緯とその実践の特質を検討する。空間については，当時の学校建築をめぐる議論を踏まえたうえで，オーデンヴァルト校の学校空間の特色と生徒の学習・生活との結び付きを明らかにする。

終章では，1933年1月のナチス政権誕生後の「同質化」政策によってもたらされたオーデンヴァルト校の質変とゲヘープのスイス亡命の経緯について分析し，自由学校共同体にはナチスの狭隘な民族共同体思想にけっして還元することのできない，人間性の尊厳に根差した教育の論理が存在していたことを明らかにする。

付論では、ドイツ新教育全体のネットワーク形成という視点から、新教育連盟ドイツ支部の創設過程と初期の活動を、初代ドイツ支部会長のヴェーニガー（E.Weniger）を中心に論じる。ドイツ新教育の国際的、国内的コミュニケーションの様態を検討するなかで、ゲヘープの位置についても間接的に言及する。

序章を締めくくるにあたり，本研究で使用する史料についても簡単に触れておきたい。上記の研究課題及び方法に応じて，本研究ではまず，ゲヘープの残した雑誌論文，講演記録，書簡等ですでに公刊されている史料を包括的に収集し使用した。同時に，1994年以来オーデンヴァルト校訪問を重ね，同校の史料室において調査を遂行した。その作業を通して同校設立当初からの未刊行史料を数多く閲覧・収集した。とりわけ，オーデンヴァルト校設立請願書，＜学校共同体＞のプロトコール，同校生徒の残した日記や書簡，各種の学校雑誌などは，有効な材料である。また，スイスの人間性の学校にも

序章　研究の課題と方法　　11

足を運び，史料室に所蔵されているゲヘープの書簡等を閲覧・収集した。本研究ではさらに，ヘルマン・リーツ学校（かつてのドイツ田園教育舎）のビーバーシュタイン城校や，ルートヴィッヒシュタインのドイツ青年運動文書館，ベルリンのプロイセン文化財機密文書館等に所蔵される史料を用いた。こうした史料を用いながら，自由学校共同体＝オーデンヴァルト校における共同生活の日常を実態的に描き出したい。

1)　オーデンヴァルト校への見学者数に関していえば，同校の来客記念帳から，開校当初の 1911 年は年間のべ約 170 名，1921 年には年間 700 名を越え，1931 年には年間 900 名近くの見学者が同校を訪問していることがうかがえる（Gästebuch der Odenwaldschule［AOS］）。

2)　Karstät,O.: Versuchsschulen und Schulversuch, In: Nohl,H./Pallat,L.(Hrsg.): Handbuch der Pädagogik, Band 4, Berlin/Leipzig 1928, S.336.

3)　「新教育」は 19 世紀末から 20 世紀初頭にかけて国際的に展開した教育改革の理論と実践の総称である。ドイツでは「新教育」に相当する用語として Neue Erziehung（直訳すると「新教育」）よりも Reformpädagogik（直訳すると「改革教育」ないしは「改革教育学」）が一般的である。本書では原則として Reformpädagogik にも「新教育」の訳語をあてるが，文脈により「改革教育」とする（平野正久「『ドイツ新教育運動』研究の現状と課題——＜ Reformpädagogik ＞の訳語を中心に——」，『大阪大学人間科学部紀要』第 20 巻，1994 年参照）。

4)　Scheibe,W.: Die Reformpädagogische Bewegung 1900 - 1932; Eine einführende Darstellung, Weinheim/Basel [10]1994. Röhrs,H.: Die Reformpädagogik; Ursprung und Verlauf unter internationalem Aspekt, Weinheim [3]1991.

5)　小原國芳は 1931 年 4 月 7 日にオーデンヴァルト校を訪れ，来客記念帳に日本語で次のように記している。「おひるの御馳走になりまして，しかも温い気持の中に玉川にかへったやうな気がしました。丘といい谷といい。」（Gästebuch der Odenwaldschule［AOS］）

　また，「いよいよあこがれのヘッペンハイムのオーデンワルトシューレへ」という一文で始まる当日の日記（身辺雑記）からも，同校を訪問した小原の感慨を読みとることができる。彼は，生徒の衣類洗濯がお手伝いの女性にまかされている点に対し

12　序章　研究の課題と方法

て，「どうも外国人には徹底的の労作教育は出来ぬものらしい」と述べながらも，ゲ
ヘープとその学校に関して，「名はゲヘープ（Paul Geheeb），世界旅行中，会った教
育者中一番教育者らしい感じのいい人だった」，「学校も，世界じゅう，一番，私には
感じがよかった」と感想を書き残している（小原國芳『小原國芳全集　第12巻　教
育講演行脚・身辺雑記（1）』玉川大学出版部，1966年，376頁）。後年小原はその折
の思い出を自らの学校の雑誌でも紹介している（小原國芳「パウル・ゲヘープ園長の
思い出」，小原國芳監修『全人教育』第154号，1962年）。なお小原以外にも，1933
年10月4日にオーデンヴァルト校を見学した田花為雄は，帰国後その体験を雑誌『教
育学術界』で報告している（田花為雄「田園学校（二）」，大日本学術協会編『教育学
術界』，第72巻，第6号，1936年）。

6)　主な報告・研究は以下の通りである。
　　・小川正行『独逸に於ける新教育』目黒書店，1928年。
　　・入沢宋寿『最近教育の思潮と実際』明治図書，1931年。
　　・田花為雄「田園学校」『岩波講座　教育科学』第4冊，1931年。
　　・久野敏郎「オーデンワルトシューレ」，東京文理科大学教育学会編『教育学研
　　　究』第3号，1932年。
　　・篠原助市『欧州教育思想史（下）』玉川大学出版部，（1956年初版）1972年。
　　・天野正治「H. リーツ，G. ヴィネケン，P. ゲヘープ，K. ハーン——田園教育舎
　　　の創始者たち——」，天野正治編『現代に生きる教育思想5　ドイツ（II）』ぎょ
　　　うせい，1982年。
　　・ウィルヘルム，W.「自由と信頼——パウル・ゲヘープの教育思想とその実
　　　践——」，鈴木聡他『青年期の教育』明治図書，1986年。

7)　リーツに関する主要な先行研究として，川瀬邦臣「H. リーツの教育改革の思想」，
川瀬邦臣他『田園教育舎の理想』明治図書，1985年，川瀬邦臣「H. リーツの共同体教
育論」，『東京学芸大学紀要』第一部門，第47集，1996年，山名淳『ドイツ田園教育
舎研究——「田園」型寄宿制学校の秩序形成——』風間書房，2000年等がある。

8)　例えば，今井康雄「グスタフ・ヴィネケンにおける社会批判的教育思想の両義
性——20世紀初頭ドイツの教育＝社会関係への一照射——」，日本教育学会編『教育
学研究』第47巻，第3号，1980年，および鈴木聡「青年の学校の再生を求めて——
グスタフ・ヴィネケンの青年教育思想から——」，鈴木聡他『青年期の教育』明治図書，
1986年等が挙げられる。

9)　こうした状況にあって，近年，新教育運動における心身論という文脈から，ゲ
ヘープの教育理念と実践を批判的に考察している伊藤の研究は注目に値する（伊藤敏

子「田園教育舎と心身問題——オーデンヴァルト学校からエコール・デュマニテへの推移に注目して——」，奈良女子大学文学部教育文化情報学講座年報『人間形成と文化』第 7 号，2010 年。伊藤敏子「新教育における心身論と教育愛の連関——オーデンヴァルト学校設立 100 周年に寄せて——」，『三重大学教育学部研究紀要（教育科学）』第 62 巻，2011 年）。しかし，「ドイツ田園教育舎の代表格であるオーデンヴァルト学校」（同上書，258 頁）という表現に象徴されるように，オーデンヴァルト校を「自由学校共同体」という観点から考察したものではない。

10) Grunder,F.: Land-Erziehungsheime und Freie Schulgemeinde; Aus vieljähriger Praxis in Deutschland, England, Frankreich und der Schweiz, Leipzig 1916.

11) Keller,A.v.: The Odenwaldschule, In: Progressive Education, Vol.1, 1924.

Ilgner,A.: Die Odenwaldschule; Ihr Aufbau, In: Hilker,F.(Hrsg.): Deutsche Schulversuche, Berlin 1924.

Huguenin,E.: Die Odenwaldschule, Weimar 1926.

Jäkel,W.: Die Odenwaldschule, In: Schweizer Monats Hefte, 12.Jg., 1932.

12) Karsen,F.: Deutsche Versuchsschulen der Gegenwart und ihre Probleme, Leipzig 1923.（小峰総一郎訳『現代ドイツの実験学校』明治図書，1986 年。）

13) Schäfer,W.(Hrsg.): Paul Geheeb - Briefe; Mensch und Idee in Selbstzeugnissen, Stuttgart 1970.

14) Schäfer,W.: Paul Geheeb; Mensch und Erzieher, Stuttgart 1960.

15) Schäfer,W.: Die Odenwaldschule 1910-1960; Der Weg einer freien Schule, Heppenheim 1960.

16) Springer,S.: Das erzieherische Verhältnis in der Pädagogik der deutschen Landerziehungsheimbewegung, In: Pädagogische Rundschau, 41.Jg., 1987.

17) Hierdeis,H.: Die 》Schulgemeinde《 in der Odenwaldschule unter Paul Geheeb, In: Kriss-Rettenbeck,L./Liedtke,M.(Hrsg.): Regionale Schulentwicklung im 19. und 20. Jahrhundert, Bad Heilbrunn 1984. Konrad,F-M.: Die Schulgemeinde; Ein reformpädagogisches Modell zur Förderung sozial-moralischen Lernens in Schule und Jugendfürsorge, In: Pädagogisches Forum, H.4, 1995.

18) Shirley,D.: The Politics of Progressive Education; The Odenwaldschule in Nazi Germany, Cambridge 1992.

19) Näf,M.: Paul Geheeb; Seine Entwicklung bis zur Gründung der Odenwaldschule, Weinheim 1998.

20) Näf,M.: Paul und Edith Geheeb-Cassirer; Gründer der Odenwaldschule und der

14 序章 研究の課題と方法

Ecole d'Humanité, Deutsche, Schweizerische und Internationale Reformpädagogik 1910-1961, Weinheim /Basel 2006.

21) Hanusa,B.: Die religiöse Dimension der Reformpädagogik Paul Geheebs; Die Frage nach Religon in der Reformpädagogik, Leipzig 2006.

22) Lembke‐Ibold,B.: Paul Geheeb; Gemeinschaft und Familie im Landerziehungsheim, Hamburg 2010.

23) 佐藤学『学校の挑戦――学びの共同体を創る――』小学館，2006年等。

24) 中央教育審議会答申「幼稚園，小学校，中学校，高等学校及び特別支援学校の学習指導要領等の改善について」（http://www.mext.go.jp/a_menu/shotou/new-cs/information/1290361.htm : 2015.4.1閲覧）

25) Badry,E.: Die Gründer der Landerziehungsheime, In: Scheuerl,H.(Hrsg.) : Klassiker der Pädagogik, Band 2, München 1979, S.152.

26) Lenzen,D.:"Alltagswende"‐Pradigmenwechsel?, In: Lenzen,D.(Hrsg.): Pädagogik und Alltag; Methoden und Ergebnisse alltagsorientierter Forschung in der Erziehungswissenschaft, Stuttgart 1980, S.11.

27) 芝健介「現代ドイツにおける文化史・社会史・歴史人類学の位相――歴史学のパラダイムをめぐって――」，『現代史研究』第39巻，1993年，56頁。

28) 井上茂子「西ドイツにおけるナチ時代の日常史研究――背景・有効性・問題点――」，『教養学科紀要』第19号，1986年，20頁。

29) 同上。

30) 同上。

31) 山名は，ドイツ田園教育舎の秩序形成を実践レベルで考察するにあたり，リーツら当事者たちによって＜創作＞された「新教育」像と，それに影響を受けたノールら外部観察者によって＜創作＞された「新教育」像という「二重の＜創作＞」に自覚的になりながら，その背後に回り，教育舎について別様の記述を試みている（山名淳『ドイツ田園教育舎研究』4-8頁）。本研究もまた，こうした「新教育」像の「二重の＜創作＞」を越えることを目指している。

第Ⅰ部　自由学校共同体理念の形成と特質

第1章　ゲヘープにおける自由学校共同体理念の形成

　序章で述べた通り，本研究の力点はゲヘープの「自由学校共同体」理念そのものの分析にもまして，その理念がオーデンヴァルト校においていかに実践化されたのかを解明する点に置かれている。しかし，理念それ自体について考察しておくことは，実践の意味を理解する上で不可欠な作業である。

　本章では，ゲヘープにおける自由学校共同体の理念を，その形成と特質という2つの側面から考察する。その際に問題となるのは，ゲヘープ自身が自由学校共同体という理念について，きわめて限られたかたちでしか自己の考えを表明していないことである。これは，理念は実践で具体化されて初めて意味を持つ，という彼の実践重視の態度によるものである。そこで本章では，彼が散発的に著した文章，書簡，演説等のなかに，解釈者である筆者自身が自由学校共同体理念を積極的に読み込んでゆき，それによってその理念の輪郭を浮かび上がらせていきたい。

　考察の手順は以下の通りである。まず，ゲヘープが自由学校共同体理念を形成していく背景として，19世紀後半から20世紀初頭にかけてのドイツの社会状況と新教育運動について概観する（第1節）。次に，ゲヘープ自身の成長過程に即したかたちで，自由学校共同体＝オーデンヴァルト校設立へといたる彼の思想形成を明らかにする（第2節）。最後に，ゲヘープにおける自由学校共同体理念の特質をヴィネケンのそれとの比較において明確にしたい（第3節）。

第1節　時代精神としての「共同体（ゲマインシャフト）」

1. 工業化の進展と共同体の危機

　生産手段の私的所有，市場・競争・利潤を基本原理とする私企業，賃金労働，そして機械製を基礎とする生産の集中（工場）をその中心的な制度とする工業資本主義は，ドイツでは，イギリスに遅れること約半世紀，1834年の関税同盟の成立とともに広汎に展開するようになった。そしてこの工業成長は，ドイツ帝国の成立した1871年前後にはイギリスに追いつくまで進展した。ベーメ（H,Böhme）が提示する若干の数字は，ドイツの初期工業化がいかに劇的なものであったのかを物語っている[1]。例えば，1849年にラインラントとヴェストファーレンに据えつけられた蒸気機関は651基，18,775馬力であったが，すでに1875年には11,706基，379,091馬力となった。1847年にプロイセンの鉄道網の距離は2,754キロメートルに達していたが，1875年にはプロイセンは16,169キロメートルの，運用され連絡のある鉄道網を持つに至った。14億ターラー以上の株式資本をもつ会社が1871年から1874年までに857も設立された。50万人以上の労働者が，5人以上の職人を雇用する11,000以上の企業に就労していた。鉱山の鉱員は12,741人から83,000人以上に増加した。石炭生産は8倍，銑鉄産業は14倍，鋼産業は54倍に増加したのである。

　このように急激に進展したドイツの工業化は，1880年代以降も——1873年以降の長期不況にもかかわらず——技術革新（ガソリンエンジンによる自動車，ディーゼル機関，発電所，変圧器，蒸気タービン等）と経営組織の変革（大経営，カルテル）に支えられてますます発展した[2]。またこの時期，ドイツでは重工業，繊維工業とならんで，自然科学の進歩と関わりの深い最新工業部門，つまり電機工業，化学工業，薬品工業においても急速な発展が認められ

た。こうして第一次世界大戦前には，ドイツはイギリスを圧倒し，アメリカに次ぐ経済的世界強国にまで成長することになる。

　以上のように19世紀半ば以降急速に展開したドイツの工業化は，人々の生活様式に大きな変化をもたらした。なかでも伝統的な共同体の崩壊はとりわけ顕著であった。それは社会のさまざまな領域で観察されるが，さしあたり以下の3点が指摘できよう。

　第1は，農村から都市への人口移動である。1870年代末にはドイツはいまだ農業国であり，ドイツ人の過半数は都市ではなく，農村に住んでいた。ベーメによれば[3]，状況が変化するのは1890年代半ばである。およそ150万人のドイツ人が海外に移住したが，それよりもはるかに多くの人々がエルベ河以東の東部諸地域から，ベルリン，中部ドイツの工業地方，そしてラインラントやヴェストファーレンなどに向かった。1890年代はじめにドイツの工業は就業者数において農業に追いつく。1890年代には農業の就業者数は0.68％の伸びにとどまったのに対して，工業では29.4％，商業および交通では48.92％になった。1907年にはベルリンの人口のうち，そこで生まれ育った者は40.5％にすぎず，残りは移住してきた者であった。今や農村の住民は都市の住民となり，農業国は工業国となる。こうした都市への人口流入は，必然的に農村の過疎化とそれに伴う村落共同体の崩壊を招来するものであった。

　第2は，大家族制から小・核家族制への移行である。ドイツでは中世以来，市民層においても農民層においても「全き家（ganzes Haus）」という構造をそなえた大家族が集団生活の基本形式をなしていた。「全き家」とは，生産共同体としての家族，生産手段の所有者であると同時に利用者でもあるような家族であり，そこでは奉公人や下女も同じように家族の成員と見なされていた[4]。工業化の進展によって，この「全き家」は徐々に崩壊していく。家内労働者や手工業者が労働の場を住居から工場へと移したこと，つまり仕事領域と居住領域とが分離したことが，そのもっとも大きな原因である。こう

20　第Ⅰ部　自由学校共同体理念の形成と特質

して経済生産の機能の多くを放出した家族は，消費生活の設計を本質的機能
とする市民的小家族，核家族へと変貌していく。

　第3に，工業化は膨大な数の賃金労働者を生み出すことによって，階級対
立の激化をもたらした。ドイツの工業は外国との競争力を確保する必要が
あったため，企業家は仮借のない賃金引き下げを断行していた。賃金は最低
生活費以下に低落し，婦人と児童もしばしば工場に働きに出ることを強いら
れた。労働条件も劣悪で厳しいものであった。不健全で非衛生的な職場，保
険による保護の欠如，短い解雇告知期間，厳しい懲戒規則は，労働者の生活
を一層苦しいものにしていた。労働時間は長く，1900 年頃にはまだ工場で
は平均 1 日 10 時間から 12 時間であった。さらに労働者家族の住居環境は，
一夜にして膨張した都市のなかで，想像を絶する状態にあった。こうした非
人間的な工場労働にさらされる賃金労働者は，1878 年の社会主義者鎮圧法
にもかかわらず，ブルジョアジーとの対立を強めていった[5]。

　人口の移動にともなう伝統的な地域の共同体の解体，小・核家族化に象徴
される生活単位のアトム化，そして階級対立の激化。19 世紀末に未曾有の
進展を遂げたドイツ工業化は，一方でこのように古いきずなを断ち切り，
人々を根なし草化することによって，「共同体の危機」とも言うべき状況を
生みだしていたのである[6]。

2．ゲゼルシャフト批判とゲマインシャフトへの思慕

　「共同体の危機」の時代にあって興味深いのは，それが個人と個人との信
頼関係の内に成り立つような共同体を再興しようという運動へと転化する可
能性を残していたことである。さらに言えば，共同体が成立しにくい近代社
会の状況そのものが，共同体へと没入することに対する人々の欲求を増大さ
せ，ひとたび共同体が成立したときにはそれを強化することにつながるので
ある。

　ドイツ語の「共同体 (Gemeinschaft)」という言葉は，中高ドイツ語の

「gemeine（「互いに緊密に結びついた」,「共通の」,「一般の」）」から派生したものである。原義は，①共通の言葉と行為によって生じた人間同士の結合，②社会的行為枠組としての，結合している状態（さまざまな社会的集団），であり，18世紀にいたるまで，「Gesellschaft」と相互に類義語ないし同義語として使用されてきた[7]。

　ゲマインシャフトとゲゼルシャフトという対概念を社会学や哲学の重要な術語として確立したのは，テンニース（F.Tönnies）である。ジンメル（G.Simmel），ウェーバー（M.Weber）らと並ぶ都市社会学の先駆者の一人である彼は，その主著『ゲマインシャフトとゲゼルシャフト』（1887年）において，人間の共同生活の2類型として，その書名に記された対概念を設定した。ゲマインシャフトとは，利害関係抜きの信頼に満ちた親密な「実在的有機的な生命体」であり，「持続的な真実の共同生活」「生きた有機体」である。具体的には，家族，村落，都市などに象徴される自然的，直接的な社会単位がゲマインシャフトの典型である。一方，ゲゼルシャフトとは，利害関係を媒介とした「観念的機械的な形成物」であり，「一時的な外見上の共同生活」「機械的な集合体・人工物」であり，そこでは相互に独立した人々が単に併存しているにすぎないとされる[8]。具体的には，大都市，国，世界に象徴される人為的，間接的な社会単位がゲゼルシャフトの典型である。両者とも，平和に隣りあって生活し住んでいる人々の集まりを扱っているが，ゲマインシャフトにおいては人々が「あらゆる分離にもかかわらず結合しつづけている」のに対して，ゲゼルシャフトにおいては「あらゆる結合にもかかわらず依然として分離しつづけている」のだという[9]。

　ただし，テンニースはゲマインシャフトとゲゼルシャフトという対概念によって，人々の共同生活を2つに類型化しただけではない。彼はこの対概念を歴史過程に当てはめることによって，ゲマインシャフト（中世）からゲゼルシャフト（近代）へという社会構造の歴史的推移を法則的に描き出そうとした。つまり，近代以前の社会を全体としてゲマインシャフトとし，近代以

降の社会をゲゼルシャフトと規定するのである。しかもその際に重要なのは，社会のゲマインシャフトからゲゼルシャフトへの移り変わりを，彼が単に諦念をもって見ていたわけではないという点である。

> 「ゲマインシャフトの時代では家族生活と家内経済が基調をなし，ゲゼルシャフトの時代では商業と大都市生活が基調をなしている。しかし，もしゲマインシャフトの時代をもっと詳細に考察するならば，その時代の内部にさらに多くの時代が明瞭に区別される。全体を通じてこの時代の発展は，次第にゲゼルシャフトへ接近する方向をたどっている。しかし他方，ゲマインシャフトの力は，消滅しつつあるとはいえ，なおゲゼルシャフト時代にも保たれており，依然として社会生活の実体をなしている。」[10]

　このように彼は，社会の移り変わりを悲観的に分析しながらも，自らが生きていた時代，つまりゲゼルシャフトが支配する近代社会のなかに，ゲマインシャフト的な要素の存在をつきとめ，社会の再ゲマインシャフト化を思慕するのである[11]。

　19世紀末から20世紀初頭にかけて，アカデミズムの言説世界のみならず，ドイツ社会のさまざまな場面で，社会の再ゲマインシャフト化を示すような現象を見いだすことができた。例えば，ベルリンのギムナジウム生徒によって開始されたワンダーフォーゲル運動，「自然」を鍵概念として菜食主義，自然療法，裸体運動など多様な展開を見せた生活改革運動[12]，ラバン（R.v.Laban）らによって推進された，グループによるダンス表現，など。このようにゲマインシャフト概念は社会的な広がりをもって使用され，その現実化が試みられた。そこではしばしば指導者-帰依者のクライス的な共同体が簇生しており，ウェーバーが1910年代に展開したカリスマ論もまた，そうした時代風潮と密接に関連していた[13]。

　テンニースの提示したゲマインシャフトとゲゼルシャフトという対概念は，世紀転換期のドイツのアカデミズムの世界と現実社会の双方において，人々に一定の影響を与えたと言える。新明はその理由として2つの点をあげてい

る。1つは，この対概念がドイツ語の伝統的な語感と結びついて感情的な親和感を醸し出したからであり，もう1つはその意味内容が不明確であったのがかえって漠然とその適用範囲を恣意的に拡大することを可能にしたというものである。つまりテンニースの設定した社会の基本類型の概念がルーズであったことが，逆にゲマインシャフトとゲゼルシャフトの対概念の魔力を形成していたというのである[14]。

　われわれはまた，社会の再ゲマインシャフト化を期待するテンニースの主張がなぜ広く社会に受け入れられたのかという理由を，新明とは別のところ，すなわち世紀転換期の人々のあいだに漂っていたある種の精神状態に求めることが可能かもしれない。それは，アーレント（H.Arendt）のいうところの，「ロンリネス（loneliness）」である[15]。

　アーレントによれば，「ロンリネス」とはドイツ語の「フェアラッセンハイト（Verlassenheit）」であり，それは孤立（isolation/Isolation）とは異なる。人は「ロンリー（lonely）」でなくとも孤立しているかもしれないし，あるいは孤立していなくとも「ロンリー」でありうる。また「ロンリネス」は孤独（solitude/Einsamkeit）とも異なる。孤独は1人でいることを必要とするのに反して，「ロンリネス」は他の人々と一緒にいるときにもっともはっきりとあらわれる。「ロンリネス」とは，「自分がこの世界にまったく属していないという経験」[16]，換言すれば，「すべてのもの，すべての人から見捨てられているという経験」[17] を意味する。また，「ロンリネス」が耐え難いのは，それが自己喪失をともなうからである。自己のアイデンティティを確認してくれる他者のいない「ロンリー」な状況において，人間は，自己の思考の相手である自己自身への信頼と，世界への信頼というものを失うのである。アーレントは，こうした身寄りがなく，頼るものが何もなく，自己自身すらも当てにできないという感情を「ロンリネス」と呼ぶ。そして，普通は老齢といった例外的な社会条件のなかで人々がなめる限界的経験であった「ロンリネス」という感情が，産業革命以来の大衆の逃れられない運命となってい

る，と指摘するのである。

　アーレントは，この「ロンリネス」という感情が第一次世界大戦以降のナチズムやスターリニズムといった全体主義を成立させた基盤であると考える。ここでは「ロンリネス」と全体主義の関係性という問題に立ち入ることはできない。だが，彼女のいう「ロンリネス」という精神状態が人々に社会の再ゲマインシャフト化を期待させ渇望させる一つの素地になっていたと考えることができるのではないか。

　以上のことから，簡潔にこうまとめることができよう。つまり，社会の工業化が進展し，古き共同体が徐々に解体していく「ロンリネス」の時代とは同時に，共同体を再興し，断ち切られた人々のきずなを回復させようとする時代であった，と。ここにいたって，過去の共同体が実際にどのようなものであったかは，もはや問題ではない。重要なのは，人々が観念的に構成する共同体である。「失われた」過去の共同体は美化しロマン視されることによって，共同体秩序の再生がより強力に切望されるのである。そして，その場合にユートピア的な共同体建設の場としてしばしば想定されるのは，雑多な人間が混在する大都市ではなく，伝統的な社会秩序が残るとされる「田園」であった。

　以下では，こうした時代風潮のもとで，「共同体」という問題が新教育運動においてどのようにテーマ化されたのかを見ておきたい。

3．ドイツ新教育における共同体のテーマ化

　テンニースは，「ゲゼルシャフト」化された近代社会に「ゲマインシャフト」という概念を対置し，前者に対する後者の優位性を主張した。この対概念は当時の社会学者のみならず，広く知識人層に影響を与えた。教育学も例外ではない。エルカース（J.Oelkers）が指摘しているように，ゲマインシャフトとゲゼルシャフトという対概念は，次のような教育を捉える際の重要な思考枠組みを提供した。つまり，ゲゼルシャフトは教育の前提や対象として

把握されえない。なぜなら，ゲゼルシャフトのもつ疎外，いさかい，個別化といった特徴は，決して教育の目標となりえないからである。教育はただゲマインシャフトに向けてのみ方向づけられうるのであり，ゲゼルシャフトに対抗せねばならない [18]。

このように，克服されるべきゲゼルシャフトの代案としてゲマインシャフトを想定し，それに向けて教育を導くという思考枠組みは，例えばペーターゼン（P.Petersen）において明快に展開された。彼は，ゲゼルシャフトからゲマインシャフトを際だたせる基準として，「ゲマインシャフト内では成員の多面的で精神的な連帯が常に存在している」[19] という点を挙げる。そして「多面的で精神的な連帯」を支柱とする共同体をイエナ・プラン学校において実践しようとしたのである [20]。だが，「共同体」という理念の学校教育への導入は，ペーターゼンのみではない。「共同体教育」は，児童中心主義，学校の生活化，身体活動および美的感性的活動の重視などと並んで，いやそれら以上に，新教育運動全般に通底する中心的なテーマであった [21]。学校全体を1つの有機的な共同体として組織しようとする試み，あるいは共同体的要素を学校の個々の活動場面に導入しようとする試みは，政治的立場の右左を越えて，新教育の多様な実践のいたるところで確認できる。例えば，ハンブルクの芸術教育運動とそれに続く共同体学校，リーツに始まる田園教育舎運動，ケルシェンシュタイナー（G.Kerschensteiner）の労作学校運動，オットー（B.Otto）の家庭教師学校，シュタイナー（R.Steiner）の自由ヴァルドルフ学校，エストライヒ（P.Oestreich）の率いる徹底的学校改革者同盟などである [22]。

なお，このように学校をゲマインシャフト化する実践は，空間論の視点から2つに類型化が可能であるように思われる。「都市型」と「田園型」がそれである。前者の「都市型」というのは，ゲゼルシャフトとしての大都市のなかに留まりながら，学校をゲマインシャフト的なものにしていこうというものである。いわばゲゼルシャフト内部のゲマインシャフトであり，自由ハ

26 　第 I 部　自由学校共同体理念の形成と特質

ンザ都市ハンブルクにおいて実践された共同体学校や，その影響を受けなが
ら帝都ベルリンで独自の展開をみせた共同体学校[23]，また B. オットーに
よって創設された家庭教師学校なども「都市型」にあたる。一方，後者の
「田園型」というのは，ゲゼルシャフトとしての大都市を忌み嫌い，地理的
に離れた田舎でゲマインシャフト的な学校実践をおこなうものである。それ
はゲゼルシャフト外部のゲマインシャフトであり，リーツのドイツ田園教育
舎に始まる田園教育舎系自由学校はその代表である。この意味でオーデン
ヴァルト校も「田園型」のゲマインシャフト構想に分類される。

　いずれにせよ，このように共同体（ゲマインシャフト）という概念がドイツ
新教育において主導的な役割を演じてきた。そしてそのことは，すでに同時
代的に，しばしば指摘されてきた。例えばフリットナー（W.Flitner）は，そ
の古典的論文「教育改革運動の3段階」（1928年）において，新教育運動の
歴史的変遷を次の3つに区分した。つまり，個別的で多様な教育改革実践が
生起する第1の段階（1890-1913年），個々ばらばらの実践が統一的な「全体
計画（Gesamtprogramm）」へとまとめ上げられてゆく第2の段階（1914-1923
年），そして全体計画に対する批判，すなわち改革運動の個々の原則を誇張
することや，個々の方法を見境なく全体へと混合してしまうことに対する批
判が提出される第3の段階（1924年-）である。フリットナーはこのように
区分したうえで，第2段階の全体計画のすべてが「共同体への教育のために
準備されている」[24]と述べている。その際，彼はゲマインシャフトとゲゼ
ルシャフトの対概念を用いて，第2段階を次のようにも説明している。「改
革運動の第2の段階は，その文化批判的な心情に応じて，あらゆる教育の関
係をゲマインシャフトとして構築し，教育学的な区域からゲゼルシャフト的
な関係を除去しようと努力した」[25]と。フリットナーと同様に，ノールも
また新教育運動を3つの段階に分けたうえで，第2段階のスローガンが「人
間と人間との間の生き生きとした関係としての『ゲマインシャフト』」[26]で
あると指摘している[27]。

第1章　ゲヘープにおける自由学校共同体理念の形成　　27

　以上のように，「共同体」志向はドイツ新教育の全般的特徴であったと言える。したがって，ゲヘープがオーデンヴァルト校を「自由学校共同体」として規定したのは，彼固有の着想ではなく，「共同体による共同体への教育」という思想的基盤を，他の新教育と共有していたと言うことができよう。ただし，「共同体」に込められた意味内容は，新教育のそれぞれの実践家によってまちまちである。その意味内容は当然，各実践家の生い立ちや思想形成過程に大きく依存しているからである。

　次節では，19世紀末から20世紀への世紀転換期のドイツ社会に漂っていた「共同体への思慕」という時代風潮を背景とし，「共同体」概念の受容という傾向を他の新教育家たちと共有しながらも，ゲヘープがいかにして自己の自由学校共同体理念を形成していったのかを明らかにしたい。

第2節　オーデンヴァルト校設立にいたるゲヘープの思想形成

1．生い立ち——ガイザ——

　パウル・ゲヘープは，1870年10月10日，レーン山麓の北に位置するガイザという小さな田舎町に，父アーダルベルト（Adalbert Geheeb），母アードルフィネ（Adolphine Geheeb）の間の次男として生まれた。父方の家系は古くからガイザに暮らしており，曾祖父はプロテスタントの牧師であった。祖父テオドール（Theodor）の代に薬局を創業，1858年の火災の後，父アーダルベルトにより再開されていた。アーダルベルトは薬局を営むかたわら植物学，とりわけコケ植物の研究に情熱を傾け，1,300種類のコケの標本を製作するほか，研究成果を様々な機会に発表していた[28]。生物学者ヘッケル（E.Haeckel）も彼が研究上，また個人的に交流を続けていた人物の1人である[29]。

　兄弟はゲヘープを含めて5人で，上に兄オットー（Otto）と，下に弟ライ

ンホルト（Reinhold）と妹アンナ（Anna），そして末弟アドルフ（Adolf）がい
た。兄オットーは 18 歳，末弟アドルフは生後 4 か月で早世した。弟ライン
ホルトは後にミュンヘンの有名な政治風刺雑誌『ジンプリツィシムス
（Simplicissimus）』の編集長を務めた。妹アンナは，ドイツではまだ女性に対
して大学が門戸を開いていなかった当時にあって，スイスで医学と精神医学
を学び，後にエアドマン（O.Erdmann）によるノルトエック城教育舎の設立
にも協力した[30]。

　幼少期のゲヘープの人格形成に大きな影響を及ぼしたのは，母アードル
フィーネであった。もっぱら自然科学に興味を示していたゲヘープに対して，
彼女はゲーテ（J.W.v.Goethe）やフンボルト（W.v.Fumboldt）の書物を通して，
ゲヘープの知らなかった精神世界の存在を示した。後年，ゲヘープは自らの
生活史をつづった短い文章のなかで次のように述べている。

　　「母は並はずれた精神教育と心の教養を身につけた人でした。そして，私の生
　　涯を通して私に一番影響を及ぼした教育者ウィルヘルム・フォン・フンボルトを
　　私が早い時期に知るようになったのも母のお陰でした。それまでは，ただ自然科
　　学的関心のみであった私が，それからは哲学や宗教の問題にも目を向けるように
　　なりました。そしてイエスの人格に魅了されて，人間を助けたい衝動を強く感じ
　　るようになりました。」[31]

　こうした母の存在とともに幼いゲヘープにとって大きな意味を持っていた
のは，宗教的に寛容な雰囲気をもつガイザという町それ自体であったと思わ
れる。ガイザは，カトリック色の強いフルダ地方に浮かぶプロテスタントの
「小島」のような町であった。ガイザにはプロテスタント以外にもカトリッ
クやユダヤ教の信者も居住していたが，当時は彼らが敵対することなく調和
を保ちながら共存していたとされる。ゲヘープが生まれ育った薬局はマルク
トに面する一等地にあり，そこから歩いて 1，2 分の範囲にこれら 3 つの教
会が集中していた。彼はプロテスタント系の初等学校に通っていたが，それ

以外にも父の勧めで，カトリック教会の司祭のもとでラテン語とフランス語による授業を受けていた[32]。また，自宅のすぐ裏手にはユダヤ教系の初等学校があり，そこから聞こえてくるユダヤ教の聖歌をゲヘープは幼い頃から耳にしていた。こうした3つの宗教が入り混じった生活環境を象徴的に示すのが，ゲヘープの家でしばしば催された「音楽の夕べ」であった。妹アンナはその自伝のなかで，両親と兄弟にカトリック系学校の校長やユダヤ教系学校の教師が加わってカルテットが演奏されていたことを記録している[33]。さらにユダヤ人との交流に関して言えば，彼はユダヤ教系学校の教師ゴルトシュミット（M.Goldschmidt）と親交を深め，成長してガイザをあとにしてからも2人の書簡の往復が続いていた[34]。

　ゲヘープは後のハウビンダ時代に，反ユダヤ主義的な雑誌『ハンマー（Der Hammer)』の定期購入を決めたリーツに反対して，雑誌購入の取り止めと図書室での貸出停止を求めた[35]。またオーデンヴァルト校ではユダヤ人生徒のみならず，人種的・宗教的理由で生徒の入学を拒否することはまったくなかった。こうしたゲヘープの教育実践における宗教的な寛容性は，以上のような彼が生まれ育ったガイザおよび家庭の精神風土に1つのルーツを求めることができよう。

2. 「宗教による社会改革」から「教育による社会改革」へ
——ベルリン/イエナ——

　ゲヘープは，12歳でフルダのギムナジウムに入学する。2年後の1884年11月，最愛の母アードルフィーネがガンのためにこの世を去り，彼はおばマールバッハ（Anna Marbach）のいるアイゼナッハに移り住むことになる。同時に，アイゼナッハのギムナジウムに転学し，1889年春にアビトゥアーに合格するまでこの町に暮らした。

　母の死はゲヘープの成長過程に暗い影を落とした。ネフによれば[36]，母の病気を聞かされていたにもかかわらず，母の死はゲヘープにとって、後に

30　第Ⅰ部　自由学校共同体理念の形成と特質

しばしば「人生最大のカタストロフィー」と形容するほど大きなショックであった。支えとなるべき父が母の死の直後に別の女性と再婚を決めたことは，彼の苦悩に追い打ちをかけた。彼はこの出来事の後2，3年は精神のバランスを完全に壊し，常に内に籠もるようになった。彼は「まぎれもなく精神疾患」であった。1926年，友人フェリエール（A.Ferriére）に宛てた手紙のなかで，そうした苦しい状態から彼を救い上げたのは「イエスの人格」との激しい「対峙」であったと自ら述懐している。

　　「この時，私は自己の内に途方もないほどの人間愛を見いだし，この大いなる人間愛を私の職業選択のための基準にしようという誤った決断をし始めたのでした。私は，人間を助けるには子どもを助けねばならないと悟るまで，神学を選ぶ決心をして聖職者になろうと考えていたのです。」[37]

　アビトゥアー取得後，ゲヘープはギーセンで1年間の兵役を済ませ，その後10年間に及ぶ長い大学生活を送る。彼はベルリン，イエナの大学にて，神学，哲学，生理学，心理学，医学等を20セメスターかけて勉強する。最初に彼が向かったのは，上の言葉通り神学であった。だが，その後彼は徐々に関心を神学から教育へと移していくことになる。以下では，そうした関心の重心移動に重ね合わせるかたちで，彼の学生時代の活動を跡づけたい。ここではさしあたり，後の彼の教育実践につながる貴重な経験として次の3点を指摘したい。

　第1は，女性運動家ミンナ・カウアー（Minna Cauer）との交流である。19世紀終盤の大都市ベルリンでは工業化がもたらす人口の密集化，家族の核家族化，生活衛生環境の悪化，階級対立の激化，道徳的な頽廃などの様々な問題に直面して，市民グループや政治団体による多くの生活改善運動が存在していた。ゲヘープは，1890年秋に神学を学ぶためにベルリンに移り住んでいた。彼は大学内で神学を学ぶのみでなく，積極的に路上に出てゆき，キリスト教の精神からそうした社会問題に関与していった。彼が特に関心を

第1章　ゲヘープにおける自由学校共同体理念の形成　31

抱いたのは2つである。1つは，労働者とその子どもの生活援助である。彼は国際禁酒協会会員として労働者区域の男性アルコール中毒者の介護をしたり，毎週同地区の子どもたちの世話をする活動をおこなった。もう1つは，社会における女性の低い地位を改善するための女性運動である。ゲヘープは後者の運動に係わるなかでカウアーを知ることになる。

　19世紀後半に劇的に進展したドイツ女性運動は初発より2つの流れが存在していた。1つは，従来の活動領域から機械によって追い出された中間層女性のために，「労働への権利」を新たに闘い取ろうとするもので，もう1つは，働く諸階級，とりわけ労働者階級の女性を搾取から守ろうとするものである。一般に前者はブルジョア女性運動，後者は社会主義女性運動あるいは労働者女性運動と呼ばれる。カウアーは前者のブルジョア女性運動の急進派（左派）に位置する人物で，1888年に「ベルリン婦人福祉協会」を結成するほか，1893年には「社会支援活動のための女性・婦人グループ」を設立し，市内の福祉施設（託児所，救貧扶助協会，盲人施設，病院，労働紹介所）を支援する活動をおこなっていた[38]。ゲヘープは，1891年に婦人教育同盟の集会でカウアーと出会った。カウアーは当時すでに50歳に達しており，ベルリン教育庁役人で女子教育に尽力した夫エドワードとも死別していた。カウアーの伝記を著したリューダース（E.Lüders）は2人の出会いを次のように描写している。

　　「1891年，運命が彼女を当時ベルリンの学生であったパウル・ゲヘープ，後のオーデンヴァルト校の創設者と結びつけたということは，彼女の心的生活の上で特に重要な意味をもった。年がたつうちにこの2人の淋しい人間の間に生まれた友情は発展し，まれにみる完全な友情となった。ゲヘープは特に親密に結びついていた母親の死を14歳で経験しなければならなかった。このことが彼の発達に悲劇的な結末を与えることになり，その結果あらゆる人間を遠ざけ，まったく孤独に隠遁することになってしまったのである。しかし彼は，心から幸せを感じながら，ミンナ・カウアーのなかに故郷を失った者に故郷を与え母親のような気づかいをする第二の母を見いだしたのである。」[39]

32　第Ⅰ部　自由学校共同体理念の形成と特質

30歳年上のカウアーのなかにゲヘープは亡き母の姿を見いだし，30歳年下のゲヘープのなかにカウアーは愛すべき息子の姿を求めた。やがて2人の間には母子関係に似た確かな友情が生まれたというのである。2人の友情を支えていたのは哲学，宗教，教育への強い関心のみではなかった。ゲヘープが女性教育の向上と女性の社会的地位の向上とに情熱的な関心を有していたことによって，彼は女性運動におけるカウアーの闘争の同志となったのである[40]。ゲヘープは，カウアーが刊行していた雑誌『女性運動（Die Frauenbewegung)』の編集の手助けをするなど，彼女と毎日のように活動を共にするなかで，ますます女性運動に対する理解を深めていった[41]。こうした経験は，彼の後の徹底した男女共学の実践へとつながってゆく[42]。

　学生時代のゲヘープに大きな影響を与えた第2の経験は，モリッツ・フォン・エギディ（Moritz von Egidy）のクライスへの参加である。エギディは元軽騎兵将校であったが，世紀末ドイツの社会の荒廃に直面してその地位を放棄，キリスト教精神によって文化を倫理的に刷新することを目指している運動家であった。『応用されたキリスト教（Angewandtes Christentum)』という彼の雑誌のタイトルからもうかがえるように，彼は単に教会に忠実な神学的観点からキリスト教を解釈するのではなく，あくまでも人々の日々の生活の改善のための手段としてキリスト教精神を認識していた。ベルリンのティアガルテンにあった彼の自宅では週に1回，談話会が開かれており，その会合には多くのベルリンの精神的指導者たちが参加していた。ゲヘープの旧友でかつてこの会合に顔を出していたヴィット（E.M.v.Witt）によれば，以下のような顔触れだったという[43]。すなわち，プロテスタント教会の伝道師にして政治家のナウマン（F.Naumann），『無意識の哲学』を著した厭世主義的哲学者ハルトマン（E.v.Hartmann），1905年にノーベル平和賞を受賞することになる女性作家ズットナー（B.v.Suttner），社会主義女性運動の闘士リリー・フォン・クレッチマー（Lily von Kretschmar：後のリリー・ブラウン）などである。ゲヘープはカウアーの紹介でこのクライスに参加するようになった。彼

はそのなかでさまざまな社会変革の思想に触れるとともに，エギディのいうキリスト教精神によって文化を倫理的に刷新するという考え方に出会い，共鳴した。ある時にはゲヘープは，エギディを介して社会民主党の指導者ベーベル（A.Bebel）に宛てた手紙のなかで，社会民主党がそうしたエギディの考え方を取り入れるよう提案している[44]。

　ところで当時のベルリンは，1890年に社会主義鎮圧法が撤廃され，社会民主主義運動が再び息を吹き返していた時期であった。ゲヘープもまた社会民主主義に興味を持っており，ベーベルの講演会にも聴衆として足を運ぶこともあった。だが，「不愉快な党派的政治活動」[45]を嫌った彼は，この運動に加入することはなかった。ゲヘープは政治活動を通してではなく，市民一人ひとりの魂の内的変革を通して社会の改善を目指したのである。そして，この時点でその内的変革のための鍵と考えられたのはキリスト教であり，後には教育へと変わってゆくのである。

　学生時代のゲヘープにとって重要な意味を持っていた第3の経験，そして彼を神学から教育の道へと向かわせることになったのは，後のドイツ田園教育舎の創始者リーツとの交流であった。カウアーとベルリンに対する愛情にもかかわらず，ゲヘープは1892年夏にベルリンからイエナ大学へと移った。ここで彼はリプシウス（R.Lipsius）の宗教哲学のゼミナールに出席し，リーツと知遇を得ることになる。ゲヘープよりも2歳年上のリーツは大学の学業をほとんど終え，ライン（W.Rein）主宰のイエナ大学付属実習学校やギムナジウムで教えていた。ゲヘープによれば，そのゼミナールではリプシウスがさまざまな偉大な哲学者たちを受講者に割り振り，各自が一人の哲学者について発表をおこなうことになっていた。ゲヘープはヘーゲル（G.W.F.Hegel）を，リーツはフィヒテ（J.G.Fichte）を担当する。このゼミナールをきっかけにして，2人はフィヒテの理想主義，教育学，そして『ドイツ国民に告ぐ』に没頭していったという。大都市の社会的貧困を目の当たりにしていた2人にとって，「大人の世界は今日，フィヒテの時代に劣らないほど悲惨」[46]に

34 　第 I 部　自由学校共同体理念の形成と特質

感じられた。そうした状況においては，「フィヒテが『ドイツ国民に告ぐ』
のなかで述べているように，根本的に新しい教育を通じて，人間の全生活を，
まったく新しい，より健全な基盤にのせることが大切だったのである」[47]。
こうしてゲヘープはリーツとともにフィヒテの思想に傾倒するなかで，「教
育による社会改革」の必要性をはっきりと認識するようになる。

> 「イエナ大学にいた 1890 年代初めにヘルマン・リーツと知り合い，すぐに親密
> な大変実り豊かな友情で結ばれるようになった。彼との交際を通して私は，人を
> 助けるためには，教会の説教師になるのではなくて，若い人を教育する者になら
> なければならないということを確信したのである。」[48]

ゲヘープのこうした確信は，イエナ時代の彼の別の活動においても示された。
後にオーデンヴァルト校でゲヘープの協力者となるフォン・ケラー（Alwine
von Keller）は，「倫理的文化のつどい」という会合でゲヘープを中心に次の
ような議論がなされていたことを記憶している。

> 「今回は教育についての話でした。私をずいぶん悩ませたこの問題について，
> 大人や専門家がそれを単に非難するだけでなくて，教育の持つ陰鬱な背景のなか
> に，未来でも今日でも実現できる永遠の教育像を成立させたのです。そのような
> 教育を通して，人間は人間らしさを受け継ぐことができ，そして教義や抑圧や中
> 産階級的な利益社会から解放され，自然に近づき，自己の責任を負うようになり，
> 自由な共同体が作れるのだという話に私は満足しました。」[49]

こうして今や「教育による社会改革」というモチーフを，ゲヘープはイエナ
時代にリーツとともにつかんだのである[50]。その後ゲヘープは，1893 年春
に神学で第 1 の学位を取得したあと，1893 年 5 月に教師としての活動を開
始する。彼は翌年の 6 月までの約 1 年間，イエナのゾフィーンヘーエにある
私立の教育施設トリューパー学校において，トリューパー（J.Trüper）の協
力者として働く。また，リーツとともに，ライン主宰のイエナ大学付属実習
学校でも活動した。さらに 1899 年に大学での学業を終了した後，1 年半の間，

フェール島のヴィクにてグメリン（K.Gmelin）が開いていた，くる病や腺病質の子どものための療養所を手伝った[51]。

3．オーデンヴァルト校設立への助走
——ハウビンダ／ヴィッカースドルフ——

　学生時代とヴィクでの経験を基にして，ゲヘープは1902年から1909年にかけて，リーツの設立したドイツ田園教育舎ハウビンダ校と，ゲヘープがヴィネケンとともに設立したヴィッカースドルフ自由学校共同体において教師および校長として活動する。この2つの教育実践は，ゲヘープが自己の教育論をリーツやヴィネケンのそれから際立たせ相対的に自律化させるうえで，つまり後にオーデンヴァルト校を「自由学校共同体」として構想していくうえで決定的な意味を持っていた。

　先に述べた通り，ゲヘープとリーツとはリプシウスのもとで知遇を得て以来，友情で結ばれていた。ゲヘープによれば，イエナでは自分が勉強部屋で孤独にしている時に，リーツがしばしば散歩に誘いにきた。リーツがイエナを去った後も2人の間で手紙の交換は続いていた。リーツは1896年から1897年にかけてイギリスのレディ（C.Reddie）のもとに滞在していた際に，アボツホルム校での活動とそれに裏付けられた自己の教育論を一冊の書物に熱狂的に記述した。その書『エムローシュトバ（Emlohstobba）』の原稿はドイツのゲヘープのもとへと送られ，彼が校閲と出版社探しをおこなった。1897/1898年の冬，2人はベルリンで再会し，改めて活発な交際をおこなうようになる。この時期，リーツは兄弟のように「Du」で呼び合うことを求めたという[52]。

　1902年春，ゲヘープはヴィクでの過労により体調を崩し，医師の勧めによりスイスで療養生活を送っていた。イルゼンブルク校開校当初よりゲヘープの協力を期待していたリーツは，スイスにいるゲヘープに宛てて手紙を送る。その手紙の内容はこうである。つまり，自分（リーツ）のそばには一人

36 第Ⅰ部 自由学校共同体理念の形成と特質

も友人がいない。いるのはただ教師のみであり，彼らとは常に激しく衝突している。それゆえ，できるだけ早期のゲヘープの協力を望む，というものであった。ゲヘープは初め，健康上の心配もありハウビンダ行きを躊躇するが，度重なるリーツからの依頼に応え，1902年4月にハウビンダへと赴く決心をする [53]。

　よく知られているように，リーツはドイツの田園教育舎運動の創始者である。アボツホルム校から帰国したリーツは，ベルリンにしばらく滞在した後，1898年4月にハルツ山麓のイルゼンブルクに最初の学校を設立し「ドイツ田園教育舎」と名づけた。1901年4月，生徒数の増加にともない第2の教育舎をチューリンゲン地方のハウビンダに，さらに1904年4月に第3の教育舎をレーン地方のビーバーシュタインに増設していった。イルゼンブルク，ハウビンダ，ビーバーシュタインというこれら3つの教育舎はいずれも男子校で，学年段階によってそれぞれ下級（8-12歳），中級（13-15歳），上級（16-18歳）に対応していた [54]。

　リーツの「ドイツ田園教育舎（Deutsche Landerziehungsheime）」の基本的構想は，すでにその名称に埋め込まれている。すなわち田園教育舎（Landerziehungsheim）とは，都市（Stadt）にではなく自然の豊かな田園地帯（Land）に設けられ，知的教授（Unterricht）にではなく性格形成をめざす訓育＝教育（Erziehung）に重点を置き，日中に通学してくるだけの学校（Schule）ではなく，全生活を共にする生活共同体としての家庭モデルの教育施設（Heim）であった。そして，この田園教育舎は，それが無限定の田園教育舎ではなくドイツ田園教育舎と命名されていることからも理解できるように，あくまでもドイツ的，ゲルマン的な人間によって構成される生活共同体だったのである [55]。

　ハウビンダに赴いたゲヘープは，最初の数週間は体をいたわりながら働いた。しばらくして，レディがリーツに有能な自然科学の教師をアボツホルム校に送ってくれるよう依頼してしてきたため，ゲヘープは聖霊降臨祭（5月

下旬）の頃にイギリスに渡った。しかし体調が再度悪化したため間もなく帰国することになる。ハウビンダに戻ったゲヘープは，8月以降，退職した教師の穴を埋める必要もあり，添削や準備のために，しばしば夜中まで働かねばならなかった[56]。ゲヘープは徐々にリーツの片腕として，ハウビンダ校の運営を支えるようになる。1904年4月にリーツがビーバーシュタインに第3の教育舎を設けたのを機に，ゲヘープはハウビンダ校の管理を彼から委託された。

　ハウビンダ校における，こうした一見調和的なリーツとゲヘープの関係は，実際のところ決して芳しいものではなかった。当時ハウビンダ校で2人の様子をごく間近に見ていたヴィネケンは，「ゲヘープが彼（リーツ：筆者）を恐れ，あからさまに嫌っていた」[57]と回想している。かつてフィヒテやゲーテの思想に共鳴し意気投合した2人であったが，理論を実践に移す時には2人の間のさまざまな思想上の相違が明らかになっていたのである。

　まずゲヘープは，校長リーツの家父長的な性格に対して次第に違和感を覚えるようになった。一般に指摘されるように[58]，リーツは学校において絶対的な権威として振る舞った。ゲヘープは，リーツが自己中心的で，教師であれ生徒であれ他者の気持ちを理解する能力に欠けており，結局のところ，「リーツは自分の周りに友人ではなく奴隷しか置こうとしなかった」[59]と見ていた。また2人の政治的立場もきわめて異なっていた。ゲヘープが「とても左（sehr links）」[60]だったのに対して，リーツは保守的で国家主義的であった。上述の通り，リーツは自己の学校をドイツ田園教育舎と規定し，ドイツ民族の将来を担うべき国民へと生徒を教育しようとした。こうした理由で，ユダヤ人の教師や生徒がリーツの学校から排除されていったが，これはゲヘープにとって承認しがたいことであった。さらに，男女共学に対する考え方も，リーツとゲヘープではまったく対照的であった。ゲヘープは学生時代の女性運動への接近から，男女共学を教育の不可欠の条件と考えていた。それに対して，リーツは男女別学を自明視していたため，教育舎への女子の

38　第Ⅰ部　自由学校共同体理念の形成と特質

入学は原則的に認められていなかった。以上のような人格的，政治的，教育
論上の対立は，1906 年にリーツが経営上の理由からハウビンダ校の賃貸を
決定した際にゲヘープが同校を去っていくのに，十分な内的根拠となったと
考えられる [61]。

　1906 年 7 月にハウビンダ校から離反したゲヘープは，同じくゲヘープに
同調して辞職を申し出たヴィネケン，ハルム（A.Halm），ルゼルケ（M.Luserke）
らと共に，新学校設立に向けて活動を開始する。ゲヘープは，ザクセン―マ
イニンゲン政府に新学校設立の認可と援助を求める一方で，ハウビンダ校の
生徒の父兄に対して新学校への転学を呼び掛けた [62]。エルンスト・フォン・
マイニンゲン（Ernst von Meiningen ）公爵は，ゲヘープを「私欲のない理想
的な性格」の持ち主と見なし，わずかな借地料でヴィッカースドルフの御領
地を委ねた [63]。1906 年 9 月 1 日，ザールフェルトの南約 12 キロに位置し，
標高 620 メートル，周囲をチューリンゲンの森に囲まれた寒村ヴィッカース
ドルフに，ヴィッカースドルフ自由学校共同体（Freie Schulgemeinde
Wickersdorf）は開校した [64]。生徒数はリーツの教育舎から転学してきた 33
名であった。

　ヴィッカースドルフ自由学校共同体では，開校当初よりゲヘープとヴィネ
ケンの 2 人が共同で校長を務めた。最初，マイニンゲン公爵はヴィネケンの
宗教教授に警戒心を抱いていたため [65]，ヴィネケンが管理に加わらないと
いう条件においてのみ新学校の設立を認可しようとした。またヴィネケン自
身も，ハウビンダ校長として父兄や当局に信頼を得ていたゲヘープが新学校
でも校長を務めるのが適当であると考えた [66]。しかしゲヘープは，健康上
の理由からヴィネケンとの共同管理を公爵に願い出て，最終的にそれが認め
られた。

　ゲヘープとヴィネケンによる新学校での教育実践は，一方で田園性の強調，
人格教育と身体活動の重視，生徒の個性に応じた指導，家庭的雰囲気のなか
での寄宿舎生活など，リーツの田園教育舎の基本的特徴を受け継いでいた。

他方で彼らは，リーツのところでは不可能であった独自の教育実践を展開した。例えば，ドイツで最初の男女共学の実施，一種の全校集会である＜学校共同体＞の導入，客観的文化（知的教授）の再評価などである。だが，こうして学校を実際に実践していく過程で，2人は徐々に，「反リーツ」というだけではまとまりきれない思想上の深い溝を意識するようになっていった。ここでは次の点を指摘すれば十分であろう。つまり，次節で詳しく見るように，「自由学校共同体」というもっとも重要な理念に関して，2人は

図1-1　ヴィッカースドルフでのゲヘープ（左）とヴィネケン（1908年：AdJB）

まったく異なった考え方をしていたのである。ごく大雑把に述べれば，ゲヘープが自由学校共同体を学校改革の枠内で理解していたのに対して，ヴィネケンは自由学校共同体をドイツ青年運動の教育的な翼にするという壮大な願望を有していた。この意味で，田園教育舎と自由学校共同体との関係についても，ゲヘープとヴィネケンの見解は必然的に異なっていた。すなわち，ヴィネケンは自由学校共同体という新しいタイプの学校が最終的には田園教育舎の枠の外で現実化されると考えていたのに対して，ゲヘープは，「自由学校共同体とは，まさに田園教育舎の変種（Abart）であり，言わば田園教育舎の特殊な，より高度に発展した形態である。」[67]と認識していたのである。

　こうした教育観の相違により，2人の共同作業はわずか2年余りで幕を閉じる。1909年2月，ゲヘープは「自分本来の，完全に独自な作品を実現できる場所を探すために」[68]ヴィッカースドルフを後にする。

4．オーデンヴァルト校の設立——ヘッペンハイム——

　1909年の春から夏にかけて，ゲヘープは自己の教育論をより完全な形で実現できる新学校を設立するために，学校建設地を探してドイツ諸邦を旅して回った。その際，彼が特に目指したことは，ヴィッカースドルフよりも徹底した男女共学を実施できる学校を設立することであった。男女別学が常識であった当時のドイツ社会にあって，彼の男女共学の構想に理解を示したのは，ヴィッカースドルフのあったマイニンゲン以外に，オルデンブルクとヘッセンの2つの邦を数えるのみであった。ゲヘープはこの時すでに「リーツとヴィネケンのおかげで，わが愛すべきチューリンゲンが徐々にいやになっていた」[69]。そこで彼は最初，オルデンブルクのオイティン地方に教育舎を設立しようとする。しかしその計画は挫折し，最終的に，ヘッセン邦内にあるヘッペンハイムのオーバー・ハムバッハに新学校建設地が選ばれた[70]。

　ヘッペンハイムはドイツ中部，ダルムシュタットからハイデルベルクにのびるベルクシュトラッセのほぼ中間に位置する小さな町である。オーバー・ハムバッハはそのヘッペンハイムの町外れからオーデンヴァルト山地へと東に延びる谷の奥に位置し，山と広葉樹林と草原に包まれたすばらしい風景のなかにあった。オーデンヴァルト校はこのように自然の豊かな環境に創設されていたが，ハウビンダやヴィッカースドルフと異なるのは，それがダルムシュタット，ハイデルベルク，マンハイム，そしてフランクフルトからも近距離にあったという点である。リーツと同様，ゲヘープは田園性に対する強い思慕を有していたが，それまでの経験から，極度の田舎に生活することによって都市の文化から隔絶されてしまうというマイナス面も認識していたのである[71]。

　ヘッセンに新学校を設立することに決めたゲヘープは，1909年8月20日付けでヘッセン—ダルムシュタット大公国内務省（学校局）宛てに新学校設

立請願書を提出した。そのなかで彼は，ドイツ田園教育舎ハウビンダ校とヴィッカースドルフ自由学校共同体での経験を生かした実践計画を著した[72]。全44頁に及ぶ請願書では，リーツ主宰の田園教育舎の意義とその問題点，新学校のカリキュラムが基本的に上級実科学校のそれに準ずること，国家試験合格証明書を有していない教師の雇用の希望，生徒がアビトゥアーの外来生試験を受験する資格の確保などが明記された。本請願書の何よりの特徴は，全体の4分の3近くが男女共学の必要性を訴える内容であったと

図1-2　パウル・ゲヘープ
（1909年：AOS）

いうことである。ここには，男女共学にかけるゲヘープの強い意気込みと，当時のドイツ社会における男女共学の革新性（異端性）が明瞭に示されていると言えよう[73]。この請願書に対して，「本来動きの鈍い国家が簡単には歩むことのできない新しい教育の道を，適当な人物に歩ませ，それによってそこでの諸経験を全体に役立てるということは，公共の利益となる」[74] という理由から，同年9月13日付けで，学校局はゲヘープに対して「私立の教授ならびに教育施設」設立の認可を与えた。

　新学校設立の公的認可を得たゲヘープは，1909年10月18日，ベルリンの富豪マックス・カッシラー（Max Cassirer）の一人娘エディス・カッシラー（Edith Cassirer）と結婚した。エディスはベルリンでも有数の名門ユダヤ系一族に育った。父マックスはベルリンの市会議員（Stadtrad）を務めていた。エディスの従兄弟には，例えば，出版業者ブルーノ・カッシラー（Bruno Cassirer），ベルリンのアヴァンギャルドの画廊経営者パウル・カッシラー（Paul Cassirer），哲学者エルンスト・カッシラー（Ernst Cassirer），ゲシュタ

42 第Ⅰ部 自由学校共同体理念の形成と特質

ルト心理学者クルト・ゴルトシュタイン（Kurt Goldstein）などがいた。エディスはベルリンのペスタロッチー・フレーベル・ハウスで幼稚園の教師になる勉強をしたり，女性運動の活動に参加した後，1908年春にヴィッカースドルフ自由学校共同体に教師として採用されていた。ゲヘープとはそこで知り合う。エディスの父マックス・カッシラーは最初ゲヘープとの結婚に反対していたが，最終的に2人の結婚を認めた[75]。そして新学校設立に際して経済的援助を惜しまなかった[76]。マックス・カッシラーの存在がなければ，新学校の設立ははるかに困難なものになっていたであろう。

1910年4月14日，ゲヘープはついに自分自身の新学校を開校する。学校名はオーデンヴァルト山地にちなんで「オーデンヴァルト校」と命名された。ゲヘープは開校演説において，生徒に向かって次のように呼び掛けた。

> 「私たちは今，偉大な事業を始めようとしています。ここ数カ月，オーデンヴァルトの山々や芳香のただよう草原のなかで楽しい生活を営むことができるようにと，多くの精励な人の手が活躍してきました。建物ができて，まず外見上は始めることができるようになっただけで，私たちは，大作の前に立ちすくんでいる所です。それが，たとえ，どんなに美しく調和よく建てられた家であったとしても，それは永遠の価値を表す建物の写し絵にすぎず，――天が地球より大きいように――それより高い建物を構築することが，重要なのです。なぜなら何かある永遠の価値に仕えている時，それは気の合った人々の集団であり，精神文化を意識的に育てる精神共同体であり，さらに他の人に対する愛で支えられ，超自然のものへの高揚を感じる生活共同体のなかに真の礼拝を見いだすことのできる精神共同体だからです。」[77]

自由学校共同体＝オーデンヴァルト校は，ここに誕生する。以来ゲヘープは，ナチス体制下の1934年にスイスに移住するまでの24年間，校長として同校を牽引する。その間に同校は，ドイツでもっとも革新的な実験学校の1つとして，新教育運動の歴史に名前を刻むことになる。

第1章　ゲヘープにおける自由学校共同体理念の形成　43

第3節　ゲヘープにおける自由学校共同体理念の特質
——ヴィネケンとの対比で——

1．自由学校共同体の2つのメルクマール

　「自由学校共同体 (Freie Schulgemeinde)」という用語は，一般にゲヘープではなくヴィネケンの名前と対にして想起されることが多い。わずか2年余りでヴィッカースドルフ自由学校共同体を去ったゲヘープとは対照的に，ヴィネケンは長期にわたって同校を直接的，間接的に指導した。そして，その過程のなかで彼は「自由学校共同体」という概念を思想的に練り上げ，また多くの著作を通してそれを社会に発信していった。とりわけ1910年に彼が創刊した雑誌『自由学校共同体 (Die Freie Schulgemeinde)』によって，その語は急速に社会的な認知を得ることになる。

　「学校共同体 (Schulgemeinde)」という用語それ自体はヴィネケンのオリジナルではない。対馬が整理しているように[78]，「学校共同体」という語はすでにそれ以前から存在しており，本来は初等学校の設立維持団体を指していた。その語はデルプフェルト (F.W.Dörpfeld) の影響の下で，19世紀末から，学校の官僚制化に対抗するスローガンとして使用された。デルプフェルトによれば，民衆学校は国家や教会ではなく親権に基礎をおく施設であり，したがって家庭の精神と様式に即して組織され指揮されるべきである。国家，教会，自治体は学校利害関係者であるにしても「部分的利害関係者」であり，家庭こそが「完全な利害関係者」である。そこで国家の監督を前提にしながらも，学校の管理体制における家庭父母の権利と義務が強調される。デルプフェルトにおいて，「学校共同体」とはこうした家庭の役割を第一義とする自治の組織として規定されるのである。

　今世紀に入ると「学校共同体」という概念に，教師と父母との協力体制と

44　第Ⅰ部　自由学校共同体理念の形成と特質

いう理念とは全く別の，もう１つの意味が付け加わる。つまり，教師と生徒との連携である。この別種の「学校共同体」理念を提出し広めたのがヴィネケンである。彼にとって，学校とは国家，教会，市民社会による監督から自由であるにとどまらず，家庭を含む旧世代一般からの解放を目指すものであった。この家庭とも切断された教師と生徒の共同体を，ヴィネケンは自由学校共同体と呼んでいたのである。

　こうしてヴィネケンの率いるヴィッカースドルフ自由学校共同体が自由学校共同体の代表的な存在と見なされるのに対して，ゲヘープの設立したオーデンヴァルト校が自由学校共同体として認知されることは従来きわめてまれであった。しかしながら，オーデンヴァルト校の性格づけに関して，ゲヘープ自身は 1914 年，『芸術監視人と文化監視人 (Kunstwart und Kulturwart)』[79]に，「『田園教育舎』と『自由学校共同体』」という小文を掲載している。彼はその中で，オーデンヴァルト校をヴィッカースドルフ自由学校共同体との関係においてこう規定している。

　　「私は 1910 年春，オーデンヴァルト校という新しい施設を開設し，そこにおいて，私見によれば，ヴィッカースドルフで可能であったよりも完全な形で，自由学校共同体を運営してきたのである。」[80]

ゲヘープはここで明確にオーデンヴァルト校を自由学校共同体と規定している。彼はさらにこの文章の中で，すでにオーデンヴァルト校が自由学校共同体として社会的に認知されているということを示す例として，「フランクフルト新聞」1914 年 4 月 1 日号に「2 つの学校共同体からの新たなるもの」という記事が掲載されたことを指摘している。この記事では，オーデンヴァルト校とヴィッカースドルフ自由学校共同体とがともに学校共同体として取り上げられ，両学校での教育実践が紹介されたのである[81]。

　けれども，こうしたゲヘープの意図は，ヴィネケンとそのクライスにはまったくと言ってよいほど理解されていなかった。ヴィネケンが自由学校共

第1章　ゲヘープにおける自由学校共同体理念の形成　45

同体を論じるとき，そのモデルとして想定したのは常にヴィッカースドルフ
自由学校共同体であった。彼が1913年においてなお「私が首唱する自由学
校共同体は，これまでのところただ1つの施設でようやく現実化したにすぎ
ない」[82] と述べているように，オーデンヴァルト校は自由学校共同体とし
て認知されていなかったのである。1917年，雑誌『先遣隊 (Der Vortrupp)』[83]
誌上で小さな論争が戦わされたことは，こうした事態を端的に示している。
この議論は，1917年第2号で，クレラ (A.Kurella) が次のように述べたこと
に端を発する。

　　「グスタフ・ヴィネケン博士が，自己のライフワークすなわちヴィッカースド
　　ルフ自由学校共同体を失ってしまった。彼がこの学校の校長を離れたのちも，私
　　が6年間指導の座についてきたが，彼は，自己をヴィッカースドルフに結び付け
　　る最後の関係をも絶たざるをえないと判断した。（中略）再び世界に，自由学校
　　共同体が存在せねばならない。そのためにわれわれは，われわれのすべてを投入
　　するつもりである。」[84]

この文章に対して，ゲヘープは同年第7号で，上記の言葉が，真の「現状」
を知らないあらゆる読者に対して，次のような誤解を招くとして反論してい
る。すなわち，ヴィネケンとヴィッカースドルフとの関係が絶たれた以上，
もはや世界には自由学校共同体は1つも存在しない，という誤解である。ゲ
ヘープは，ヴィネケンがヴィッカースドルフを離れたその瞬間をもって同校
が自由学校共同体であることをやめるのかどうかという問題に対しては，今
後の同校の活動如何にかかっているとして回答を避けながらも，オーデン
ヴァルト校の存在については以下のようにきっぱりと明言している。

　　「いずれにしても断言できることは，約7年前から，ベルクシュトラッセにあ
　　るヘッペンハイムのオーバー・ハムバッハでは，オーデンヴァルト校において自
　　由学校共同体という制度を非常に完全な形で実現した施設が存在しているという
　　ことである。」[85]

ゲヘープは，オーデンヴァルト校が完全な自由学校共同体であると述べ，クレラの見解に対して反論するのである。

　この論争において重要なのは，クレラとゲヘープのいずれの主張が正しいのかを見極めることではなかろう。むしろ興味深いのは，なぜこうした見解のズレが生じたのか，という問題である。

　この問題に関してさしあたり考えられるのが，ゲヘープとヴィネケンの人間関係上のトラブルである。ヴィッカースドルフからのゲヘープの去就をめぐる騒動以来，ヴィネケンとゲヘープは絶縁状態にあり，その関係は終生回復されることはなかった。それゆえ，ヴィネケンとそのグループはオーデンヴァルト校でのゲヘープの活動について詳しい情報を持ち合わせていなかった，あるいは意図的に視野に入れなかったということが予想される。つまり，両者の不和とそこからくる知識不足とが上記の意見の対立を生んだとも考えることができるのである。しかし，ここでは対立の原因を，こうしたヴィネケンとゲヘープの個人的な人間関係以外にも，両者の自由学校共同体理念それ自体の原理的な相違に求めたい。

　そのための手掛かりとなるのは，上記のクレラとゲヘープの論争に続いて雑誌『先遣隊』誌上で展開された，自由学校共同体の創始者をめぐる論争である。これは「自由学校共同体の創始者は誰か」というテーマの下で，ゲヘープ派のハールレス（H.Harless）とヴィネケン派のライナー（P.Reiner）との間でなされた一種の代理論争である。結果的には，ハールレスがゲヘープを，ライナーがヴィネケンを自由学校共同体の創始者と主張し合うことによって議論は平行線のまま終わる。しかし，その際の両者の根拠を細かく見てゆくと，2人の間で自由学校共同体の捉え方が少し異なることに気づく。つまり，自由学校共同体のメルクマールを何に求めるかによって，その創始者がどちらにでも解釈可能だということである。それでは，ゲヘープとヴィネケンはそれぞれ何を自由学校共同体のメルクマールと考えていたのか。ハールレスとライナーの主張を少し見てみることにしよう。

第1章　ゲヘープにおける自由学校共同体理念の形成　47

　ハールレスの主張をまとめれば次のようになる。すなわち，「自由学校共同体の本質はその民主主義的な組織であり，それをもっとも明確に示す表現は（中略）学校共同体である」[86]。ゲヘープはすでにハウビンダ時代に＜全体集会（Generellversammlung）＞を導入しており，彼がヴィッカースドルフを創設する際に，＜全体集会＞を＜学校共同体＞という名前に改称して発展的に継承してきた。そしてオーデンヴァルト校では，その＜学校共同体＞をさらに民主的なものへと発展させてきている。つまり，「ますます小国家ごっこや党派闘争から離れ，ますます責任感によって担われ，ますます全面的な信頼という基盤への理解と合意を求め，そしてますます社会的な理想に近づいているのである」[87]。この意味でゲヘープは自由学校共同体理念の創始者であり真の実践者と言える。それに対してヴィネケンは，ゲヘープがヴィッカースドルフを去ったあと，自由学校共同体を1つの運動として展開させようと「演出」しているが，理念と実践を見るならば，それはゲヘープのものとはまったく別物である。というのも，ヴィネケンの主張する「一方での帰依の要求と他方での信奉者の形成とは，自由学校共同体の基本思想と相いれないもの」[88] だからである。

　こうしたハールレスの見解に対して，ライナーは次のように真向から反論する。すなわち，なるほどゲヘープがハウビンダにおいてすでに＜全体集会＞を考案し実践していたかもしれないが，＜全体集会＞とヴィッカースドルフの＜学校共同体＞とは無関係である。なぜなら「その全体集会では，生徒自身がそれを『雑談の会』と特徴づけているように，ある理念の実現が問題にされることもなかったし，精神的意志の形成が問題にされることもなかった」[89] からである。＜学校共同体＞とは，「まったく消極的で無力」なゲヘープを尻目に，あくまでもヴィネケンが「新しく創造」したものである。その場合，「ヴィネケンの作品のひとつの柱」は「真剣で本当の青年への信頼であり，青年の本性と価値の新たな誇示」[90] である。そして，「ヴィネケンによって青年と絶対性との精神から学校の再生が可能となったのであって，

48 第Ⅰ部 自由学校共同体理念の形成と特質

ヴィネケンが言葉においても現実化においても，理念においても実践においても，自由学校共同体の創始者である」[91]。そして，「青年」と「絶対性」（文化）についての洞察が欠けているオーデンヴァルト校は，自由学校共同体の名に値しない，というのである。

　上述の通り，このハールレスとライナーの論争は，一方がゲヘープを，他方がヴィネケンを自由学校共同体の創造者と主張することによって，妥協点が見つからないまま終結する。この創造者をめぐる論争に判定を下すためには，ハウビンダ時代のゲヘープとヴィネケンの活動，とりわけ＜全体集会＞の内実について明らかにする必要がある。その上で，ヴィッカースドルフの＜学校共同体＞との連続なり断絶が考察されねばならないであろう。しかし，ここでは史料面の制約からこの問題にもはや立ち入ることはできない。

　ここで確認したいのはむしろ，ゲヘープとヴィネケンの自由学校共同体理念の差異である。この点に着目しながらハールレスとライナーの主張をもう一度読み返してみると，ゲヘープとヴィネケンの自由学校共同体のメルクマールがそれぞれ明確に示されているのに気づく。すなわちハールレスに従えば，ゲヘープにとっての自由学校共同体のメルクマールとは，端的に述べれば，学校内部での「民主性」にある。＜学校共同体＞という制度を基盤にして，教師と生徒とがいかに同等の権利と責任を分かち合うことができるのかが，自由学校共同体の真偽を分ける基準となるのである。それに対してライナーは，ヴィネケンにとっての自由学校共同体のメルクマールとは「青年」と「文化」の思想にあるという。つまり，いかに「青年」の独自性を確保しつつ「文化」を発展させることができるのかが問題となる。そこでは，教師（＝指導者）と生徒の原理的な非対称性が前提とされ，教師への生徒の自発的な服従は自明視されるのである。

　こうしたことを踏まえながら以下では，「青年・文化」と「民主性」という相異なるメルクマールに焦点を当てながら，ヴィネケンとゲヘープそれぞれの自由学校共同体理念をもう少し詳細に分析してみたい。

2．ヴィネケンの自由学校共同体理念

　ヴィネケンによれば，自由学校共同体とは「学校とワンダーフォーゲルとのより高次な統合」[92]と象徴的に定義することができる。彼はドイツ青年運動の指導者としての立場から，子どもの教育と切り離された固有の発達段階として青年期を捉えた。そして，青年の自律的活動として19世紀末に生まれたワンダーフォーゲルの人間形成的意義を強調した。ワンダーフォーゲルは青年を成人の囲いの外に連れ出し，因襲の強制から，また大都市の頽廃した文化から彼らを解放し，さらに彼らを自然と民族性に結びつけることに成功したというのである。だが，ヴィネケンは一方で，ワンダーフォーゲルが孕む重大な欠陥を指摘する。つまり，客観的精神（言語を中心とする，法，科学，芸術，道徳，伝承等）の獲得を人間形成の最大の目標と見なすヴィネケンは，ワンダーフォーゲルが現代の文化の全面否定に傾斜しており，その結果逆に青年のなかにある種の精神的柔弱さを生んでいると批判するのである[93]。したがって，ヴィネケンは学校の文化伝達機能に改めて光を当てようとする。

　こうしてヴィネケンにおいて，学校とワンダーフォーゲルとの統合，換言すれば「文化」と「青年」の統合が自由学校共同体の第一命題となる。彼はこう述べる。

> 「自由学校共同体は学校の本質をあらたに精神の媒介者と規定し，絶対的なる文化意思の産出をその使命と定めることによって，絶えず究極的絶対的なる価値を志向する青年の理想主義と合致することになったのである。」[94]

さらに彼は，別の箇所で次のように断言している。

> 「自由学校共同体のきわだった特徴は，その青年観にあるといってよいものだ。これはまずはじめに原理としての厳格さと確かさをもって考察され，ただちに承認され実行されたのである。あるいはむしろ，青年か文化かというアンチノミー

の統合こそ，この学校の固有性であるということもできる。この統合は，両者の和解や妥協ではなく，両者をともに放棄することでない。青年と文化の両者をともに高めることによって，それをより高次の統一の中で結びつけるのである。ここに学校の本質は，この高次の統一として認識されることになった。学校は青年の城（Burg）であると同時に，文化の維持と強化，いや再生のための本来の場となったのである。」95)

このように，一方で「青年」の特殊な本質や欲求にかないつつ，同時に真の「文化」の名に値する生活形式を見いだすことが自由学校共同体において重要視された。この意味でヴィネケンは，この「文化」と「青年」を統合したような生活形式の総体を「青年文化」と名づけ，自由学校共同体を「青年文化」の形成の場と捉えるのである。

　だが，この「青年文化」が青年の間で自然発生的に形成されるものではないとヴィネケンは考える。生徒を単に放任することこそ，彼がもっとも忌み嫌うところである。そこで持ち出されるのが教師による積極的な指導である。つまり，教師は積極的に目標を設定してそこへと青年を導くことが求められるのである。その場合，ヴィネケンは理想的な教師を「指導者（Führer）」と名づけ，次のように定義する。

　　「『指導者』とは客観的認識や価値を教える媒介者以上の存在であり，また人格的に手本とすべき人間以上の存在である。指導者とは創造的な人間であり，人格と能力とが1つになった人間である。そして，単に認識を広めるだけでなく，新しい精神的な生活を生み出し，新しい人間性を呼び起こす人間なのである。今にも事物が人間に勝ろうとしている時代の真っ直中において，青年は再び創造的，支配的，指導的な人間の方へと向かい，さまざまな客観的認識のみならず新しい人間性を渇望し，書物や教義の媒介を通してではなく直接人間から聞き生活したいと考えるのである。」96)

ここで注目したいのは，青年がこうした指導者の存在に対して自発的な献身をもって答えるという論理である。ヴィネケンは，青年の内部には指導者を求める「憧れ」が備わっていると考え，それを「指導者への帰依

（Gefolgschaft）」という言葉を用いて説明する。そして，そうした指導者を見いだし，彼に付き従うことが青年に固有の能力だというのである。

　　「指導者は人々の選択ではなく，彼自身のカリスマによって決定される。指導者は精神的現実である。この精神的現実を感取する器官をもっていることが新しい青年の固有性であり，この固有性を認識したことが自由学校共同体の成果なのである。」[97]

　先述の通り，ヴィネケンが構想する自由学校共同体は，「旧世代」という権威からの青年の解放を目指すものであった。しかしながら，彼が青年の固有性を指導者への帰依に結びつけるとき，そこには新たな権威への追従という問題が内包されているのである。このようにヴィネケンの教育思想において教師の絶対的な権威性が前提とされているという点が，ゲヘープとの決定的な相違点であると言えよう[98]。

3．ゲヘープの自由学校共同体理念

　ゲヘープの自由学校共同体理念，そしてそれの現実化であるオーデンヴァルト校の実践は，子どもの自由な自己発達を限りなく重視しようとするものであった。ゲヘープは，「あなたは，あなたらしく成長せよ」というピンダー（Pindar）の言葉を好んで用いた。彼は，オーデンヴァルト校の創立20周年を記念する論文のなかで，オーデンヴァルト校がこの思想から生まれたと述べている[99]。実際ゲヘープは，1910年4月14日に行われたオーデンヴァルト校開校演説のなかで，生徒たちにこう語りかけている。

　　「君たちが何事も自分の力で行い，次第に私たちを不必要と思うようになるまで，君たちの創造力を制限せず，圧迫せず，自由に発達させ，強固にしたいと思っている。（中略）私は，ここでの生活の中で，何から何まで『強制する』ことをさけるつもりである。」[100]

52　第Ⅰ部　自由学校共同体理念の形成と特質

このように子どもの自由な発達を尊重しようとするゲヘープの考えは，ゲーテの『ヴィルヘルム・マイスターの遍歴時代』と接するなかで形成された，次のような教育観に由来するものであった。

　　「若者に感化を及ぼそう，指導をしよう，教えようと努力する成熟した年長者の活動が教育という言葉の真の意味ではない。教育とは，個々の人間の誕生から死にいたるまでの発達過程であり，それは始めは無意識であっても，次第に意識的に持続的に，自己の環境，すなわち人間や事物，自然や文化と対決していく過程なのである。（中略）このような教育論は，文化財を哲学的に論究することや，それがもつ，若者にとっての陶冶財としての絶対的価値を哲学的に論究することからは生まれえないうえ，外から若者に押しつけられる教育目標によっても，規律を書いた文書や懲罰制度からも生まれない。生徒に対して権威ずくになり，自分の手の内に生徒をしっかりと押さえ込んで，できるかぎり多くの知識を詰め込むために，教育者たる者はどのような教育をおこなわなければならないのか，という熟慮からも生まれてこない。むしろわれわれは，子どもから出発するのであり，われわれの関心の中心は，多くの埋もれた子どもの能力や素質，豊かな個性を探究することなのである。」101)

われわれはまさにここに，「あなたは，あなたらしく成長せよ」という，子どもの自由な自己発達を重視する思想の一端をうかがい知ることができるであろう 102)。

　しかしながら，ゲヘープは，子どもの自由な自己発達を重視することによって，子どもの個人主義的な教育を一面的に強調したわけでは決してなかった。彼は一方で常に，教育を通して子どもが社会的性格を身につけることの必要性を認識していた。彼は，「田園教育舎の未来」（1912 年）という論文において，ケイ（E.Key）に依拠するかたちで，「田園教育舎は，個人主義を越えて社会的な教育へと発達せねばならない」103) と言明している。また，友人フェリエールに宛てた手紙の中で，次のように述べている。

　　「楕円の 2 つの焦点ともいえる個人主義と社会的責任は，あらゆる人間の文化

的発達を支配する2つの中心思想であり，お互いに多かれ少なかれ激しい闘争をしている一方，どちらか片方がなければ困るものである。」[104]

このようにゲヘープは，社会的な意識の発達との緊張において，個人の独自な自己実現を目指したのである。

　以上のように，オーデンヴァルト校において，生徒の自由で内発的な活動が尊重される際には，常に一方で，共同体のなかで生徒が社会的な意識を獲得することが重視された。ここで重要なのは，この生徒の社会的な意識をゲヘープが「責任（Verantwortung）」という言葉を用いて表現している点である。彼は，先の開校演説において次のように語っている。

> 　「年上の者も若い者も，皆，どの仲間にも権利と義務を同等に与えられる共同体を，私たちはここに作るのである。私たちの家，私たちの道，私たちの庭が，どのような状態であるかは，私にも君たちにも一人一人に責任がある。私達一人ひとりが共同責任（mitverantwortlich）を担うことになるのである。」[105]

このようにゲヘープは，オーデンヴァルト校での共同体生活の基礎に「責任」という理念を据えた。彼は1931年の論文のなかでそのことを明確に断言している。

> 　「私たちの共同体の中心理念は責任の理念，つまり個々人の自己自身に対する，また全体に対する責任の理念である。」[106]

　ゲヘープはさらに，「権利」という言葉との対比において「責任」という理念を次のように説明している。彼によれば，オーデンヴァルト校において，権利について争ったことは一度もなく，また権利の平等が問題になったこともないという。というのも，この学校にはそもそも「統治」が存在しないからである。つまりそこでは，何らかの統治機構があり，それに対して「生徒の共和国」や「自治」や「生徒の投票権」が存在するといった構図は成立し

ない。むしろ，オーデンヴァルト校の中心原理は「権利」ではなく「責任」である。権利と権力をめぐる争いの中にではなく，責任をもって義務を分かち合うことのなかに，つまり全体の幸福のために解決されねばならない課題に対して私利私欲を捨てて尽力することのなかにオーデンヴァルト校の本質的特質がある，とゲヘープは主張するのである[107]。

　以上のように，オーデンヴァルト校においては，子どもの自由な発達が尊重される一方で，子どものなかにできるだけ早いうちに，強固な責任感を育成することが目指され，教師にも子どもにも学校全体にたいして共同責任を担うことが求められた。「自由」と「責任」というこの両原理が自由学校共同体＝オーデンヴァルト校の民主的性格を構成するとゲヘープは考えていたのである。

小括

　本章では，ゲヘープにおける自由学校共同体理念の形成と特質について考察してきた。以下，本章で明らかになったことを簡単に総括しておく。

　本章ではまず，ゲヘープが自由学校共同体理念を形成していく背景として，19世紀後半から20世紀初頭にかけてのドイツの社会状況と新教育運動について概観した。当時は急激に工業化が進展し，ドイツが農業国から工業国へと転換する時代であった。未曾有の成長を遂げたドイツの工業化は，都市への人口集中と農村の過疎化，家族制の小・核家族化，そして階級闘争の激化といった現象をもたらした。伝統的な共同体が崩壊してゆくなかで，人々はアトム化し，根無し草化していった。その結果，人々の内部では「ロンリネス」とも言うべき感情が支配的となっていった。だが他方で，その反作用として，「失われた」過去の共同体を再興し，断ち切られた人々のきずなを回復することが熱烈に希求された。新教育運動においても，「共同体」は中心的なテーマとなった。学校全体を1つの共同体として組織しようとする試み，あるいは共同体的要素を学校の個々の活動場面に導入しようとする試みは，

政治的立場の右左を越えて，新教育の多様な実践のいたるところで確認でき
た。したがって，ゲヘープがオーデンヴァルト校を自由学校共同体と規定し
ていたことも，「共同体による共同体への教育」という思想的基盤を，他の
新教育の実践家たちと共有していたと言える。

　こうしたドイツ社会と新教育運動の全般的傾向を概観したあとで，本章で
は次にゲヘープ自身の成長過程を整理した。宗教的に寛容な家庭と町に育っ
た彼は，母の影響を受けて幼い頃から宗教に強い関心を有していた。その傾
向は母の死をきっかけにして一層確実となった。彼はベルリン大学で神学を
学ぶかたわら，キリスト教の精神を様々な社会運動において具体的に実践し
た。そうした彼の関心を神学から教育へと移していったのは，後のドイツ田
園教育舎運動の創始者リーツとの出会いである。ゲヘープはイエナ大学時代
にリーツと知遇を得て，彼と交流するなかで「教育による社会改革」という
モチーフをつかむ。その後トリューパーやグメリンのもとでの教育実践を経
て，ゲヘープは1902年から1909年にかけて，リーツの設立したドイツ田園
教育舎ハウビンダ校と，ゲヘープがヴィネケンとともに設立したヴィッカー
スドルフ自由学校共同体において教師および校長として活動する。この2つ
の教育実践を通してゲヘープは，自己の教育論をリーツやヴィネケンのそれ
から際立たせ相対的に自律化させ，オーデンヴァルト校を自由学校共同体と
して構想していくことになる。

　最後に本章では，ゲヘープの自由学校共同体理念の特質をヴィネケンのそ
れとの比較において明らかにした。ヴィネケンにとっての自由学校共同体の
メルクマールとは「青年」と「文化」の思想にある。そこでは，生徒と教師
がいかに対等な関係を保つかということではなく，いかに青年の独自性を確
保しつつ文化を発展させることができるのかが問題となる。その場合，青年
の「いま」「ここ」を尊重するという青年の独自性の強調は，教師（＝指導
者）の権威主義的な作用を前提とするものであった。それに対して，ゲヘー
プにとって自由学校共同体のメルクマールとは，学校内部での「民主性」に

56　第Ⅰ部　自由学校共同体理念の形成と特質

ある。＜学校共同体＞という制度を基盤にして，教師と生徒とがいかに同等の「自由」と「責任」を分かち合うことができるのかが，自由学校共同体の真偽を分ける基準となるのである。したがって，両者の自由学校共同体理念の相違を，例えばそれぞれの「自由」という言葉の意味内容に則してこうまとめることができるであろう。つまり，ヴィネケンにとって「自由な（Frei）学校共同体」とは，国家社会や家庭といった「外的」な存在から自由な学校であり，そこではいわば「青年」を起爆剤とした社会批判がもくろまれている。一方，ゲヘープにとって「自由な学校共同体」という場合の「自由」とは，学校「内部」での教師の権威主義からの自由を意味し，そこでは教師と生徒が共同責任を担うパートナー的な活動に力点が置かれているのである。

　ゲヘープの自由学校共同体理念においては，「自由」と同時に「責任」という原理が重要な位置をしめていた。この両原理がどのような関係あるかについて，ゲヘープは体系的な理論を構築していない。時に対立し合うことが予想される 2 つの原理がいかにして両立されうるのかという問題は，理論においてではなく実践のなかで解決されるべきものだったのである。「自由」と「責任」を軸とする彼の自由学校共同体理念がオーデンヴァルト校においてどのように実践化されるのかについては，第Ⅱ部で詳しく検討したい。この作業を通じて，この両原理の関係も明らかにされるであろう。

1）　ベーメ,H.（大野英二他訳）『現代ドイツ社会経済史序説』未來社，1976 年，83 頁以下。

2）　同上書，117 頁以下。

3）　同上書，102 頁以下。

4）　ヴェーバー＝ケラーマン,I.（鳥光美緒子訳）『ドイツの家族——古代ゲルマンから現代——』勁草書房，1991 年，75 頁。

5）　ラフ,D.（松本彰他訳）『ドイツ近現代史』シュプリンガー・フェアラーク東京，1990 年，100 頁以下。

6）　共同体生活を困難なものにしていたその他の原因として，宗教的権威の弱体化や，

第1章　ゲヘープにおける自由学校共同体理念の形成　　57

伝統的な身分・階級カテゴリーの腐食，さらにドイツ帝国の「若さ」ゆえのナショナル・アイデンティティの弱さなどが考えられよう。

7)　Riedel,M.: Gesellschaft, Gemeinschaft, In: Brunner,O. u.a.(Hrsg.): Geschichtliche Grundbegriffe, Band 2, Stuttgart ³1994, S.801ff..

8)　Tönnies,F.: Gemeinschaft und Gesellschaft; Grundbegriffe der reinen Soziologie, Darmstadt ⁸1988, S.3f. (杉之原寿一訳『ゲマインシャフトとゲゼルシャフト──純粋社会学の基本概念──(上)』岩波書店，1957年，34-37頁。

9)　Ebenda, S.34. (邦訳，91頁。)

10)　Tönnies,F.: Gemeinschaft und Gesellschaft; Grundbegriffe der reinen Soziologie, Darmstadt ⁸1988, S.217. (杉之原寿一訳『ゲマインシャフトとゲゼルシャフト──純粋社会学の基本概念──(下)』岩波書店，1957年，210頁。)

11)　同様の思考形式，歴史民族学者リール（W.H.Riehl）にも見ることができる。彼は，「全き家」という家族構造がもはや当時のドイツでは支配的ではなくなっていることを見抜いていたにもかかわらず，その著作『家族』（1855年）において，それを模範的なものとして讃えた。彼は「全き家」を理想化し，イデオロギー化して描き，家の共同生活の情緒的側面を過大評価しただけでなく，この「全き家」という形態全体を絶対的なものに祭りあげた。彼のこの書物は科学的な厳密さに欠けており，文化政策的に偏向しているものであった。しかし，それは古き良きドイツの共同体の暮らしをロマンティックに描き出していたがゆえに17版を数え，当時のドイツ人の愛読書のひとつとなったのである（ヴェーバー＝ケラーマン,I.『ドイツの家族──古代ゲルマンから現代──』，91頁以下）。

12)　生活改革運動については，山名淳『ドイツ田園教育舎研究──「田園」型寄宿制学校の秩序形成──』風間書房，2000年，第3章を参照。

13)　上山に従えば，ウェーバーが「合理的支配」「伝統的支配」と並ぶ支配の類型として「カリスマ的支配」を取り上げた社会的背景には，青年運動と盟約（ブント）のなかでの指導者原理の盛り上がり，自由ドイツ青年運動と連結したディーデリヒス（E.Diederichs），アヴェナリウス（F.Avenarius），シュタイナーらのクライスの叢生，権威主義の下での指導者と服従者関係の発生，さらに神秘的体験とかエロスを媒介にした新しい人間結合，そして予言者的指導者待望の風潮があったという（上山安敏『神話と科学──ヨーロッパ知識社会　世紀末～20世紀──』岩波書店，1984年，48頁以下）。

14)　新明正道『ゲマインシャフト』恒星社厚生閣，1970年，18頁以下。

15)　上山安敏／桜井哲夫「世紀末思想の可能性──サークルの精神史──」，『現代

思想』第22巻，第2号，1994年，とりわけ54-56頁を参照。

16) アーレント,H.（大久保和郎他訳）『全体主義の起源　3』みすず書房，1974年，320頁。

17) 同上。

18) Oelkers,J.: Reformpädagogik; Eine kritische Dogmengeschichte, Weinheim/München, [2]1992, S.166..

19) Petersen,P.: Die Neueuropäische Erziehungsbewegung, Weimar 1926, S.50.

20) ペーターゼンの共同体思想については以下のものを参照されたい。対馬達雄「ペーターゼンにおけるゲマインシャフトの理念と学校共同体の形成」，日本教育学会編『教育学研究』第54巻，第2号，1987年。伊藤暢彦「教育原理としてのゲマインシャフト」，大谷大学哲学会編『哲学論集』第40号，1993年。

21) Reble,A.: Theodor Litt; Einführende Überschau, Bad Heilbrunn 1996, S.142f..

22) さらにいえば，新教育における共同体のテーマ化はドイツに限定されるわけではない。アメリカの新教育（進歩主義教育）における共同体形成論については，宮本健市郎『アメリカ進歩主義教授理論の形成過程——教育における個性尊重は何を意味してきたか——』東信堂，2005年，271-291頁。イギリスについては，山﨑洋子「イギリス新教育運動における両義的可能性とパースペクティヴ——『共同体』と『学級』へのアプローチにもとづいて——」，『鳴門教育大学研究紀要（教育科学編）』第20巻，2005年を参照。

23) ハンブルク共同体学校との関連を踏まえてベルリンにおける共同体（協同体）学校の思想と実践を詳述した研究として，小峰総一郎『ベルリン新教育の研究』風間書房，2002年。

24) Flitner,W.: Die drei Phasen der Pädagogischen Reformbewegung(1928), In: Ders: Gesammelte Schriften, Band 4, Paderborn/München/Wien/Zürich 1987, S.236.

25) Flitner,W.: Die drei Phasen der Pädagogischen Reformbewegung, a.a.O., S.241.

26) Nohl,H.: Die pädagogische Bewegung in Deutschland und ihre Theorie(1935), Frankfurt a.M. [10]1988, S.277.

27) なお，第1段階のスローガンは「人格性（Persönlichkeit）」，第3段階のそれは「奉仕（Dienst）」であるが，正確な時期区分については説明が加えられていない（Nohl,H.: Die pädagogische Bewegung in Deutschland und ihre Theorie, a.a.O., S.276f.）。

28) 例えば以下のものがある。

・Adalbert G.: Die Laubmoose des Cantons Aargau; mit besonderer

Berücksichtigung der geognostischen Verhältnisse und der Phanerogamen, Aarau 1864.

- ・Adalbert G.: Ein Blick in Flora des Dovrefjeld, In: Festschrift des Vereins für Naturkunde; zu Cassel zur Feier seines 50jährigen Bestehens, Cassel 1886.
- ・Adalbert G.: Neue Beiträge zur Moosflora von Neu-Guinea, In: Bibliotheca botanica, Bd.2. 1889.
- ・Adalbert G.: Bryologia atlantica; die Laubmoose der atlantischen Insel; unter Ausschluss der europäischen und arktischen Gebiete, Stuttgart 1910.

29)　ヘッケルの旧宅には今日なおアーダルベルトからの書簡が 33 通保管されている。Vgl. Ritz,W. u.a.: Adalbert Geheeb, In: Stadtverwaltung Geisa (Hrsg.): Festschrift 1175 Jahre Geisa, Fulda 1992, S.142ff..

30)　Ritz,W. u.a.: Adalbert Geheeb, a.a.O., S.1. エアドマンについては第 7 章を参照のこと。

31)　Geheeb,P.: Lebenslauf, In: Schäfer,W.(Hrsg.): Paul Geheeb-Briefe; Mensch und Idee Selbstzeugnissen, Stuttgart 1970, S.33.（ウィルヘルム ,W. 他訳「履歴」, 鈴木聡他著『青年期の教育』明治図書，1986 年，187 頁以下。）

32)　Ritz,W. u.a.: Paul Geheeb, In: Stadtverwaltung Geisa(Hrsg.): Festschrift 1175 Jahre Geisa, Fulda 1992, S.144f..

33)　このアンナの未刊行の自伝はＡ 4 の用紙に直筆で約 100 枚書かれている。そのコピーが，ガイザ郷土博物館の管理者ハインツ・クレバー（Heinz Kleber）氏の自宅およびオーデンヴァルト校に所蔵されている。オリジナルの所在については目下のところ不明。

34)　Näf,M.: Briefe von und an Moritz Goldschmidt und Familie; aus dem Nachlass von Paul und Edith Geheeb-Cassirer in der Ecole d'Humanié (CH-6805 Goldern-Hasliberg), Basel 1989 (Privatdruck).

35)　なおこの一件をひきがねにして，ハウビンダ校のユダヤ人教師レッシング（Th. Lessing）とユダヤ人生徒の大部分がリーツと対立してハウビンダを去っていった。この「ユダヤ人騒動」（1903 年）のあとリーツはユダヤ人に対する差別的・抑圧的態度を鮮明にした。1918 年に彼が著した『はじめの 3 校のドイツ田園教育舎』では，生徒の入学条件として生徒の「インドゲルマン系の血統」が明記されている（川瀬邦臣「H. リーツの共同体教育論」,『東京学芸大学紀要』第一部門，第 47 集，1996 年）。

36)　Näf,M.: Pädagogischer Rebell oder sentimentaler Träumer?; Paul Geheeb zum 125. Geburtstag, In: Unterwegs, 7.Jg., 1995, S.25f..

60　第Ⅰ部　自由学校共同体理念の形成と特質

37) Näf,M.: Pädagogischer Rebell oder sentimentaler Träumer?; Paul Geheeb zum 125. Geburtstag, a.a.O., S.25f..

38) 若尾祐司『近代ドイツの結婚と家族』名古屋大学出版会，1996年，333頁，354頁以下。

39) Lüders,E.: Minna Cauer; Leben und Arbeit; Dargestellt an Hand ihrer Tagebücher und nachgelassenen Schriften, Gotha 1925, S.73.

40) Ebenda, S.73f..

41) Schäfer,W.: Paul Geheeb; Mensch und Erzieher, Stuttgart 1960, S.16.

42) 第4章を参照されたい。

43) Witt,E.M.v.: Erinnerungen einer alten Freundin, In: Schüler der Odenwaldschule(Hrsg.): Der Neue Waldkauz, 4.Jg., 1930, S.86.

44) ベーベルはこの手紙に対して，「自分たちの目標がフォン・エギディ氏のそれを大きく上回っているという理由で，私たちは一緒に活動することはできない」という返事を出している。Vgl. Schäfer,W.: Paul Geheeb; Mensch und Erzieher, a.a.O., S.19f..

45) Geheeb,P.: Die Odenwaldschule im Lichte der Erziehungsaufgaben der Gegenwart, In: Pädagogische Hochschule, 3.Jg., 1931, S.17. (ウィルヘルム,W.他訳「現代の教育課題を照らし出す学校——オーデンヴァルト校——」，鈴木聡他著『青年期の教育』明治図書，1986年，220頁。)

46) Tonbandaufzeichnung vom Interview mit Edith und Paul Geheeb von Walter Schäfer im 12.1959, S.59.

47) Geheeb,P.: Die Odenwaldschule im Lichte der Erziehungsaufgaben der Gegenwart, a.a.O., S.17. (邦訳，220頁。)

48) Geheeb,P.: Lebenslauf, a.a.O.,S.34. (邦訳，188頁。)

49) Keller,A.v.: Erste Eindrücke von Paul Geheeb, In: Mitarbeiter der Odenwaldschule(Hrsg.): Erziehung zur Humanität; Paul Geheeb zum 90. Geburtstag, Heidelberg 1960, S.22f..

50) ゲヘープによれば，リーツがレディの実験学校アボツホルム校をイギリスに訪れる以前のこの時期に，彼らはすでにリプシウスのゼミナールに参加する過程で，フィヒテの思想にもとづく教育舎を設立するという構想を立てていたという。(Tonbandaufzeichnung vom Interview mit Edith und Paul Geheeb von Walter Schäfer im 12.1959, S.60.)

51) 学生生活を通してゲヘープの主題はキリスト教から教育へと移行していったが，彼がキリスト教への関心を失ってしまったわけではなかった。そのことは，長期にわ

第1章　ゲヘープにおける自由学校共同体理念の形成　61

たる学生生活を終えるにあたって，ゲヘープがオイケン（R. Eucken）に，「スピノザ
における神概念とそれが古典主義時代の思想家に与えた影響」というテーマの論文を
提出したということからもうかがえる。後年ゲヘープの妻エディスは，次のように述
べている。「私はパウルス（ゲヘープのこと：筆者）について，そのキリスト教的背
景を抜きにして考えることなど決してできはしません。というのも，彼は常に聖書の
なかに，新約聖書のなかに暮らしていたのです。ただし，それについてはごくわずか
しか，本当にごくわずかしか語りませんでした。」(Geheeb,E.: Aus meinem Leben, In:
Geheeb,E. u.a.: Edith Geheeb-Cassirer zum 90. Geburtstag, Meringen 1975, S.25.) ゲ
ヘープの教育実践のキリスト教的思想基盤については，Hanusa, B.: Die religiöse
Dimension der Reformpädagogik Paul Geheebs; Die Frage nach Religion in der
Räformpädagogik, Leipzig 2006 を参照。

52)　Geheeb,P.: Ein Brief an die Eltern einiger Kinder, die mir seither im D.L.E.H.
Haubinda anvertraut waren, Ende Juli 1906, S.4f.（AdJB）

53)　Ebenda, S.5.

54)　リーツが自ら設立した学校として，これら以外にフェッケンシュテットの孤児
田園教育舎（1914年4月28日）がある。

55)　川瀬邦臣「H. リーツの教育改革の思想」，川瀬邦臣他『田園教育舎の理想──ド
イツ国民教育改革の指針──』明治図書，1985年，47頁。

56)　Geheeb,P.: Ein Brief an die Eltern einiger Kinder, die mir seither im D.L.E.H.
Haubinda anvertraut waren, a.a.O., S.5.（AdJB）

57)　Wyneken,G.: Die Gründung der Freien Shulgemeinde 1906, o.J., S.4.（AdJB）

58)　原聡介「田園教育舎の理想」，吉田昇他編『近代教育思想』有斐閣，1979年，36
頁以下。川瀬邦臣「H. リーツの教育改革の思想」，66頁以下。

59)　Geheeb,P.: Ein Brief an die Eltern einiger Kinder, die mir seither im D.L.E.H.
Haubinda anvertraut waren, a.a.O., S.8.（AdJB）

60)　エディスは自己の生涯を振り返るインタヴューのなかで，夫ゲヘープと自分が
「とても左（sehr links）」だったと述べている（Geheeb,E.: Aus meinem Leben, In:
Geheeb,E. u.a.: Edith Geheeb-Cassirer zum 90. Geburtstag, Meringen 1975, S.25.）。
なお，彼女は同じインタヴューのなかで，夫が学生時代に深い交流のあったミンナ・
カウアーを「完全に左寄り（ganz linksgerichtet）」だったと特徴づけている
（Geheeb,E.: Aus meinem Leben, a.a.O., S.11.）。この微妙な表現の差異に，ゲヘープ夫
妻の政治的な自己認識をうかがうことができる。

61)　ゲヘープがリーツから離反していく直接的な原因となったハウビンダ校賃貸問

62　第Ⅰ部　自由学校共同体理念の形成と特質

題については，山名淳『ドイツ田園教育舎研究——「田園」型寄宿制学校の秩序形成——』風間書房，2000年に詳しい。

62）Vgl. Geheeb,P.: Ein Brief an die Eltern einiger Kinder, die mir seither im D.L.E.H. Haubinda anvertraut waren, a.a.O., S.8.（AdJB）

63）Petersen,P.: Die Stellung des Landerziehungsheims im Deutschen Erziehungswesen des 20.Jahrhunderts; Ein typologischer Versuch, In: Huguenin,E.: Die Odenwaldschule. Weimar 1926, S.37.

64）ヴィネケンはヴィッカースドルフ自由学校共同体の名称について以下のように述べている。「その（教師と生徒の：論者）集会は，州の主権を有する民衆集会（議会ではない！）を意味するスイスのラントゲマインデ（Landgemeinde）に似せて，『学校共同体（Schulgemeinde）』という名前を授けられた。全共同体，われわれの団体を形成する十分に権限のある構成員のすべてが集まって，その法律を立てねばならなかった。青年とその教師とが自由に同等の権利を与えられて共同作業をおこなうこうした制度は，この共同体にとっての基盤となるものであり，この制度からわれわれの学校は『自由学校共同体（Freie Schulgemeinde）』という名前を採用したのである。」（Wyneken,G.: Wickersdorf, Lauenburg(Elbe) 1922, S.38.）

65）パンターによれば，ハウビンダ校のある宗教の教師が当局に対して，ヴィネケンが青年に非宗教的な影響を与えていると密告したことがその理由である（Panter,U.: Gustav Wyneken; Leben und Arbeit, Weinheim 1960, S.71.）。なお，新学校設立認可以降も当局はヴィネケンの存在を好ましく思っていなかった。1909年にゲヘープが同校を離れる際に，以下の通達を出して，ヴィネケンが継続して校長の椅子に座ることを断固として認めなかった。「ヴィネケン博士によって，また彼の影響のもとで，同校の生徒の間にませた批判，尊大で否定的な批判をおこなう極めて憂慮すべき精神が育て上げられている。そうした精神は断じて承認されるべきものではなく，健全な教育のあらゆる原則と相容れないものである。」（Zweiter Jahresbericht der Freien Schulgemeinde Wickersdorf; 1. März 1908-1. Januar 1910, Jena 1910.）

66）ただしヴィネケンはゲヘープを「形式的な校長」と限定づけ，新学校の実質的な指導者が自分であったことを暗に主張している（Wyneken,G.: Die Gründung der Freien Shulgemeinde 1906, a.a.o., S.6,（AdJB）。

67）Geheeb,P.:"Landerziehungsheime"und"Freie Schulgemeinde", In: Kunstwart und Kulturwart, 27.Jg., 1914, S.140.

68）Tonbandaufzeichnung vom Interview mit Edith und Paul Geheeb von Walter Schäfer im 12.1959, S.4.

第 1 章　ゲヘープにおける自由学校共同体理念の形成　　63

69)　Brief von Paul Geheeb an Karl Grunsky, 15.2.1909, In: Schäfer,W. (Hrsg.): Paul Geheeb- Briefe; Mensch und Idee Selbstzuegnissen, a.a.O., S.40. なおこの手紙から，ゲヘープが精力的にドイツ国内を調査旅行していたこと，それと同時に新学校での教師を探していたこと，そして 2 月時点では次の 5 つの候補地を考えていたことがうかがえる。つまり，オルデンブルクのオイティン近郊のウクライ湖，ドレスデン近郊のヘレラウ，チューリンゲンの森，オーデンヴァルト，シュヴァーベン・シュヴァルツヴァルトの 5 ヵ所である。この時，田園都市ヘレラウ側からの積極的な学校設立の勧誘にもかかわらずそれが実現しなかったことについては，山名淳『夢幻のドイツ田園都市——教育共同体ヘレラウの挑戦——』ミネルヴァ書房，2006 年，220-224 頁に詳しい。

70)　Petersen,P.: Die Stellung des Landerziehungsheims im Deutschen Erziehungswesen des 20.Jahrhunderts; Ein typologischer Versuch, a.a.O., S.39.

71)　Badry,E.: Die Gründer der Landerziehungsheime, In: Scheuerl,H.(Hrsg.) : Klassiker der Pädagogik, München 1979, S.162.

72)　Geheeb,P.: Entwurf des Planes einer privaten Lehr= und Erziehungsanstalt, deren Gründung im Odenwald bei Darmstadt beabsichtigt wird, 20.8.1909.(AOS)（ウィルヘルム ,W. 他訳「ヘッセン—ダルムシュタット大公国文部省あて書簡（抜粋）」，鈴木聡他『青年期の教育』明治図書，1986 年。）

73)　請願書に盛り込まれたゲヘープの男女共学論については，本書第 4 章を参照されたい。

74)　N.N.: Neue pädagogishe Wege; zur Eröffnung der Odenwaldschule, In: Frankfurter Zeitung, 3. April 1910, S.2.

75)　ゲヘープとエディスの出会いと結婚までの交際については，以下の先行研究を参照のこと。Shirley,D.: The Politics of Progressive Education; The Odenwaldschule in Nazi Germany. Cambridge 1992, p.28ff..

76)　主校舎（ゲーテハウス）はマックス・カッシラーの名義で購入された。また彼は，37,000 マルクをかけてその主校舎にセントラル・ヒーティングやガスの設備を施した（Shirley,D.: The Politics of Progressive Education; The Odenwaldschule in Nazi Germany. a.a.O., p.37.）。

77)　Geheeb,P.: Rede zur Eröffnung der Odenwaldschule, In: Reble,A.(Hrsg.) : Geschichte der Pädagogik, Band 2, Stuttgart 1971, S.557.（ウィルヘルム ,W. 他訳「オーデンヴァルト校開校演説」，鈴木聡他著『青年期の教育』明治図書，1986 年，207 頁。）なお，開校時の生徒数については，当時の数少ない教師の 1 人エアドマン

64　第Ⅰ部　自由学校共同体理念の形成と特質

（O.Erdmann）が次のように述べている。「私には，初日に何人の生徒がいたのか正確にはわからないが，おそらく6名だった。他の生徒はしだいにやってきて，間もなく満席になった。」（Erdmann,O.: Die Oso in den Kinderschulen; Harmlose Erinnerungen aus der Gründungszeit, In: Cassirer,E.u.a.(Hrsg.): Die Idee einer Schule im Spiegel der Zeit; Festschrift für Paul Geheeb zum 80. Geburtstag und zum 40jährigen Bestehen der Odenwaldschule, Heidelberg 1950, S.15.）

78）　対馬達雄「学校共同体の簇生」，長尾十三二編『新教育運動の生起と展開』明治図書，1988年，224頁以下。

79）　アヴェナリウス（F.Avenarius）が編集人を務める生活改革運動系の雑誌で，彼が1902年に結成した「デューラー同盟（Dürerbund）」を母胎とした。デューラー同盟は1913年10月11-12日のホーアー・マイスナー大会に参加した15団体の1つである。

80）　Geheeb,P.: "Landerziehungsheime" und "Freie Schulgemeinde", a.a.O., S.141.

81）　Drill,R.: Neues aus zwei Schulgemeinde, In: Frankfurter Zeitung, 58.Jg., Nr.91, 1. April 1914(Erstes Morgenblatt), S.2.

82）　ヴィネケン ,G.（鈴木聡訳）「ドイツ青年運動」，鈴木聡他『青年期の教育』明治図書，1986年，135頁。

83）　ポーペルト（H.Popert）が1912年に創刊した生活改革運動系で人種衛生学的立場にたつ雑誌で，「ドイツ先遣隊同盟（Deutscher Vortrupp=Bund）」を母胎とした。デューラー同盟と同様，ホーアー・マイスナー大会に参加している。田村栄子『若き教養市民層とナチズム──ドイツ青年・学生運動の思想の社会史──』名古屋大学出版会，1996年，78-88頁を参照。

84）　Kurella,A.: Aufruf an die Jugend, In: Der Vortrupp, 6.Jg., Nr.2, 1917, S.63f..

85）　Geheeb,P.: Zum"Aufruf an die Jugend", In: Der Vortrupp, 6.Jg., H.7, 1917, S.221.

86）　Harless,H.: Wer ist der Schäpfer der Freien Schulgemeinde, In: Der Vortrupp, 6.Jg., H.11, 1917, S.345.

87）　Ebenda, S.346.

88）　Ebenda.

89）　Reiner,P.: Wer ist der Schäpfer der Freien Schulgemeinde, In: Der Vortrupp, 6.Jg., H.13, 1917, S.412.

90）　Ebenda, S.413.

91）　Ebenda.

92）　ヴィネケン ,G.（鈴木聡訳）「ドイツ青年運動」，鈴木聡他『青年期の教育』明治

第 1 章　ゲヘーブにおける自由学校共同体理念の形成　　65

図書，1986 年，135 頁。

93）　同上書，133 頁以下。

94）　同上書，135 頁。

95）　ヴィネケン，G.（鈴木聡訳）「青年運動の歴史的意義」，鈴木聡他『青年期の教育』明治図書，1986 年，180 頁。

96）　Wyneken,G.: Rundschreiben an die Eltern der Wickersdorfer Schülerschaft, o.J., S.4.（AHLS）

97）　ヴィネケン，G.「青年運動の歴史的意義」，182 頁。

98）　こうしたヴィネケンの教育思想における両義的側面については，今井康雄「グスタフ・ヴィネケンにおける社会批判的教育思想の両義性──20 世紀初頭ドイツの教育＝社会関係への一照射──」，日本教育学会編『教育学研究』第 47 巻，第 3 号，1980 年を参照。

99）　Geheeb,P.: The Odenwaldschule-after Twenty Years, In: The New Era, Vol.11, 1930, p.187.

100）　Geheeb,P.: Rede zur Eröffnung der Odenwaldschule, a.a.O., S.558f.（邦訳，208 頁以下。）

101）　Geheeb,P.: Die Odenwaldschule im Lichte der Erziehungsaufgaben der Gegenwart, a.a.O., S.12.（邦訳，215 頁以下。）

102）　ゲヘーブのゲーテ受容は，19/20 世紀転換期のドイツ思想界ひいては新教育運動における「ゲーテ復興」という大きな潮流のなかに位置づけられるものである（菅野文彦「『ゲーテ復興』と改革教育学・新教育」，『兵庫教育大学研究紀要』第 12 巻，第 1 分冊，1992 年）。

103）　Geheeb,P.: Die Zukunft des Landerziehungsheimes, In: Das Alumnat, 1.Jg., 1912. S.105.

104）　Schäfer,W.(Hrsg.): Paul Geheeb-Briefe; Mensch und Idee in Selbstzeugnissen, Stuttgart 1970, S.52.

105）　Geheeb,P.: Rede zur Eröffnung der Odenwaldschule, a.a.O., S.560.（邦訳，208 頁以下。）

106）　Geheeb,P.: Die Odenwaldschule im Lichte der Erziehungsaufgaben der Gegenwart, a.a.O., S.21.（邦訳，225 頁。）

107）　Geheeb,P.: The Odenwaldschule-after Twenty Years, a.a.O., p.188.

第2章　田園教育舎運動と自由学校共同体

　前章では，ゲヘープの自由学校共同体理念の形成と特質を当時の時代背景ならびに彼自身の経歴，さらにヴィネケンとの対比で考察してきた。本章では視野を広げ，自由学校共同体＝オーデンヴァルト校を他の田園教育舎系自由学校との関係のなかに位置づける作業をおこないたい。

　19世紀末から20世紀初頭にかけて，ドイツでは多種多様な教育改革の実践が試みられた。こうした諸実践に対して最初にその全体的連関を指摘し，「改革教育運動（reformpädagogische Bewegung）」という統一的な概念を付与したのは，精神科学的教育学派のノール（H.Nohl）とその弟子たちである。ノールによれば，改革教育運動は田園教育舎運動や芸術教育運動といったさらに小さな諸潮流から成る。それらは19世紀末の「文化批判」を直接的な契機とし，さらにはドイツに固有な精神的統一の運動である「ドイツ運動」の延長線上に位置づくものと把握される[1]。この解釈図式は，ノールの弟子たちによって継承・拡大され[2]，戦後ドイツ教育学において改革教育が論じられる場合の中心的なカノンとなっていった[3]。

　こうした解釈図式に対して，1990年代以降，「ノール学派による改革教育運動の構成」というメタ理論的観点から，批判的見解が提出されている[4]。その場合，共通に指摘されるのは，世紀転換期に生起した歴史的現象としての個々の実践と，ノール学派によって統一的な運動として理論的に構成されたものとは，決して同一視できないという洞察である。そして，こうした歴史的現象と理論的構成物との区別を明確化することによって，ノール学派によって事後的に構成される以前の，それゆえ「文化批判」や「ドイツ運動」を出発点としない，改革教育運動に関する別様の歴史記述の可能性が示唆されるのである[5]。

68 第Ⅰ部 自由学校共同体理念の形成と特質

　本章は，こうした近年の研究成果を踏まえながら，改革教育運動の代表的
潮流の1つである田園教育舎運動（Landerziehungsheimbewegung）を考察対
象とする。その際，実践の外部観察者であるノールらが田園教育舎運動を理
論的に構成する以前の地点に立ち戻ることによって，実践内部の行為者の視
線から見た田園教育舎運動の内実を，諸学校のネットワーク形成という角度
から描き出したい。そのために着目したいのが，「ドイツ自由学校（田園教育
舎及び自由学校共同体）連盟（Vereinigung der Freien Schulen [Landerziehungsheime
und Freie Schulgemeinden] in Deutschland，以下「ドイツ自由学校連盟」と略）」で
ある。同連盟は1924年10月，7つの田園教育舎系自由学校によって創設さ
れた。それは田園教育舎系自由学校のネットワーク形成を担った最初の団体
であり，ナチズム期に解散するまでの約10年間，学校相互の活発な交流を
可能にした。同時にベルリンの中央教育研究所と連携をとるなかで，公立学
校制度に対しても力強い刺激を与えていった。

　本章では，「自由学校共同体」の概念に注意を払いながら，「ドイツ自由学
校連盟」の創設過程と初期の活動について明らかにすることを主たる目的と
したい[6]。また，そのことを通して，田園教育舎系自由学校と自由学校共同
体＝オーデンヴァルト校の関係を明らかにするとともに，ノール以降の伝統
的解釈図式では見えてこない，新たな田園教育舎運動像を提示したい。

　以下の考察ではまず，1920年代前半までの田園教育舎系自由学校の広が
りと学校相互の関係性について整理する（第1節）。次に，オーデンヴァルト
校で「ドイツ自由学校連盟」が創設される過程とその性格について検討する
（第2節）。そのうえで，同連盟と中央教育研究所との共同開催によりベルリ
ンで開催された大会の内容とその意義を明らかにする（第3章）。

第1節　田園教育舎系自由学校の簇生

　ドイツにおける田園教育舎系自由学校の起源は，1898年にリーツがハル

ツ山地のイルゼンブルクに設立したドイツ田園教育舎に求めることができる。彼は同校において，①大都市でなく田園（Land）で，②知的な教授よりも人格的な教育（Erziehung）を重視し，③通学制の学校でなく寄宿舎において生活共同体（Heim）を形成する，という３つのコンセプトに基づいて教育を実践しようとした。その後リーツは，ドイツ田園教育舎の生徒数の増大とともに，ハウビンダ校（1901年），ビバーシュタイン校（1904年），さらにフェッケンシュテット校（1914年）を開設した。リーツ自身が設立した学校はこの４校のみであるが，彼の意志は後継者アンドレーゼン（A.Andreesen）に引き継がれ，さらにゲベゼー校（1923年），エッタースブルク校（1923年），ブーヘナウ校（1924年）などが増設された[7]。

　こうしてリーツ直系のドイツ田園教育舎が組織拡大する過程で，それをモデルにした学校が作られた。代表的なものとして，ローマン（J.Lohmann.）のショーンドルフ南ドイツ田園教育舎（1905年）や，ハーン（K.Hahn）らによるザーレム城校（1920年）が挙げられる。また，田園教育舎系自由学校の拡大により貢献したのは，教師の独立による新学校の設立である。例えば，イルゼンブルク校で教鞭をとっていたクラマー（A.Kramer）ら４名は，リーツから離れてゾリング田園学舎（1909年）を独自に設立した。同様に，ハウビンダ校で校長を任されていたゲヘープは，同校で教師をしていたヴィネケンとともにヴィッカースドルフ自由学校共同体（1906年）を開設した。さらに，ヴィッカースドルフ自由学校共同体で働いていた教師のなかからは，ゲヘープがオーデンヴァルト校（1910年）を，ノイエンドルフ（G.H.Neuendorff）がデューラー校（1912年）を，ウッフレヒト（B.Uffrecht）がレッツリンゲン自由学校・作業共同体（1919年）を，そしてルゼルケが海辺の学校（1925年）を開設してゆくことになる。

　以上のように1920年代半ばには，リーツの学校をいわば樹系図の幹にしながら，数々の田園教育舎系自由学校がドイツ各地に派生していった。しかしながら，ここで確認しておくべきことは，それらが組織の面でも連帯意識

70　第Ⅰ部　自由学校共同体理念の形成と特質

の面でも,「運動」と呼べるようなまとまりをいまだ有していなかったという点であろう。新しくできた諸学校はリーツの学校の忠実なコピーでは決してなかったし,学校相互の関係も必ずしも友好的ではなかった。とりわけリーツとゲヘープ,ヴィネケンのように,かつて共に教育活動をおこなっていた者同志が袂を分かっている場合には,両者が協力して教育活動を進めることは非常に困難であった。教育観や世界観の相違がすでに両者に自覚されているということがその大きな理由である。そして,他の学校とは容易に同一視されることのない学校の独自性は,「田園教育舎（Landerziehungsheime）」,「自由学校共同体（Freie Schulgemeinde）」,「田園学舎（Landschulheim）」,「自由学校・作業共同体（Freie Schul- und Werkgemeinschaft）」といった学校名の違いとなって明確に表現されていた。またそれ以外の理由として,教師が分離・独立してゆく場合,新学校の設立に必要な教師や生徒をたいていは元の学校から引き抜いていったという生々しい事態も指摘できるであろう[8]。

　また重要なのは,これらの学校が自分たちを独自の集団として自覚していなかったのみならず,社会的にもこれらの学校がまとまりのある集団だとは認識されていなかった点である。1920年代前半に書かれた改革教育に関する著作において,これらの学校が相互に異なったカテゴリーのもとで分類されている点は注目に値する。例えば,カルゼン（F.Karsen）はその著『現代のドイツ実験学校とその問題』（1923年）において,当時のドイツにおける学校改革の諸実践を「組織的学校実験」,「方法上の学校実験」,「新しい志向の学校」,「革命的学校」という4種類に分類した。そのうえで,「新しい志向の学校」を「田園教育舎」,「自由学校共同体」,「ヴァルドルフ学校」という3つのタイプに分けている。このうち,「田園教育舎」として挙げられているのはドイツ田園教育舎の1校であり,「自由学校共同体」として挙げられているのはヴィッカースドルフ自由学校共同体,オーデンヴァルト校,ウッフレヒトのレッツリンゲン自由学校・作業共同体の3校である。つまり,カルゼンの理解では,「田園教育舎」と「自由学校共同体」とは別カテゴ

リーに属するものであり，しかも両者はシュタイナー（R.Steiner）の「ヴァルドルフ学校」と同列に並べられるべきものなのである[9]。

　ヒルカー（F.Hilker）編の『ドイツ実験学校』（1924 年）においても，事態はカルゼンの場合と変わらない。ヒルカーは学校改革の諸実践を大きく「自由学校」，「公立学校」，「職業教育と民衆大学教育の新形態」の 3 種類に分類した。そのうえで，「自由学校」を「基礎的実験」，「田園教育舎から生起した学校・ハイム共同体」，「最近の実験」という 3 つに分けている。そこでは，「基礎的実験」としてベルトールト・オットー学校とドイツ田園教育舎の 2 校が，「田園教育舎から生起した学校・ハイム共同体」としてヴィッカースドルフ自由学校共同体，オーデンヴァルト校，ゾリング田園学舎の 3 校が，「最近の実験」としてレッツリンゲン自由学校・作業共同体，ガンデルスハイム学校共同体，ホッホヴァルトハウゼン山間学校，自由ヴァルドルフ学校の 4 校が挙げられている。つまり，ヒルカーの分類においても，今日＜田園教育舎＞として一括りにされる諸学校が別々に区分されており，その際シュタイナーの自由ヴァルドルフ学校との線引きは不明瞭なままである[10]。

　ヴィッカースドルフ自由学校共同体やオーデンヴァルト校をドイツ田園教育舎とともに＜田園教育舎＞というカテゴリーで一括りにする今日の一般的な理解からすれば，カルゼンやヒルカーの分類は意外に思えるかもしれない。しかし，今日の一般的な理解というものは，次節以降で見るように，1920 年代半ば以降に田園教育舎系自由学校がネットーワークを形成し展開していく過程で，事後的に構成されたものなのである。

第 2 節　「ドイツ自由学校連盟」の創設——ネットワークの形成——

1．ネットワーク形成の端緒

　田園教育舎系の諸学校は，1920 年代に入るまで「運動」としてのまとま

72 第Ⅰ部 自由学校共同体理念の形成と特質

りをもたないばらばらの実践として存在していた。こうした状況に変化がお
こるのは，1922年のことである。この年の10月14〜15日の2日間，
ヴィッカースドルフ自由学校共同体のヴィネケンの提案により[11]，チュー
リンゲンのノイディーテンドルフという，いずれの学校にも属さない「中立
的な場所」[12] で，田園教育舎系自由学校の代表者による会議が開催された。
参加校は以下の7校であった。

　　　ドイツ田園教育舎
　　　ヴィッカースドルフ自由学校共同体
　　　ショーンドルフ南ドイツ田園教育舎
　　　オーデンヴァルト校
　　　ゾリング田園学舎
　　　レッツリンゲン自由学校・作業共同体
　　　ホッホヴァルトハウゼン山間学校

　本会議は，主な田園教育舎系自由学校の代表者が一堂に会した最初の会議
であり，シェファーの言葉を借りれば，2年後に「ドイツ自由学校連盟」が
創設される「胚芽」となるものであった[13]。同会議で司会を務めたオーデ
ンヴァルト校のゲヘープは，友人フェリエールに宛てた書簡のなかで，旧友
リーツ（1919年没）と最後まで和解できなかったことへの悲しみを吐露した
後で，こうした会議が実現したこと自体が「きわめてよろこばしい成果」[14]
であったと告げている。

　会議では主に経済的な問題について話し合われた。1922年から1923年の
ドイツは，第一次世界大戦後の「底なしのインフレ」に見舞われており，多
かれ少なかれどの田園教育舎系自由学校も経済的に非常に苦しい状況に追い
込まれていた。こうした共通の問題に対処すべく，各学校の代表者会議が計
画されたのである。この会議以降も，そこに出席した学校の間で回状が交換
されたが，ゲヘープによれば，ここでも話題は「残念ながらほとんどもっぱ
ら経済的な問題に限定」[15] されていたという。

経済問題が共通に議論すべき最大の関心事であるという傾向は，翌年（1923年10月21～22日）ショーンドルフ南ドイツ田園教育舎にて開催された第2回の代表者会議の議題にも表れている。この会議でも司会を務めたゲヘープによれば，「かつてはまさに非友好的で，一部では敵意に満ちて対立していた，これらすべてのさまざまな学校の校長がひとつの机を囲んで座り，去年のようにいわゆる中立的な場所でなく，教育舎のひとつによる温かいもてなしの内に集まったことによって，会議は最初からまったく新しく，非常によろこばしい水準へと高まった」[16]という。けれども，そこで議論されたのは，a.学費の取り決め，b.インフレ対策，c.外国人生徒への経済的対処，d.教師の給料，e.税金，f.高校卒業資格試験，という6件であり，依然としてほとんどが経済問題に関するものであった。

こうしたことから，教育課題の協同的追求でなく，焦眉の経済問題に対処することが，それまでばらばらであった学校を結集させる直接的な動機となっていたということは，ほぼ間違いなかろう。けれどもこの会議のなかで，単なる経済問題を越えて，田園教育舎系自由学校の存在意義をより大きな学校教育体制全体のなかで明確にしようという意識が生まれてきたことは，興味深い。ゾリング田園学舎のレーマン（T.Lehmann）は，会議に参加した学校に宛てた書簡のなかで，そうした思いを次のように記している。

> 「ノイディーテンドルフにおいて，邦やライヒに対する私たちの学校の公共的な姿勢が明らかになるような請願書を作成することが提案された。請願書のなかでは，原理的なことと現実的なこと，達成されたことと追求されるべきもの，成果と代償が，その割合に応じて書き留められねばならない。」[17]

このように，田園教育舎系の学校代表者が集まって話し合いをおこなうなかで，自分たちの学校の教育課題を再度自覚化し，それを対外的に宣伝してゆく必要性もまた認識されていったのである。

2．オーデンヴァルト校会議の開催と連盟の創設

激しいインフレの時期が過ぎ去り，ドイツ経済が落ち着きを取り戻しつつ
あった1924年の10月27～28日，田園教育舎系自由学校の代表者による第
3回の会議がオーデンヴァルト校で開催された。本会議をオーデンヴァルト
校で開くことは前年のショーンドルフ南ドイツ田園教育舎会議においてゲ
ヘープ自らが提案し了承されたものであった。

大会の準備は同年の8月以降，ゲヘープが各校に会議の日程と議題につい
て書面で希望を募り，調整するかたちで進められた。この間に学校間で交わ
された書簡を見てみると，特定の学校が主導権を握って他の学校が従うと
いった明確な力関係は存在していなかったことがわかる。また，メーリング
リストのようなものが存在せず，相互に送付する書簡の宛先が一定していな
いことから，どの学校がネットワークの構成員にふさわしいか，すなわち，
自分たちのネットワークが何を基準に形成されているのかが，いまだ議論も
合意もされていなかったことがわかる[18]。

オーデンヴァルト校会議への参加校はノイディーテンドルフ会議と同じ7
校であり，それ以外に，ビショフシュタイン城教育校，ヘレラウ新学校，
ザーレム城校，ガンデルスハイム学舎，海辺の学校の5校がゲストとして招
待された。

議事録[19]によれば，会議は開催校の校長ゲヘープの挨拶の後，リーツの
後継者であるアンドレーゼンの司会によって進行した。2日間の議題は，
a.税金問題，b.学費構成の原則，c.プロイセンの学校改革，d.基礎学校期の
4年への延長，e.私立（自由）学校ライヒ連合会への態度決定，f.ベルリン
の中央教育研究所からの招待への態度決定，g.次回大会の取り決め，の7件
であった。前年までの会議とは異なり，経済問題が2件（a.b.）に減少した。
それに代わって，自分たち自由学校が態度を決めるべき教育問題，つまり公
立学校制度改革への対応が2件（c.d.）扱われた。

なかでも田園教育舎系自由学校のネットワーク形成という観点から特筆すべきと思われる議題は，e.私立（自由）学校ライヒ連合会（Reichsverband privater [freier] Schulen）[20] への態度決定である。というのも，結果的にそこへの加盟は却下されたのだが[21]，自分たち田園教育舎系自由学校が本連合会とどう距離をとるべきかという議論をきっかけにして，「（田園教育舎系：筆者）自由学校のクライスを他の私立の施設から厳密に境界づけるべきだという要求がでてきた」[22] からである。その要求を受けて，1922年のノイディーテンドルフ会議への参加校（7校）によって，28日に特別会議が開催され，その場で「ドイツ自由学校連盟」の創設が決議されることになる。

　同連盟の基本的な性格は，当日作成された連盟の規約（表2-1）[23] から読みとることができる。第1条の目的規定において，教育問題と同時に経済問題が連盟の取り組むべき主要対象とされている点は，連盟が生起してきた過程を想起すれば自然なことと思われる。ここでむしろ注目したいのは次の第2条である。連盟の決議や対外的文書がそれに賛成の学校に対してのみ拘束力を有するというこの規定は，一方で各学校の独自性を尊重することの保障であると言える。だが他方で，連盟の完全な統一性をあらかじめ断念しているとも理解できる。こうした連盟の性格はその後も変わらず，1930年になってなおアンドレーゼンは「いまだゆるやかな連盟」[24] と形容することになる。このことは，ナチズム期の連盟解散までつきまとう困難性，つまり多様な教育理念をもつ学校がひとつの組織体としてまとまることの困難性を，予示しているように思われる[25]。

76　第Ⅰ部　自由学校共同体理念の形成と特質

表2-1　「ドイツ自由学校連盟」の規約

ドイツ自由学校(田園教育舎及び自由学校共同体)連盟の
<u>規　　約</u>

<u>第1条</u>
ドイツ自由学校(田園教育舎及び自由学校共同体)連盟は,これら学校の責任ある指導者及び学校の信任を得た代表者から成り,共通の教育的要求とそれに結びついた経済的要求について審議し達成することを目的とする。

<u>第2条</u>
連盟による決議と対外的文書は,それに賛成の学校に対してのみ拘束力を有する。こうした学校のみが,当該の決議と対外的文書に署名する。

<u>第3条</u>
新しい構成員は,以下の条件のもとで入会の申請を受理されうる。
第1項)それは,青少年に対して教育的な影響を与えるという目的をもった,厳然たる自由な学校共同体でなければならない。
第2項)最終的な入会許可の前に,公式の代表者が連盟の大会にゲストとして参加していなければならない。そのための勧誘は,第3,4項において最終的な入会許可に関して制定されているのと同じ条件のもとでおこなわれる。
第3項)入会許可は,最低2つの連盟構成員の提案があった場合におこなわれ,その構成員は当該の学校共同体に関して責任をもって情報を提供することとする。
第4項)入会許可は,どこからも反対がなく,かつ最低3分の2の構成員が入会許可に賛成の態度を表明した場合におこなわれる。

<u>付帯条項:</u>
本決議は,今年の大会にゲストとして参加している学校に対しても適用される。

オーバーハムバッハ,オーデンヴァルト校
　1924年10月28日

第3節　ベルリン大会の開催——ネットワークの始動——

1．中央教育研究所の組織と活動

　オーデンヴァルト校での連盟創設以降，基本的に毎年1回のペースで大会が開催された。そのなかでも，1925年にベルリンで開催された大会（以下，ベルリン大会）は，田園教育舎運動の歴史においてきわめて重要な意義をもつものであった。その理由は，本大会が連盟として最初の本格的な共同作業であったというだけではない。1926年以降の大会が連盟内部の閉じられた大会であったのに対して，ベルリン大会が中央教育研究所との共同開催による公開の大会だったからである。この意味では，本大会は田園教育舎系自由学校のネットワークを始動させるとともに，そのネットワークの存在を広く社会に認知させることになった。

　中央教育研究所（Zentralinstitut für Erziehung und Unterricht）は，1910年のブリュッセル万国博覧会でのドイツ教育展をきっかけにして，1915年3月にベルリンに設立された教育研究センターであり，「間違いなく，1945年までに大学外の教育科学に関して見いだされうる，もっとも影響力をもった事例」[26]と見なされる。研究所の主たる課題は，国内外の教育情報を収集すること，収集した情報を広く教育関係者や公衆に知らしめること，さらに，青少年教育に関する研究を促進することであった。その運営には国家から一定の距離をもつ財団があたったこともあり，1933年までという条件つきではあるが，研究所は特定の党派に偏ることなく比較的自由に，国内外の特色ある教育実践や理論を掘り起こし支援することができた。この意味でヴェーニガーは，「それ（中央教育研究所：筆者）の偉大で新しい点は，ドイツでは残念ながらきわめてまれな，国家的な支援と自由なイニシアチブとの結合であった」[27]と特徴づけている[28]。

78　第Ⅰ部　自由学校共同体理念の形成と特質

　中央教育研究所の設立と活動における中心人物はパラート（L.Pallat）である。彼は 1915 年から，1933/34 年の一時期を除いて，1938 年まで所長を務めた。自身，芸術教育の改革に取り組んだ実績をもつパラートは，国内外の新しい教育の試みに関心を示し，それらを研究所のさまざまな活動のなかで積極的に取り上げた。1928 年から 33 年にかけてパラートと共同で大著『教育学ハンドブック』（全 5 巻）の編集にあたったノールは，「1920 年から 1930 年の教育運動の偉大な時代は，中央研究所の大会と出版物を通して，容易に描き出すことができよう」[29] と述べている。

　同研究所は展示部門や外国部門など数部署から成り，大会を企画・実行するのはそのなかで最大の教育学部門（Pädagogische Abteilung）であった。1920 年代には，第一次世界大戦後の教育制度改革や国内外の新しい教育実践に対応するかたちで，数々の大会が催された。例えば，実科学校の課題（1923），リツェーウムとオーバー・リツェーウムの課題（1924），ギムナジウム（1925），自由ヴァルドルフ学校（1926）などであり [30]，主だった大会の内容はすべて書物にまとめられ出版された。

　「ドイツ自由学校連盟」と中央教育研究所の共同開催となったベルリン大会もまた，こうした一連の大会の 1 つとして企画された。だが，なぜリーツが最初に学校を設立してから 25 年以上が経過しているこの時期に，大会が企画されたのか。その理由の 1 つを，公立学校側の教育改革の動向から推察することができるであろう。1920 年代には，都市部の公立学校の間で，週末や長期休暇を利用して，生徒たちを豊かな自然のなかで共同生活させるという活動が広まりつつあった。そのための施設は一般に「学校田園寮（Schullandheim）」と呼ばれ，1925 年 10 月には「ドイツ学校田園寮ライヒ連合（Reichsbund deutscher Schullandheime）」が結成されている [31]。ごく限られた勢力でしかない田園教育舎系自由学校が，教育のいわば表舞台に登場してくる背景として，このように公立学校でも「田園性」の教育的活用が広く意識されつつあったという状況を指摘することができよう [32]。

2．共同開催の経緯と大会名称の決定

　共同開催にいたった経緯は若干複雑である。ことの起こりは，1924年9月17日付けで中央教育研究所から各田園教育舎系自由学校に送られた書簡にある[33]。そのなかで，1924年10月18日にベルリンで田園教育舎系自由学校の校長会議を開催できないか，という呼びかけがなされた。この時期すでに，前述のオーデンヴァルト校会議の準備が進んでいたため，研究所からの提案は見送られることとなった。その代わりに，オーデンヴァルト校会議の翌日（10月29日）に同校で，各学校代表者とパラートら研究所代表者とによる顔合わせと話し合いがおこなわれた。

　当日の議事録[34]によれば，その席でまずパラートが，ベルリン大会とそれに基づいて出版される書物の計画に関して，中央教育研究所の意図を説明している。長い議論の末，この活動の実現に協力することに，出席の学校から原則的に承諾の意志が表明された。また同時に，大会での報告事項の割り当てと大会期日（1925年5月18～20日）の決定がなされた。さらに，大会に先だって年明けの1月10～11日に，ワイマールのエッタースブルクで予備的な大会を開催すること，プロイセン文部大臣に「ドイツ自由学校連盟」創設にあたっての請願書を送ること，そして連盟創設と大会開催を宣伝するために国内の主導的な新聞や専門誌に記事を掲載していくことが決議された。

　その後，エッタースブルクの予備的な大会では，ベルリン大会の名称を＜田園教育舎（Das Landerziehungsheim）＞とすることが決定された。アンドレーゼンによれば，その理由は①連盟の正式名称（「ドイツ自由学校（田園教育舎及び自由学校共同体）連盟」）では冗長である，②「田園教育舎」という概念はドイツで一般に広まっており，連盟の学校の大半（7/12）がこの名称を採用している，③「自由学校」という名称ではすべての私立学校に当てはまるので不適当，というものであった[35]。

　この大会名称の決定は，概念史的にみて非常に興味深い。というのも，こ

80 　第Ⅰ部 　自由学校共同体理念の形成と特質

れによって，「田園教育舎」，「自由学校共同体」，「田園学舎」，「自由学校・作業共同体」といった多様な名称をもつ自由学校の一群が，＜田園教育舎＞というより上位の包括的カテゴリーで括られることになったからである。つまり，単にリーツの学校のみを指すのではない，今日一般に理解される意味での＜田園教育舎＞という概念が成立したと考えられるのである。

　ただし，この大会名称の決定は，後に連盟のなかに大きな亀裂をもたらすことになる。連盟創設の最初のきっかけをつくったヴィッカースドルフ自由学校共同体が，報告の割当で意図的に無視されたという主張とともに，単なる「自由学校」の一種類にすぎない「田園教育舎」を特別扱いする大会名称が承認できないとして，ベルリン大会の直前に参加辞退を表明し，さらに大会と同日にベルリンの別の場所で独自に講演会を開催した。そしてこの行動のために同校は連盟から除名されることになるのである[36]。

３．大会の内容と意義づけ

　ベルリン大会は計画通り，1925 年 5 月 18 日（月）から 20 日（水）の 3 日間の日程で開催された。会場はベルリンの中心部，ポツダム通り 120 番地にある中央教育研究所の大講堂であった。当日は聖霊降臨祭の週にあたっており，会場には 500 から 600 人もの聴衆が詰めかけた[37]。そのなかには，多くの青年や自由学校関係者に加えて，文部省の教育行政官や公立学校の教師も多数含まれていた。

　大会は，プロイセン文部大臣ベッカー（C.-H.Becker）の開会の辞とともに幕を開けた。司会はドイツ田園教育舎のアンドレーゼンとホッホヴァルトハウゼン山間学校のシュテッヘ（O.Steche）が務めた。最初，アンドレーゼンと，大会前に連盟に加入した海辺の学校のライナー（P.Reiner）が基調報告をおこない，続いて各校の代表者がそれぞれの特徴ある実践を報告するかたちで大会は進行した。報告の内容は多岐にわたっており，各報告のキーワードのみを示すと以下のようになる。

基調報告（2件）：田園教育舎の歴史と課題，生活共同体の原理

個別報告（10件）：青年の自治，教授組織，高校卒業資格試験，

男女共学，教師教育，音楽，美術教育，演劇，

実務作業，身体教育

　各報告の後には，フロアーおよび他の学校代表者との質疑応答がおこなわれた。とりわけ関心を集めた男女共学の問題については，徹底した男女共学を実践するオーデンヴァルト校と，男女共学を拒否するドイツ田園教育舎との間で，約4時間にわたって激しい議論がなされた[38]。アンドレーゼンによれば，この大会を通して，「かつては経済的ないしは公法上の闘争においてしか共通の関心を持たないと信じていたそれらの学校が，自分たちの教育的使命を自覚するようになった」[39]という。けれども他方で男女共学をめぐる議論が示すように，大会での報告と意見交換のなかで，各学校は教育理念において強烈な相違が存在することも，改めて自覚するようになったのである。

　3日間にわたる大会の意義づけについては，「ドイツ自由連盟連盟」側も中央教育研究所側も，田園教育舎系自由学校と文部省（公立学校）との交流が開始されたことを高く評価するという点で，ほぼ一致している。連盟側の代表であるアンドレーゼンによれば，リーツが最初のドイツ田園教育舎を創設して27年以上がすでに経過しているが，これまで公立学校の教師たちはそれに注意を向けてこなかった。本大会においてついにその壁の解体が着手された。その意味で彼は，本大会が「ドイツ学校教育制度の発展における重要な転機」となったと述べている[40]。一方，研究所の側もまた，本大会において「田園教育舎と公立学校の関係についての議論」が展開したことを評価している。その上で，「両者が友好関係に入る」ことによって，双方に次のようなメリットがもたらされたと意義づけている。つまり，公立学校は＜田園教育舎＞から「きわめて強く価値ある刺激」を受けることができたし，＜田園教育舎＞は教育官庁から卒業資格の面で「理解ある歩み寄り」を期待

82　第Ⅰ部　自由学校共同体理念の形成と特質

できる，と [41]。

4．大会をめぐる報道と出版

　ベルリン大会の開催とそこでの議論は，新聞や雑誌といったメディアを通して報道されるとともに，報告集としてまとめられ出版された。これにより，田園教育舎系自由学校の存在とその組織化が，さらに広範かつ持続的に人々に認知されることとなった。

　新聞に関しては，ワイマール期の知識人と財界人に主に読まれていた「フランクフルト新聞」，「フォス新聞」，「ベルリン日報」の有力３紙が，こぞってベルリン大会を取り上げた。とりわけ好意的な姿勢を示した「フランクフルト新聞」では，「田園教育舎─５月18〜20日ベルリンでの中央教育研究所の大会について─」と題して，大会の成功が次のように報じられた。

> 　「ともに激しい争いを経験してきた勇敢な先駆者たちにとって，大会という事実がすでに勝利の段階を意味していた。まったく違う特徴をもった非常に多くの『個人』が協調しながら集合するということ，プロイセン文部大臣やたくさんの上級行政官が何日も注意深く話し合いに加わったということ，そして，大多数の人々がこのすばらしい人たちの私欲のない活動を喜びと感謝をもって賞賛するということ。これらのことが可能だと，ついこの間までいったい誰が考えたことだろう。」[42]

同じく「フォス新聞」では，２日に分けて大会の模様が詳細に紹介され [43]，「ベルリン日報」でも簡潔ではあるが，大会の趣旨と内容が報じられた [44]。またこの３紙以外にも，アンドレーゼン自身が自由主義的な新聞「ドイツ一般新聞」に「田園教育舎─大会を振り返って─」と題する記事を寄稿している [45]。

　雑誌に関しても，例えば，「徹底的学校改革者同盟」の機関誌『新しい教育』において，６頁を割いてベルリン大会の内容が紹介された [46]。また，中央教育研究所の機関誌『中央教育雑誌』でも，大会の概要と意義について報

第 2 章　田園教育舎運動と自由学校共同体　83

図2-1　ショーンドルフ南ドイツ田園教育舎に集う田園教育舎運動の指導者たち
（1930年：AEH）
左からアンドレーゼン，バウマン，ゲヘープ，レーマン，ケルシェンシュタイナー，ライジンガー

じられた[47]。

　さらに，連盟の創設と活動の社会的認知にとって決定的な意味をもっていたと思われるのが，大会報告集の出版である。それは1926年，中央教育研究所の手によってライプツィヒのクヴェレ＆マイヤー出版社から公刊された。編者はアンドレーゼン，題名は大会と同様『田園教育舎 (Das Landerziehungsheim)』とされた。本書には，編者による序文とともに，総勢13名による，のべ16編の文章が収録された[48]。これ以前にも，リーツやヴィネケンなど田園教育舎系自由学校の校長が自らの教育思想ならびに実践を論じた著作は，数多く存在した。また，外部の教育理論家がいくつかの田園教育舎系自由学校を取り上げ紹介した書物も存在した。だが，これだけ多くの学校代表者が集まり，自分たちの思想と実践を叙述したものはなかった。アンドレーゼンの言葉を借りれば，「それらの学校がまさにこの出版によって初めて，1つの『グループ』になった」[49]のである。そして，そのことは別の角度から言えば，多様な田園教育舎系自由学校が，＜田園教育舎＞とい

84　第Ⅰ部　自由学校共同体理念の形成と特質

う輪郭をもった「グループ」として，広く社会に提示されたということを意味しているのである。

小括

　本章では，「ドイツ自由学校連盟」の創設過程と初期の活動を，実践内部の行為者の視線から検討してきた。そこからまず明らかになったのは，自由学校共同体と田園教育舎という２つの概念の関係である。

　1898 年にリーツが最初のドイツ田園教育舎を創設して以降，同校をいわば樹系図の幹にしながら，数々の自由学校がドイツ各地に派生していった。しかしそれらはリーツの学校の忠実なコピーではなく，それぞれの学校が他の学校とは容易に同一視されることのない独自性を有していた。そうした学校の独自性は「田園教育舎」，「自由学校共同体」，「田園学舎」，「自由学校・作業共同体」といった学校名の違いとなって明確に表現されていた。こうした多様な名称をもつ自由学校の一群に対して，＜田園教育舎＞というより上位の包括的カテゴリーを付与するきっかけとなったのは，ドイツ自由学校連盟と中央教育研究所の共同開催となった 1925 年のベルリン大会である。この大会名称とその後の大会報告集に＜田園教育舎＞という用語が採用されたことによって，単にリーツの学校のみを指すのではない，今日一般に理解される意味での＜田園教育舎＞という概念が成立したと考えられるのである。

　また，こうした一般名詞としての＜田園教育舎＞概念の成立に関わって，田園教育舎運動に関する結論を，２点にまとめて総括できるであろう。

　１つは，運動の成立について。従来ノール学派において田園教育舎運動が語られる場合，19 世紀末の「文化批判」がその決定的な背景として論じられ，その上でリーツ，ヴィネケン，ゲヘープらによる個々の実践が紹介されてきた。その意味では，田園教育舎運動の契機は「文化批判」であり，運動の開始時期はリーツが最初の学校を設立した時点，つまり 1898 年と見なされてきた。しかし，本研究の考察ですでに明らかなように，それまでばらばらに

存在していた一群の田園教育舎系自由学校を，実際にネットワーク形成へと向かわせたのは，第一次世界大戦後のインフレによる経済危機であった。また，自分たちを公立学校や他の私立学校とは異なる独自の集団として明確に自覚し始めるのは，「ドイツ自由学校連盟」の創設過程においてであり，さらにそうして結合した集団が＜田園教育舎＞という輪郭をもつ集団として外部の人々に対象化されるのは，1925年のベルリン大会以降のことであった。こうした自覚化と対象化が「運動」の成立にとって不可欠であるとするならば，従来の田園教育舎運動理解に対して一定の修正が求められねばならない。つまり，リーツに始まる個別的実践が1920年ころまでに数多く簇生していたということ，それは田園教育舎運動が成立するための必要条件であるが，十分条件とは言えない。「ドイツ自由学校連盟」という組織の創設と活動こそが，田園教育舎運動を生みだし展開させ，同時に輪郭を与える原動力になっていたのである。

　いま1つは，運動の統一性について。ノールの師ディルタイ（W.Dilthey）が精神科学的カテゴリーとして「運動」という概念を使用したとき，その言葉のもとで理解されていたのは，「ある特定の精神的決定に基づいた，同一の心情や確信や志向のダイナミズム（傍点：筆者）」[50] であった。ノールが田園教育舎運動を論じる場合もまた，運動の確固たる統一性や共通性が強調されてきた[51]。しかしながら，一群の田園教育舎系自由学校による教育実践を田園教育舎運動として統一的に解釈しようとする態度は，その実践の理論的・体系的説明を容易にする反面，運動を織りなす学校間の「関係性」をリアルに捉える視点を弱めさせ，ひいては，運動内部の複雑な連帯と確執の相貌を描き出すことを困難にしてきた[52]。本研究で明らかになったのは，連盟の創設によって形成された，各学校間のアンビヴァレントな連帯感情であった。つまり一方で，連盟が創設される過程で，自分たちが公立学校や他の私立学校とは一線を画す独自の集団であることが自覚されるようになった。しかし他方で，お互いを意識し比較できる状況が準備されることによって，

86 第 I 部 自由学校共同体理念の形成と特質

各学校の差異が改めて認識され新たな軋轢がもたらされた。ヴィッカースド
ルフ自由学校共同体の連盟からの除名や，ベルリン大会での男女共学をめぐ
る意見の対立などは，その事例である。このように連盟の創設は，外に向け
ての統一化と内に向けての差異化という 2 つの自己意識を，各学校のなかに
もたらしたと言えよう。

---

1) Nohl,H.: Die pädagogische Bewegung in Deutschland und ihre Theorie,
Frankfurt a.M. [10]1988. （平野正久他著訳『ドイツの新教育運動』明治図書，1987 年）
ノール自身は「改革教育運動」よりも，「ドイツ運動（deutsche Bewegung）」とのア
ナロジーで「教育運動（pädagogische Bewegung）」という語を好んで用いた。
2) Flitner,W./Kudritzki,G.: Die deutsche Reformpädagogik; Die Pioniere der
pädagogischen Entwicklung, Stuttgart [5]1995. Scheibe,W.: Die reformpädagogische
Bewegung 1900-1932; Eine einführende Darstellung, Weinheim/Basel [10]1994.
Röhrs,H.: Die Reformpädagogik; Ursprung und Verlauf unter internationalem
Aspekt, Weinheim [3]1991. 彼らにおいて「ドイツ運動」と改革教育運動との接続は強
調されなくなる。とりわけレールスは改革教育運動を国際的観点から論じるが，その
場合にも 19 世紀末の「文化批判」を改革教育運動の「苗床」と理解している点で，
ノール的な解釈を継承していると言える。
3) Vgl. Böhm,W.: Zur Einschätzung der reformpädagogischen Bewegung in der
Erziehungswissenschaft der Gegenwart, In: Pädagogische Rundschau, 28.Jg., Nr.7,
1974.
4) ノール学派による改革教育運動の意識的な構成というテーゼを最も明快に論証し
ているのは，テノルトである（Tenorth,H.-E.:"Reformpädagogik"; Erneuter Versuch,
ein erstaunliches Phänomen zu verstehen, In: Zeitschrift für Pädagogik, 40.Jg., Nr.3,
1994. （坂越正樹訳「『改革教育』——驚異的現象を理解するための新たな試み——」，
小笠原道雄／坂越正樹監訳『教育学における「近代」問題』玉川大学出版部，1998
年））。エルカースもまた，ノールにおいて改革教育が，一致した理念をもつ現在の諸
運動の調和体として表現される点，過去の「ドイツ運動」に接続される点，普遍的原
理を示すものと理解される点に，「三重の構成」を見ている（Oelkers,J.:
Reforpädagogik; Eine kritische Dogmengeschichte, Weinheim/München [3]1992,
S.20ff.）。わが国では坂越が，ノールによる「構成」を踏まえたうえで，構成された言

説の意味と作用を解明している（坂越正樹『ヘルマン・ノール教育学の研究——ドイツ改革教育運動からナチズムへの軌跡——』風間書房，2001年）。

5) 理論的に構成される以前の歴史的現象としての新教育運動の実態を解明しようとする研究として，以下のものがある。Amlung,U./Haubfleisch,D./Link,J.-W./Schmitt,H.(Hrsg.): Die alte Schule überwinden; Reformpädagogische Versuchsschulen zwischen Kaiserreich und Nationalsozialismus, Frankfurt a.M. 1993. Lehberger,R./de Lorent,H.-P.(Hrsg.): Nationale und internationale Verbindungen der Versuchs- und Reformschulen in der Weimarer Republik, Hamburg 1993. Schmitt,H.: Zur Realität der Schulreform in der Wemarer Republik, In: Rülcker,T./Oelkers,J.(Hrsg.): Politische Reformpädagogik, Bern/Berlin/Frankfurta.M./New York/Paris/Wien 1998.

6) 「ドイツ自由学校連盟」に関しては，管見の限り，わが国においてこれまで言及した研究は見あたらない。ドイツにおいても，ほとんど研究の蓄積がないのが現状である。わずかに元オーデンヴァルト校校長シェファーが，同校で開催された「ドイツ自由学校連盟」創設会議に関する貴重な史料を紹介している（Schäfer,W.: Vereinigung der Freien Schulen (Landerziehungsheime und freie Schulgemeiden) in Deutschland, gegründet 1924, [Dokument. Aus dem Archiv der Odenwaldschule zusammengestellt], In: OSO-Hefte, 6.Jg., H.2, 1960.）。近年では，リーツ研究者ケレンツ（R.Koerrenz）や「ドイツ田園教育舎連盟」（第二次世界大戦後，1947年に新しく結成）の元会長ベッカー（G.Becker）らの研究において，同連盟に関する断片的な言及が見られる（Koerrenz,R.: Landerziehungsheime in der Weimarer Republik; Alfred Andreesens Funktionsbestimmung der Hermann Lietz-Schulen im Kontext der Jahre von 1919 bis 1933, Frankfurt am Main/Bern/New York/Paris 1992. Becker,G. u.a.: Die deutschen Landerziehungsheime, In: Arbeitsgemeinschaft Freier Schulen(Hrsg.): Handbuch Freie Schulen, Hamburg 1993.）。しかし，同連盟の創設と活動そのものを主題とした研究は見あたらない。その原因として，これまでは個別の田園教育舎系自由学校とその指導者に主な研究関心が向けられていたことに加え，同連盟に関する史料が戦時期および東西冷戦期に散逸しており，包括的な史料収集が困難であるという事情を指摘することができよう。

7) ゲベゼー校はイルゼンブルク校を統合して設立されたので，「ドイツ自由学校連盟」創設時のドイツ田園教育舎の総数は6校である。

8) 例えば，ドイツ田園教育舎ハウビンダ校からのゲヘープ，ヴィネケンらの離反の経緯については，山名淳『ドイツ田園教育舎研究——「田園」型寄宿制学校の秩序形

88　第Ⅰ部　自由学校共同体理念の形成と特質

成――』風間書房，2000 年の第 9 章に詳しい。

9)　Karsen,F.: Deutsche Versuchsschulen der Gegenwart und ihre Probleme, Leipzig 1923（小峰総一郎訳『現代ドイツの実験学校』明治図書，1986 年）。

10)　Hilker,F.(Hrsg.): Deutsche Schulversuche, Berlin 1924.　シュタイナー自身が，ヴァルドルフ学校と田園教育舎系の学校との関係をどのように考えていたかについては，Steiner,R.: Die Erkenntnis-Aufgabe der Jugend; Ansprachen und Fragenbeantwortungen, Aufsätze und Berichte aus den Jahren 1920 bis 1924 in Ergänzung zum《Pädagogischen Jugendkurs》von 1922, Dornach 1981, S. 78-80. シュタイナーは，1921 年 9 月 8 日にシュトゥットガルトで開催された自由人智学大学コースにおいて，ヴァルドルフ学校が田園教育舎や自由学校共同体と異なる点として，同校が人智学的人間観に基づいている点，多くのプロレタリア子弟を含む「民主的な統一学校」である点，田園に孤立することなく現実社会に結びついている点などを挙げている。

11)　Die Wickersdorfer Leitung: Berichtigung, In: Die Neue Erziehung, 7.Jg., H.9, 1925, S.703.

12)　Brief von Geheeb an Ferrière, 5.11.1923.(AEH)

13)　Schäfer,W.: Vereinigung der Freien Schulen (Landerziehungsheime und freie Schulgemeiden) in Deutschland, a.a.O., S.70.　シェファーは本会議にヘレラウ新学校も参加したとしているが，それを裏付ける一次資料が確認できなかったため，ここでは 7 校とした。

14)　Brief von Geheeb an Ferrière, 9.7.1923.(AEH)

15)　Ebenda.

16)　Brief von Geheeb an Ferrière, 5.11.1923.(AEH)

17)　Brief von Lehmann an die bei der Neudietendorfer Besprechung am 14. und 15. Oktober vertreten gewesenen freien Schulen, 13.12.1922, In: Schäfer,W.: Vereinigung der Freien Schulen (Landerziehungsheime und freie Schulgemeiden) in Deutschland, a.a.O., S.72.

18)　オーデンヴァルト校会議の準備過程の詳しい内容については，拙論「田園教育舎系自由学校のネットワーク形成――オーデンヴァルト校会議（1924 年）を中心に――」（兵庫教育大学学校教育研究会編『教育研究論叢』第 3 号，2001 年，50-54 頁）を参照されたい。

19)　Sitzungsbericht der Zusammenkunft der Landerziehungsheime und Schulgemeinden in der Odenwaldschule am 27. und 28. Oktober 1924. (AdJB)

第2章 田園教育舎運動と自由学校共同体 89

20) 1919 年に創設されたドイツ最古の私立学校の結合体であるドイツ自由（私立）
教育施設ライヒ連合会（Reichsverband deutscher freier (privater) Unterrichts- und
Erziehungsanstalten）を指していると思われる。母体は 1901 年に結成された私立の
商業学校および高等商業学校の連合会である（Böttcher,J.u.a.: Schulen in freier
Trägerschaft des Bundesverband Deutscher Privatschulen, In: Arbeitgemeinschaft
Freier Schulen(Hrsg.): Handbuch Freie Schulen, a.a.O., S.271.）。なお，ドイツの教育
制度全体における私立学校の法的位置づけについては,遠藤孝夫『管理から自律へ──
戦後ドイツの学校改革──』勁草書房，2004 年を参照のこと。

21) その理由は，「連合会試験が自分たちにとって何の意味ももたない」というもの
であった（Sitzungsbericht der Zusammenkunft der Landerziehungsheime und Schul-
gemeinden in der Odenwaldschule am 27. und 28. Oktober 1924, S.3f.（AdJB））。

22) Ebenda.

23) Status der Vereinigung der Freien Schulen (Landerziehungsheime und freie
Schulgemeiden) in Deutschland, 28.10.1924.(AdJB)

24) Andreesen,A.: Die Landerziehungsheimbewegung und ihre Ergebnisse, In: Die
Erziehung, 5.Jg., 1930, S.102.

25) 1933 年 1 月のナチス政権誕生によって，オーデンヴァルト校やレッツリンゲン
自由学校・作業共同体など「左派」の学校が教育活動の変更や学校の閉鎖を迫られる
一方で，ドイツ田園教育舎やゾリング田園学舎など「右派」の学校は「ドイツ田園教
育舎ライヒ組合（Reichsfachschaft Deutsche Landerziehungsheime）」を結成し，ナ
チス体制への傾斜を強めていく。ナチス政権発足への田園教育舎系学校の対応につい
ては終章で改めて論じる。

26) Tenorth,H.-E.: Das Zentralinstitut für Erziehung und Unterricht;
Außeruniversitäre Erziehungswissenschaft zwischen Politik, Pädagogik und
Forschung, In: Geißler,G./Wiegmann,U. (Hrsg.): Außeruniversitäre
Erziehungswissenschaft in Deutschland; Versuch einer historischen
Bestandsaufnahme, Frankfurt a.M. 1996, S.113.

27) Weniger,E.: Gedächtnisworte für Ludwig Pallat † 22. November 1946, In: Die
Sammlung, 2.Jg., 1947, S.126.

28) 小峰によれば，ベルリン新教育の展開にとって徹底的学校改革者同盟が「酵母」，
中央教育研究所が「温床」の役割を果たしたという。同研究所の組織および活動につ
いては，小峰総一郎『ベルリン新教育の研究』風間書房，2002 年，354-370 頁に詳し
い。

90 第Ⅰ部 自由学校共同体理念の形成と特質

29) Nohl,H.: Erziehergestalten, Göttingen [3]1963, S.78.

30) Böhme,G.: Das Zentralinstitut für Erziehung und Unterricht und seine Leiter, Neuburgweier/Karlsruhe 1971, S.83.

31) Kruse,K.: Zur Geschichte der Schullandheimbewegung und Schullandheimpädagogik, In: Verband Deutscher Schullandheime e.V.(Hrsg.): Pädadogik im Schullandheim; Handbuch, Regensburg 1975, S.39ff.. なお、1919年に約20しか存在しなかった学校田園寮は、1928年には同連合への加盟施設だけで167に増加した(Ebenda.)。

32) 田園教育舎系自由学校が長年培ってきた知識と経験を公立学校にも活かそうという意図が研究所側にあったことは、ベルリン大会（1925年5月18～20日）と組み合わせるかたちで22～23日に同じ会場で、公立学校の教師たちを中心に学校田園寮に関する大会が開かれたことからもうかがえる（N.N.: Tagung "Das Landheim", In: Pädagogisches Zentralblatt, 5.Jg., H.6, 1925, S.278.)。

33) 招待状の送り先はドイツ田園教育舎をはじめ、全部で11校であった。この数字は、この時点で田園教育舎系自由学校と見なされていた学校の総数を示す1つの指標と言える。

34) Sitzungsbericht der Zusammenkunft der Landerziehungsheime und Schulgemeinden in der Odenwaldschule am 27. und 28. Oktober 1924, S.4f.. (AdJB)

35) Andreesen,A.: Wickersdorf und die"Vereinigung der Freien Schulen", In: Die Neue Sammlung, 8.Jg., H.4, 1926, S.300f..
　②の7校とは、ドイツ田園教育舎（6校）とショーンドルフ南ドイツ田園教育舎（1校）である。本来1団体として連盟に登録されているはずのドイツ田園教育舎が6校として計算されている点に、連盟内での同校の発言力の強さを見て取ることができる。

36) 連盟の処分に対して、ヴィッカースドルフ側は抗議の文書を送ったが、受け入れられなかった（G.W.: Die Kameradschaftlichkeit der Freien Schulen, In: Die Grüne Fahne, 1.Jg., H.11/12, 1925.)。

37) S-n.: Das Landerziehungsheim, In: Die Neue Erziehung, 7.Jg., H.7, 1925, S.511.

38) Majer=Leonhard,E.: Das Landerziehungsheim; Zur Tagung des Zentralinstituts für Erziehung und Unterricht vom 18. bis 20. Mai in Berlin, In: Frankfurter Zeitung, 28.5.1925, S.4. 当時のドイツの男女共学をめぐる状況とオーデンヴァルト校での男女共学の実践については、第4章で論じる。

39) Andreesen,A.: Vorwort, In: Andreesen,A.(Hrsg.): Das Landerziehungsheim, Leipzig o.J.(1926), S. Ⅶ.

第 2 章　田園教育舎運動と自由学校共同体　　91

40)　Andreesen,A.:"Das Landerziehungsheim"; Ein Rückblick auf die Tagung, In: Deutsche Allgemeine Zeitung, 30.5.1925.

41)　N.N.: Tagung"Das Landerziehungsheim", In: Pädagogisches Zentralblatt, 5.Jg., H.7/8, 1925, S.342f..　アビトゥア制度の改革が田園教育舎系自由学校にとってリーツ以来の悲願であったということについては，川瀬邦臣著訳『田園教育舎の理想』（明治図書，1985 年）を参照。なお，大会後の連盟と公立学校の交流を示す事例として，例えば，中央教育研究所のヒルカーを団長とする 35 名の教師たちが 1927 年 10 月 1 ～ 10 日におこなった，7 つの連盟加盟校をめぐる研究旅行が挙げられる（Block,F.: Der Nutzen einer Studienreise durch die Landerziehungsheime und freien Schulen, In : Pädagogisches Zentralblatt, 8.Jg., H.3, 1928.）。

42)　Majer=Leonhard,E.: Das Landerziehungsheim, a.a.O., S.4.

43)　N.N.: Wiedergeburt der Jugend; Tagung der Landerziehungsheime, In: Vossische Zeitung, 19.5.1925. および, N.N.: Kunst und Sport im Landerziehungsheim; Der Schluß der Tagung, In: Vossische Zeitung, 21.5.1925.

44)　N.N.: Das Landerziehungsheim, In: Berliner Tageblatt, 18.5.1925.

45)　Andreesen,A.: "Das Landerziehungsheim", a.a.O.

46)　S-n.: Das Landerziehungsheim, a.a.O., S.511-517.

47)　N.N.: Tagung "Das Landerziehungsheim", a.a.O., S.342f..

48)　大会での 12 の報告のうち，教授組織，高校卒業資格試験，男女共学の 3 テーマは各 2 名が執筆を担当。それ以外に，「催しの統一性を自分の逸脱した話で妨害することがないように報告を 1 つも引き受けなかった」（Uffrecht,B.(Hrsg.): Freie Schul- und Werkgemeinschaft; Blätter zum Gedankenaustausch, Letzlingen 1925, S.23.）レッツリンゲン自由学校・作業共同体のウッフレヒトが一文を寄せている。

49)　Andreesen,A.: Vorwort, a.a.O., S. Ⅶ .

50)　Scheibe,W.: Die reformpädagogische Bewegung, a.a.O., S.1.

51)　Nohl,H.: Die pädagogische Bewegung in Deutschland und ihre Theorie, a.a.O., S.84.（邦訳，161 頁。）

52)　エルカースもまた，ノール学派が改革教育というエポック概念を用いて歴史的現象を「統一化」するとともに，類型化に都合のいいように改革教育におけるさまざまな差異を捨象あるいは軽視している点に，その「根本的弱点」を見ている（Oelkers,J.: Reforpädagogik; Eine kritische Dogmengeschichte, Weinheim/München 1989, S.11.）。

第Ⅱ部　自由学校共同体における関係性の諸相

第3章 生徒-生徒関係の位相（1）
──異年齢集団による共同生活──

　本研究の中心的関心は，自由学校共同体という観点からオーデンヴァルト校におけるゲヘープの教育実践を解明することにある。つまり，自由学校共同体という理念がオーデンヴァルト校においていかに実践化されたのかを明らかにすることである。序章で述べた通り，第Ⅱ部ではこの自由学校共同体理念の実践化を3つの「関係」に注目しながら分析する。つまり，生徒-生徒関係，生徒-教師関係，そして教師-教師関係である。この3つの関係を総合的に考察することにより，オーデンヴァルト校における共同体生活の全体像を多面的に描き出したい。

　本章および次章では，上記の3つの「関係」のうち生徒-生徒関係に注目する。本章では，生徒-生徒関係のなかでも上級生と下級生の関係について考察し，次章では男子生徒と女子生徒の関係について考察する。以下では，自由学校共同体という理念が，生徒組織において，とりわけ上級生と下級生との関係において具体的にどのように展開されたのかを考察したい。その際，ゲヘープが自由学校共同体という理念のもとで掲げた，「子どもの自由な自己発達」と「全学校構成員による共同責任」という2つの原理が，上級生と下級生の間でいかに具体化されたのかが問題となろう。

　考察の手順は以下の通りである。まず，オーデンヴァルト校ではさまざまな年齢の生徒が混在していたことを確認する（第1節）。次に，ヴィッカースドルフ自由学校共同体との比較において，オーデンヴァルト校での上級生と下級生の制度上の同権について論じる（第2節）。最後に，制度上の同権にもかかわらず生徒間に能力上の差異が存在しており，それが時に世代間対立を引き起こしていたということを明らかにしたい（第3節）。

96 第Ⅱ部 自由学校共同体における関係性の諸相

第1節 異年齢生徒の混在

1. 生徒の構成

　本章で考察の対象となるのは、オーデンヴァルト校における下級生と上級生の共同生活のあり方である。以下では、異年齢の生徒が一緒に生活していたということも含めて、生徒の数、出身地、出身階層など、同校の生徒構成の特徴をおおまかに確認しておきたい。

　1910年に生徒数14名でスタートしたオーデンヴァルト校は、徐々にその規模を拡大し、開校10年後には生徒数が100名を越えた[1]。表3-1は、1924/1925年までの生徒の推移を示したものである。この表から、生徒の約3分の1が女子で占められていること、宗教的には全体の約5分の1がユダヤ教徒であることがうかがえる。ユダヤ人はドイツ教養市民よりはるかに開かれた集団であったため[2]、こうした実験学校を積極的に受け入れたのである。

　出身地域別に見てみると、オーデンヴァルト校にはドイツ全土から生徒が集まっていた。またドイツ人のみならず外国籍の生徒も在籍していた。1918年5月15日現在の記録によれば、同校に112名の生徒がいた。そのうち地元ヘッペンハイムの生徒が6名、地元以外のヘッセン―ダルムシュタット大公国内の生徒が13名、ドイツの他の邦からの生徒が83名、そして外国からの生徒が10名であった[4]。12年後の1930年3月には、表3-2のとおり、ドイツ国内出身が112名に対して、外国籍の生徒が52名と約2対1の割合に増加している。

　生徒がいかなる社会階層の出身であるかについては、目下のところまとまった統計資料が見あたらない。だが、ゲヘープはシェファーのインタヴューに答えるなかで、この点について貴重な発言を残している。

第3章　生徒-生徒関係の位相（1）　　97

表3-1　オーデンヴァルト校生徒の推移[3]

西　暦	計	性　別		宗　教			
		男	女	プロテスタント	カトリック	ユダヤ	他
1910/11	14	10	4	11	1	—	2
1911/12	27	19	8	20	2	3	2
1912/13	50	39	11	28	3	11	8
1913/14	68	49	19	36	5	13	14
1914/15	54	37	17	35	—	12	7
1916/17	59	37	22	42	2	9	6
1918/19	110	64	46	77	1	19	13
1919/20	92	58	34	65	3	13	11
1920/21	113	79	34	99	—	13	1
1921/22	118	67	51	72	2	32	12
1922/23	115	65	50	62	—	29	17
1923/24	100	61	39	57	7	21	15
1924/25	95	60	35	59	9	21	6

表3-2　生徒の出身地および国籍（1930年3月現在）[5]

ドイツ		外国	
ライヒドイツ	4	アメリカ	20
ブレーメン	2	イギリス	5
ダンツィヒ	1	スイス	5
ハンブルク	3	ラトヴィア	1
プロイセン	70	ロシア	1
バイエルン	7	オーストリア	5
ザクセン	6	オランダ	10
バーデン	4	ユーゴスラヴィア	1
チューリンゲン	4	中国	1
ヘッセン	4	アルゼンチン	1
オルデンブルク	3	ポーランド	1
ブラウンシュヴァイク	7	ハンガリー	1
リッペ	1		
アンハルト	1		
計	117	計	52

98 　第Ⅱ部　自由学校共同体における関係性の諸相

　　「ついでに言えば，おそらくあなた（シェファー：筆者）は，オーデンヴァル
　ト校の仲間つまり子どもがいかなる社会階層の出身であったのかという問題に関
　心がおありでしょう。第1は芸術家の集団出身です。彼らは，私が意図している
　こと，私が人間形成というものについて理解していることに対して，もっとも大
　きく，友好的で，直感的で，直接的な理解を示してくれました。第2は医者，と
　りわけ教養のある優れた医者です。第3は企業家やエンジニアといった実践的な
　生活を営んでいる人々です。第4に初めて友人がきます。」6)

　このゲヘープの記憶に従えば，オーデンヴァルト校の生徒の親は，芸術家，
医者，実業家および技術者，そしてゲヘープの知人の順であったという。ま
た，生徒の学費（生活費を含む）が非常に高額であったことを考えるなら7)，
同校に支配的であったと思われる生徒像を，次のように描くことができる。
つまり彼らの多くは，思想的にリベラルで，教養に恵まれ，経済的にも裕福
な家庭の子弟であったと理解することができよう。

　ただし，かつての生徒ノート（E.E.Noth）が指摘しているように，「パウ
ル・ゲヘープは，生徒関係が可能な限りあらゆる国民階層を『階級的に』代
表しているように配慮した」8)。このため，同校では奨学金制度が採用され，
「資力の劣る両親」の生徒もまた入学が可能となっていた。ノートが在籍し
ていた1920年代末には，生徒の約4分の1が奨学生であったという9)。

　また，寄宿舎付きの同校に入学してくる生徒の場合，家庭が経済的に裕福
であっても教育の場としては望ましくないケースが多かったという。ノート
によれば，「多くの男女の仲間（Kameraden：生徒のこと：筆者）は，損なわれ
た夫婦生活の出身であったり，商売上の生活や社会的な生活を邪魔する煩わ
しい負担として，子どもを高額の私立寄宿舎という収容保護区へと押しつけ
るような，裕福な家の生まれであった」10)。こうした家庭から見れば，オー
デンヴァルト校は家庭の教育的機能の弱体化や放棄を埋め合わせてくれる代
替施設であったと言えよう。

　最後に，異年齢生徒の混在についてである。オーデンヴァルト校の生徒の
中心は中等教育段階にあった。しかし，同校では生徒の年齢制限はなされず，

その結果実に幅広い年齢層の生徒が共同生活をおこなうことになっていた。ゲヘープはその点に関してこう記している。

> 「私は非常に意識的に，かつ首尾一貫して，オーデンヴァルト校を人間形成の場へと作り上げようと努力してきた。生徒の年齢に関しては，われわれは上にも下にも年齢制限をもうけなかった。必要な場合には，われわれは赤ん坊も受け入れた。その後に，フレーベル的思考とモンテッソーリ的思考とが一緒に作用する幼稚園が来て，そのまた後に基礎学校，ついでギムナジウムならびに実科ギムナジウムや実科高等学校といったコースが来た（それを重んじる者は19歳で，時には18歳でアビトゥアーに合格した）。成人した人も，さらに勉強を続けるために，いつもわれわれと一緒に生活していた。」[11]

オーデンヴァルト校ではこのように，さまざまな年齢の生徒が同一の敷地内に生活していた。この点は，イルゼンブルク（ハルツ），ハウビンダ（チューリンゲン），ビーバーシュタイン（レーン）の3ヵ所に，それぞれ初級，中級，上級の生徒を振り分けていたリーツの田園教育舎とは対照的である。

2．生徒の時間的・空間的分離とそれへの対応

　上記のように，オーデンヴァルト校では生徒の年齢制限はなされず，その結果実に幅広い年齢層の生徒が同一敷地内で共同生活をおこなっていた。だが，ごく幼い子どもからアビトゥアーを受ける者まで幅のある生徒たちが，学校内で常に行動をともにしていたわけではない。同校の時間割（日課）については改めて第7章で論じることにするが，1日の日課は年長の生徒と年少の生徒との間で差異がもうけられていた。例えば下級生は起床が1時間遅く，就寝が1時間早く設定されていた。

　また日課のみならず生活の空間についても，生徒たちの間に若干の区別があった。オーデンヴァルト校では，平均7名の年齢の異なる生徒が1人の教師（あるいは1組の夫婦の教師）とともに「ファミリー（Familie）」を構成していた。このファミリーがそれぞれ，ゲーテハウス，シラーハウス，フンボル

トハウスといった各建物に分かれて生活していた[12]。けれども幼児に限っては、この通常のファミリーとは別に、ペスタロッチーハウスという建物にまとめられていた。その結果、幼児たちはオーデンヴァルト校の共同生活において孤立する傾向がみられた。1930年10月1日開催の第537回＜学校共同体＞では、その問題を克服するために「オーデンヴァルト校における幼稚園の位置について」というテーマで議論が行われている。

　このテーマを提議したのはゲヘープ自身である[13]。当日の＜学校共同体＞のプロトコールによれば、議論はゲヘープの次のような呼び掛けで始まっている。少し長いがそのまま引用しておく。

　　「オーデンヴァルト校は、そこにおいてさまざまな人々が成長すべき人間形成の場です。それゆえ、私たちはいかなる年齢制限ももうけるつもりはありません。私たちは技術的な理由から、子どもたち（ペスタロッチーハウスの子どもたち、当時8名：筆者）をいくらか分離してきました。リーツの田園教育舎では、異なった年齢段階の仲間（生徒のこと：筆者）が異なった場所で生活しています。私たちはきわめて意識的にこうした考えをとりません。私たちは、自分たちのところにはさまざまな年齢段階の間にいかなる制限も存在しないということを、逆に利点だと思っています。あなたたちはその課題の困難さを見誤ってはなりません。技術的な配慮は明らかです。つまり、子どもたちを年長のファミリーのなかに分散させることはできません。子どもたちのために2人の人間がいるということは、技術的・組織的に正しいことです。つまり、実際は彼らが『子どもたちのファミリー』のなかで一緒に暮らすことになります。しかしそれにより、子どもたちが自分たちだけペスタロッチーハウスのなかに完全に分離して生活するという危険が生じるのです。こうした措置は、私たちの学校の本質に反します。私たちは、子どもたちが私たちによって邪魔されないことを切に願いますが、彼らもまた私たちの共同体に属しているのです。私たちは次の点を明らかにする必要があります。つまり、いかにすれば私たちは、子どもたちとより多く接触できるでしょうか。またいかなる行動を、私たちはただちにとることができるでしょうか。」[14]

ゲヘープは、オーデンヴァルト校内を多様な年齢層の生徒が一緒に成長して

いける場にしようとした。ただし，実際に幼児が年長生徒の間で生活すると
なると，逆に幼児は年長生徒から悪影響を受けることが多い。議長を務めて
いた生徒ギズィ（K.Gysi）もそれに関してこう述べている。

> 「仲間たちはまったく違ったやり方で子どもたちと話をし，彼らは子どもたち
> の内なる声をさえぎり，とても馬鹿げたことを言います。こうした関係において，
> 仲間たちは子どもたちを堕落させています。」[15]

こうした理由で幼児は2人の専属の教師とともにペスタロッチーハウスで生
活することになっているのだが，その結果幼児が学校から「完全に分離」し
てしまっている現状を，ゲヘープは問題視するのである。

このゲヘープの呼び掛けに対して，ペスタロッチーハウスで働いていた女
性教師ハマカー＝ヴィリンク（Agaath Hamaker-Willink）は，例えば次のよ
うな提案をおこなっている。

> 「年長の仲間が私たちのところで食卓についてもらえれば，それだけで私は助
> かります。子どもたちは彼らを非常にうやまいしたっており，子どもたち自身は
> たくさん愚かなことをします。結びつきの最初は，例えば年長の仲間が子どもた
> ちと散歩をすることです。」[16]

しかしゲヘープは，「それではまったく不十分」であるとして，より抜本的
な改革を要求する。それに答える形で他の教師フォン・ケラーやエーファ・
カッシラー（Eva Cassirer）から「年長の仲間は子どもたちのファミリーに行
くべきです」，あるいは「それに関して問題となるのは単に女子のみではな
く，男子や比較的年少の仲間もです」という意見が出される[17]。それらを
受けてゲヘープは次のように提案している。

> 「仲間も皆また，自分をこまやかに援助してくれる大人を必要とします。しか
> し，自分で他人の援助ができるくらいにまですでに自立している仲間がいること

102　第Ⅱ部　自由学校共同体における関係性の諸相

も確かです。そうした仲間は，場合によっては，半年間子どもたちのところにゆき，つまりは彼らのところに住み彼らの相手をしてもらいたいのです。さっそくこの8日間のあいだに，このような行動が引き受けられねばなりません。該当する仲間は私のところまで来てください。」[18]

このゲヘープの提案のあと，子どもたちの世話はとてつもなく困難な課題なので，それを引き受けるかどうかは常に生徒の自由意志に任されねばならないということや，生徒が規則正しくその課題を担う場合には，自分がすでに有している仕事を多少他の者に委託すべきである，といったことが確認された。こうした＜学校共同体＞での議論の結果，以下のことが決議された。

　　「より多くの仲間がおやつの時間をペスタロッチーハウスで過ごさねばならない。より長期間子どもたちの面倒を見てあげたいという仲間は，できるだけ早くパウルス（ゲヘープのこと：筆者）のところに届け出てもらいたい。」[19]

　以上のように，オーデンヴァルト校ではリーツの田園教育舎とは異なり，さまざまな年齢層の生徒が混在して自由学校共同体を形成していた。幼児に関しては，彼らがこの共同体から分離し孤立する傾向があったが，幼児と年長の生徒との接触の機会が増えるよう努力がなされていたのである。

第2節　生徒-生徒間における制度上の同権

　ヴィッカースドルフ自由学校共同体では，オーデンヴァルト校と同様に生徒の年齢制限がもうけられていなかった。本節では，このヴィッカースドルフ自由学校共同体の実践との対比の中で，オーデンヴァルト校における上級生と下級生との関係の特質を明らかにしたい。

　先に述べた通り，ヴィッカースドルフではあらゆる年齢の生徒がともに生活していた。このことは，上級生と下級生との間で様々な摩擦や葛藤があっ

たことを想像させる。それに関する記事が，1912年7月の「フランクフルト新聞」に掲載されている。それによれば，少なくとも下級生によって上級生が邪魔されるということは，それぞれの年齢集団に十分な空間を用意することによって防止されていた。例えば，上級生がアビトゥアーの準備をするために特別な静けさを必要とする場合には，「修道院 (Kloster)」と呼ばれる一室が与えられ，その他の者の入室が禁じられていた。また逆に，上級生によって下級生が抑圧されるということもないという。むしろ，「下級生を世話するなかで，若者に自然な騎士性 (Ritterlichkeit) が芽生えること」[20] が期待されていたのである。

　下級生の世話は主に「生徒委員会 (Schülerausschuß)」の活動を通してなされた。ゲヘープ自身は生徒委員会の設置に反対であったが，共同校長のヴィネケンの意見によってそれは導入されていた[21]。この生徒委員会は，生徒自身が教師陣から独立して選出した年長の生徒で構成されていた。生徒委員会は，生徒の間でもめごとが起こった時に「仲裁裁判所 (Schiedsgericht)」の役目も果たした。しかし，生徒委員会の主な仕事は，下級生の世話に関して教師を援助することであった。例えば，生徒委員会の構成員は，大部屋での下級生との睡眠，起床時間の連絡，早朝体操の指導，入浴や洗濯の監督などをおこなった。また委員会の構成員は「チューター (Tutor)」と呼ばれ，それぞれ特定の下級生を1人から3人世話することになっていた。その際，チューターの仕事となるのは，下級生の戸棚の整理，衣類や靴の点検，使用済みの洗濯物の処理などである。またそれ以外にも，チューターに時間の余裕がある時には，下級生と一緒に遊んだり朗読をしてやったりするのも彼らの任務とされていた[22]。

　ヴィッカースドルフ自由学校共同体から出された『年報』の第2号では，こうした生徒委員会の活動について，ギムナジウム8年生 (Unterprimaner) にあたる年長の生徒が以下のような報告をおこなっている。

「人はおそらく，他の寄宿舎付き学校においてしばしばそうであるように，上級生と年少児との関係の中で軍隊式上下関係（Unteroffizierston），あるいは利己的な目的のための専制政治が生じる可能性があると思われるかもしれません。私たちのところではこうしたことがないことを，私たちの生活についての私の説明から，誰もがおわかりになるでしょう。また私が思うに，下級生はまったく強制されることなく自分の教師とつき合っているにもかかわらず，私たちが年齢の点で彼らのより近くにいるという理由からだけでも，彼らは私たちによって監督されることを望んでいます。けれどもまた，委員会の構成員がその立場を乱用することは，あらゆる未来のために，次のことによって不可能になっています。つまり，一方で，構成員同志の間で相互に規制がはたらくことによって，また他方で，そうした乱用のための機会や可能性をほんの少しも与えない，学校の原則それ自体によって。」[23]

以上のように，ヴィッカースドルフでは，生徒委員会が制度的に認められていた。しかしながら，ゲヘープはオーデンヴァルト校にこの制度を持ち込むことをしなかった。先の「フランクフルト新聞」によれば，「自治（Selbstverwaltung）という点に関して，オーデンヴァルト校とヴィッカースドルフの間にある相違はただ，オーデンヴァルト校はいかなる生徒委員会も有していないということである」[24]。ゲヘープがこのように生徒委員会を拒絶した理由を考えるには，ヨーロッパ新教育運動の先駆であり，またゲヘープ自身かつて短期間ではあるが教鞭を取った，レディのアボツホルム校における生徒組織を振り返る必要がある。

アボツホルム校では，パブリック・スクールの伝統を受けて「プリーフェクトシステム（Prefect System）」が敷かれていた。プリーフェクトシステムとは，最高学年の生徒の中から，校長によって選任されたプリーフェクト（監督生）という一種の自治委員が，校内における規律維持，生徒の品行の取締りに当たる制度である。この制度は，プリーフェクトとなる生徒の指導性や責任性を育成する一方で，他の生徒の自由な行動をしばるという弊害をともなっていた[25]。ゲヘープは，この制度が下位の者たちよりもプリー

フェクトを堕落させることになるという理由で，オーデンヴァルト校にこの制度を導入することを拒否した。同時に，プリーフェクトシステムと同様に，選出された生徒委員会によって同じことが起こるのを恐れたのである[26]。ゲヘープがヴィッカースドルフでの生徒委員会を振り返ってその問題点を指摘している言葉は，管見の限りでは見当たらない。けれども，彼はヴィッカースドルフでの経験から，生徒委員会に対して先のギムナジウム8年生の生徒とは異なる認識を有していたようである。すなわち，生徒委員会が自由学校共同体にとって必要不可欠ではないと判断していたと考えられる。

　以上のようにゲヘープは，生徒間にヒエラルヒーを生み出す生徒委員会をオーデンヴァルト校に持ち込まなかった。むしろ彼は，生徒各自が自己と全体に対して同等の責任を担うことを目指した。自由学校共同体における共同責任という原理を鮮明に反映しているのが，＜学校共同体＞と名付けられた全校集会であった。＜学校共同体＞の実施規則等については第5章で詳しく論じることとして，ここでは生徒-生徒関係に関してのみ説明する。

　＜学校共同体＞は約2週間に一度の割合で開催され，参加者は大きく3つに分類される。まず，教師とその配偶者，年齢を問わない全生徒といった学校の全構成員。次に，学校に対する理解と関心を有しているという理由で継続的に学校構成員に任命されていた若干の卒業生。最後に，学校に対して関心を有しているという理由で名誉会員に任命されている若干の生徒父母と施設の後援者である。彼らのうち，名誉会員と学校外にいる構成員とを除く学校の全構成員に対しては，あらゆる学校共同体の協議への参加義務が課せられていた[27]。したがって，上級生と下級生も同等に＜学校共同体＞に参加していたと言える。

　＜学校共同体＞で討議されるテーマは，＜学校共同体＞の参加者によって自由に提案されることになっていたが，ここでも上級生と下級生との間で権利の差異は見出せない。議論が話し合いによって決着がつかない場合は，多数決によって採決されたが，その際にも全参加者に等しく1票の投票権が与

えられた。ゲヘープ自身，この点に関して以下のように述べている。

> 「小さな子どもにも大きい生徒にも，採決の時に行使される投票権は同等に与えられ，これは根本的には共同体を構成している成員全員が全体の責任を同等に担っているという見解を象徴的に表わすものであった。」[28]

クルツヴァイル（Z.E.Kurzweil）によれば，ヴィカースドルフでは票決の際，下級生の票は2分の1票としか数えられなかった[29]。したがって，オーデンヴァルト校において上級生にも下級生にも同等に投票権が認められたということは，オーデンヴァルト校における共同責任という原則の徹底ぶりを示すものと言えよう。

第3節　生徒-生徒間における能力上の差異

　オーデンヴァルト校の＜学校共同体＞では，参加，提議，投票という面で，上級生と下級生との間に何ら権限の差は存在しなかった。これは，オーデンヴァルト校における各生徒の制度上の同権を象徴的に示している。しかしながら，＜学校共同体＞が実際に運営される場面でも，上級生と下級生との能力上の差異が意識されていたことは事実である。

　例えば，＜学校共同体＞の議長は，基本的に上級生の中から選出された。仮に，議長にふさわしい上級生がいない場合は，下級生でなく教師が議長を務めた。また，＜学校共同体＞では，教師や上級生といった知的にも経験的にも豊かな者と下級生とが一緒に討議に参加するわけであるから，下級生にとって討議内容が難解すぎるというケースも予想される。ウーゲナン（E.Huguenin）は，そうした事態に関する観察記録を次のように書き残している。

> 「ある日，私が下級生のグループのところに行った時，ちょうど前日の学校共

同体の復習のようなことをしている場面に居合わせた。その（学校共同体の：筆者）討議では，下級生には理解できない外来語が非常に多く使用された。下級生たちはそうした外来語をメモしておき，翌日彼らの先生にそれについての説明を求めていたのである。（中略）そのグループには，その他の者よりも少し年長の少女もいた。この品のよい聡明な少女は，年長の仲間（生徒のこと：筆者）と年少の仲間との仲介者となっていた。すなわち彼女は，いかなる大人にもできないような子どもらしい言葉づかいで，彼女自身が理解したすべてのことを下級生たちに説明したのである。」[30]

このウーゲナンの報告から，さしあたり次の2点を読み取ることができる。まず第1は，＜学校共同体＞では下級生に理解困難な言葉が使用されることがあり，その場合には彼らは十分に討議に参加できなかったであろうということ。第2は，下級生が理解できなかった言葉は，後日教師や少し年上の生徒によって説明が加えられ，次回以降の＜学校共同体＞でより良く討議に参加できるよう配慮されていたということである。

なお，ウーゲナンによれば，こうした上級生と下級生との能力差にかかわらず，下級生自ら＜学校共同体＞への参加に喜びを感じていた。というのも，「学校共同体に入れてもらえるということは，下級生にとって1つの名誉」[31]だからである。それゆえ下級生は，大いなる関心をもって質問をし，まじめに小さな義務を引き受け，責任感をもって自己の任務を遂行し，共同体の決議には従ったという。ウーゲナンはそうした光景を目にして，「下級生が自己の能力と自己の理解の範囲内で，学校が目指す理想に協力しているのを見れば，心を打たれる」[32]，と感想を述べている。

こうしたウーゲナンの指摘に従えば，＜学校共同体＞では下級生の理解力を越える討議がなされることもあったが，下級生はその場への参加に喜びを見出し，彼らなりに積極的に学校運営に関わっていこうとしていた[33]。しかしながら，「下級生の熱心な参加」と「上級生との対等な議論」とは別ものである。下級生はやはり知的にも経験的にも上級生に劣っており，上級生

108　第Ⅱ部　自由学校共同体における関係性の諸相

と対等に議論し合うことはできなかったと考えるのが妥当であろう。次の文章は，1928年12月に，ある中級の生徒（F.Hartlaub，当時15歳）が両親に宛てた手紙の一節である。

> 「先日，バイヤー（歴史の教師：筆者）と僕は，学校共同体を改善するための非常にすばらしい考えを思いつきました。学校共同体は，目下のところ，無気力でどうしようもなく，たいてい何の議論もないまま進行していきます。僕がまともに発言し提議を弁護したのはこれが初めてでした。その提議は，発奮した上級学年の強力な反対にあって可決されませんでした。もし人が，ここで自分の考えを貫徹し実現したいのであれば，何週間もの根回し（Vorarbeit）によって，徐々に有力な人物を味方に付け，その提議を弁護してくれるよう彼らを動かさねばなりません。何か言おうする中級の仲間に対しては，派閥，陰謀，サークル，党派の網が，実現への道を阻むのです。」[34]

ここには，年少の生徒の提議がなかなか受け入れてもらえないことへの不満がにじみ出ている。しかも重要なのは，その不満が，彼らの提議を阻止する上級生に向けられている点である。もちろん，この一生徒の手紙の内容がオーデンヴァルト校の＜学校共同体＞の普遍的な性格を示しているのかどうかは，議論の余地がある[35]。しかし，上述のように＜学校共同体＞への参加，提議，投票権の面で対等であった下級生と上級生との間に，実質的な力関係が存在していたとするこの指摘は，全生徒が学校運営に対して同等に共同責任を担うという自由学校共同体理念を実践することの困難さを表していると言えよう。

小括

　以上，自由学校共同体としてのオーデンヴァルト校における生徒-生徒関係，とりわけ上級生と下級生との関係について考察をおこなってきた。そこから明らかになったことを総括すれば以下のようになる。

　オーデンヴァルト校では，リーツの田園教育舎とは異なり，生徒の年齢制

限はなされなかった。つまり，さまざまな年齢層の生徒が混在して自由学校共同体を形成していた。幼児に関しては，彼らがこの共同体から分離し孤立する傾向があったが，＜学校共同体＞での議論などを通して，幼児と年長の生徒との接触の機会が増えるよう努力がなされていた。

　オーデンヴァルト校での共同生活においては，学校を構成する全構成員が学校全体に対して共同責任を担うことが目指された。それゆえ，オーデンヴァルト校では制度上，ヴィッカースドルフよりも生徒間のヒエラルヒーを排すよう努められていた。例えば，ヴィッカースドルフでは生徒委員会を通して，世話をする上級生と世話をされる下級生という区別が明確に存在したのに対して，オーデンヴァルト校ではその制度は導入されなかった。また，＜学校共同体＞においても，ヴィッカースドルフでは票決の際に下級生の票が上級生の2分の1票としか数えられなかったのに対して，オーデンヴァルト校では両者に同等の投票権が与えられた。また，オーデンヴァルト校では＜学校共同体＞への参加や提議の面でも，上級生と下級生との間に権利の差はなかった。

　このようにオーデンヴァルト校では，＜学校共同体＞による学校運営という面で，上級生と下級生の制度上の差異は基本的に存在しなかった。換言すれば，自由学校共同体という理念はより徹底されていたと言える。しかしながら，上級生と下級生が同等の権利をもって＜学校共同体＞に参加したとしても，両者の間には必然的に討議の能力差は残った。そして，場合によってそれは，ゲヘープの意図せざる上級生と下級生との世代間対立を引き起こしたのである。

　このことは，全生徒が学校運営に対して同等に共同責任を担うという自由学校共同体理念を実践することの困難さを表していると言えよう。だが，こうした理念と実践との不一致は，必ずしもマイナスの評価を受けるものではない。というのもオーデンヴァルト校では，自由学校共同体という理念の実現は，あくまでも自由学校共同体という理念の実践化の過程において目指さ

110 第Ⅱ部 自由学校共同体における関係性の諸相

れたからである。容易には達成することのできない目標としての理念を，その目標の達成に向けられた不断の過程によって実現していく点にこそ，オーデンヴァルト校の特質があったとも言えるのである。

---

1) 開校当初は熱心に生徒募集の努力がなされた。当時のドイツの代表的なイラスト雑誌『イラスト新聞 (Illustrirte Zeitung)』(Band 138, Nr.3586, 21.März 1912, S.1.) に学校広告が掲載されたのはその一例である。広告の内容は以下の通り。

> オーデンヴァルト校
> （校長：パウル・ゲヘープ）
>   ヘッペンハイム（ベルクシュトラッセ）のオーバーハムバッハ少年と少女のための近代的改革学校（寄宿舎付き）。独自の授業組織（活動共同体）；自立的活動への計画的教育。施設の運営への生徒参加。――対外的目標：実科ギムナジウムおよび高等実科学校のアビトゥアー。――保健衛生施設；セントラルヒーティング；電灯；空気浴。――山岳地帯のなかのすばらしい立地条件。――パンフレット有り。

2) モッセ,G.L.（三宅昭良訳）『ユダヤ人の〈ドイツ〉――宗教と民族をこえて――』講談社，1996 年，50 頁。

3) Schäfer,W.: Die Odenwaldschule 1910-1960; Der Weg einer freien Schule, Heppenheim 1960, S.100. 1992/23 年の宗教の内訳数は誤りか。

4) 大公国学区委員会からオーデンヴァルト校宛に送られた「大公国における私立の教授施設の監督」に関する文書（1918 年 6 月 12 日付け，AOS）に記されたメモより。ここでは生徒の出生地ではなく両親ないし代理人の現住所が基準とされている。なお，1931 年にゲヘープは，「私たちのところの子どものほぼ 5 分の 1 は外国人である」と述べている (Geheeb,P.: Die Odenwaldschule im Lichte der Erziehungsaufgaben der Gegenwart, In: Pädagogische Hochschule, 3.Jg., 1931, S.23.［ウィルヘルム,W. 他訳「現代の教育課題を照らし出す学校――オーデンヴァルト校――」，鈴木聡他『青年期の教育』明治図書，1986 年，226 頁])。

5) Die Neue Waldkauz, 4.Jg., Nr.2, 1930, S.27 より筆者作成。

6) Tonbandaufzeichnung von Interview mit Edith und Paul Geheeb von Walter Schäfer im 12.1959, S.23.

7) 1926 年の時点では，オーデンヴァルト校の生徒 1 人当たりの学費（生活費を含む）は年間 2,100 マルクであった。15 から 20 名の父兄は自由意志で 2,400 マルクを支払っていた。年間授業料が 2,000 マルク余りというのは，当時の他の自由学校と比較して

第3章　生徒-生徒関係の位相（1）　　111

決して高額ではない。例えば，ドイツ田園教育舎は2,000から2,400マルク，ベルク
シューレは2,000から2,600マルク，レッツリンゲン自由学校・作業共同体では1,800
マルクであった（Protokoll zu der Tagung der"Vereinigung der Freien Schulen"in
Bieberstein am 23. u. 24. Oktober 1926 [AOS]）。だが，こうした金額は，当時の教員
の給与と比較すれば，決して安いものではないことがわかる。1927年のプロイセンの
国民学校既婚教員の基本給年収は2800から5,000マルク，中等学校正教員の場合は
4,400から8,400マルクであった（Bölling,A.: Sozialgeschichite der deutschen Lehrer;
Ein Überblick von 1800 bis zur Gegenwart, Göttingen 1983, S.118.［ベリング, R.（望
田幸男他訳）『歴史のなかの教師たち——ドイツ教員社会史——』ミネルヴァ書房，
1987年，130頁]）。

8)　Noth,E.E.: Erinnerungen eines Deutschen, Hamburg/Düsseldorf 1971, S.146.

9)　Ebenda, S.146f.　なお，1926年時点では，生徒の約20パーセントが授業料全額
免除であった（Protokoll zu der Tagung der "Vereinigung der Freien Schulen" in
Bieberstein am 23. u. 24. Oktober 1926, a.a.O.）。

10)　Ebenda, S.146.

11)　Geheeb,P.: Erziehung zum Menschen und zur Menschheit. In: Bildung und
Erziehung, 4.Jg., 1951, S.643.

12)　各ハウスは基本的に寄宿舎と教室を兼ねていた。ハウスは1910年の開校当初は
ゲーテハウスの1棟のみであったが，その後生徒数の増加にあわせて徐々に増築され
た。同校における建築物の変遷については第8章で論じる。

13)　ただしこの〈学校共同体〉に先だって，〈教師会議〉において同じ問題が取り上
げられている。当時ペスタロッチーハウスで働いていたハマカー＝ヴィリンクの記録
によれば，エーファ・カッシラーの影響のもとでフォン・ケラーが次のような問いを
提示したという。「われわれ協力者（教師のこと：論者）は自分たちの幼稚園につい
て一体何を知っているでしょうか。（中略）学校はこの（ペスタロッチーハウスの：
論者）ファミリーについて何を知っているでしょうか。2人の女性指導者はわれわれ
やわれわれの学校について何を知っているでしょうか。そのファミリーは学校共同体
のなかに参加させられているのでしょうか，それとも単にかたわらにくっついている
だけでしょうか。年長の仲間は一度幼稚園で援助をしてみてはどうでしょうか。そこ
では援助が必要とされていませんか。」（Hamaker-Willink,A.: Briefe aus der
Odenwaldschule（1930/1931）, In: Neue Sammlung, 25.Jg., 1985, S.546.）

14)　Protokoll zu der Schulgemeinde am 1. Oktober 1930.（AOS）

15)　Ebenda.

112　第Ⅱ部　自由学校共同体における関係性の諸相

16）　Ebenda.

17）　Ebenda.

18）　Ebenda.

19）　Ebenda.

20）　Drill,R.: Das Landerziehungsheim; Eindrücke und Bemerkungen. In: Sonderabdruck aus der Frankfurter Zeitung (Erstes Morgenblatt vom 24., 26. und 31. Juli 1912), S.19f..

21）　Reiner,P.: Wer ist der Schäfer der freien Schulgemeinde? In: Der Vortrupp, 6.Jg., Nr.13, 1917, S.413.

22）　Drill,R.: Das Landerziehungsheim; Eindrücke und Bemerkungen, a.a.O., S.19f..

23）　Jahresbericht der Freien Schulgemeinde Wickersdorf: Zweiter Jahresbericht der Freien Schulgemeinde Wickersdorf. 1. März 1908 bis 1. Januar 1910. Von Gustav Wyneken, Jena 1910, S.62.

24）　Drill,R.: Das Landerziehungsheim; Eindrücke und Bemerkungen, a.a.O., S.29.

25）　白石晃一「英国アボツホルム校の労作教育の成立について——セシル・レディの労作教育の歴史的考察——」,『東京教育大学教育学部紀要』第 17 巻, 1971 年, 31 頁。

26）　Drill,R.: Das Landerziehungsheim; Eindrücke und Bemerkungen, a.a.O., S.29.

27）　Ebenda, S.24.

28）　Geheeb,P.: Erziehung zum Menschen und zur Menschheit. In: Bildung und Erziehung, 4.Jg., 1951, S.644.

29）　Kurzweil,Z.E.: Odenwaldschule(1910-1934). In: Paedagogica Historica, 13.Jg., 1973, S.34f..

30）　Huguenin,E.: Die Odenwaldschule. Weimar 1926, S.38.

31）　Ebenda, S.39.

32）　Ebenda.

33）　オーデンヴァルト校では，＜学校共同体＞は自治的な「学校運営 (Schulverwaltung)」のための議論の場であると位置づけられていた。わが国では一般に，「学校運営」とは「学校管理とともに，学校経営概念を構成する柱」（牧昌見「学校運営」, 高倉翔他編『現代学校経営用語辞典』第一法規, 1980 年, 33 頁）と理解されるが，本研究では広く「学校経営」と同義に用いる。ただし，第 5 章で明らかになるように，＜学校共同体＞で扱われるテーマには一定の制限が存在していたことからも，＜学校共同体＞での「学校運営」は教師の教育的作用の範囲内にあったと言

える。また，この＜学校共同体＞での「学校運営」の内容については，第5章におい
て＜教師会議＞との関連で論じる。

34） Krauss,E./Hartlaub,G.F.(Hrsg.): Ferix Hartlaub in seinen Briefen, Tübingen
1958, S.46.

35） この手紙が書かれた1928から29年にかけては，学校創立以来最も生徒数が多
かった時期である。中級の生徒（12-16歳）は70名以上，上級の生徒は約40名在籍
しており，両者の間の対立が表面化していた。学校雑誌『新ヴァルトカウツ（Der
Neue Waldkauz)』の1929年最初の号では「年齢集団の分化」というテーマで特集が
組まれている（Schüler der Odenwaldschule(Hrsg.)：Der Neue Waldkauz, 3.Jg.,
Nr.1/2, 1929.)。

第4章　生徒-生徒関係の位相（2）
―― 男女共学の実験 ――

　オーデンヴァルト校の生徒-生徒関係について検討するときに，異年齢集団の混合とならんで，いやそれ以上に注目すべきなのが男女生徒の混合，すなわち男女共学である。ゲヘープは男女共学を自由学校共同体の不可欠の要素と考え，学校設立当初より徹底した男女共学を実践した。その結果，男女共学はオーデンヴァルト校の共同体生活に特別な色彩を与えることになる。

　同校の男女共学は，男女別学が常識であった20世紀初頭のドイツ社会において，きわめてセンセーショナルな実践として受け止められた。というのも，「オーデンヴァルト校は疑いなくドイツで唯一の完全な男女共学をとっている学校であり」[1]，「1920年までは，オーデンヴァルト校ほどきっぱりと信頼をもって男女共学であることを公言する田園教育舎は存在しなかった」[2] からである。本章では，こうしたオーデンヴァルト校での男女共学実践の内実を解明することを目的とする。

　以下，本章では，まずドイツ教育制度史における男女共学の状況を概観する（第1節）。次に，ゲヘープにおける男女共学の理念の特色を性をめぐる葛藤に着目しながら分析する（第2節）。続いて，同校での日常生活において生徒が男女共学をいかに経験・知覚・行為していたのか明らかにし（第3節），最後に同校の男女共学が当時の社会にどのように受け止められたのかを考察したい（第4節）。

　あらかじめここで「男女共学（Koedukation）」という用語について若干説明しておく。一般に男女共学という言葉のもとで，学校における男子と女子の混合の教育ということが理解される。類似の用語として「Koinstruktion」が存在するが，これは授業における男女の混合を指す。「男女共学（Koedukation）」とは「Koinstruktion」を含むより広い概念であり，学校生

116　第Ⅱ部　自由学校共同体における関係性の諸相

活全般にわたる男女混合の教育を意味すると言える。

第1節　男女共学の制度的背景

　学校における男女共学の歴史は，学校を取り巻くより広範な社会諸領域における男女関係の歴史を映し出す鏡であると言える。本節ではまず，19世紀から20世紀初頭にかけてのドイツ教育制度史，とりわけ中等教育制度における男女共学の状況を，当時の社会背景との関連で素描しておく。

　ドイツでは，18世紀後半から19世紀にかけて，官吏，医者，弁護士といった市民層が台頭してくる。彼らの間では，男性は家庭外の業績主義社会において経済，政治，文化，学問に従事し，女性は家庭内で妻，母，主婦という三重の役割を担うという，市民家族の近代的理想像が形成されていった。こうした市民層は数字の上では総人口のわずかな部分──世紀転換期で約10％以下──にすぎなかった。しかし，彼らの行動様式はしだいに他の社会階層，集団においても採用され，模倣された。「市民的」な家族構造と性役割は，19世紀には単に学者，官吏，企業家の範囲のみならず，労働者，サラリーマン，手工業者そして最後には農村的生活環境のなかにも徐々に浸透していった[3]。

　こうした性役割観の支配するドイツ社会では長らく，中等教育段階以上の教育の対象は男子のみであり，女性の中等教育は基本的に不必要とされた。確かに初等教育段階の「民衆学校（Volksschule）」以外に，「中間学校（Mittelschule）」及び「高等女学校（Höhere Mädchenschule）」が女子に対して開かれていた[4]。しかし両者はともに，教育目標が民衆学校の範囲を越えているが中等教育施設としては認可されていないという点で，民衆教育と中等教育の「中間の学校」という否定的なレッテルが貼られていた。高等女学校は1894年に9学年に規格化されるが，州法上はいまだ中間学校に位置づけられていた[5]。プロイセン文部当局は1894年においてなお次のように考え

ていた。高等女学校に対して「男子の中等学校と同じように、女子教育の特定の学校形態群を独自なものとして配置するのは」、困難でしかも不必要なことである。とくに、「女子学校においては、将来の人生にとって決定的な意味をもつかもしれないような特定の種類の資格は獲得されないであろう」[6]、と。

プロイセンでは、1908 年の「高等女学校の新秩序（Neuordnung des höheren Mädchenschulwesens)」においてようやく、高等女学校が正規の中等学校として認められることになる。こうした女子中等教育制度の成立してくる背景としてさまざまな要因が考えられるが、なかでも特に次の 2 点を指摘することができる[7]。まず第 1 は、19 世紀終盤の社会全体の経済的、政治的発展である。それは工業化、社会変動、階級的に固定された旧社会のゆらぎといった特徴を示しながら、経済的生活や公的生活における女性の地位と家庭の構造を変え始めた。第 2 は、ヘレーネ・ランゲ（H.Lange）やゲルトルート・ボイマー（G.Bäumer）らによって主導された女性運動である。それは伝統的な窮屈でこり固まった男性社会を批判するとともに、女性が自己の能力を発揮し男性と同等の発言権を獲得するための大きな促進力となった。こうした背景のもとで、高等女学校がようやく正規の中等学校として認められるようになる。しかし、ここではあくまでも男子用の中等学校とならんで女子用の中等学校が制度化されたのであって、男女共学の中等教育制度が成立したわけではなかった。

第一次世界大戦での敗戦は古い正統主義と権威を弱め、1919 年に制定されたワイマール憲法は、男女平等を基本的権利として認めた。普通選挙制の導入により、ドイツの女性は主要国の女性のなかで最初に参政権を獲得した。しかしながら、ワイマール共和国は実質的に女性に男性と等しい権利をもたらすところまでいたってはいなかった。フレーフェルト（U.Frevert）はワイマール時代における男女の関係を次のように特徴づけている。

118 第Ⅱ部 自由学校共同体における関係性の諸相

「男性領域と女性領域の境界はワイマール時代に多くの領域で往復可能なものとなり，とくに若い女性にとっては，以前は男性専科であった職業や運動や余暇活動に参加するという特権享受のチャンスもときに訪れた。にもかかわらず，社会的，経済的，政治的行為を選択するにあたって男女の分離はまだ広く存続していたのである。」8)

　ワイマール共和国におけるこうした状況のなかで，男女平等を求める女権擁護者の熱意は色あせていった。政治に関与できるようになったものの，政治的な影響力を与えられていないと女性は考えていた。男性は決して権力を放棄しようとはしなかったし，女性も彼らからそれを奪うことはできなかった。その結果，多くの女性は，男性に協力し，その対価として保護してもらうことが女性にとって唯一の効果的な戦略だという結論に達した。またワイマール期の奔放な時代に少数の女性，特に都市部の若い女性を興奮させた新しい「自由」は，大多数の女性を不安に陥れた。緊張と対立に満ちた近代社会のなかで危機感を抱いた彼女らは，伝統的で保守的な女性観に自己を結びつけ，男性的な家父長制を望むようになる。そして，こうした願望はナチス体制の男性中心的な性役割観を女性が受け入れる下地となった9)。

　男女共学に関して言えば，ワイマール共和国の教育政策もまた，教会や保守派の圧力を受けて，原則的には男女別学の教育が望ましいという立場にたっていた。その結果，社会主義者エストライヒが「ライヒ学校会議（Reichsschulkonferenz）」（1920年）に出した，男女共学とあらゆる上級の教育施設への女子の入学とを一般に認めるべきという提案は可決されなかった10)。

　ただし，男子中等教育施設にはしばしば数名の女子生徒が混じっていた。プロイセンでは，そうした女子生徒は1911年から1931年の間に当該生徒数の約5％であった11)。とりわけ社会民主党が唱えた男女共学は，1920年代後半の財政危機のおかげで（したがって男女共学の必要性からではなく），各地で実現されていった。たとえば1933年のチューリンゲンでは女学校よりも

男子学校に通う女子生徒の数の方が多かった。もっとも，ドイツ全体では，男子中等教育施設における女子生徒の割合は 1931 年で 6.3 ％にすぎなかった [12]。

　ゲヘープによる男女共学の実践は，以上のような男女別学がいわば常識であった状況のなかでおこなわれることになる [13]。

第2節　ゲヘープによる男女共学の実践とその理念

1．男女共学実践への道程

　当時のドイツ社会ならびに学校教育制度における男子中心主義に対するゲヘープの批判的態度は，すでに彼の学生時代に培われていた。第1章で確認したように，彼はベルリンで学生生活をおくった際に，ブルジョア女性運動左派で「ベルリン婦人福祉協会」（1888 年結成）の初代会長を務めたミンナ・カウアーと交流を深め，カウアー編の『女性運動』（1895 年発刊）の発行にも協力していた。また，イエナ時代には，男女共学の必要性を説くラインのもとで教育実践をおこなった [14]。

　ゲヘープの男女共学の本格的な実践は，1906 年のヴィッカースドルフ自由学校共同体の創設とともに始まる。しかし，その端緒をすでにそれ以前の彼の活動のなかに確認することが可能である。彼はヴィッカースドルフ自由学校共同体を開く前のドイツ田園教育舎ハウビンダ校時代に，ごく少数ではあるが女子生徒の在籍を経験し，男女共学の手応えをつかんでいる。1905 年の学校年報によれば，ハウビンダ校の美術教師コファール（Kofahl）の娘エムリー（Emly）が，同校最初の女子生徒として3年間在籍していた。ゲヘープは彼女に関して，学校年報で以下のように述べている。

　　「われわれは，エムリー・コファールとともに田園教育舎における最初の男女

120　第Ⅱ部　自由学校共同体における関係性の諸相

共学の試みをおこなってきたことを，一度たりとも後悔するようなことはなかった。逆に，この少女はわれわれの学校生活に貴重な影響を及ぼした。」[15]。

また翌年の学校年報でもゲヘープは，「われわれの女子生徒の数は徐々に3人に増加した。そして，われわれはこの小規模に実行される共同教育の実験によって，非常にすばらしい経験を得た」[16] と記録している。

しかしながら，ハウビンダ校での男女共学は，彼が認めているように，あくまでも「小規模」なものであった。同校では，彼の思い通りに男女共学を実践することはできなかったのである。その理由は，総長リーツの次のような教育観によるものである。

リーツはなるほど，完全な男子校としてアボツホルム校を運営していたレディとは異なり，こう考えていた。「男子と女子とを一緒に教育するということが，原則的にはもっとも望ましい。なぜなら，そうした場合にのみ教育舎での家族的性格が完全な形で保たれるからである」[17]。けれども，リーツが実際に男女共学を実践する際には，女子生徒の入学が認められたのは初級のイルゼンブルク校（11歳まで）と上級のビーバーシュタイン校（17歳以上）のみであり，しかもその場合も，すでに学校に在籍している男子生徒の「優秀な」姉妹に限定されていた。ゲヘープがいたハウビンダ校（中級，12歳から15，16歳）については，「この年齢の男女の両性は，教育において全く異なった，時には正反対の教育の仕方を必要とする」[18] という理由から，女子の入学は原則的に認められていなかった。1912/1913年度の記録によれば，イルゼンブルク校では82名の生徒の内女子が4名，ハウビンダ校では88名の生徒の内女子が4名，ビーバーシュタイン校では生徒66名の内女子が1名であった[19]。3校合わせても全校生徒236名に対して女子はわずか9名（3.4％）であり，とても男女共学が実施されていたとは言い難い状態であった[20]。

男女共学を実践するというゲヘープの念願は，彼がヴィネケンとともに1906年に設立したヴィッカースドルフ自由学校共同体において初めて実現

する。同校はドイツで男女共学を本格的に実践しようとした最初の中等学校であった。同校から出された最初の学校年報では，男女共学に関して次のような文章が掲載されている。

> 「最後に，世間の関心をもっとも引いていると思われる点，すなわち男子と女子の混合の教育について若干述べておく。もちろん，われわれはこんなにも短期間で，とりわけ女子の人数がいまだ足りない状態で，最終的な経験を語ることはできない。われわれは今のところ次のように言うことしかできない。すなわち，われわれはいまだ，共同の教育という原理をぐらつかせるような経験を一度もしたことがないということである。男女両性の関係は，われわれが期待していた通り健全で，無邪気で，仲間らしいものだった。望むらくはただ，もっと多くの，そして真に健康的で有能で品のよい女子がわれわれの手にゆだねられることである。」[21]

ヴィッカースドルフ自由学校共同体では，このように男女共学が一つの「原理」として掲げられていた。しかし，ここに述べられているように女子の人数は非常に少なく，1908 年の時点で全生徒数 65 名の内女子の数は 9 名（13.8 %）にとどまっていた[22]。また，寄宿舎も男子と女子ではっきりと区別されており，両者は別々の建物で生活することになっていた。

ゲヘープは 1909 年初頭にヴィッカースドルフ自由学校共同体を去った後，自己の教育論をより完全な形で実現できる新学校を設立するため，学校建設地を探してドイツ諸邦を旅して回った。その際，彼の希望は第 1 章で述べたとおり，ヴィッカースドルフよりも完全な男女共学を実施できる学校を設立することであった。この旅行について，ペーターゼンは次のように述べている。すなわち，「当時のドイツ各邦をめぐる彼の調査旅行は，文化史的にみて興味深い。とりわけ彼にとって重要なのは，男女共学という理念を実際に本気でおこなう田園教育舎を創設することであった」[23]。国内のいくつもの土地を巡ったゲヘープは，ヘッセン—ダルムシュタット大公国内にオーデンヴァルト校を設立することを決める。ここにゲヘープは，オーデンヴァルト

122　第Ⅱ部　自由学校共同体における関係性の諸相

校においてヴィッカースドルフよりも徹底した形で男女共学を実践してゆくための場を得ることになる。

2．男女共学の理念

　ゲヘープは理論の人というよりも実践の人であった。彼は生涯を通じてまとまった書物を1冊も著していない。けれども男女共学に関しては，雑誌に発表された数本の論文とともに，ヘッセン―ダルムシュタット大公国内務省（学校局）宛ての新学校設立請願書（1909年8月30日付け）を残している。なかでもこの請願書では全44頁の内約30頁が男女共学に関する叙述で占められており，そこには男女共学についてのゲヘープの見解が明快に表されている。以下，この請願書を中心にして彼の男女共学論を整理してみたい。

　ゲヘープは請願書において，男女共学の必要性を説く前に，まず男女共学反対論を整理し，それに対する反論を述べている。彼によれば，男女共学反対論は主に次の2つの考えからなされる。1つは，両性の自然な相違から男女別学が必要であるという考えで，もう1つは道徳上の配慮から男女別学が必要であるという考えである。しかし，ゲヘープは前者に対しては，「女性と男性の個性に同等の注意を払える心理学的にも教育学的にも充分教養を積んだ教育者がいれば，両性の相違を理由に男女共学に反対する考え方は今や意味を持たなくなるであろう」[24]と反論する。また後者に対しても，「男女分離の教育をおこなっている町や州より男女共学を施行している地域の方が不道徳な行為が多く起こっているという証明を，男女共学反対者たちは，いまだにわれわれに提出していない」[25]と反論する。したがって，「男女分離の教育を要求する理論的根拠も――幸せなことに――その実践的遂行も不完全である」[26]として，男女共学反対論が意味を持たないことを力説する。

　続いてゲヘープは，男女共学推進論者の見解を提示しながら，男女共学の必要性を述べる。彼が依拠する人物及び著作は，例えばフィヒテ（J.G.Fichte）（『ドイツ国民に告ぐ』10章），マリアンネ・ウェーバー（Marianne Weber）（H.ラ

ンゲ他『女子高等教育』所収），フーゴ・ミュンスターベルク（Hugo Münsterberg）（ハーバード大学教授），K.E. パルムグレン（K.E.Palmgren）（ストックホルムのサムスコラ校長，『教育問題』），ジャン・パウル（Jean Paul）（『レヴァナ』），T.W. ハリス（T.W.Harris）（ワシントン教育委員長），W. ライン（W.Rein）（イエナ大学教授，『体系的教育学』第1巻），ハイデルベルク上級実科学校長（H. ランゲ他『女子高等教育』所収），ヘルマン・ホフマン（Hermann Hoffman）（『男子と女子の混合の教育』）である。こうした男女共学推進論者を引き合いに出しながら，ゲヘープは自己の男女共学論を展開する。その論点は主に次の3つにまとめることができる。

　まず第1は，広く社会生活一般のレベルにおいて男女両性の交際が不可欠であるという主張である。ゲヘープは，人間の生活が「男性と女性の2つの要素の間の絶え間ない相互作用」のなかでおこなわれるものであるというきわめて単純な理解から出発する。この相互作用がなくなり，男女が各々の性だけに孤立すると，男性または女性の本質は活力を失い，ある一方方向への病的な発達をすることになるというのである。第2は，そうした健全な男女の交際が幼い頃から培われねばならないという主張である。ゲヘープによれば，男女両性の交際という問題は大人になって初めて生じるものでない。それはごく幼児期にすでに存在する問題であって，その後青少年期のどの段階にも，この問題は形を変えてますます複雑なものとなる。したがって，ある人が青少年期に異性との個人的関係からどのくらい自然な振る舞いや倫理的価値を養うことができるかということは，成人となってからの異性に対する彼の態度にとって，つまり個人的な道徳的問題解決にとって決定的であり，愛情や結婚に対するその人の態度にとって決定的であるとゲヘープは考えるのである。そして第3に，青少年期の男女の交際は優秀な教育者のもとでのみ実り豊かなものになるという主張である。ゲヘープによれば，あくまでも男子と女子は「充分に訓練を受けた教育者の見守るなかで」一緒に成長すべきである。教育の英知という光をあび，暖かい雰囲気のなかで，男女両性の

124 第Ⅱ部 自由学校共同体における関係性の諸相

相互関係は発達すべきで，こうして成長した男女は，肉体的・道徳的に充分な力をつけて社会に出ていけるというのである[27]。

　以上のような，①人間社会における男性的要素と女性的要素の絶え間ない相互作用の重要性，②大人社会の男女関係を規定する青少年期の健全な男女交際の必要性，そして③青少年期の男女交際に不可欠な教育者の援助，という論理。この３段階の論理がゲヘープの男女共学論の基本線をなしている。ゲヘープが妻エディスとともに1910年３月に作成したオーデンヴァルト校のプログラム書（兼公告用パンフレット）でも，まったく同じ論理で男女共学の正当性が説かれている[28]。

　次に，以上のように整理されるゲヘープの男女共学論において特徴的な点を２つ指摘しておきたい。１つは，学校が社会改革の基点として見なされているということである。ゲヘープの男女共学論の根底には一貫して，現実のドイツ社会における男女関係に対する批判的態度が存在した。すなわち，現実の社会（マクロな共同体）では男女相互が理解し合い協力して生きてゆくことを男性も女性も学んできていない，という認識を彼は常に有していた。そして，こうした大人社会の不均衡な男女関係を改善するための手段として，学校（ミクロな共同体）において男女共学を実践することが不可欠だと考えたのである。したがって，ゲヘープの男女共学の構想もまた，他の多くの新教育の試みがそうであったように[29]，「新しい教育」による「新しい人間」と「新しい社会」の創造という社会改革的意図に方向づけられていたと言えよう。

　いま１つは，男女の混合によって逆に両者の差異化が目指されているという点である。ゲヘープは男女の間には，知的・道徳的能力に関してはいかなる優劣も存在しないとしながらも，両者には生まれながら「自然な」相違があると考える。そのように本質的に異なった特質をもつ男女が，異性との交流を通して，男子はより男子らしく，女子はより女子らしく成長できるというのである。こうした考え方は青年運動の一部で見られた「無性化」や「中

性化」の方向とは決定的に異なるし[30]，また当時の人々の男女共学批判の根拠とも対立する。なぜなら，当時は「混合の教育は男子を女子のように，女子を男子のようにしてしまう」[31] という理由で男女共学が非難されたからである。ゲヘープはオーデンヴァルト校において，年齢，宗教，国籍，社会階層といった諸点で，でき限り多様な生徒が入学できるように配慮した。彼は生徒の均質性よりも多様性を重視し，その上で個性の自由な成長を目指したのである。したがって男女共学の実践は，多様性のなかでこそ個性化が実現されるという彼の基本的な教育観から導かれる，具体的な実践例の１つとしても理解されねばなるまい。

3．性をめぐる葛藤

(1) 性問題の克服と創出

　ゲヘープが男女共学を構想するにあたって，乗り越えるべき対象として特に念頭においていたのは，リーツのドイツ田園教育舎である。ゲヘープはリーツ的な男女分離型の田園教育舎がはらむ問題点を以下のように指摘している。

> 　「これまでの田園教育舎の多くの施設では男女両性を分離することによって，兵営精神や修道院精神，そしてまた反道徳的状態を生んできた。未来の田園教育舎は，両性の分離が田園教育舎の家族的性格にとってもっとも有害な敵であるという理由で，そうした不自然なことをおこなわない。男性と女性，男子と女子は一緒に生活し活動することになるだろう。」[32]

　ここでゲヘープのいう「反道徳的状況」が何を意味しているのかは，この文章からだけではわからない。けれども，先の新学校設立請願書ではその点に関してより具体的な説明がなされている。それによれば，男女分離型の「不自然な」寄宿制学校においては，生徒の間に次のような病的な行動を生じると考えられていた。つまり，それが男子だけの施設の場合には，学校が

「オナニーの温床」となったり，女性職員に生徒が抱きつくといった行動が起こりやすくなる。また，どちらか一方の性のみの学校は不健全で耐えがたいほど重苦しい雰囲気がただよい，そうした雰囲気が支配しているところでは，一過性あるいは常習の「同性愛」が生じるというのである[33]。とりわけこの同性愛は，男女分離型の学校に内在する深刻な問題であるとゲヘープは認識していたようである。

　もちろん，オナニーや同性愛を一義的に「病気」と診断することはできない。19世紀終盤から20世紀初頭にかけては，まさにそうしたテーマがタブー視から解放され，議論され始めた時代であった。19世紀終盤にはオナニーはしばしば精神疾患と関連づけられたが，20世紀に入って精神分析学の知識が次第に広まるにつれて，子どもの性の抑圧は徐々に減り始めた。同性愛に関しても，それは当時，「犯罪」，「病気」，「変態性欲」のみならず，「美徳」という解釈もまた存在しえたという[34]。1920年にヴィッカースドルフ自由学校共同体でおこったヴィネケンの少年愛事件とその波紋は，そうした同性愛理解の多元化を象徴的に示すものであった。一時は有罪判決が下されるこの事件をきっかけにして，ヴィネケンは年長者と年少者との「エロス」的関係を教育の根本的条件として定式化した[35]。後にこの事件はヴィネケンを離れて，同性愛を犯罪と見なすドイツ刑法典175条の廃止運動につながっていった[36]。

　このように，ゲヘープがオーデンヴァルト校を設立した20世紀初頭は，オナニーや同性愛について多様な見解が交錯し合う時代であった。したがって，ここで問題なのはオナニーや同性愛が実際に「病気」であるか否かではない。重要なのは，ゲヘープがそれらを「病気」と見なし，男女別学の寄宿制学校がその温床となっていると信じていたことであり，さらには男女共学の採用によってその問題が「克服」されると考えていたことである。

　ゲヘープはオーデンヴァルト校での男女共学実践によって，男女別学の学校が抱える性問題を「克服」しようとした。だが容易に想像できるように，

第4章　生徒-生徒関係の位相（2）　127

この性問題の「克服」の過程で，同時に新たな性問題に突き当たることになる。つまり，男女生徒の性衝動をいかに管理するかという問題である。以下では，その点について検討したい。

(2) ファミリーシステムという装置

　ゲヘープの男女共学実践にとって教育者は不可欠な存在であった。すでに確認したように，男女共学は「充分に訓練を受けた教育者の見守るなかで」のみ成功すると考えられた。では教育者の「見守るなかで（unter den Augen)」とは一体何を意味しているのであろうか。

　まず考えられるのは，数多くの教職員が男女生徒とともに共同生活をおこなうということである。オーデンヴァルト校では1927年の時点で，140名の生徒に対して80名近くもの教職員が存在した。教職員の内，教師は校長のゲヘープを含め約30名であり，その他は事務官や調理係，家畜飼育係，洗濯係などであった[37]。男女生徒は文字通りこうした多くの教職員の「見守るなかで」生活していたのである。けれども，物理的に監視の目をいくら増やしたとしても，生徒の24時間の行動のすべてを見張っておくことは不可能である。とすれば，生徒自身が自らの性衝動を理解し制御できるように導くための，より本質的で効果的な方策が求められることになる。そのためにゲヘープが採用したのがファミリーシステムであった。

　オーデンヴァルト校においてファミリーは，1人の教師あるいは1組の夫婦と平均7名の男女生徒から成り立っていた。ファミリーの成員は同一ハウス（寄宿舎）で寝起きをともにし，ファミリーは学校生活における授業以外の基本的活動単位となっていた。このそれぞれのファミリーがすべて集まって再び大きなファミリーすなわち学校を形成することになる。

　ファミリーシステムの起源はドイツ田園教育舎にまでさかのぼる。ヴィネケンによればそれは彼自身が発案によるもので，イルゼンブルク校校長就任時（1901年4月）以降導入したものであった。ヴィッカースドルフ自由学校

共同体ではファミリーは「朋友団（Kameradschaft）」とも呼ばれながら，共同体生活の基本単位として継承された[38]。ゲヘープはヴィッカースドルフにおいてファミリーシステムを経験するなかで，ファミリーが男女共学の実施に不可欠な「自然で理想的な教育機関」[39]であることを確信するようになった。そしてオーデンヴァルト校設立当初からファミリーシステムを採用したのである。

　ファミリーシステムによって学校内部に擬似的な家族が形成されるとき，その家族に属する男女生徒には当然兄弟姉妹的な関係が要求されることになる。とすれば，学校を構成する小集団の名称に家族というメタファーが用いられたこと自体すでに，男女の危険な性衝動を抑止する効果が期待されていたのかもしれない。けれども，ゲヘープによれば，ファミリーシステムが男女共学にとって有効であるより大きな理由は，ファミリーにおいて教師と生徒の間により強固な「信頼関係」が形成されるからであるという。ファミリーシステムによって，どの子どもも，信頼でき，まったく隠し事をしない「大人の友人」を最低限ひとりはもつことになる。子どもは不安なことがあるときにその大人のところにゆき，心に重くのしかかっていることや悩み事のすべてを打ち明けることができる。そうした相談に対して，経験豊富で心の機微に通じた大人が，必要な場合には啓蒙を，また子どもの意志がまだ弱いときには励ましと援助を行う。その結果，しだいに子どもは，自分の身体を「心の聖なる台座」として，またあらゆる性的なものを「徹頭徹尾純粋でしかもきわめて重大で意義深いもの」として認識するようになる。こうした意味でゲヘープは，「理解のある年長の友人に対する無条件で率直な信頼関係というものが，性的領域におけるゆゆしき習慣に対する，また性に関する事柄について不潔な感情や考えを抱きがちな傾向に対する，唯一真なる確実な予防法」[40]だと述べる。ファミリー内で相互の深い信頼に基づく注意深い教育がおこなわれている場合，「性衝動による暴力」が働くおそれはないというのである。

第4章　生徒-生徒関係の位相（2）　129

　以上，オーデンヴァルト校における男女共学の実践とその理念について検討してきた。次節では，同校の日常生活において男女共学がどのように展開されたのかを，男女共学の主体ともいうべき生徒の視点から明らかにしたい。その際に考察されるべきは次の3つの問題，すなわち，①生徒がどのような男女共学の状況に置かれていたのか（経験），②生徒が男女共学をどのように受け止め理解していたのか（知覚），そして，③生徒が男女共学のもとでどのような活動をおこなっていたのか（行為）という問題である。

第3節　男女共学に関する生徒の経験・知覚・行為

1．生徒の経験

　オーデンヴァルト校の生徒数は開校初年度14名で，その後徐々に増加し開校10年目以降は100名を越える生徒が常に在籍していた。第2章で確認した表2-1を今一度見てみよう。これは同校の生徒数の変化と生徒の宗教的属性を示したものである。ここから読み取れるように，全生徒に占める女子の割合は，最低で1912/13年度の22.0 %，最高で1922/23年度の43.5 %，1910年から1925年までの平均は36.5 %であった。つまり，全生徒のほぼ3分の2は男子，3分の1は女子であったと言える。宗教的属性に関しては，その大半がプロテスタント教徒によって占められていた。当時のドイツ社会の約30 %はカトリック教徒であったのに対して，同校には全生徒のわずか3 %しかカトリック教徒は在籍していなかった。カトリック教徒の間では，一般に男女の差異がより厳格に意識されていたのがその理由の1つであると思われる。

　学校での生活は基本的に男女混合であった。授業は，午前に教科授業が2時限（各2時間），午後は木工や園芸といった実務作業（2-3時間）が行われていたが，いずれも男女の区別はなかった。授業外の生活は，寄宿舎におけ

るファミリーシステムが基本になっていた。ここでも男子と女子の区別はなく、男女が一緒になって1つのファミリーを形成していた。男女はそれぞれ個室あるいは2人部屋、3人部屋に分かれて住んでいたが、ヴィッカースドルフとは異なり、男女が同一の建物のなかで壁を挟んで生活することになっていた。ただし、毎日の日課になっていた「空気浴 (Luftbat)」[41] という裸体運動については、年少児を除いて基本的に男女別々に実施されていた。

また、オーデンヴァルト校では、単に男女が時間的、空間的に一緒に活動していたというのみでなく、学校運営上の権限も男女に同等に与えられていた。例えば第5章で確認するように、一種の全校集会である＜学校共同体＞においても、参加、提議に関して男女の権限の差は存在しなかった。

こうした男子と女子の同権について、女子生徒ヘルトライン (Lydia Hertlein) は次のように報告している。

> 「(男女の：筆者) 対等な経験というこの基礎のもとでは、男女両性の同権はもはや問題ではありませんでした。両者が同等の義務領域を担うということから——女子も男子もハウス内での仕事を遂行し、男子も女子も学校内外の諸々の係を引き受けることから——、学校共同体での同等の権利が結果として生じます。女子が男子に劣らず上手に学校共同体を運営することができるということは、男子が女子に劣らず上手にベットを整えることができるというのと同じくらい、当たり前のことなのです。」[42]

この文章が示すように、オーデンヴァルト校では男女同権が共同体生活のなかに自然に溶け込んでいた。そして生徒もまたそのことを自明のこととして経験していたのである。

2．生徒の知覚

男女別学が常識であった20世紀初頭のドイツにあって、男女共学は、オーデンヴァルト校に入学してくる多くの生徒にとっても未知の経験であった。カトリック教徒の女子生徒リリー (Lily) は、オーデンヴァルト校に入

学する前に抱いた，不安と好奇心の入り交じった感情を次のように回想している。

　　「私がオーデンヴァルト校に入学しようと決心する際，私には大きなためらいがありました。私は18歳になっているのに，これから馴染むことができるにはどうすればよいのでしょうか。そのようなことは一体可能なのでしょうか。私の最大のためらいは，まさにこの点にありました。それに加えさらに，カトリック教会に対するオーデンヴァルト校の関係が問題でした。当時私はカトリックの思想界に深く入り込んでおり，非常に敬虔なカトリック信者やカトリック的精神の持ち主と頻繁に交際していました。それ以外に私にとってとても興味深かったのは次のことです。つまり，学校の基本原理，とりわけ生徒の自己責任の思想と男女共学とがどのように実践に移されるのか，ということです。」[43]

このように男女共学は，オーデンヴァルト校に入学する生徒にとって好奇心をそそる事柄であった。しかし，それはしばしば大きな戸惑いをもって生徒に受けとめられた。男子生徒ションメルツ（Paul Schommerz）は，6年前に同校に入学した当時のことを次のように思い返している。

　　「私が1924年にOSO（オーデンヴァルト校のこと：筆者）にやって来たとき，私はあらゆる面でいまだ非常に幼いものでした。私の周りの出来事はいまだ問題もなく，私を悩ませることもありませんでした。しかし，こうしたことはすぐに現れました。私は，OSOで生起する出来事に対して態度を決めることなしには，先に進むことができないと気づいたのです。
　　男女共学問題は私にとって最初の，もっとも困難な事柄でした。とてもオープンで自然に出迎えてくれる少女たちに対して，私はどのように応じたらよいのでしょうか。彼女らに対する私の態度は，まさにそのようなものであったに違いありません。」[44]

また，別の男子生徒パーカー（Erwin Parker）にとって男女共学は，さらに衝撃的な問題として受け止められた。彼は両親に連れられて初めて同校を訪れた際に，同校が男女共学であることを初めて知らされる。その時の戸惑い

132　第Ⅱ部　自由学校共同体における関係性の諸相

と嫌悪感を，卒業後，率直に以下のように綴っている。

　　「そして，とてつもなくいやなことが待っていました。この学校には女子もい
　るということを聞かされたのです。本当の女子！　私が女子のなかにいるとは！
　これからすべてのことが――本当にすべてが――どれほど恐ろしいものになるか，
　想像もつかないくらいでした。
　　私たちは家庭では5人の男兄弟でした。女子というものは他人の子どもとして
　しか知りませんでした。したがって，不可思議な同じ生き物として，つまり違っ
　た衣服をまとい，別の学校に通い，おろかな遊びに熱中し，甘ったれていて，あ
　まりにもよく笑い，また無意味に泣く同一種族のメンバーとして。しかし，同一
　種族であるということ以外にいかなる固有の存在理由も持たない存在として。そ
　して私はこれから彼女たちと一緒に生活しなくてはなりませんでした。毎日，毎
　時間，このような女子を見て，彼女たちと教室に行き，彼女たちと食事をし，彼
　女たちと遊び，彼女たちと話をしなければなりませんでした。そして，ほかにど
　れほどのことが要求されることでしょうか。確かに，私はけっこうわんぱく坊主
　でした。かといって，それほどの仕打ちを受ける覚えがあったでしょうか。この
　ような恥かしめを私が受けてよいものでしょうか。」[45]

　当時12歳のこの生徒は男兄弟のなかで育ち，オーデンヴァルト校入学以前
は男子校に通っていた。したがって，彼が男女両性の兄弟をもつ生徒よりも，
女子に対して偏った認識を有していたであろうことは容易に想像できる。し
かし，そのことを差し引いたとしても，当時の社会にあっては程度の差こそ
あれ，入学当初は男女共学に対して何らかの抵抗を感じていた生徒が多かっ
たものと思われる。

　他方，こうした生徒とは逆に，オーデンヴァルト校での男女共学の実践に
何の抵抗もなく馴染む者もいた。先の女子生徒ヘルトラインはむしろ，同校
に理想的な男女共学の形を見出し安堵したことを報告している。

　　「私はオーデンヴァルト校に入学する前に，2，3週間ある学校で生活を送りま
　した。その学校はつい最近から男女共学を学校の看板にしていました。以前はた

だの男子校でしたが，今は100人の生徒のなかに10人の女子を受け入れていました。彼女らはファミリーの母の特別な監護のなかにおり，したがってファミリーについても男子とは厳重に切り離されていました。男女共学について正しい考えを持っている人なら，こうした状況がいかなる結果を生んだのかをはっきりと想像することができるでしょう。

　学校とは生活の理想像を示すべきものでした。男性的なものと女性的なものとが交互によどみなく流れる輪舞を提供し，また使用するような生活の理想像をです。

　ところがこの学校は，閉鎖という生命を脅かす像を示してきました。閉鎖とは，一方で生活の邪魔をし他方で生活に絡まりつく働きをします。盗み見，ひそかな手紙，人目を忍んでの散歩，——教師の側からすれば，他者への監視。これらはこの男女共学の悲しい帰結です。

　私がオーデンヴァルト校に入学したとき，ほっとしました。ここには，私が思っていたような生活があったのです。つまり，どのファミリーにも女子と男子とがいて，年少児と年長児が一緒になっており，彼らは相互に助け合い，学び合っていたのです。」[46]

次の女子生徒ドゥルーデ・ヘッペナー＝フィドゥス（Drude Höppener-Fidus）[47] もまた同様に，同校が男女共学であるということを自然に受け入れた生徒の1人である。ただし彼女の場合，男女共学の現状に対しては，上述の女子生徒とは異なった認識を有していた。つまり，男女共学の現状に改善の余地があると考えていたのである。彼女は日記にこう書き残している。

　「そう，しかしOSOにも，人に自分自身の不完全な面や人間全体の不完全な面を想起させる，まさに痛烈に想起させる問題があります。——それは，ここで目下私たち全員が苦労している中心問題，つまり男女共学のことです。——今や男子と女子の間に感心しない付き合い方が蔓延しており，誰もがそれに悩まされています。」[48]

彼女はその「感心しない付き合い方」の内容について説明をおこなっていないが，そうした状況を改善すべく，彼女は年長の女子生徒らと会議を開いて

いる。その結果,「多かれ少なかれすべての者に責任があり, (中略) 多かれ少なかれ誰もがそれに働きかける必要があり, 全体としては今やすべてが自覚化されねばならない」[49] という結論に達したという。

3. 生徒の行為

オーデンヴァルト校の日常生活における男女の交流は, 日常生活のあらゆる場面でなされた。例外的に男女が別々に活動する空気浴においても, 男女の接触する場面があった。女子生徒

図4-1　ドゥルーデ・ヘッペナー＝フィドゥス（1916年頃：AOS）

ヘルトラインは, 男女が相互に尊重し合いながら空気浴を交代する様子を以下のように記述している。

「学校の上手の森のはずれに空気浴場がありました。毎朝授業時間の間に15分の空気浴をおこなうことがきまりになっていました。そこでは男子が先で, 女子は後でした。男子が時間通りに終了しなかった場合には, 私たちは待っていなくてはなりませんでした。ひょっとして女性の『偉大な忍耐力』を見込んで, そのように工夫されていたのでしょうか。

さて, 学校が休みの日になりました。生徒たちの願いは, 十分に空気浴ができることでした。今度は私たち女子が先でした。男子の気配が外でしたとき, 私たちはまだ終了していませんでしたが, もうすぐだと約束しました。外からはそれ以上呼び声も催促もありませんでした。――私たちはそこでドアを開けてみました。すると, 何ということでしょう。男子が空気浴場のドアのところから牧草地の下まで, 長い列になって立っていたのです。しかも, 2人ずつ向かい合って『黄金の橋』を作りながら。私たち女子は喜んで, 順々にその長い小道をくぐり抜けてゆきました。そして思いがけない喜びのお礼のしるしに, 後ろを振り返り

ながら仲間らに手を振ったのでした。」[50]

また，男子生徒クラウス・マン（Klaus Mann）[51] は，自分と女子生徒らの間に活発な知的交流が日常的に存在していたことを，後に自伝のなかで次のように回想している。

「私はベルリンからきた３人の少女を親しくなった。それぞれが他にまさる才能をもっていた。（中略）私たちはみんな懸命になっていた。自作の詩を彼女らに読んでやると，そこからはげしい議論がはじまる。日曜の夜ゲーテハウスで演奏された室内楽，移りかわる自然美，書物，絵，遊戯，あらゆるものが私たちを熱烈な対話にさそい，はげしく求め，つっこみ，あるいは脱線し，まいあがっては道を失うといった議論になった。私たちはほめそやし，挑戦し，批判しあった。相手の真意を確かめようと互いに努力したが，なかんずく自分をきわめようとした。自分と相手とに自己の天才を証明する必要があった。エーファは自分を天才だと思っていた。イルゼはエーファとオーダをほめたたえてたが，しかし自分にも少なからず自信をもっていた（彼女はバッハを演奏し，哲学者たちのことを勉強していたのだ）。私はエーファ，オーダ，イルゼの３人を賛嘆したが，自分としても彼女らに認められることを重大視していた。」[52]

男女の日常的な交流は，しばしば彼らの間に同志的な絆を形成した。上述の女子生徒ヘッペナー＝フィドゥスは，エリザベス・ウーゲナン（Elisabeth Huguenin）という厳格な女性教師の率いるファミリーに所属していた。ファミリーの生徒は８人，その内男子４人，女子４人であった。彼女は，消灯後その内の何人かとひそかに会合を開いていたことを，日記のなかでこう記している。

「全体としてみれば，まあエリザベス（ウーゲナン婦人）はとても行儀のよいファミリーを抱えていて，私たちのところは『修道院』と名づけられています。けれども，多くのひどい悪行が『ひそかに彼女のまったく知らないところで生起しています』。——私たちの就寝時間である 10 時 30 分をはるかにまわった頃に，『小ファミリーの秘密の会合』があるのです。そこに来るのは，ドラ，ズザ，アー

図4-2 クラウス・マン
（1923年頃）[53]

ノルド，フリーデル，そして私です。（中略）それ以外にもファミリーに属しているのは，エルナ，パリー，ヘルバルトです。けれども彼らは私たちの小さなサークルに属してはいません。ところで今晩は，ズザの部屋で集会があります。10時30分以降に私たちみんなが彼女のところを訪問，いやむしろ忍び込みます。」[54]

また彼女は別の日の日記のなかで，聖ヨハネの祝日の前夜（Johannisnacht）にズザンネ，アーノルド，フリーデルの3人と共に寄宿舎を抜け出し，深夜3時15分から朝7時30分まで森のなかを徘徊したことを記録している[55]。

ファミリーを中心に形成される男女の同志的な絆は，時に恋愛感情にまで発展した。男子生徒パルカー（Erwin Parker）は卒業後，友人ホルガーとその彼女クレールヒェンとの交際を以下のように回顧している。

「ホルガー。（中略）君とクレールヒェンは理想的なカップルでした。ロッテと私も理想的なカップルになろうとしたものです。けれども，君たちはすでに世界一でした。すべてが君たちにお似合いでした。フォークダンスからサンダルまで。クレールヒェンのパーティー衣装からホルガーの黒のビロード・ジャケットまで。私たちには君たちが華やかに見えましたし，君たちもそのことを知っていました。どれほど君たちはとらわれなく，おおらかだったことでしょう。どれほど自然に君たちが私たちの前で生活しており，また私たちが君たちの内情を知りたく思ったことでしょう。君たちの純潔さは君たちがよく知っていました。君たちは一日中無邪気でした。——そう，君たちはまた，男女共学の原住民でした。——君，ホルガーは一度，私たちがいまだに敬愛している A. v. K（女性教師フォン・ケラー：筆者）が，なぜあなたは昨日そんなに遅く就寝したのですかと尋ねたのに対して，こう答えましたね。『クレールヒェンと私は男女共学の居残り授業をし

ていました』と。するとＡはただ，『あなたがたは何か大事なことを話し合いましたか？』 とだけ言いました。そして，それですべてが片づいたのです。」[56]

この文章は先述の，入学時に同校が男女共学であることを知らされて大きな戸惑いを示していた男子生徒によるものである。この文章からは，男女生徒間の「純潔」な恋愛とともに[57]，彼の男女観の大きな変化を読み取ることができる。さらにこの文章において興味深いのは，男女の恋愛に対する教師の寛容な態度である。女性教師ウーゲナンもまた，生徒の恋愛に教師がいかに対応すべきかを，次のように述べている。

　「感情が好ましく健全な仲間関係を越えることはまれである。だが，そうしたことが起こったならば，こうした感情をすぐに切り捨てるのではなく，この新しい感情が内面の充実の源泉となるよう，思いやりと優しさをもって若い人たちを援助してやることが大人の課題である。」[58]

このウーゲナンの記述にしたがえば，オーデンヴァルト校においては，男女の恋愛は禁止の対象ではなく，むしろ援助の対象として教師に受けとめられていたと言えよう。

第4節　男女共学に対する社会の反応

　オーデンヴァルト校における徹底した男女共学の実践は，新聞記事，雑誌広告，ゲヘープの論文及び講演，さらに同校を見学に来る多数の教育関係者等を通して，当時の社会に広く紹介された[59]。その結果，同校は社会からのさまざまな反響を経験することになる。以下では，オーデンヴァルト校の男女共学実践が社会のなかでどのように受け止められたのかを考察したい。

1．肯定的評価

　オーデンヴァルト校の男女共学実践に対する社会の最初の反応は，すでに同校の開校1週間前に見ることができる。ブルジョア層を主な購読者とした，国民自由党（後の人民党）系の「フランクフルト新聞」がそれである。同新聞は，1910年4月3日付けの朝刊の第1面から2面にかけて，オーデンヴァルト校新設に関する記事を掲載している。この記事では，「とりわけゲヘープが重視しているのは男女共学であり，さらに詳しく言えば，単に男子と女子の混合の授業のみならず両者の混合の教育である」[60]と書かれ，男女共学というヴィッカースドルフでの興味深い実験がフランクフルト近郊のオーデンヴァルトでより充実した形で繰り返されることへの期待が表明されている。ただし，男女共学に対してはいまだ若干懐疑的であった。同記事は，今後のオーデンヴァルト校の動向を注意深く見守る必要があるとしたうえで，「批判的な比較をおこなう機会もまた今後でてくるであろう」[61]という文章で締め括られている。

　「フランクフルト新聞」はそれから2年後の1912年に，再度オーデンヴァルト校に関する記事を掲載している。だが，ここではもはや男女共学に対する懐疑は見当たらない。同記事は男女共学を肯定的に評価しながら，以下のように報じている。

> 　「男女共学はヴィッカースドルフよりもさらに一歩進んで実施されている。女子と男子とは通常部屋ごとに分かれて居住しているが，ハウスごとに分かれて居住しているのではない。ここでもまた，最善の経験がなされている。というのも，大人と生徒との間には申し分のない信頼関係が支配しているのである。私は一貫して，生徒（53名にもなる）がこの学校に非常に満足しているという印象を受けた。」[62]

　当時の教育改革家の間でも，オーデンヴァルト校の徹底した男女共学に対

して肯定的評価を与える者がいた。例えば，1921年にプロイセン文部省学識専門委員としてオーデンヴァルト校を訪問したカルゼンが挙げられる[63]。彼は，「いかなる点において，オーデンヴァルト校において試されている活動様式が，現代の教育理想の意味において，われわれの学校制度に対して促進的に影響を及ぼしうるのか」[64] という観点から同校を視察した。その結果彼は，第1に人間人格にふさわしい環境を，第2に一種の合科教授であるコース・システムを，同校の特筆すべき点として指摘している。人間人格にふさわしい環境の要素として彼は，異年齢集団，生徒−教師関係とならんで男女共学について以下のように報告している。

> 「オーデンヴァルト校には（男女の間に：筆者）外面的な区別は一切ない。各ハウスの男女は部屋を接して居住しており，部屋の訪問も自由である。そして，そのときでも特別な監視がされるということはない。教師は生徒を完全に信頼している。したがって，そうした思い切ったことができるのである。そして今までのところ一度として信頼が裏切られたことはない。短期間に私が観察しえた限りでは，男女両性の関係はまるで家族のように飾り気がなく，自然であった。そして私は次のような印象を受けた。まさに男女共学がオーデンヴァルト校の学校像と生徒像における特徴的な性格を形成している，という印象である。」[65]

このように進歩的な教育改革家のなかには，オーデンヴァルト校における男女共学に理解を示す者もいた。しかし彼らは少数派であった。当時の社会では，同校の大胆な男女共学実践に対して抵抗を覚える者の方が多かった。

2．否定的評価

オーデンヴァルト校はオーバー・ハムバッハという谷間の小村に設立されていた。ここの村落はカトリック教区に属していたこともあり，オーデンヴァルト校を友好的に受け入れているとは言いがたい状態であった。もと生徒ヘンリー・カッシラー（Henry Cassirer）は，その自伝的文章のなかで，オーデンヴァルト校と村民との関係を次のように回想している。

140 第Ⅱ部 自由学校共同体における関係性の諸相

　「パウルス（ゲヘープのこと：筆者）はあらゆる方法で，学校を農民たちに開
放しようとしました。彼らは音楽の夕べ，スポーツ，遊戯といったすべてのお祭
に招待されました。学校の子どもたちは農民たちのところに出かけるよう勧めら
れ，また牧草や穀物を踏み倒すことがないよう言って聞かされました。けれども，
農民の子弟を学校に入学させるという試みはすべて無駄に終わりました。という
のも，司祭が次の理由で学校を不道徳だと決めつけていたからです。つまり，そ
こでは少女と少年が一緒に教育されており，教師も生徒も短いズボンをはいて，
Du で呼びあっているため両者を区別することができないという理由です。」66)

このように男女共学は，パートナー的な生徒-教師関係とならんで，地元の
教会から「不道徳」というレッテルを貼られる。その結果，村の子弟をオー
デンヴァルト校に入学させることが困難であったというのである 67)。

　また，ヘッセン―ダルムシュタットの教育関係者もまた，男女共学に対し
て否定的な感情を抱いていた。ゲヘープは晩年，シェファーとの対談のなか
で，ダルムシュタットの公立学校の教師たちがワイン酒場でオーデンヴァル
ト校の男女共学を揶揄していたことを，次のように皮肉交じりに述懐してい
る。

　「では，あなたが先程触れられた問題，すなわち，世間がどのように考え，彼
らがオーバー・ハムバッハの奥の森のなかにいるわれわれ頭の狂った者たちをど
のように解していたのかという問題に戻ることにしましょう。新聞でさえも，わ
れわれに関して見当外れなからかい方をしました。それから，もう忘れましたが，
ラインシュトラッセかどこかに，一流のワイン専門酒場がありました。そこで，
ギムナジウム教授，上級教諭，高等学校正教諭たちが夕方，たそがれ酒を飲んで
いました。そして，そこにちょうど 枢密顧問官ノートナーゲルが立ち寄り，軽
く一杯やっていました。さらにとりわけ当時の上級教諭連盟会長で，ノートナー
ゲルの若き協力者で友人でもあったルドルフ・ポロックもいました。私は後に間
接的に耳にしたのですが，ダルムシュタットの公立学校の愛すべき仲間たちが，
非常に口汚く，あの森の奥のこの気の狂った施設，つまりオーデンヴァルト校に
ついて話していたそうです。しかも，とりわけルドルフ・ポロックがそばに座っ

第4章　生徒-生徒関係の位相（2）　141

てすべてを一緒に聞かねばならないようなときに，極めて大きな声で。なんと男子と女子が森のなかをまっ裸で走り回っている。男女共学というのだそうだ。オーデンヴァルト校にはほったて小屋が建てられているそうだ，と。」[68]

　このように地元の教育者の間でさえも，オーデンヴァルト校の男女共学は空気浴の実践に矮小化され，中傷の対象とされていたのである。

　男女共学の徹底した実践に対する批判は，一般の公立学校関係者ばかりではなく，男女共学を実践している私立学校教師からも投げ掛けられた。ゲヘープは，イギリスのビーデイルズ校の校長（Kodirektor）がオーデンヴァルト校を訪問した際のことを，以下のように思い返している。

　　　「そう，例えば，イギリスで最初の非常に有名な男女共学舎であるビーデイルズの校長が何日ものあいだやってきました。彼は到着して2, 3時間もしないうちに興奮して私の部屋に駆け込んできて言うのです。どうして私がこれほど無責任で軽率でいられるのか，と。」[69]

　1893年にバドレー（J.H.Badley）によって寄宿制の男子校として創設されたビデールズ校は，1898年以来女子を受入れて以来，イギリスにおける男女共学校のパイオニアとして発展していた[70]。しかし，そこでは男子と女子が別々の建物に居住していた。そうした実践家にとって，同じハウスに男女を同居させるということは非難されるべき事柄だったのである。

小括

　本章では，オーデンヴァルト校の共同体生活においてきわめて重要な役割を果たした男女共学について考察してきた。その際，ゲヘープの男女共学の理念を解明するのみならず，彼の理念にしたがってなされた男女共学を，生徒が学校の日常生活においてどう受け止めていたのか，また当時の社会が同校の実践をどう認識していたのか，という点にも着目した。以下，そこで明

らかになった点を今一度総括しておく。

　20世紀初頭のドイツ社会では，いまなお旧来の男女の性役割観が厳然と残っていた。中等教育段階以上の教育の対象はながらく男子のみであり，女子に対して中等教育が開かれるのはプロイセンでは1908年以降のことにある。そしてその場合も，男女別学が常識であった。

　こうした状況においてゲヘープは，オーデンヴァルト校で徹底した男女共学を実践しようとする。ヘッセン―ダルムシュタット大公国内務省（学校局）に宛てた新学校設立請願書のなかに彼の強い意志を確認することができた。現実社会における男女の誤った関係を改善するという社会改革的意図のもとで，彼は男女共学を自由学校共同体の不可欠の条件としたのである。また男女共学によって，リーツ的な男女分離型の田園教育舎について回る同性愛などの「問題」を「克服」することができると考えた。しかしながら男女共学によって彼は，男女生徒の性衝動の管理という新しい課題を抱え込むことになる。そこでゲヘープが採用したのがファミリーシステムであった。ファミリーシステムにおいて醸し出される教師‐生徒間の「信頼関係」によって，危険な性衝動は予防され，生徒は性を男女関係にとって意義深く尊いものとして認識するようになるとゲヘープは考えていたのである。

　こうしてゲヘープは，オーデンヴァルト校においてヴィッカースドルフよりも徹底した男女共学を実現しようとした。オーデンヴァルト校では男子と女子が同一の寄宿舎で壁を隔てて生活していた。男女の間に権限の差も存在しなかった。だがこうした試みは，オーデンヴァルト校に入学してくる生徒にしばしば大きな戸惑いをもって受け止められた。なぜなら，同校に入学する時点で，生徒はすでに一定の男女観を身につけているからである。したがって，生徒はまず，そうした自己の既成の男女観を相対化することを要求されることになる。そして彼らは，生活のあらゆる場面で男女の交流を通して徐々に，相互の尊重，同志的絆，知的交流，そして時に恋愛を経験していったのである。

第4章　生徒-生徒関係の位相（2）　　143

　こうしたオーデンヴァルト校における男女共学の実践は，そこに入学する
生徒のみならず当時の社会にとっても，きわめてセンセーショナルな実験と
して認識された。もちろん，同校の実践に対して肯定的な評価をくだす進歩
的な実践家や理論家がいないわけではなかった。しかし，ゲヘープ自身が回
想しているように，オーデンヴァルト校における男女共学の実践は，しばし
ば地元の教育関係者や教会にとって中傷の対象となった。さらにその実践は，
男女共学の推進者からも，行き過ぎた実験として批判を受けることもあった。

　最後に，同校における男女共学のその後の展開を見てみると，終章で論じ
るように，1933 年のナチス政権成立によって同校の生活全般にわたる男女
共学の実践は実質的に禁止される。第二次世界大戦後，同校での男女共学は
復活するものの，（旧西）ドイツの中等学校制度においては男女別学が続いた。
男女共学が広く普及するのは，ようやく 1960 年代半ば以降のことである[71]。
ただし，ドイツでは今日においてもなお男女共学の是非については決着がつ
いていないのが現状である[72]。その意味では，オーデンヴァルト校におけ
る男女共学の実験は，近代における男女共学思想の 1 つの実践的到達点であ
ると同時に，今日まで継続される男女共学の是非をめぐる議論の新たな出発
点に位置するものと言えよう。

---

1)　Karsen,F.: Ein Besuch in der Odenwaldschule, In: Elternbeirat, 2.Jg., 1921, S.458

2)　Pertersen,P.: Die Stellung des Landerziehungsheims im Deutschen
Erziehungswesen des 20. Jahrhunderts; Ein typologischer Versuch, In: Huguenin,E.:
Die Odenwaldschule, Weimar 1926, S.41.

3)　Frevert,U.: Frauen-Geschichite zwischen Bürgerlicher Verbesserung und Neuer
Weiblichkeit, Frankfurt a.M. 1986, S.15ff..（若尾祐司他訳『ドイツ女性の社会史――
200 年の歩み――』晃洋書房，1990 年，9 頁以下。）

4)　初等教育および高等教育段階における男女共学については以下の通りである。プ
ロイセンで 1717 年に導入された義務教育は，男女両性を対象にしていた。しかし，
女子に対して義務教育が貫徹されるのは男子よりもかなり後になってからのことであ

る（1880 年代に就学率はほぼ 100 ％に達する）。初等教育施設は原則的に低学年の子どもが通うものであり，そこでは性の問題よりももっぱら学校施設面の問題から，しばしば男女共学が実施されていた。1886 年のプロイセンの民衆学校においては，男女混合のクラスが 54,704，女子クラスが 10,297，男子クラスが 10,096 であった。1901 年には男女混合のクラスが 69,722，女子クラスが 17,250，男子クラスが 17,110 に変化した。この 15 年間で男女別学の児童数が 700,000 人増加したのに対して，混合クラスの児童数はわずか 200,000 人の伸びにとどまり，混合クラスの割合は 73 ％から 67 ％に低下した（Faulstich-Wieland,H.: Koedukation; enttäuschte Hoffnungen?, Darmstadt 1991, S.11ff.）。中間学校においても，少数ながら男女混合の学校は存在した。1901 年のプロイセンでは，女子中間学校及び高等女学校が 1,102，男子中間学校が 395 であったのに対して，男女混合の中間学校が 279 であった（Kuhlemann,F.-M.: Niedere Schulen, In: Berg,C.(Hrsg.)：Handbuch der Bildungsgeschichte. Band 4. München 1991, S.218）。なお，高等教育施設に関しては，ドイツの大学は女性を締め出してきたも同然の状態であった。大学への女性の入学が認められたのは，ようやく 20 世紀に入ってからのことである。すなわち，最初に学生登録した女子学生は，1901 年のハイデルベルクおよびフライブルクである（Lundgreen,P.: Sozialgeschichite der deutschen Schule im Überblick, Teil 2, Göttingen 1981, S.68. [望田幸男監訳『ドイツ学校社会史概観』晃洋書房，1995 年，173 頁]）。

5)　Lundgreen,P.: Sozialgeschichite der deutschen Schule im Überblick, a.a.O., S.68.（邦訳 172 頁。）

6)　Neuordnung des höheren Mädchenschulwesens in Preußen vom 31.5.1894. In: Reble,A.(Hrsg.)：Geschichite der Pädagogik; Dokumentationsband 2, Stuttgart 1971, S.465.

7)　Reble,A.:Schulgeschichtliche Beiträge zum 19. und 20. Jahrhundert, Bad Heilbrunn 1995, S.126f..

8)　Frevert,U.: Frauen-Geschichite zwischen Bürgerlicher Verbesserung und Neuer Weiblichkeit, a.a.O., S.196.（邦訳 187 頁。）

9)　クーンズ,C.（姫岡とし子監訳）『父の国の母たち――女を軸にナチズムを読む――（上）』時事通信社，1990 年，56 頁以下。

10)　Priester,k.: Frauenbildung, In: Brankertz,H. u.a. (Hsrg.)：Enzyklopädie Erziehungswissenschaft, Band 9, Stuttgart 1983, S.270f..

11)　Lundgreen,P.: Sozialgeschichite der deutschen Schule im Überblick, a.a.O., S.68.（邦訳 173 頁。）

第 4 章　生徒-生徒関係の位相（2）　　145

12)　Frevert,U.: Frauen-Geschichite zwischen Bürgerlicher Verbesserung und Neuer Weiblichkeit, a.a.O., S.214.（邦訳 203 頁。）

13)　橋本は 19 世紀後半から今日に至るまでの日本における男女共学制の成立とその発展の史的解明をおこなうにあたり，ドイツを含む欧米の男女共学論を概観している（橋本紀子『男女共学制の史的研究』大月書店，1992 年，10-15 頁）。

14)　ゲヘープの学生時代の活動については，第 1 章を参照されたい。

15)　Geheeb,P.: Das 4. Jahr im D.L.E.H. Haubinda in Thüringen, In: Lietz,H.(Hrsg.)：Das siebente Jahr in Deutschen Land-Erziehungsheimen, Leipzig 1905, S.28.

16)　Geheeb,P.: Das fünfte Jahr im D.L.E.H. Haubinda in Thüringen; Oster 1905 bis Oster 1906, In: Lietz,H.(Hrsg.)：Deutsche Land-Erziehungsheime in Schloss Bieberstein, Haubinda i. Thüringen, Ilsenburg i. Harz; Das achte Jahr 1905/1906, Leipzig 1906, S.43.

17)　Lietz,H.: Die Organisation der DLEH. In: Jahrbuch "Das 6. Jahr", 1904, S.45, In: Bauer,H.: Zur Theorie und Praxis der ersten deutschen Landerziehungsheime; Erfahrungen zur Internats- und Ganztagserziehung aus den Hermann-Lietz-Schulen. Berlin 1961, S.121.

18)　Lietz,H.: Grundsätze und Einrichtungen, Leipzig 1909, S.29, In: Bauer,H.: Zum Theorie und Praxis der ersten deutschen Landerziehungsheime, a.a.O., S.121.

19)　Leben und Arbeit, Jg.1912, H.3/4, S.122, In: Bauer,H.: Zum Theorie und Praxis der ersten deutschen Landerziehungsheime, a.a.O., S.121.

20)　ドイツ田園教育舎がリーツの死後（1919 年），アンドレーゼンによって指揮されるようになると，ビーバーシュタイン校も男女別学に転換する。アンドレーゼンは，ビーバーシュタイン校での男女共学を廃止した理由として，以下の 4 点を挙げている。すなわち，①「耽美的で女々しい」女子の存在は同校の「厳格で苛酷な男性的雰囲気」を損ねるから，②寄宿舎生活では男女の「性的衝動」を管理するための精神的負担が大きいから，③女子の存在は，他者の評価を気にして行動するという生徒の悪弊を助長するから，④女子の割合が少なく「希少価値」を有することは，彼女ら自身の成長にとっても喜ばしいことではないから，である（Andreesen,A.: Warum lehnen wir die Koedukation in Bieberstein ab?, In: Die Neue Erziehung, 8.Jg., H.2, 1926, S.106f.）。

21)　Geheeb,P./Wyneken,G.: Erster Jahresbericht der Freien Schulgemeinde Wickersdorf; 1.Sept.1906-1.März 1908. Jena 1908, S.27f.

22)　Ebenda, S.10.

23)　Pertersen,P.: Die Stellung des Landerziehungsheims im Deutschen

146 第Ⅱ部 自由学校共同体における関係性の諸相

Erziehungswesen des 20. Jahrhunderts, a.a.O., S.39.

24) Geheeb,P.: Entwurf des Planes einer privaten Lehr= und Erziehungsanstalt, deren Gründung im Odenwald bei Darmstadt beabsichtigt wird, 20.8.1909, S.21. (AOS)（ウィルヘルム ,W. 他訳「ヘッセン—ダルムシュタット大公国文部省あて書簡（抜粋）」, 鈴木聡他『青年期の教育』明治図書, 1986 年, 195 頁。）

25) Ebenda, S.22.（AOS）（邦訳, 196 頁。）

26) Ebenda, S.24.（AOS）（邦訳, 196 頁。）

27) Ebenda, S.36ff..（AOS）（邦訳, 201-203 頁。）

28) Geheeb,P. /Geheeb,E.: Die Odenwaldschule, In: Flitner,W./Kudritzki,G.(Hrsg.)：Die deutsche Reformpädagogik, Band 1, Düsseldorf/München 1961, S.72f..

29) Vgl. Herrmann,U.: "Neue Schule" und "Neue Erziehung"—"Neue Menschen" und "Neue Schule"; Pädagogische Hoffnungen und Illusionen nach dem Ersten Weltkrieg in Deutschland, In: Herrmann,U.(Hrsg.)：》Neue Erziehung《, 》Neue Menschen《; Ansätze zur Erziehungs- und Bildungsreform in Deutschland zwischen Kaisereich und Diktatur, Weinheim/Basel 1987.

30) Linse,U.: 》Geschlechtsnot der Jugend《; Über Jugendbewegung und Sexualität, In: Koebner,Th./Janz, R.-P./Trommler,F.(Hrsg.)：》Mit uns zieht die neue Zeit《; Der Mythos Jugend, Frankfurt a.M. 1985, S.262ff..

31) Huguenin,E.: Die Odenwaldschule, Weimar 1926, S.56.

32) Geheeb,P.: Die Zukunft des Landerziehungsheimes, In: Das Alumnat, 1.Jg., Nr.3, 1912, S.106.

33) Geheeb,P.: Entwurf des Planes einer privaten Lehr= und Erziehungsanstalt, a.a.O., S.37f..（AOS）（邦訳, 202 頁。）

34) カーン, S.（喜多迅鷹他訳）『肉体の文化史――体構造と宿命――』法政大学出版局, 1989 年, 182 頁以下。

35) Geuter,U.: Homosexualität in der deutschen Jugendbewegung; Jungfreundschaft und Sexualität im Diskurs von Jugendbewegung, Psychoanalyse und Jugendpsychologie am Beginn des 20.Jahrhunderts, Frankfurt a.M. 1994, S.195ff.. ヴィネケンの同性愛事件を含め, ドイツ青年運動とその周辺における「同性愛」の構築, 言語的意味づけについては, 福元圭太『「青年の国」ドイツとトーマス・マン――20 世紀初頭のドイツにおける男性同盟と同性愛――』九州大学出版会, 2005 年に詳しい。

36) 上山安敏『世紀末ドイツの若者』講談社, 1994 年, 206 頁以下。

37) Schäfer,W.: Die wirtschaftliche Grundlagen der Odenwaldschule, In: Schüler der Odenwaldschule(Hrsg.) : Der Neue Waldkauz, 1.Jg., Nr.12, 1928, S.164. 詳細は第6章の表6-4参照。

38) Wyneken,G.: Erinnerungen an Hermann Lietz, In: Kutzer,E.(Hrsg.) : Hermann Lietz―Zeugnisse seiner Zeitgenossen, Stuttgart 1968, S.106. ドイツ田園教育舎における ファミリーシステムの成立過程については，山名淳『ドイツ田園教育舎研究――「田園」型寄宿制学校の秩序形成――』風間書房，2000 年，329-334 頁に詳しい。

39) Geheeb,P.: Entwurf des Planes einer privaten Lehr= und Erziehungsanstalt, a.a.O., S.43.（AOS）（邦訳，204 頁。）

40) Geheeb,P.:Koedukation als Lebensanschauung, In: Die Tat, 5.Jg., H.12, 1914, S.1241.

41) 19/20 世紀転換期のドイツでは，工業化，都市化とそれに伴う生活様式の変化への対抗文化として「生活改革運動（Lebensreformbewegung）」が広まっていた。生活改革運動は「合自然的生活様式への回帰」（W.R. クラッベ）という理念を共有しながらも，その具体的実践は，自然療法，菜食主義，裸体運動，反アルコール主義，ワンダーフォーゲル運動などさまざまであった。空気浴とは，冷水浴や食餌法とならんで自然療法において好んで採用された活動であり，戸外で裸になって陽光を浴び新鮮な空気を吸いながら運動や体操をおこなった。生活改革運動と田園教育舎の結びつきについては，山名淳『ドイツ田園教育舎研究』114-153 頁を参照。生活改革運動の思想，世界観を論じたものに，竹中亨『帰依する世紀末――ドイツ近代の原理主義者群像――』ミネルヴァ書房，2004 年，199-246 頁がある。

42) Hertlein,L.: Kedukation in der Odenwaldschule, In: Die Neue Erziehung, 8.Jg., H.2, 1926, S.111.

43) Der Neue Waldkauz, 6.Jg., Nr.3/4, 1932, S.40.

44) Der Neue Waldkauz, 4.Jg., Nr.3, 1930, S.29.

45) Parker,E.: Ein ehemaliger Landerziehungsheimer erzählt von >seiner< Koedukation. In: Harless,H.: Jugend im Werden, Bremen 1955, S.150.

46) Hertlein,L.: Koedukation in der Odenwaldschule, a.a.O., S.111.

47) ドゥルーデの父は，ユーゲントシュティールの画家でドイツ青年運動のカリスマ的存在であったフィドゥス（Fugo Höppener-Fidus）である。

48) Tagebuch von Drude Höppener-Fidus am 21.5.1916.（AOS）

49) Ebenda.

50) Hertlein,L.: Koedukation in der Odenwaldschule, a.a.O., S.111.

51) トーマス・マン（Thomas Man）の長男であるクラウスは，1922年3月から7月まで，ミュンヘンの実家を離れ，フルダ近郊のホッホヴァルトハウゼン山間学校に滞在した。同年の夏期休暇明けの9月からオーデンヴァルト校に移り，1923年夏までの1年足らずの間，「都市や家族の因習から遠く離れて，完全な自由のなかで，無邪気で陽気であると同時に問題と緊張をはらんだ若者たちの共同生活」を送った（Mann,K.: Der Wendepunkt; Ein Lebensbericht, Hamburg 1984, S.102. （小栗浩他訳『転回点──マン家の人々──』晶文社，1986年，122頁）。ゲヘープはこの16歳の少年が孤独を好み，1人で読書にふけりたがることを理解していたので，多くの授業が免除された。学校を去ったあとも2人の手紙のやりとりは続き，後年，クラウスはゲヘープにこう書き送っている。「親愛なるパウルスへ。私はオーデンヴァルト校での年月なくして自分の人生を想像することができません。しかし，あなたのいないオーデンヴァルト校もありません。それゆえ，私にはあなたのいない人生を想像することができないのです。」（Brief von Mann an Geheeb, 12.3.1930, In: Mann,K.: Briefe und Antworten, Band 1: 1922-1937, München 1975, S.69.）

52) Ebenda, S.104f. （邦訳，124頁。）

53) Naumann,U.(Hrsg.) :《Ruhe gibt es nicht, bis zum Schluß》; Klaus Mann(1906-1949) , Hamburg 2001, S.49.

54) Tagebuch von Drude Höppener-Fidus am 6.5.1916. （AOS）

55) Tagebuch von Drude Höppener-Fidus am 23.6.1916. （AOS）

56) Parker,E.: Ein ehemaliger Landerziehungsheimer erzählt von >seiner< Koedukation, a.a.O., S.153.

57) ただし，先にある女子生徒が日記に書いていたように，「男子と女子の間で感心しない付き合い方が蔓延」しているという指摘もまた他方で存在したことも忘れてはならない。

58) Huguenin,E.: Die Odenwaldschule, a.a.O., S.57.

59) ゲヘープが男女共学に関して著した主な論考として以下のものがある。

　・Geheeb,P.: Koedukation als Lebensanschauung, In: Die Tat, 5.Jg., H.12, 1914.
　・Geheeb,P.: Koedukation als Grundlage der Erziehung, In: Andreesen,A.(Hrsg): Das Landerziehungsheim, Leipzig 1926.
　・Geheeb,P.: Koedukation und weibliche Bildung; Eine Problemstellung, In: Die Neue Erziehung, 8.Jg., H.2, 1926.
　・Geheeb,P.: Einige Bemerkungen zu dem vorstehenden Artikel, In: Die Neue Erziehung, 8.Jg., H.8, 1926.

第4章　生徒-生徒関係の位相（2）　149

・Geheeb,P.: Die kulturelle Bedeutung der Koedukation, In: Pädagogische Warte, 38.Jg., H.12, 1931.

また彼は、1929年3月2日のダルムシュタットでの講演「新教育（Neue Erziehung）」(In: Der Neue Waldkauz, 3.Jg., H.11, 1929)や、1930年6月2日にハレの市民大学でおこなった講演「現代の教育課題を照らし出す学校（Die Odenwaldschule im Lichte der Erziehungsaufgaben der Gegenwart）」(In: Pädagogische Hochschule, 3.Jg., H.1, 1931)のなかで、男女共学の重要性を力説している。

60)　N.N.: Neue padagogische Wege; zur Eröffnung der Odenwaldschule, a.a.O., S.2.

61)　Ebenda.

62)　Drill,R.: Das Landerziehungsheim; Eindrücke und Bemerkungen, In: Sonderabdruck aus der Frankfurter Zeitung (Erstes Morgenblatt vom 24., 26.und 31. Juli 1912), S.32.

63)　プロイセン文部省学識専門委員時代（1920-1921年）のカルゼンの活動については、小峰総一郎「カルゼンの生涯と教育事業」（小峰総一郎他『現代ドイツの実験学校』明治図書，1986年）を参照。

64)　Karzen,F.: Ein Besuch in der Odenwaldschule, a.a.O., S.457.

65)　Ebenda, S.458.

66)　Cassirer,H.: "...denn sie lebt in mir weiter", In: OSO-HEFTE, H.14, 1993.

67)　ただし、多くの村の子どもたちは学校の現代的設備に触れるためにオーデンヴァルト校を訪れていたという（Cassirer,H.: "...denn sie lebt in mir weiter" ,a.a.O., S.84.）。

68)　Tonbandaufzeichnung vom Interview mit Edith und Paul Gheeb von Walter Schäfer im 12.1959, S.21.（AOS）

69)　Ebenda, S.25.

70)　ビデールズ校における男女共学の実践は次の文献で詳しく取り扱われている。佐藤実芳「イギリスにおける男女共学パイオニアの特徴と問題——男女平等教育の観点から分析して——」『名古屋大学教育学部紀要（教育科学)』第37巻，1990年。

71)　Knab,D.: Frauenbildung und Frauenberuf; Wider die Männlichkeit der Schule, In: Flitner,A.: Reform der Erziehung; Impluse des 20.Jahrhunderts Jener Vorlesungen, München/Zürig 19932, S.146.（森田孝監訳『教育改革　二〇世紀の衝撃——イェーナ大学連続講義——』玉川大学出版部，1994年，149頁。）

72)　男女共学の是非をめぐる議論を多角的にあつかった文献として、さしあたりFaulstich-Wiekand,H.(Hrsg.) : Abschied von der Koedukation?, Frankfurt a.M. 1987を参照。また、こうした議論が学校教師や研究者のみならず広く社会的関心をあつめ

150 第Ⅱ部 自由学校共同体における関係性の諸相

ていることを示す一例として，『シュピーゲル』誌の 1996 年 5 月 6 日発売号で，男女
別学の増加現象に関する特集が組まれたことなどを指摘できよう。同表紙には，古い
女子生徒の集合写真とともに，「女学校への回帰」「女性にとってチャンスは増えるか」
という文字が躍っている。

第5章　生徒–教師関係の位相
——＜学校共同体＞と＜作業共同体＞——

　第3章と第4章では，上級生と下級生および男子と女子という視点からオーデンヴァルト校における生徒–生徒関係のあり方について考察した。続いて本章では，同校における生徒–教師関係の特質に迫りたい。

　分析対象となるのは，＜学校共同体（Schulgemeinde）＞および＜作業共同体（Arbeitsgemeinschaft）＞である。＜学校共同体＞とは学校の全構成員から組織される一種の全校集会である。それは自治的な学校運営のための議論の場であり，その名前が示すように，自由学校共同体という理念をもっとも鮮明に反映した制度であった。＜作業共同体＞は，オーデンヴァルト校開校12年後に＜学校共同体＞の下部組織として発足したものである。本章ではこの2種類の集会を分析することを通して，同校における生徒–教師関係の特質を解明する。もちろん，学校生活において生徒と教師が接触する場面は，こうした集会以外にも存在する。例えば，ファミリーを単位とした寄宿舎生活や教授–学習活動の場面である。だが，＜学校共同体＞（および＜作業共同体＞）が自由学校共同体＝オーデンヴァルト校の中心的制度であるという理由から，生徒–教師関係の解明のためにそれらを分析対象とすることはおそらく至当であろう。

　考察の手順は以下の通りである。まず，＜学校共同体＞という制度の起源を瞥見したあと，＜学校共同体＞の実施形態とそこでの討議内容を分析することを通して，＜学校共同体＞に示される生徒–教師関係を明らかにする（第1節）。次に，＜作業共同体＞の設立の経緯，実施形態，討議内容を分析することによって，＜学校共同体＞との比較において＜作業共同体＞に表れる生徒–教師関係の特質を解明したい（第2節）。

152 第Ⅱ部 自由学校共同体における関係性の諸相

第1節 制度としての＜学校共同体＞

1．＜学校共同体＞の起源

　カルゼンによれば，＜学校共同体＞という制度はリーツの田園教育舎には
存在しなかった。確かにリーツのもとでも，生徒が自由に意見を述べ合う討
論の場があり，それは「自由の夕べ（Freier Abend）」と名付けられていた。
しかし，「自由の夕べ」はあくまでも議論のための制度であって，いかなる
種類の立法権も有していなかった。論議をきっかけにそれを何らかの行動に
うつすのも，訓告を与えるのも校長の権限であり，「まさに校長その人が全
校に対する最終責任を体現」[1] していたのである。ただし，ゲヘープが校長
を任されていたハウビンダでは「全体集会（Generalversammlung）」が開かれ
ており，これをもって＜学校共同体＞の前身と捉える立場も存在する[2]。

　ヴィッカースドルフ自由学校共同体では，ゲヘープとヴィネケンの影響の
もとで＜学校共同体＞が開催されていた。それはカルゼンの言葉を借りれば，
いわば学校の「動脈」とも言うべきものであった[3]。ヴィッカースドルフ自
由学校共同体から出された最初の学校年報には，すでに次のような記述があ
る。

> 「学校共同体とはわれわれの学校集会の基本であり，われわれの自由を真に表
> 現したものである。そこでは年間を通して，（学校共同体で取り扱うのに：筆者）
> ふさわしいあらゆる対象が協議され決定された。そして，教師と生徒とが同等の
> 権利を持って熱心に，このような協議と決定という課題に関与していったのであ
> る。」[4]

このようにヴィッカースドルフ自由学校共同体では，すでに＜学校共同体＞
が1つの制度として機能していた。それゆえ，オーデンヴァルト校における

第5章　生徒−教師関係の位相　153

＜学校共同体＞は，ゲヘープがヴィッカースドルフから持ち込んだものであると考えられよう[5]。

2．＜学校共同体＞の実施形態

オーデンヴァルト校における＜学校共同体＞が実際にどのような手続きにのっとり，どのような形で実施されていたのかという問題については，オーデンヴァルト校の史料室に残る「オーデンヴァルト校の学校共同体に関する実施規則」第1版（1912年11月22日採択）が，当初の実施形態を知るための有効な手掛かりを与えてくれる。その実施規則は全20項からなっており，内容は表5-1の通りである。少し長いが，これまで紹介されたことのないきわめて重要な史料であるため，全文を記す。

表5-1　オーデンヴァルト校の学校共同体に関する実施規則[6]

1．定例の会議
　　最低14日に1度，学校共同体の定例会議が開催される。

2．臨時の会議
　　定例の会議の他にも，臨時の会議が開催されうる。学校共同体の10名の要求がある場合，臨時の会議が開催されねばならない。

3．議長と書記の選出
　　半年に1度，すなわちクリスマス後の最初の会議と夏期休暇後の最初の会議において，学校共同体によって議長と書記とが選出される。議長は，選出された半年の間，学校共同体の会議を運営する職務を執り行う。書記は各会議において，とりわけ話される内容について，可能なかぎり言葉に忠実な記録を取らねばならない。それに加えて，学校共同体は議長のための代理人と書記のための代理人を選出する。

4．文書による提議
　　各構成員は，学校共同体の次回の会議において話されるべきことを提案する権利を有している。そうした提案は提議とも呼ばれる。提議は，文書にしたかたちで，日付と署名を付記して議長に提出されねばならない。議長自身もまた文書による提議をおこなってもよい。

5．議事日程の作成
　　議長は，各会議の前に議事日程，すなわち会議において話されることになる主題の一覧表を作成せねばならない。この議事日程に入れられるのは，最近提議が行われた主題のみである。議長は，どの順序でさまざまな主題を議事日程に入れるのかを十分

に考えねばならず，必要な場合は，この点について学校共同体の他の構成員と相談せねばならない。

6．議事日程の公表

最低各会議の2日前に，議長は議事日程を掲示板に掲示せねばならず，それに加えて，いまだ処理されていないすべての提議の一覧表を掲示せねばならない。議長は，希望する外部の構成員に議事日程を各会議の前に定期的に送付せねばならない。

7．会議の開会

議長は，掲示板に掲示された議事日程を再度読み上げることによって，会議を開会する。次にまず，この議事日程が承認されるべきかそれとも変更されるべきかが討議されうる。つづいて議事日程の最初の主題についての討議が開始される。

8．申請者が最初に発言権を有する

提議について討議される時には，議長がまず提議を読み上げ，次に提議を出した者に対して，何か付け加えることがあるかどうかを尋ねなければならない。

9．発言者リスト

提示された問題に対して何か述べたい者は，手を高く挙げる。議長は，発言の意思表示をした者を順番にしたがって全員メモする。この一覧表を発言者リストと呼ぶ。1人の構成員の発言が終わり次第，議長が，発言者リストにおいて順番の回ってきた者を指名する。

10．口頭での提議

ある構成員が彼の発言の中で，問題に関連する一定の提案（提議）をおこなった場合，すぐに別の構成員が指名されるということはなく，書記がまずは，詳細にノートをとった提議を再度読み上げる。議長は，これがおこなわれているかどうか注意せねばならず，また彼自身提議をおこなった者の名前をノートにとらねばならない。

11．採決

議事日程の1つの主題についてもはや発言したい者がいない場合，議長は順序にしたがって，この主題に関しておこなわれた全提議について採決をとらねばならない。この目的のために，まず全提議が再度書記によって読み上げられる。次に議長が，その提案に賛成の者に挙手を求め，同じく必要な場合には，反対の者に挙手を求める。一般には，提議に賛成の票数が提議に反対の票数よりも多ければ，提議は採択される。投票を棄権する（それゆえまったく挙手を行わない）構成員は数に入らない。学校共同体はまた，特定の提案については別の方法で採決することを決議できる。議長は，票数を数え，その提議が採択されたのか否かを報告する。つづいて彼は，議事日程の次の主題に言及する。

12．役職の選出

特定の役職や仕事を引き受けるべき構成員を，学校共同体が選出せねばならないということがしばしばある。この目的のためにはまず，何人の構成員がこのために必要であるのかが決議されねばならない。次に議長が，構成員を何人か推薦するよう求める。この推薦についてそれ以上発言しようとする者がいなくなると，議長が，提案された構成員の名前を次々と挙げ，その都度，その構成員を選出したいと思う者は挙手するよう求める。票数が数えられ，もっとも多くの票を獲得した者が選出される。続いて議長が，誰が役職についたのかを発表する。特別な場合には，学校共同体は，別の方法で選出することを決議できる。

第5章　生徒-教師関係の位相　155

13. 委員会〔コミッション〕の選出
　学校共同体は，共同である一定の問題を受け持ち，またそれについて相談すべき構成員のグループを選出することがしばしば必要である。そうしたグループは，委員会もしくはコミッションと呼ばれる。委員会の構成員は，第12項においてと同じ要領で選出される。各委員会には，学校共同体によって特別な議長が選出される。この特別な議長は，委員会がその課題を達成することに対して責任を負っている。各委員会は，後から別の議長を選出する権利を有する。また委員会は，さらに多くの構成員を参加させる権利も有する。

14. 実施規則についての発言
　発言者リストで順番が回ってくる前に，構成員が発言権を獲得できる場合がある。そうした場合とは以下の通りである。
　1. 会議を閉会すること，もしくは休憩をはさむことを提案したい場合。
　2. もはやそれ以上ある主題について相談することなく，すぐに採決することを提案したい場合。
　3. 別の順序で個々の主題について相談し，もしくは採決すべきであるということを提案したい場合，あるいはある問題を次回以降の会議に移すべきであるということを提案したい場合。
　4. その問題をさらに相談するために委員会〔コミッション〕が選出されるということを提案したい場合。
　5. 構成員の発言のなかで事実について重大な間違いがあることを述べたい場合。
　6. ある構成員が度重なる警告にもかかわらず実施規則に対して誤りを犯すという理由で，彼が当該の主題についてもはや口をはさんではならないということを提案したい場合。
　こうしたことを発言したい者は，指を開いたまま挙手する。次に，関係者が実施規則について発言します，と述べる。議長は，別個にこの構成員を書きとめ，彼にただちに，それゆえまだ発言者リストに残っている他の構成員より先に，発言させる。

15. 実施規則についての提議
　実施規則についての提議が行われた場合，議長はその提議を書記によって読み上げさせ（ちょうど他の提議と同様に），誰かがこの提議について何か述べたいかどうか尋ねる。それについてもはや何か述べたい者がいない場合には，議長はこの提議についてただちに採決をとる。次に初めて，前に立ち止まっていたところから，議事日程が継続される。

16. 議長の発言権
　議長は，いつでも実施規則について発言してもよい。けれども，彼が問題について発言したい時には，他の構成員の皆とまったく同様に，発言の意思表示を行い，自己の氏名を発言者リストに書き込む。議長が発言している間は，彼の代理人が議事進行を務める。

17. 発言者の中断
　構成員が問題に関係のないことについて発言した場合，あるいは構成員が実施規則について発言する意思表示をおこなっていながら当該の問題について発言した場合には，議長はその構成員の発言を中断させ，誤りを指摘することができる。

18. 会議の閉会
　議事日程の主題がすべて処理された場合，もしくは会議を閉会することや休憩をは

さむことが決議された場合，議長はなお誰かが実施規則について何か述べることがあるかどうか尋ねる。それ以上発言したい者がいない場合には，議長は会議の閉会を宣言する。

19. 会議記録の保管
　書記によってノートにとられた会議の記録と文書による提議は，議長によって大事に保管される。学校共同体の各構成員は，その記録と提議とを閲覧することができる。

20. 記録からの抜粋
　議長は会議の後ただちに，議事記録から文書による抜粋を作成せねばならない。この抜粋の中では，会議で何が決議されたのかが記されなくてはならない。この抜粋は複写され，各構成員は議長からこの抜粋の印刷を受け取ることができる。抜粋を希望する外部の構成員には，各会議の抜粋が送付される。

　この実施規則からわれわれは，＜学校共同体＞の実施形態をかなり明確にイメージすることができる。同規則では，＜学校共同体＞の開催頻度，議事進行の手順，さらに会議記録の保管などが非常に具体的に規定されている。なかでも，ここで注目したいのは第4項「文書による提議」ならびに第11項「採決」である。第4項では，学校構成員の誰もが＜学校共同体＞で話し合われるべきテーマを提出する権利を有していることが明記されている。第11項では同様に，学校構成員の誰もが挙手のかたちで1票の投票権を有しているということが定められている。この両項目は，生徒−教師関係のみならず，自由学校共同体＝オーデンヴァルト校におけるあらゆる構成員の制度上の同権を裏付けるものとして重要である。

　＜学校共同体＞の実施形態について，他の記録からもう少し説明を加えておきたい。1912年7月下旬，「フランクフルト新聞」に3日間にわたって連載された田園教育舎に関する記事には，オーデンヴァルト校における＜学校共同体＞の様子がこまかく描かれている。その記事はゲヘープの説明をもとに書かれたものであるが，それによれば＜学校共同体＞の参加者は大きく3つに分類できるという。まず，教師とその配偶者，年齢を問わない全生徒といった学校の全構成員。次は，学校に対する理解と関心を有しているという理由で継続的に学校構成員に任命されている若干の卒業生。そして最後に，学校に対して関心を有しているという理由で名誉会員に任命されている若干

の生徒父母と施設の後援者である[7]。

　なお，1913年から授業組織の上で＜コース組織＞[8]が導入されると，定例・臨時の＜学校共同体＞の他に＜コース終了学校共同体（Kursschlußschulgemeinde）＞が約1ヵ月に1度開かれた。開催時刻と審議時間に関しては，＜学校共同体＞のプロトコールの記録から，定例・臨時の＜学校共同体＞はたいてい夕方行われ，時間にして短い場合は30分程度，長い場合は3時間近く会議が継続されていたことがうかがえる。また，＜コース終了学校共同体＞は午前中に開かれていた。

　このようなオーデンヴァルト校での＜学校共同体＞は，クルツヴァイル（Z.E.Kurzweil）の指摘によれば，ヴィッカースドルフにおけるそれをより徹底したものであった。例えば，ヴィッカースドルフでは，票決の際，幼い生徒には票が2分の1票としか数えられなかったのに対して，オーデンヴァルト校では，全生徒に対して平等に投票権が与えられた。またヴィッカースドルフでは，議長を校長が務めたのに対して，オーデンヴァルト校では年長の生徒の中から議長が選出されたという[9]。

3．＜学校共同体＞の討議内容

　オーデンヴァルト校史料室所蔵の＜学校共同体＞のプロトコールで入手しているものを分析した結果，1921年から1923年の3年間に，定例・臨時の＜学校共同体＞が69回（うち記録が残っているのは63回），＜コース終了学校共同体＞が19回催されたことがうかがえる。＜コース終了学校共同体＞とは，各授業コースの内容とそこでの秩序を報告するための場であり，教師と生徒とが何らかの議論をおこなうための場ではなかった。したがって，ここでは定例・臨時の＜学校共同体＞に限って討議内容を考察したい。以下の表5-2は，63回の＜学校共同体＞の議事日程に挙がった主題の種類とその回数を，筆者が一覧表にしたものである。

158　第Ⅱ部　自由学校共同体における関係性の諸相

表5-2　＜学校共同体＞の議事日程一覧（1921-1923年）[10]

提議回数	議事日程に挙がった主題
51 回	小さな報告
37 回	投票権の付与
34 回	各係の選出
11 回	コースにおける秩序
各 7 回	決議書の整備 係の（再）設置・変更・廃止 日課の変更
5 回	コース終了学校共同体のあり方
各 4 回	オーデンヴァルト校の雑誌 徒歩旅行報告書の廃止 学園祭委員会 ハウスとその周辺での秩序（静粛さ）
各 3 回	オーデンヴァルト校における自由 オーデンヴァルト校の来客への対応 新入生の扱い 遅刻 図書や衣類の貸出
各 2 回	学内生活上の援助者 コース科目に関する報告 グループ活動における秩序 在庫品目録の記録 援助作業 実務作業の分担 怠惰な行動に対する罰金制度 食事前やお祈り等での沈黙 徒歩旅行の計画等 プロトコール筆記法修正 防火
各 1 回	対外的な構成員資格 特別構成員の期限 大掃除 休暇中に必要なグループの耕地での作業 引き出しの廃止 夕食時の粗暴な振舞い コースにおける指示 コース終了学校共同体報告書 年少児の切手収集解禁 お手伝いの女性の問題

	投票
	学内の各施設の使用
	学外構成員
	園芸グループの決算
	電気設備の取扱い
	学校共同体を援助するための自由意志の活動グループ設立
	活動共同体決議の報告
	決議書配布の新規則
	転出生・新入生の紹介
	洗濯
	スポーツ広場建設
	罰の是非
	新しいコース組織
	重要な報告
	学校での競技大会
	実務作業の内容
	空気浴
計 239 回	計 55 種類

　定例・臨時の＜学校共同体＞の議事日程に挙がった主題の総数は 55 種類，239 回にも及んだ。そのうちもっとも頻度の高い主題は，「小さな報告」（51回），「投票権の付与」（37 回），「各係の選出」（34 回）の 3 つである。「小さな報告」は，ほとんどの＜学校共同体＞の最後になされるもので，内容的には空気浴を行うことのできる時間の確認[11] や，ゲヘープが飼育している小鳥の餌採集の依頼[12]，学校外の特別構成員から届いた手紙の紹介[13] などさまざまであった。次に「投票権の付与」についてである。オーデンヴァルトの＜学校共同体＞では，生徒にも教師にも同等の投票権が与えられていたが，その投票権が認められるには，生徒が学校に入学して学校生活に慣れるまで 2，3 週間の期間が必要であった。その後，他の生徒や教師によって彼への投票権付与の提議が＜学校共同体＞に出されたのである。「各係の選出」に関して言えば，オーデンヴァルト校には様々な係が存在していた。例えば，図書室の司書，コース・ノート管理人，広報役，空気浴委員，＜学校共同体＞の議長と書記，ホール管理係などである。こうした各係が，先述の実施規則にしたがって選出された。

160 第Ⅱ部 自由学校共同体における関係性の諸相

次に多い主題としては，授業コースやハウス等での秩序（静粛さ）に関するもの，日課や係の変更に関するもの，決議書やプロトコールなど＜（コース終了を含む）学校共同体＞の運営に関するものなどが挙げられる。その他，主題として挙がった内容は多岐にわたるが，主なものとしては，遅刻・罰・怠惰な行動に対する罰金制度など学校生活での規律に関するもの，学園祭・徒歩旅行・競技大会などの学校行事に関するもの，午後の実務作業の内容や分担に関するものなどがある。また，経済的なことがらに関しても，例えば，学校雑誌を1部いくらで販売すれば採算がとれるかという問題[14]や，運動場建設のための費用をどのように賄うかという問題[15]が協議されている。また，体罰に関する話し合い[16]など，教師の教育的行為の正当性にかかわる問題が議論対象とされたこともあった。

ところで，上述の「フランクフルト新聞」は，「生徒に係わる問題で学校共同体の忠告と決定の影響下にないようなものは存在しない」[17]としつつも，「教授法や教育論といった比較的難解な問題」については＜学校共同体＞とは別に＜教師会議（Lehrerkonferenz）＞において取り扱われたと記している[18]。実際，この3年間に限ってみても，＜学校共同体＞においてある種の主題が扱われなかったことに気づく。すなわち，教師等の人事，生徒の授業料，授業コースのカリキュラムの是非等である。

一定の主題が＜学校共同体＞の管轄からはずされていたということは，＜学校共同体＞における生徒-教師関係を考える際に，非常に重要な視点を提供してくれる。以下では，生徒-教師関係という観点に焦点をあて，＜学校共同体＞の教育的意味を明らかにしたい。

4．＜学校共同体＞にみられる生徒-教師関係

先の「フランクフルト新聞」では，生徒-教師関係に関してこう記されている。すなわち，＜学校共同体＞においては全構成員が「並立して存在しており（stehen neben einander）」，そこには何ら程度の差はなく，学校の管理と

運営はこうした全体の手に握られていた。それゆえ、「本来的な意味での校長（Direktor）は存在せず」、彼は「最年少の生徒が有するのと同じ権利，すなわち学校共同体において協議し投票する権利」しか有していなかった[19]，と。オーデンヴァルト校の教師リュティッヒ（A.Lüttich）も同様に，以下のように述べている。

　　「それゆえ純粋に経済的な援助者を例外とすれば，学校の全成員は学校共同体を形成し，そこでは全員が基本的に同等の権利を有する。校長，各教師，生徒が特別な権利を有するのは，彼らが全体の委託によって次のような仕事，すなわちその性格からして責任ある個々人によってしか遂行されえないような特定の仕事を処理せねばならないような場合だけである。全体の意志が学校共同体の審議において現れるのである。審議は議会の形式でとりおこなわれ，実施規則にしたがって単純な多数決あるいは段階的な多数決によって必要な決議がなされる。」[20]

さらに，オーデンヴァルト校での生徒-教師関係については，トーマス・マンの長男で，同校の生徒であったクラウス・マンが，その自伝『転回点』の中でオーデンヴァルト校での生活を回想しながら，次のように書き残している。

　　「オーデンヴァルト校は1つの共和国だった。権力は人民から，つまり若者たちから出てくる。校長は父親らしい助言者，仲介者，代弁者の役割に満足していた。生徒は（中略）1つの議会を形成し，これが共同生活のあらゆる重要な問題についてとりきめをすることになっていた。この生徒集会すなわち『学校共同体』は定期的に催されており，（中略）それは首長自身によってきめられた方策に手を加え，またそれを廃止する権利も持っていたのである。こういう学校がかつてドイツにも存在しえたのだ。」[21]

この文章からも，オーデンヴァルト校において教師と生徒とが「並立」して存在している様を読み取ることができる。
　ここで生徒-教師関係との関連で特に注目すべきは，＜学校共同体＞にお

いては生徒にも教師にも同等に投票権が与えられていたという点である。このことについては，すでに実施規則の一覧において確認したが，それは生徒と教師との対等な関係を端的に表現するものであった。ゲヘープ自身次のように述べている。

　　「年配の者にも若い者にも同等に与えられる投票権は，（中略）共同体を構成している全成員が原則的に，全体に対する同等の責任を担っているという見解を象徴的に表していたのである。」[22]

　このように，オーデンヴァルト校の全構成員が＜学校共同体＞において平等に投票権を有しているということ，そしてそこでの決議に従って学校が運営されるということ。このことは，生徒と教師とが基本的に対等なパートナー関係にあるということを明快に表していると言えよう。

　だが，＜学校共同体＞に表れる生徒-教師関係を，単にこのようなパートナー関係としてのみ定義するならば，それはやはり一面的であろう。というのも，＜学校共同体＞に何らかの教育的配慮が働いていることは，すでに討議内容を分析した際に見たように，授業コースのカリキュラムの是非等の問題が＜学校共同体＞の管轄から外され，＜教師会議＞で話し合われていた点からも推察することができるからである。ここではさらに，＜学校共同体＞への生徒の「参加義務」という観点から，＜学校共同体＞においても教師による「指導」の側面が存していたことを明らかにしたい。

　オーデンヴァルト校では，「教育国の社会的目的に従って，（名誉会員と学校外にいる構成員とを除く）その全市民に対して，あらゆる学校共同体の協議への参加が義務づけられていた」[23]。すなわち，生徒には＜学校共同体＞への参加義務が課せられていたのである。その理由を，例えば＜学校共同体＞の下部組織である＜作業共同体＞での議長（生徒）の発言からうかがい知ることができる。

第5章 生徒-教師関係の位相　163

　「これまで新入生がオーデンヴァルト校にやって来た場合には，彼は（中略）
　学校共同体を通して，ここで何が望まれており，また各人に何が求められるのか
　を知るのである。」[24]

つまり，生徒らは＜学校共同体＞に参加することによって共同生活の心得を
習得することが目指されていた，というのである。
　このように＜学校共同体＞への参加を義務化することによって，生徒に共
同生活上の責任を自覚させる必要があったということは，オーデンヴァルト
校に入学してくる生徒の多くが最初，学校に対する「共同責任」を担う姿勢
や能力に欠けていたということを意味している。実際，オーデンヴァルト校
に入学してくる生徒の特徴について，ゲヘープはこう述べている。

　「両親が神経質な大都会の子どもを田園教育舎に入れようとしたのは，初めは
　大抵の場合，単に健康上の配慮からであった。そうしたこともあって，官僚主義
　的な学校運営という憎むべきくびきを大喜びで振り落とし，猛烈で不明瞭な自由
　の欲求に満たされた子どもは，ただ存分に暴れまわり，したい放題の生活をしよ
　うと欲するばかりで，生活共同体の新たな社会的義務を引き受けようとはしな
　かったのである。」[25]

＜学校共同体＞への参加とは，こうした「猛烈で不明瞭な自由の欲求」で満
たされた生徒に対して，オーデンヴァルト校が持つ「共同責任」という理念
を内面化させるための1つの方策でもあったと考えられるのである。
　以上のことから，こう結論づけることができよう。＜学校共同体＞とは，
生徒が教師と対等の権限を自由に行使できる場でもあったが，同時にそれは，
生徒が教師と対等の責任を担うことを学習すべき場でもあった。しかもその
場への参加が生徒に義務づけられているとするならば，生徒に与えられた
「自由」とは，あくまでも「教師の指導の枠内での自由」という意味で理解
されねばなるまい。したがって，＜学校共同体＞の分析から導かれる，オー
デンヴァルト校におけるゲヘープの生徒-教師関係の本質的特徴は，リーツ

164　第Ⅱ部　自由学校共同体における関係性の諸相

やヴィネケンの学校に比べてより多くの自由が生徒に認められていた点にではなく，「自由の組織化」というパラドックスがより先鋭化した形で構想されていた点に見い出されるのである。

第2節　＜作業共同体＞の設立と展開

　オーデンヴァルト校開設当初から行われていた＜学校共同体＞に1つの変化が起こるのは，開校から12年後の1922年のことである。この年，新たに＜作業共同体＞が，＜学校共同体＞の下部組織として設けられた。結論を先取りすれば，＜作業共同体＞では教師の「指導」の側面が大幅に取り除かれるという意味で，＜学校共同体＞においてよりも生徒と教師のパートナー関係が完全な形で実現されていた。だが，この試みはオーデンヴァルト校においてうまく定着しなかった。以下ではその理由も含めて，＜作業共同体＞の設立経緯，実施形態，討議内容等を分析する。それによって，＜作業共同体＞に表れる生徒‐教師関係の特質について考察したい。

1．＜作業共同体＞設立の提議

　＜作業共同体＞の設立を求める提議は，1922年2月15日，女性教師フォン・ケラーによって第381回の＜学校共同体＞に提出された。当日の＜学校共同体＞のプロトコールによれば，議事が進み議題がフォン・ケラーの提議にいたると，まず最初に彼女が提議の趣旨について発言を行っている。そこでまず述べたのが現在の＜学校共同体＞に対する批判である。

　　「私は，現在の学校共同体については何も言う必要がないように思います。年長の仲間（生徒のこと：筆者）は皆，各自が自分の関心と新しい考えをもって学校共同体に参加していた以前と比べてどれほど隔たりがあるかを，おそらく感じているでしょう。私はすでに，多くの仲間が学校共同体を廃止したいと言っているのを耳にしています。このことは，学校の理念と真正面から対立するように思

われます。学校共同体とは，皆がさまざまな不利益や問題に関して真面目に話し合う場であるべきです。ところがそれがどうなっているでしょうか。発言するのは大人と，おそらく幾人の仲間のみです。なぜでしょうか。率直に言えば，取り扱われるテーマが皆の関心を引かないのです。」[26]

　＜学校共同体＞とは本来，学校運営に関するさまざまな事柄に関して，学校の全構成員が責任を自覚しながら話し合いを行うべき場所であるはずであった。ところが実際には，限られた人間しか発言せず，他の大多数は議論に関心を示さず，また真面目に議論に参加しようともしないというのである。

　こうした＜学校共同体＞の形骸化をもたらした要因の1つとして考えられるのが，学校構成員の増加である。第3章の表3-1は開校当時から20年代にかけての生徒数の推移である。この表から読み取れるように，最初生徒数が14名であったものが，10年代終わりからその数が急激に増加し，1921/22年には118名にも達している。第6章の表6-1で確認するように教師数も増加していったことを考慮すれば，＜学校共同体＞への参加者の数はさらに多かったと思われる。つまり，＜作業共同体＞の設立が構想される背景には，こうした構成員の増加にともなう＜学校共同体＞の求心力の低下があり，＜作業共同体＞とはそれを克服するための方策として期待されていたと考えることができよう。

　フォン・ケラーは先に引用した文につづいて，＜作業共同体＞の概要をこう述べている。

　　「無条件に全員に関わり，また依然として学校共同体全体の前で取り扱われる事柄もあることはあります。けれども，誰かがある提議を有し，自分でその提議が全員の関心を引かないと思う場合には，彼は学校共同体の議長のところに行きます。そして，議長が同じ意見ならば，議長はその提議を月曜に掲示板に書かねばなりません。その後，それに関心のある人は全員，火曜までに参加の登録をせねばなりません。そうすると，彼らは自由意志による作業チームとして集まることになるでしょう。すなわち，皆が真面目にその件について協力し合い，また，活発な議論が実現することになるでしょう。」[27]

166　第Ⅱ部　自由学校共同体における関係性の諸相

この「自由意志による作業チーム」設立の提議に対して，生徒の側からさまざまな反応が示された。ある生徒は，「ケラー先生の提案に対しては多くを期待できない」と述べ，またある生徒は「試しにやってみるべきだ。私は成功すると思います」と述べている。こうした意見の後でフォン・ケラーは，作業チーム設立の目的を，改めて＜学校共同体＞との関係においてこう規定している。

　　　「私は，その（学校共同体という：筆者）制度をくつがえすつもりはありません。全員が持つ投票権は残るでしょう。全体の学校共同体はそのままなのです。私が作業チームということで考えているのは，弁論クラブでもなければ決して友達サークルでもなく，真面目で責任をもった人間の集団なのです。」[28]

１つの組織としての求心力を失いつつあった当時のオーデンヴァルト校において，以上のように彼女は，全構成員の関心を引くテーマと一部の構成員の関心しか引かないテーマとを区別し，前者を従来の＜学校共同体＞に，後者を＜作業共同体＞に振り分けようとした。それによって，自己自身と全体に対する責任を自覚した人間の形成を目指したのである。

２．＜作業共同体＞の実施形態——自由意志の原則を中心に——

　＜作業共同体＞の設立にあたっては，その具体的な実施形態に関していくつかの議論がなされた。例えば，＜学校共同体＞と議長が独立すべきか否か，＜作業共同体＞にふさわしいテーマとはどのようなものか，＜作業共同体＞での決議が＜学校共同体＞と対立した場合はどうすべきか等である。そのなかでも議論がもっとも集中したのは，＜作業共同体＞への「参加義務」の問題である。

　＜作業共同体＞設立の提議を行ったフォン・ケラーは，基本的に学校構成員の自由意志による参加を前提としていた。しかしながら，同時に彼女は，「すべてのファミリーが代表を送ればよいのではないか」[29] という彼女の

第5章　生徒-教師関係の位相　167

ファミリーの生徒の提案を報告している。この各ファミリーから代表を出す
という提案に対しては，他の生徒から次のような批判が表明された。

> 「私は，ファミリーから義務的に代表者が出席せねばならないというのは間違っ
> ていると思います。なぜなら，そんなことをすれば，自由意志で参加する人が再
> びいなくなってしまうからです。」[30]

また別の生徒は同様にこう述べている。

> 「本当に関心のある人だけがやって来るべきです。そうでないと，すべてが無
> 意味になってしまいます。」[31]

ゲヘープもまた，「各ファミリーから誰かが派遣されねばならないというの
であれば，それはばかげたことでしょう」[32] と述べて，代表制に対する反
対の態度を表している。

　以上のような議論を通して，「私たちは自由意志の原則をできる限り制限
しない」[33] という共通理解が導かれたが，第2回の＜作業共同体＞では，
この「自由意志」という問題についてさらに具体的な議論がなされる。それ
は議長（生徒）の次の問題提起に始まる。

> 「（＜作業共同体＞において：筆者）多くの問題が議事日程に挙がった場合は，
> どのようにすべきなのでしょうか。もし仮に誰かが，自分の関心のない事柄に際
> してじっと聞いていなければならないというのであれば，それは自由意志の原則
> を壊すことになります。」[34]

この問題提起に対しては，正反対の2つの意見が述べられた。1つは，「自
分の関心のない事柄を聞かなくてはならないとしても，何ら損にはなりませ
ん。自由意志ということをあまりに極端に考えてはいけない」[35] というも
のであった。すなわち，＜作業共同体＞に1度参加したならば，その会議が
終了するまで討議に加わっていなければならないという意見である。もう1

つは,「1つの問題が片づけば,その都度休憩がはさまれ,その間に人が出ていくことができ,また次の問題に関心のある者に報告される」[36] というものであった。つまり,自分に関心のあるテーマについてのみ参加すればよいという意見である。この後,後者の提案に対しては,ゲヘープから,「私たちは,多くの騒動と困難があってはじめて人々を呼び集めることができるのです」[37] という批判的見解が出される。ゲヘープがそう主張する理由は,それまでにも会議で最初に発言すべき生徒が風呂に入っていて会議に姿を現さなかったという経験があったからである。こうした経験から,ゲヘープは,議題ごとに入退場を認めることに反対するのである。けれども最終的にはゲヘープの意見は受け入れられず,学校構成員の自由意志という原則を尊重する形で以下のように決議された。

> 「もしも多くの問題が議事日程に挙がった場合には,各問題が片づくごとに休憩が入れられる。その間に,次の問題に関心のある者が入場し,最初の問題に参加した者が退出するためのきっかけが作られる。」[38]

こうして＜作業共同体＞では,生徒の参加が義務づけられることはなくなった。しかも,1度＜活動共同体＞に参加した生徒も,自己の関心に応じて退出が自由に認められたのである。

3．＜作業共同体＞の討議内容

＜学校共同体＞でフォン・ケラーが提議を行った翌日の2月16日,第1回の＜作業共同体＞が開催された。続いて翌週,第2回の会議がもたれた。第2回の＜作業共同体＞への参加者は,約70名であったと記録されており,そこで＜作業共同体＞を実施していく際の基本的な手続き等が最終決定された。これらを含め,1922年から1924年の3年間に,合計16回の＜作業共同体＞が開催された。それぞれの討議内容は表5-3の通りである。

第5章　生徒-教師関係の位相　169

表5-3　1922-1924年における＜作業共同体＞の討議内容[39]

	開催年月日	討議内容
第1回	'22. 2.16	＜学校共同体＞において，各授業コースの教授内容を報告すべきか否か
第2回	'22. 2.22	＜作業共同体＞に関する学校共同体決議の仕上げ
第3回	'22. 3. 1	体育，スポーツ，遊戯の組織
第4回	'22. 3. 8	図書と衣服の貸出しに関するこれまでの決議の廃止
第5回	'22. 3.15	特別構成員の存在意義
第6回	'22. 3.29	お祈り（Andacht）という制度の目的
第7回	'22. 9. 6	オーデンヴァルト校における自己責任の理念
第8回	'22. 9.14	第7回の継続（時間厳守，紙の節約等）
第9回	'22.10. 9	コースリーダー（Kursordner）の自律性
第10回	'22.11.22	政治的報道の取り扱い
第11回	'23. 2.21	図書室の将来的なあり方
第12回	'23. 3.19	プロトコール筆記の仕方の変更
第13回	'23.12. 5	オーデンヴァルト校における試験のあり方
第14回	'24. 4.12	生徒増加に伴う授業コースの変更
第15回	'24. 7. 6	コース終了学校共同体の新規則
第16回	'24.--.--	第15回の継続

　このうち1922年に限って言えば，この1年間に＜活動共同体＞が10回開催される一方で，通常の＜学校共同体＞の回数は15回であった。＜作業共同体＞が存在しなかった前年1921年には，＜学校共同体＞が31回開催されていることを考慮すれば，1922年には＜作業共同体＞設置によって＜学校共同体＞の回数が減少したと言えよう。

　討議の内容に関しては，＜学校共同体＞と＜作業共同体＞との間で大きな差異を認めることができる。すなわち，1922年の＜学校共同体＞（史料が残っているのは15回の内13回）の議事日程に挙がったテーマで多いのは，「小さな報告」（11回），「投票権の付与」（9回），「各係の選出」（8回）の順で

あった。こうした，いわば事務的とも言える問題は，＜作業共同体＞ではほとんど取り扱われなかった。＜作業共同体＞ではむしろ，学校運営にとってより重大でかつ難解な問題が選ばれ，集中的に討議されたのである。

　ここで留意すべきは以下の点である。つまり，フォン・ケラーが最初に提出した＜作業共同体＞の趣旨からすれば，学校構成員全体の関心を引く問題は＜学校共同体＞で処理され，一部の学校構成員の関心しか引かない問題のみが＜作業共同体＞で取り扱われるべきであった。ところが実際に，自由意志に基づく＜作業共同体＞が発足すると，そこで話し合われたのは，本来なら学校構成員の全員が関心を抱くべき，学校全体の基本方針に関連するような内容だったのである。つまり，教師と，学校運営に対する責任を自覚した一部の生徒たちによって，学校の全体にかかわる事柄が処理されるという矛盾が生じていたのである。

　＜作業共同体＞の開催頻度に再度目を向けるならば，それが発足した1922年には10回開催されていたにもかかわらず，1923年と1924年にはそれぞれ3回ずつに減少していた。1924年は1つのテーマが2度繰り返されているので，＜作業共同体＞発足3年目には＜作業共同体＞が実質的には2回分しか開催されなかったと解釈することもできる。このように＜作業共同体＞がオーデンヴァルト校においてうまく定着しなかった最大の原因として，学校運営に対する責任を自覚した一部の生徒によって学校の全体にかかわる事柄が処理されるという矛盾が引き起こされたことが指摘されよう。

4．＜作業共同体＞にみられる生徒‐教師関係

　＜作業共同体＞は＜学校共同体＞と基本的に同一の原理，すなわち生徒の「自由」と「責任」という原理を基盤としていた。しかしながら，両者の間には，教師と生徒との教育関係という観点から見て重大な相違が存していた。それは，「参加義務」の有無である。

　＜学校共同体＞では生徒の参加が義務づけられていた。それに対して＜作

業共同体＞では，生徒の参加，不参加は各自の自由意志に任せられた。また，1つの＜作業共同体＞のなかでも，各議題に対する関心の有無に応じて入退場が自由に認められたのである。それゆえここでは，＜学校共同体＞が有していた「責任を担うことを学習すべき場」という性格は限りなく後退することになる。自己と全体に対する責任の自覚といったものは「目標」というよりもむしろ，＜作業共同体＞参加の「前提」となるのである。生徒と教師の「共同責任」が，教師の指導の枠を越えたところで担われるのである。この意味では，＜作業共同体＞が生徒と教師とのパートナー的な関係をより完全な形で実現していたと言えよう。

　なお，＜作業共同体＞にみられる以上のような生徒-教師関係の特質をより明確にするために，＜作業共同体＞での生徒-教師関係を近代教育の流れのなかにごく大まかに位置づけてみよう。

　一般に「子どもの発見」とともに近代教育は出発したと考えられる。頽廃した現実社会を変革するためにも，いまだその社会に侵されていない子どもに期待をかけ，子どもの内在的価値を全面的に開花させることで，よりよい人間と社会の形成が目指されるのである。こうした近代における教育されるべき存在としての子どもの発見とは，同時に，その子どもを教育すべき大人の発見であり，さらに言えば，そうした子どもと大人の特別な関係の発見を意味していた。その特別な関係の前提となるのは，子どもと大人の間に存在する「教育的落差」である。すでに成人に達した大人が自己の行為に責任を持つことができるのに対して，いまだ成長の途上にある子どもにはその能力が欠けているとされる。そこでは，大人が子どもの代理として，責任をもって行為の決断をおこなうことになる。そして，子どもが成長し自己責任を担えるようになると，大人がこれまで代理してきた責任を子どもに返すことによって，教育関係が解消され，教育はもはや不必要となる。こうした大人による「代理責任」という考え方が，近代教育における子どもと大人の関係を特徴づけているのである。なお，子ども-大人関係は，生活領域の違いに

よって，家庭では親-子関係，学校では生徒-教師関係というようにその名称
を変える。しかし，親-子関係も生徒-教師関係も，子ども対大人という基本
的に同一の世代間関係の上に成立しているのである [40]。

　以上のように，近代教育における生徒と教師の教育関係が「代理責任」と
いう言葉で特徴づけられるとすれば，オーデンヴァルト校における＜作業共
同体＞にみられる生徒-教師関係は，ある意味で「近代的」な関係の枠組を
超え出ていると言える。というのも，＜作業共同体＞において，生徒は教師
と同様に，自由意志で参加し討議することを認められているからである。そ
こでは生徒は，自己の決断において討議に参加し，教師とともに学校運営に
対する「共同責任」を担うことになるのである。

小括

　本章では，オーデンヴァルト校における生徒-教師関係を＜学校共同体＞
および＜作業共同体＞に着目しつつ考察してきた。そこから明らかになった
点を総括すれば以下のようになる。

　ゲヘープは，オーデンヴァルト校を田園教育舎の発展した形態，すなわち
自由学校共同体と規定した。自由学校共同体では，一方で生徒の自由な発達
が重視され，他方で，生徒が教師と同等の責任を担うことが目指された。こ
うした「自由」と「責任」という基本原理をよく具現しているのが，制度と
しての＜学校共同体＞であった。

　＜学校共同体＞では，生徒が学校生活に関する事柄について自由に討議内
容を提出することができた。プロトコールの分析から明らかになったように，
そこでは実にさまざまな主題が討議内容として提出された。採決の際には，
生徒にも教師と同等の投票権が与えられていた。そして，そこでの決議にし
たがって学校生活のさまざまな事柄が取り行われた。このことは，生徒と教
師とが，言わば大人同士の関係のようなパートナー関係に基づいて共同生活
を行うということを表していたのである。

第5章　生徒-教師関係の位相　173

　しかしながら一方で，＜学校共同体＞には，教師と生徒との関係を完全な
パートナー関係に還元してしまうことのできない部分が残されていた。すな
わち，教師による一定の教育的作用が働いていたのである。そのことは間接
的には，人事，授業料，カリキュラムの是非等の問題が＜学校共同体＞にお
いて議論の対象とならなかったということから，また直接的には，＜学校共
同体＞への生徒の参加が義務づけられていたということから推察できるので
ある。

　以上のことから，こう結論づけることができる。＜学校共同体＞とは，生
徒が教師と対等の権限を自由に行使できる場でもあったが，同時にそれは，
生徒が教師と対等の責任を担うことを学習すべき場でもあった。しかもその
場への参加が生徒に義務づけられているとするならば，生徒に与えられた
「自由」とは，あくまでも「教師の指導の枠内での自由」という意味で理解
されねばなるまい。したがって，＜学校共同体＞の分析から導かれる，オー
デンヴァルト校におけるゲヘープの生徒-教師関係の本質的特徴は，リーツ
やヴィネケンの学校に比べてより多くの自由が生徒に認められていた点にで
はなく，「自由の組織化」というパラドックスがより先鋭化した形で構想さ
れていた点に見い出されるのである。

　また，＜作業共同体＞は＜学校共同体＞と基本的に同一の原理，すなわち
生徒の「自由」と「責任」という原理を基盤としていた。しかしながら，両
者の間には，教師と生徒との教育関係という観点から見て重大な相違が存し
ていた。それは，「参加義務」の有無である。

　＜学校共同体＞では生徒の参加が義務づけられていた。それに対して＜作
業共同体＞では，生徒の参加，不参加は各自の自由意志に任せられた。また，
1つの＜作業共同体＞のなかでも，各議題に対する関心の有無に応じて入退
場が自由に認められた。それゆえここでは，＜学校共同体＞が有していた
「責任を担うことを学習すべき場」という性格は限りなく後退することにな
る。自己と全体に対する責任の自覚といったものは「目標」というよりもむ

しろ，＜作業共同体＞参加の「前提」となるのである。この意味では，＜作業共同体＞が生徒と教師との「共同責任」というパートナー的な関係をより完全な形で実現していたと言えよう。なるほど＜作業共同体＞では生徒の自由参加を主眼としていたがために，学校運営に対する責任を自覚した一部の生徒によって学校運営の全体にかかわる事柄が処理されるという矛盾が生じた。その結果，＜作業共同体＞の開催頻度も発足年の10回から次の年には3回へと大幅に低下した。この点では，＜作業共同体＞が必ずしもうまく機能したとは言い難い。けれども，＜作業共同体＞は自由学校共同体＝オーデンヴァルト校において，教師による「代理責任」を括弧に入れて，生徒と教師の関係をラディカルに平衡化しようとする実験であったと評価できるのではないだろうか。

---

1) Karsen,F.: Deutsche Versuchsschulen der Gegenwart und ihre Probleme, Leipzig 1923, S.68.（小峰総一郎訳『現代ドイツの実験学校』明治図書，1986年，172頁。）

2) Drill,R.: Das Landerziehungsheim; Eindrücke und Bemerkungen. In: Sonderabdruck aus der Frankfurter Zeitung (Erstes Morgenblatt vom 24., 26. und 31. Juli 1912), S.23., Harleß,H.: Wer ist der Schäpfer der Freien Schulgemeinde, In, Vortrupp, 6.Jg., H.11, 1917, S.345. なお逆に，＜全校集会＞が＜学校共同体＞の起源と言えないという考えもある（Reiner,P.: Wer ist Schäfer der Freien Schulgemeinde, In: Vortrupp, 6.Jg., H.13, 1917, S.412.）。こうした理解の相違については第1章第3節を参照されたい。

3) Karsen,F.: Deutsche Versuchsschulen der Gegenwart und ihre Probleme, a.a.O., S.81.（邦訳，188頁。）

4) Jahresbericht der Freien Schulgemeinde Wickersdorf: Erster Jahresbericht der Freien Schulgemeinde Wickersdorf. 1. September 1906 bis 1. März 1908. Von Paul Geheeb und Gustav Wyneken, Jena 1908, S.28.

5) ただし，ヴィネケンとゲヘープの〈学校共同体〉理解に大きな相違があることについては，第1章第3節を参照されたい。

6) Geschäfts-Ordnung für die Schulgemeinde der Odenwaldschule, 1.Auflage,

第5章　生徒-教師関係の位相　　175

angenommen am 22. November 1912.（AOS）

7)　Drill,R.: Das Landerziehungsheim; Eindrücke und Bemerkungen, a.a.O., S.24.

8)　＜コース組織＞の詳細については第7章を参照のこと。

9)　Kurzweil,Z.E.: Odenwaldschule(1910-1934). In: Paedagogica Historica, 13.Jg., 1973, S.34f.

10)　Protokolle zu den Schulgemeinden der Odenwaldschule, 1921-1923（AOS）より筆者作成。

11)　Protokoll zu der 347. Schulgemeinde (ohne Datum).（AOS）

12)　Protokoll zu der 376. Schulgemeinde. 16. November 1921.（AOS）

13)　Protokoll zu der 390. Schulgemeinde. 30. Juni 1922.（AOS）

14)　Protokoll zu der 349. Schulgemeinde. 23. Februar 1921.（AOS）

15)　Protokoll zu der 409. Schulgemeinde. 14. März 1923.（AOS）運動場の建設については第8章第4節で詳しく論じる。

16)　Protokoll zu der 407. Schulgemeinde. 28. Februar 1923.（AOS）　オーデンヴァルト校における「罰」のあり方については，教師イルグナー（A.Ilgner）が「オーデンヴァルト校における罰」（1922年）という文章を残している。彼によれば，同校では公立学校のように罰するため罰したり，何かを強制するために罰したりはしない。オーデンヴァルト校での罰は一般的な意味での罰ではなく，なおのこと「教師による罰」ではない。そうではなく「共同体による教育」である。同校では罰の決定はもっぱら＜学校共同体＞の手にゆだねられており，決して数名の大人や大人集団（＜教師会議＞）の権限ではない。大人による作用は，＜学校共同体＞によって提案される罰を和らげることにほとんど限定されている。というのも，多くの場合子どもは違反行為をあまりにも悲観的に評価し，またあまりにも厳格に罰しようとするからである。なお，ここ2年間に開催された約80回の＜学校共同体＞を通して罰が行使されたのは，わずか2回であったという。1件は，ハウス管理人の役職に任命されていた1人の女子生徒が，その役職からおろしてもらいたいがために，故意にその仕事を中途半端におこなったという事案，もう1件は，2人の男子生徒が教室でレスリングをし，椅子を壊したまま立ち去ったという事案である。前者の女子生徒に対しては，罰として＜学校共同体＞での投票権が剥奪された。後者の男子生徒らに対しては，しばらく土曜の自由な時間に，台所への薪の補給，石炭置き場から機械ハウスへの石炭の運搬など，学校のために働くことが決議された（Ilgner,A.: Die Strafe in der Odenwaldschule, In: Oestreich,P.(Hrsg.): Strafanstalt oder Lebensschule, Karsruhe 1922, S.139ff..）。

17)　Drill,R.: Das Landerziehungsheim; Eindrücke und Bemerkungen, a.a.O., S.24.

176　第Ⅱ部　自由学校共同体における関係性の諸相

18）　Ebenda.

19）　Ebenda.

20）　Lüttich,A.: Treibende Gedanken im Leben der Odenwaldschule, In: Das Alumnat, 3.Jg., H.2, 1915, S.275.

21）　Mann,K.: Der Wendepunkt; Ein Lebensbericht, Frankfurt a.M. 1953, S.108.（小栗浩他訳『転回点――マン家の人々――』晶文社, 1986年, 123頁。）

22）　Geheeb,P.: Erziehung zum Menschen und zur Menschheit, In: Bildung und Erziehung, 4.Jg., 1951, S.644.

23）　Drill,R.: Das Landerziehungsheim; Eindrücke und Bemerkungen, a.a.O., S.24.

24）　Protokoll zu der 2. Arbeitsgemeinschaft. 22.2.1922.（AOS）

25）　Geheeb,P.: Die Zukunft des Landerziehungsheimes, a.a.O., S.105.

26）　Protokoll zu der 381. Schulgemeinde. 15.2.1922.（AOS）

27）　Ebenda.

28）　Ebenda.

29）　Ebenda.

30）　Ebenda.

31）　Ebenda.

32）　Ebenda.

33）　Protokoll zu der 2. Arbeitsgemeinschaft. 22.2.1922.（AOS）

34）　Ebenda.

35）　Ebenda.

36）　Ebenda.

37）　Ebenda.

38）　Ebenda.

39）　Protokolle zu den Arbeitsgemeinschaften der Odenwaldschule, 1922 - 1924 （AOS）より筆者作成。

40）　こうした近代教育における教育関係論は，ノールによって学問的に理論化された。彼の教育関係論については，坂越正樹『ヘルマン・ノール教育学の研究――ドイツ改革教育運動からナチズムへの軌跡――』風間書房，2001年を参照。なお，本文中の「教育的落差（Gefälle）」および「代理責任（stellvertretende Verantwortung）」という用語は，ダンナーの以下の文献による。Danner,H.: Das erzieherische Verhältnis in Rousseaus Émile, In: Paedagogica Historica, 18.Jg., 1978. Danner,H.: Verantwortung und Pädagogik; Anthropologische und ethische Untersuchungen zu einer sinnorientierten Pädagogik (1983), Konigstein [2] 1985. ダンナーは，1970 年代終盤以降の反教育学や教育終焉論が主張する，子どもの自己責任性の過信に対抗して，あくまでも大人による代理責任の必要性を唱える（拙論「H. ダンナーの『教育的責任』論──その特質と今日的意義──」，教育哲学会編『教育哲学研究』第 70 号，1994 年）。

第6章　教師‒教師関係の位相
——教職員組織の多層性——

　自由学校共同体＝オーデンヴァルト校での共同生活を織りなす人間関係として，これまで生徒‒生徒関係および生徒‒教師関係について考察をおこなってきた。本章では，第3の視点として同校の教職員集団の特色について分析したい。

　その際，考察の対象となるのは，校長ゲヘープや授業を受け持つ教師のみではない。オーデンヴァルト校にはこうした教師以外にも，一般に「職員（Personal）」と呼ばれる大人が存在しており，数のうえでは教師を上回っていた。従来の研究では，教師以外の職員について考察されることはなかったが，同校を自由学校共同体という観点から分析するならば，彼らもまた看過できない重要な構成員として理解されねばなるまい。したがって本章では，主に次の3点に着目しながら，オーデンヴァルト校の教職員組織の全体像を明らかにしたい。すなわち，第1は同校における教師以外の職員の位置づけ，第2は教師陣の結びつき，第3は教師組織におけるゲヘープのリーダーシップである。

　だが，教職員組織の特色を解明するための史料は極めて少ない。職員の問題のみならず，教師同士の関係や教師とゲヘープの関係に関する先行研究が皆無に等しい状態であるというのは，こうした史料面の制約によるところが大きい。本章では，同校の学校沿革誌や学校雑誌から，教職員の構成に関する基本的なデータを得る。その上でさらに，教師や生徒が同時代的に，あるいは後年に残した手紙や自伝を分析することによって，教職員組織の「日常」を再構成したい。

　考察の手順は以下の通りである。まず，同校における教職員の構成を概観する（第1節）。次に，教師以外の職員の求められた役割を明らかにする（第

2節）。その後，教職員の意志疎通の場であった＜教師会議＞について分析
し（第3節），続いて教師間の連携と乖離，さらにそこに見られる教師同士の
非対称性について解明し（第4節），最後に校長ゲヘープの教師への影響力に
ついて考察したい（第5節）。

第1節　教職員の構成

オーデンヴァルト校における教職員は主に2つのグループから構成されて
いた。第1は，教科授業を受け持つとともにファミリーの長として生徒の寄
宿舎生活の面倒をみる教師である。第2は，炊事や洗濯を行う「お手伝いの
女性（Hilferin）」や構内の庭や建物の管理人といった，教師以外の職員である。
以下，この2つの構成グループについてそれぞれ説明したい。

1．教師

オーデンヴァルト校では，「教師（Lehrer）」に「協力者（Mitarbeiter）」と
いう特別な名称が与えられていた。ゲヘープは，「協力者」の意味について
次のように考えていた。つまり，教師たちはゲヘープの教育理念を実現する
ための協力者という意味だけでなく，生徒らよりも専門的知識を多く身につ
けており，それを彼らに自由に使用させるという意味で，生徒の協力者でも
ある，と [1]。

表6-1が示すように，オーデンヴァルト校の教師数は開校初年度の
1910/11年で5名であった。その後，生徒数の増加に合わせて教師数も徐々
に増加し，開校10年で20名を越えた。教師1人当たりの生徒数は，最少で
1910/11年の2.8名，最多で1913/14年の6.3名，平均すると教師1人当た
り5.9名の生徒数であった。この数値は当時のドイツの諸学校と比較すると
その少なさが際立つ。すなわち，ベリング（R.Bölling）によれば，1911年段
階のドイツの初等学校における教師1人当たりの生徒数は55.0名，中間学

校では 25.6 名，また中等学校でも 17.0 名であった[2]。

表6-1　オーデンヴァルト校の教師数・生徒数[3]

西暦	教師			生徒	教師 1 人当たりの生徒数
	男	女	計		
1910/11	3	2	5	14	2.8
1911/12	6	2	8	27	3.4
1912/13	6	2	8	50	6.3
1913/14	6	4	10	68	6.8
1914/15	9	5	14	54	3.9
1916/17	5	7	12	59	4.9
1918/19	4	14	18	110	6.1
1919/20	7	11	18	92	5.1
1920/21	8	13	21	113	5.4
1921/22	10	10	20	118	5.9
1922/23	11	13	24	115	4.8
1923/24	12	9	21	100	4.7
1924/25	14	13	27	95	3.5
総計	101	105	206	1221	5.9

　また教師構成において特徴的なのは，女性教師の割合の高さである。1910/11 年から 1924/25 年までを平均してみると，全教師数のほぼ半数，すなわち 50.1 ％が女性教師によって占められている。ちなみに，1911 年段階では，ドイツの初等学校における女性教師の割合は 20.9 ％，中間学校では 48.0 ％，中等学校では 26.9 ％であった[4]。第 4 章でみた通り，ゲヘープはオーデンヴァルト校を，一般の社会（それはもちろん男女両性から成り立っている）の縮図とすべく，男女共学を同校の根本要素の 1 つとした。そして同じ理由から，教師組織をも男女両性から構成しようとしていたと言えよう。
　オーデンヴァルト校の沿革誌とも言える，シェファー（W.Schäfer）著

182 第Ⅱ部 自由学校共同体における関係性の諸相

『オーデンヴァルト校　1910-1960――ある自由学校の歩み――』（1960年）
には，1914年から1934の間に5年以上同校に在職した教師と，特に同校の
発展に寄与した教師との名前が列挙されている。表6-2がそれである。

表6-2　1914年から1934年の間にオーデンヴァルト校に5年以上在職した教師，
ないしは特に重要な教師[5]

1.　Herr Hermann Bolli	25.　Herr Dr. Lehmensieck
2.　Herr Otto Fr. Bollnow	26.　Herr Alfred Lüttich
3.　Herr Walter Brenning	27.　Herr Dr. Werner Meyer
4.　Frau Madwig Brenning-Jenning	28.　Herr Dr. Münz
5.　Frau Eva Cassirer	29.　Herr Bernhard Nater
6.　Herr Otto Erdmann	30.　Frl. Maria Neumann
7.　Herr Fritz Frei	31.　Herr Rudolf Olgiati
8.　Frau Grete Gofferje	32.　Herr Heinrich Sachs
9.　Frau Erna Gothan	33.　Frau Elisabeth Sachs-Neumann
10.　Mlle. Germaine Grandbarbe	34.　Frau Lucie Sauerbeck
11.　Herr Gress	35.　Herr Albert Senn
12.　Herr Dr. Fritz Haas	36.　Frau Friedel Senn-Neumann
13.　Frau Lisbeth Haas-Hartig	37.　Herr Dr. V.B.Sharma
14.　Herr Hermann Harless	38.　Frau Ellen Sharma-Teichmüller
15.　Mlle. Elisabath Huguenin	39.　Frau Lilli Schäfer
16.　Herr Dr. Werner Jäkel	40.　Frl. Trude St. Goar
17.　Herr Igor von Jakimow	41.　Herr Peter Stein
18.　Herr Heinrich Jakobi	42.　Herr Peter Suhrkamp
19.　Herr Mario Jona	43.　Herr Dr. Martin Wagenschein
20.　Frl. Käthe Kammerer	44.　Herr Dr. Fritz Wölcken
21.　Frau Alwine v. Keller	45.　Frau Else Wölcken
22.　Herr Dr. Werner Kircher	46.　Herr Dr. Franz Zeilinger
23.　Herr Dr. Otto Kiefer	47.　Frau Gertrud Zeilinger-Holtze
24.　Frl. Elsbeth von Kress	48.　Frl. Dr. Zumbusch

この名簿からは，博士号を取得した教師が12名含まれていたことの他，同

第6章 教師-教師関係の位相　183

図6-1　ヴァーゲンシャイン（ベンチ左端）と生徒たち（AOS）

校での教師体験によって物理学から教育学の道に進み後に実存哲学的教育学を樹立したボルノー（O.F.Bollnow），範例学習を唱えたヴァーゲンシャイン（M.Wagenschein），フランクフルト（a.M.）の出版社ズーアカンプ社の創設者ズーアカンプ（P.Suhrkamp）など多彩な人物の名前を確認することができる。

　また，夫婦で教鞭をとる者（6組12名）を含め多くの既婚女性教師がいたことも，同校の教師構成における1つの特徴をなしていると言えよう。というのも，第一次世界大戦まで，プロイセン及びその他の邦では女性教師は，結婚後は無条件に退職しなければならなかったからである。その際，女性教師に対する独身制の公式の理由は，女性にはたった1つの課題しか果たす能力がない，すなわち職業か家庭かである，というものであった。また，カトリック地区では修道女という模範によって，独身制が宗教的にも強調された。なるほど，第一次世界大戦中は教師の需給の面から，既婚女性も代用教員として働くことができるようになり，1918年の革命後は公的にも独身制の強制が廃止された。しかしながら，依然としてドイツ・カトリック女性教員連盟は独身の規律を堅持したし，ワイマール共和国も世界恐慌などによる経済

184 第Ⅱ部 自由学校共同体における関係性の諸相

危機にみまわれると，かつての独身制が復活し，多くの既婚女性教師が解雇の対象となったのである[6]。

教師の出身地については，学校誌『新ヴァルトカウツ』（1930年，第2号）に同年3月現在の教師の出身地ならびに国籍の一覧表が掲載されている。ドイツ人教師ではプロイセン出身者が約3分の2を占めること，全教員の約3割（33%）が外国籍であったことがわかる。

表6-3 教師の出身地および国籍（1930年3月現在）[7]

ドイツ		外国	
プロイセン	19	フランス	2
ヴュッテンブルク	2	イギリス	1
ザクセン	2	アメリカ	1
ヘッセン	3	スイス	9
バーデン	3	オーストリア	1
計	29	計	14

学校の授業には正規の教師以外にも外部講師がしばしば来校した。オーデンヴァルト校と同じヘッペンハイムに居を構える思想家ブーバー（M.Buber）もその1人で，教師とは違ったかたちで生徒たちに感化を与えた。

なお，オーデンヴァルト校の教師の給与は，公立のギムナジウム教師らに比べかなり低いものであった。ドイツでは19世紀後半以降，中等学校教員の経済的地位は上昇し，第一次世界大戦前の1909年には裁判官給与との同格化を達成した。1912年にはプロイセンの中等学校教員の給与の最高額はあらゆる所得者の上位1パーセント以内に入るようになり，彼らは所得水準からも国民のエリートとみなされていた[8]。1926年の時点で比較すると，プロイセンの中等学校正教員の基本給年収が約4,000から6,000マルクだったのに対して[9]，オーデンヴァルト校の教師は未婚者で月額90から120マルク（年収1,080から1,440マルク），その他の常勤教師で150から220マルク（年収1,800から2,640マルク）であった[10]。

2．教師以外の職員

　ゲヘープは，新教育連盟の機関誌『新時代（The New Era）』に載せたオーデンヴァルト校開校20周年を記念する文章のなかで，教師以外の職員について次のように触れている。

> 「180名の子ども（3歳から）と青年（約3分の1は女子）が7つのハウスに，大人あるいは夫婦の保護のもと，ファミリーという小グループに分かれて生活している。約30名の訓練を受けた男女教師がこの子どもたちの小集団と一緒に生活し活動しいる。また，学校の管理，家政，作業，庭などに従事する者がそれ以外に40名ほどいる。」[11]

ゲヘープ自身は他の文章においても，教師以外の職員についてこれ以上の説明をしていない。しかし，オーデンヴァルト校の学校雑誌『新ヴァルトカウツ』（1928年，第12号）に，以下の表6-4のような学校構成員の一覧表が掲載されている。この一覧表は，生徒シェファー（Wulf Schäfer）が1927年6月31日現在で作成したものである。ここからわれわれは，教師以外の職員が教師の2倍以上存在しており，15種類以上の職種から成り立っていたことを理解できる。

　こうした教師以外の職員は言わば学校の裏方的存在であった。彼らの仕事ぶりについては，1930年から1931年にかけてオーデンヴァルト校のペスタロッチーハウスで保母を務めたオランダ人女性ハマカー＝ヴィリンク（A.Hamaker-Willink）が，母に宛てた手紙のなかで次のように叙述している。例えば，上の表にある女執事ゴータン（Gothan）夫人についてはこうである。

> 「学校の家事管理人であるゴータン婦人の立場は，もっとも大変でもっともうらやましがられることの少ないものであるように思えます。学校それ自体がもたらす非常に広範な仕事の他に，さらに宿泊生活に起因するやっかいな事柄が無数にあります。私たちは絶え間なく来客をかかえており，毎日大勢の見学者がやっ

186　第Ⅱ部　自由学校共同体における関係性の諸相

表6-4　オーデンヴァルト校の学校構成員一覧表[12]

パウル・ゲヘープと秘書	2
学科教師，作業教師，教育者	27
いまだ幼稚園にも入っていない乳児と子ども	5
エディス・ゲヘープ夫人と事務室スタッフ	5
ゴータン夫人（女執事）	1
窓口，調理場，幼稚園，洗濯場での（無給の）お手伝いの女性	4
調理係2人と給仕1人	3
調理場洗浄のお手伝いさん2人と皿洗いのお手伝いさん2人	4
各ハウスにそれぞれお手伝いさん1人，水曜日からは洗濯ハウスで働くため，仲間が肩代わり	8
洗濯ハウス女性主任1人，洗濯女性管理人1人	2
女性洋裁師1人，繕い仕事をする女性1人	2
常勤の洗濯場のお手伝いさん	6
クノット氏（管理人）	1
ロバ飼育係1人，家畜の飼料係1人	2
家具製作マイスター1人と職人1人	2
機械工マイスター1人（両者とも作業教師）	1
庭，諸施設等のために働く人2人	2
あらゆる配線，ボイラー，機械装置の建設と操作のための機械マイスターと職人2人	3
小計	80名
男子生徒	93
女子生徒	47
小計	140名

てきます。そして，すべてミスがあってはなりません。食事は多すぎてもいけないし，少なすぎてもいけません。出発する人の寝室は次に来る人のために整頓する必要があります。特に食事が面倒なのです。子どもたちは満足していません。協力者たちはもっともらしい提案をおこないます。両親たちは，おそらくもっと上手に工夫できるのではないかと考えています。医者は病人用に何かまったく別の食事を要求します。菜食主義者たちは彼らの特別な食事に固執します。」[13]

　さらにハマカー＝ヴィリンクは，洗濯場での仕事もまた非常に困難な仕事であると述べている。というのも，毎週約270名もの衣類を洗濯し，それを間違えずに配達するというのは大変面倒で神経を使う作業だからである[14]。教師以外の職員は主に，こうした目立たず，しばしば大きな困難を伴う仕事，

しかし学校が組織として機能するには必要不可欠な仕事に従事していたのである。

第2節　教師以外の職員の役割

　教師以外の職員は学校の裏方的存在ではあったが，学校の生活を支える重要な仕事を担っていた。数の上でも教師をしのいでいたこれらの職員が学校のなかでどのように位置づけられていたのかという問題は，学校全体の共同体生活の解明に際して看過できないものである。ここではまずその点について考察したい。

　1922年から1934年にかけて事務室で働いていた女性ゴアール（Trude St. Goar）は，ゲヘープの妻エディスが職員の雇用についてしばしば次のように嘆いていたことを記憶している。

> 「効率的な経営のためにも，適切な職員を見つけるというのは難しいものです。それはハウス，事務室，洗濯ハウス，機械ハウス，庭などの管理のような指導的なポストにおいても，ハウス，庭，機械に従事するいわゆる部下のポストにおいても当てはまります。」[15]

エディスにとって「適切な職員」とは，幅広い知識を有しており，また子どもたちと長くかかわった経験のあるような人物のことであった[16]。このように教師以外の職員にも子どもとも接触を求めるという考えは，そうした職員もまた子どもにとって教師たるべきであるというゲヘープの職員観から導かれたものであった。ゴアールによれば，エディスは繰り返し次のことを口にしていたという。

> 「そして彼女はいつもこう言っていました。『パウルスの考えでは，子どもたちはただ熟練の教師に囲まれていさえすればよいというのではありません。子どもたちにいくつかの洗濯物を手渡したり，スープを提供したり，一握りの土を彼ら

188　第Ⅱ部　自由学校共同体における関係性の諸相

の花壇にまいたり，彼らとともに石炭をスコップですくったり，ジャガイモの皮
を剥いたり，といった小さな援助であっても，こうした人間は皆幅広い教育の経
験を有していないといけないのです』。」[17]

　このようにオーデンヴァルト校では，一般の職員もまた共同体生活において，
教師と同様，生徒との教育的な交わりが期待されていたのである。

　しかしながら，現実には教師以外の職員が学校の構成員として，教師同等
に共同体生活に参与しているわけではなかった。職員はしばしば自由学校共
同体の片隅の住人として，教師よりも一段低く見られる傾向があった。
1921年8月24日と26日の＜学校共同体＞でなされたお手伝いの女性をめ
ぐる議論には，そうした一般職員の不十分な地位とそれを克服しようとする
努力が明瞭に示されている。

　当日の＜学校共同体＞のプロトコールによれば，「お手伝いの女性につい
ての協議を求める提議」という主題のもと，まず女性教師シュルンツ（Fr.
Schlunz）が次のような趣意説明をおこなっている。すなわち，近年古い伝
統から解放されて女性の職業従事が増加している。そしてその場合，実務労
働と精神労働が等価値であると言われている。しかしながら，実務労働に従
事する女性は世間で十分に理解されておらず，しばしばないがしろにされ，
彼女ら自身価値が低いものと感じている。だが彼女らはしりごみする必要は
ない。人は勤め口に左右されることなく扱われねばならない。確かにオーデ
ンヴァルト校ではすでにそうした努力がなされているが，より多くの思いや
りが必要である。そこで＜学校共同体＞の議論によって，実務労働の簡略化
とその労働へのお手伝いの女性の関わりの簡略化とが可能とならないか，
と[18]。

　この提議に対して，お手伝いの女性レプス（Frl.Reps）は，「われわれが読
書の時間を多少持てるよう，日曜日には大人は自分の部屋を自分で掃除す
る」[19]という提案を出している。日曜日にお手伝いの女性の仕事を免除し
てほしいという彼女の提案に対して，一方で「自分はこれまでもしばしば自

分で掃除をしてきた」(Dr.Kiefer)，あるいはその仕事を「ハウス共同体にまかせることができる」(Kirchner) といった賛成意見が出される。他方で「オプティミズムはよいが，ハウスとその周りは休暇以来再びひどい姿」になっているので日曜日にまったくハウスに入らないというのは無理である (Fr. Geheeb) といった反対意見が表明される[20]。討議の結果，「ハウス共同体がハウスの整理整頓に配慮する」[21] ことが決議され，それによってお手伝いの女性は負担を軽減されることとなった。

　以上のお手伝いの女性をめぐる議論において興味深いのは，彼女らの仕事の簡略化というテーマのもとで，オーデンヴァルト校の共同体生活における彼女らの地位が問題とされている点である。そのことは，議論のなかで「1つの共和国のなかに階級差が存在してはならない」(Herr Grunder)，あるいは「人道的観点からわれわれのところには2つのカテゴリーの人間はいない」(Herr Geheeb) と強調されたことからも理解できる。一般職員は単なる使用人 (Dienstbote) と見なされるのではなく，「美しいハウスを整然と保ち，その際に教育活動をおこなう」構成員と理解されるべきであるということが，学校の構成員が集う＜学校共同体＞の場において確認されたのである[22]。

第3節　意志疎通の場としての＜教師会議＞

　オーデンヴァルト校の全構成員が参加する＜学校共同体＞以外に，教師が開いていた会合として，＜教師会議＞，＜連絡会 (Querverbindung)＞，そしてゲヘープのもとでのお茶の時間などが存在した。そのうち＜教師会議＞は制度的に確立していたが，＜連絡会＞とお茶の時間は非公式の会合であった。＜連絡会＞は，教師らが各自の教授内容を報告し合うためのものであった。この会は一部の教師の間で自然発生的に生まれたもので，＜教師会議＞のように制度化されてはいなかった。しかし，そこに自由意志で参加した教師たちは，他の教師と授業内容について調整をはかるなど，教授上の協力体

190 第Ⅱ部　自由学校共同体における関係性の諸相

制を作っていた。また，オーデンヴァルト校では毎日午後に「休憩（Vesper）」と呼ばれるお茶の時間がもたれていた。ゲヘープはその時間を利用して，新しく入ってきた教師をテラス付きの自分のハウス（フンボルト・ハウス）に招待していた。これら非公式の会合もまた教師間の重要な意志疎通の場であったと考えられるが，残念ながらそれを明らかにするための史料を見出すことができない。したがって以下では，＜教師会議＞のみについて考察することにしたい。

　＜教師会議＞とは，教師と学校を動かす手助けをするその他の人々の集会であり，「会議（Konferenz）」あるいは「教師会議（Lehrerkonferenz）」「協力者会議（Mitarbeiterkonferenz）」と呼ばれていた。ゲヘープは，＜教師会議＞も＜学校共同体＞の一委員会に過ぎず，根本的には祝祭の準備や特別な専門知識を必要とする特殊な問題を解決しなければならない時に学校全体が任命する委員会と同様の仕事の分業に過ぎない，と生徒に説明していた[23]。

　＜教師会議＞は1930年の時点で1週間に2度の割合で開催されており[24]，2週間に1度の＜学校共同体＞よりも頻度は高かった[25]。参加人数は30名から40名程度であった[26]。参加者は教師と職員のみではなく，同校で一時的に授業を受け持つ客員（Gast）もまた＜教師会議＞に参加することができた。ある客員（A.Rossmann）はゲヘープに＜教師会議＞への参加を許可され，そこで主体的な参加が求められたことを，以下のように回想している。

　　　「われわれ（ゲヘープと私：筆者）の会話は，私も教師会議に出席したいという希望で終わりました。ちょうど私は，フランスの文献——ロマン・ロランだったと思う——の講読に参加するよう命じられました。そこへは，ゲヘープが少数の年長の男女生徒と，おそらく1人の女性教師を集めていました。教師会議では2，3の生徒の問題について話し合われました。そこでは私が単に補助的なお手伝いをすればよいのではく，討議のまっただ中で，あらゆる支援のために私に何が言えるのかが問われました。」[27]。

また教職員のみならず，「そのテーマからして生徒の参加が望ましくまた重

要であると思われるような教師会議には，年長の仲間の代表が参加を求められる」[28] こともあった。

さらに＜教師会議＞は＜学校共同体＞と同様，多国籍・多世界観を特徴としていた。ハマカー＝ヴィリンクはある＜教師会議＞の光景を次のように報告している。

　　「今日はドイツ人以外にイギリス人たち，1人のフランス人女性，1人のアメリカ人の母親，1人のイタリア人，2，3人のスイス人，1人のイギリス国籍インド人，2人のハンガリー人女性，1人のデンマーク人女性，そして1人のオランダ人女性がいました。1つの部屋に，プロテスタント，カトリック，無神論者，神智学者，人智学者，ユダヤ人，そしてそれ以外の人たちが集っていました。」[29]

＜教師会議＞は，以上のような多種多様な参加者から構成されていた。では，そこではどのような事柄が話し合われたのであろうか。この点に関して，「フランクフルト新聞」はオーデンヴァルト校に関する記事のなかで，＜学校共同体＞と＜教師会議＞を比較しながら次のように記している。すなわち，基本的には「生徒に係わる問題で学校共同体の忠告と影響下にないようなものは存在しない」[30]。しかし，「教授法や教育論といった比較的難解な問題」については＜学校共同体＞とは別に＜教師会議＞において取り扱われた，と[31]。オーデンヴァルト校の教師イルグナーもまた同様に，＜学校共同体＞と＜教師会議＞の違いについてこう述べている。

　　「懲戒権はもっぱら学校共同体が有している。学校共同体がそれを，大人たちや教師会議に委ねることは決してなく，個々の『リーダー（Ordner）』に委ねるのである。教師会議とは断じて『裁判所（Instanz）』ではない。教師会議とは分業という原理から成り立っており，そうした共同体ではそのようにしてのみ存在理由がある。教師会議では，なるほど全体の領域にかかわるけれども，しかしながら子どもたちの理解力を越えており，したがって学校共同体での議論が免除されるようなことがらすべてについて，つまり仲間たちの頭脳を越えて大人たちの間で生起するようなことがらすべてについて話し合われる。」[32]

192　第Ⅱ部　自由学校共同体における関係性の諸相

　こうした指摘から，＜教師会議＞では，「子どもの理解力を越えて」いる「教授法や教育論といった比較的難解な問題」が取り扱われたことがうかがえる。実際に，1921年4月12日，4月22日，4月28日の3日間の＜教師会議＞では，ゲヘープの主導のもと，ケルシェンシュタイナーの教育論について集中的な議論がなされた[33]。オーデンヴァルト校の元教師ウーゲナンは，この会議の様子について次のように報告している。

　　　「教師陣の会議は，（中略）オーデンヴァルト校の発展にとって非常に大きな意味を有している。ミュンヘンの偉大な教育者G．ケルシェンシュタイナーの小さな書物『学校組織の根本問題』（第4版，トイブナー出版社，1921年）は，この会議において大きな役割を演じた。ヴィルヘルム・マイスターにおけるゲーテの考え方に従ってケルシェンシュタイナーは，オーデンヴァルト校の教育にとって最初から基準となっており，多かれ少なかれ意識されていたような諸傾向を言葉に表現したのである。すなわち，陶冶とは知識の集合のなかに存しているのではない。陶冶とは人がある対象のごとく我が物にできるような所有物ではなく，心のあり様，生成である。陶冶が意味するのは，絶え間なく個人が自然と文化の所与性と対決するということである。そうした所与性のなかから，個人が自己に内在する法則に従って，あるものを保持し，またあるものを拒否するのである。こうした財産を子どもは，それにふさわしい大人の援助によって，また自己の能力と発達段階に応じて，可能な限り多く身につけなければならない。ゲーテを継承してケルシェンシュタイナーは，『一般教養』という偶像の価値のなさを指摘するとともに，個人が多くの事柄を単に表面的に知る代わりに1つのものごとを徹底的に知ること，例えば，彼の周りの人が誰もできないような1つの発見をおこなうといったことの必要性を指摘したのである。」[34]

　＜教師会議＞では，こうした教育の原理的な問題が議論されたほか，生徒の学習や日々の生活に関しても報告がなされた。次のハマカー＝ヴィリンクの記録からは，そうしたさまざまなテーマが論じられたことを知ることができる。

　　　「そして，それはまさに非常に興味深いものでした。つまり，パウルスがさま

ざまの父兄から，自分の子どもたちについて評価するよう求められていたのです。ですから，それぞれの子どもについて多かれ少なかれ詳しく話し合われました。興味深かったのは，こうした具合にさまざまな子どもたちについて何かしら耳にするということだけではありません。何よりも，協力者たちとよりよく知り合えるからです。教師たちは子どもの知能に関する評価をおこない，ファミリーの長はファミリーの様子について説明し，庭師は園芸に対する関心と喜びについて報告し，徒歩旅行の主任は最後まで貫徹すること，友情，自主性について報告します。体操の教師は体力について，看護婦は病気の症例について説明します。ある者は事件について知っており，またある者は会話について説明します。もちろん，すべての子どもについてそれほど詳しく語られるわけではありませんが。」[35]

　以上のように，＜教師会議＞では＜学校共同体＞で扱われることのないさまざまなテーマが論じられた。＜教師会議＞とはそうしたテーマを媒介にして，教職員が一堂に会して意志疎通をおこなう重要な場所だったと言える。
　なお，＜教師会議＞と＜学校共同体＞の関係に関しては，先述の通りゲヘープは＜教師会議＞を＜学校共同体＞の「一委員会」と規定していた。しかし，＜教師会議＞の参加者やテーマを鑑みるならば，＜教師会議＞とは「一委員会」というよりもむしろ，＜学校共同体＞からまったく独立した制度と解釈したほうが妥当であろう。

第4節　教師間の関係

1．教師間の連携と乖離

　オーデンヴァルト校では教師組織のなかに制度上の職階は存在しなかった。新入りの教師にもベテランの教師と同等の権利が認められ，また，男性と女性の間にも職務上の区別は存在しなかった。教師一人ひとりが責任をもって自己の活動に専念していたのである。次の文章は，生徒ハルトラウプ（Felix Hartlaub）が祖母に宛てた手紙の一節である。これはあくまでも生徒の受け

194　第Ⅱ部　自由学校共同体における関係性の諸相

た印象であるが，他の教師の行為には基本的に干渉しないのが教師たちの流儀であったことをうかがわせる。

> 「さて，学校はまさに各自の個性を育成しようとしています。学校では理想型といったものは決して想定されていません。そして学校は，あらゆる画一的な影響をも生徒から遠ざけています。それゆえ，教師たちもまた極端な個人主義者で，しばしば非常に無愛想な一匹狼（Eigenbrödler）です。」[36]

このように教師がそれぞれ独立して自己の活動に従事しているとしても，ある教師が授業などにおいて壁にぶつかった場合には，他の教師による助言や励ましがあった。レーメンジック（R.Lehmensick）は，自分がオーデンヴァルト校にやって来て間もなく突き当たった困難を先輩教師の助言によって克服したことを，次のように回想している。

> 「すべては楽しく自信に満ちていました。けれども，外面的には共同体と学校生活にスムーズに馴染んできてはいたものの，慣れない環境が徐々に強い自己批判を引き起こしていったことを，今もなお鮮明に記憶しています。楽しげに自分の仕事をし，他のやってきたばかりの人であっても，これっぽっちの指示もせずまた監督もせずに，一緒に活動させる人達のなかに急に放り込まれ，急に全責任を担わされたのです。それはついに自己の能力に対する不信感を呼び起こし，それはまるで自暴自棄の状態でした。けれどもこれはほんの短期間のことでした。人間味のある感情とタクトとをもって，新入りに勇気と自信をよみがえらせてくれる年配の協力者たちと対話するなかで，危機は間もなく克服されました。このようにして人は完全に溶け込むことができ，それぞれがそれぞれを十分に信頼することを基盤とする無比の共同体で働く成員であるという自覚を持つにいたるのです。」[37]

メーレンジックは，干渉がない一方で教師の間に相互の信頼と協力が存在しており，それが「無比の共同体」の基盤となっていたというのである。

しかしながら，時には，学校という小さな共同体での緊密な人間関係が逆方向の作用をもたらすこともあった。ある教師ズーアカンプ（Peter

Suhrkamp）は，オーデンヴァルト校に赴任して3ヵ月後の1918年3月の手紙において，他の教師への不信を率直に以下のようにしたためている。

「私は今ここで3ヵ月間の仕事を終え，初めての休暇に入りました。たくさんの仕事，骨の折れる仕事，いつも祝福されるとは限らない仕事。私は若者から多くの愛を獲得しました。それとともに大人たちの強い嫌悪もかうことになりました。私のテンポ，それを彼らは大都市的だと呼びます。私が一体どこで生活してきたのかをただ想像するだけのときには。こうした孤独が毎年！　彼らの間では私はしばしばほら吹きと呼ばれていると思います。なぜなら，彼らはこうした莫大な仕事を理解することも評価することもできないからです。また彼らはそうした仕事を知っておらず，それを前にすると不安になり，自分のポジションが脅かされていると思い，したがって彼らは私を攻撃的だと感じるのです。それゆえこのテンポは彼らには耐えられないのです。けれども，彼らがテンポと呼んでいるものはテンポではなく完全性です。彼らはまだ私のことを充分に知っていません。それゆえまた，私が純粋に北ドイツの不器用な人間であるということも知りませんし，さらには，私が田舎育ちで，1年中湿地をうろついていた若者の内気さを克服できなかったということも知りません。」[38]

ズーアカンプは，自分の積極的で旺盛な仕事ぶりが逆に他の教師の反感をかうことになったということ，そしてそうした妬みが彼の生い立ちなどへの無理解からもたらされているということを，孤独のなかで伝えようとしたのである。さらに彼は，1918年8月の手紙のなかで，「オーデンヴァルト校で私は非常に多くの，私にとっていやな女性教師たちと出会いました。代わりに1人のいい男性教師とも。そう，1人です！」[39]と述べ，他の教師への反感を露にしている。

　ズーアカンプに関しては，ゲヘープの妻エディスが，「私が自分の個人的な記憶から強調したいのは，われわれがそれほど才能に恵まれ，アイディアに富んでおり，魅惑的な人間をわれわれの集団に持つことはまれであったということ，そしてわれわれがこの時期をしばしば思い返していたということです。」[40]と述べている。上の教師批判についても，このようなズーアカン

196　第Ⅱ部　自由学校共同体における関係性の諸相

プに特殊な個人的要因を考慮に入れる必要がある。しかしながら，ズーアカンプの手紙は，先の「無比の共同体」を強調するレーメンジックの文章には見られない教師間の確執の存在を示唆するものと言えよう。

2．教師間の序列性

　オーデンヴァルト校では教師組織のなかに制度上の職階は存在しなかった。だが，学校の日常生活に目をやるならば，そこには明らかに教師間の序列性を看て取ることができる。

　ハマカー＝ヴィリンクはオーデンヴァルト校に赴任当初，ゲヘープからお茶の招待を受けた。その折の体験をこう語っている。

> 「私がパウルスのところにお茶をいただきに行ったときには，すでに多くの人がそこに集っていました。そこにはオランダ出身の，50歳代でしなびた童顔をもつバロン・ファン・パランド氏が取り巻きとともにいました。この集いでは私はまったくくつろぐことができませんでした。それは単に，われわれオランダ人同士がもちろんオランダ語を話さなかった，という理由だけではありません。そこにいたのはとても『重要な』人々であり，私が話に加わることなどとてもできなかったからです。そのためとりわけ私は，自分自身がとるに足らない人間であり，そのきどったおしゃべりに私を参加させるのはまったく場違いではないかという感情を抱きました。」[41]

ハマカー＝ヴィリンクによれば，ゲヘープのもとに自分とは異なる「重要な」人々が集っており，新入りの彼女はある種の息苦しさを感じたというのである。

　こうしたオーデンヴァルト校における「重要な」人物として誰もが一目置いていたのが女性教師フォン・ケラーである。第1章でふれた通り，彼女とゲヘープとは，ゲヘープがイエナで学生生活を送っていた頃からの知り合いで，1916年から1934年までオーデンヴァルト校で教師として働いていた。1924年に「ドイツ自由学校（田園教育舎および自由学校共同体）連盟」が結成

されると，対外的にもゲヘープの代理として連盟の会議に出席することも
あった[42]。またゲヘープが1934年にスイス亡命を余儀なくされると，彼女
もまた彼に従ってスイスに移住し，新学校建設に協力していた。まさにゲ
ヘープの片腕とも言える存在であった。

　ハマカー＝ヴィリンクは，＜教師会議＞に参加している教師たちを一人ひ
とり描写するなかで，エーファ・カッシラーとの対比で，フォン・ケラーに
ついて次のように叙述している。

　　「彼（教師　キーファー：筆者）の隣には，学校の幹部の1人であるカッシラー
　　夫人が座っていました。ゲヘープ夫人の義姉妹にあたるカッシラー夫人は，とて
　　も賢明で知的な顔立ち，またとても活発で才気に満ちた顔立ちをしています。彼
　　女は，自分がどれほど影響力が大きい存在であるかを非常によく知っているよう
　　に思われます。それにもかかわらず，彼女は少し頭を傾け，許しを請うかのよう
　　にして，つまりまるでそれを知っていることを弁解するかのように微笑むのです。
　　彼女の隣には大抵いつも，友人のフォン・ケラー夫人が座っています。フォン・
　　ケラー夫人もまた学校の幹部に属しています。そして私には，彼女の方がカッシ
　　ラー夫人よりもずっと影響力が大きいと思われます。彼女はきれいな顔立ちをし
　　ていますが，彼女の際立っているところは，彼女にはどこかお高くとまったとこ
　　ろがあるということです。彼女はわれわれみんなの上位にいます。彼女が本当に
　　そうであるのか，彼女が単にそう思っているだけなのか，私にはわかりません。
　　いずれにしても私は，次のような気味の悪い感情を抱いています。つまり，彼女
　　は，人がその顔立ちから受けるこうした超越性（Erhabenheit）を自ら認めてい
　　たということです。まあおそらく，彼女の崇拝者からの顕彰が彼女にこうした態
　　度をいわば無理強いしたのでしょう。彼女はまるっきし抵抗をしませんでした。
　　この婦人は多くの人から崇拝されています。けれどもここではしばしばそうであ
　　るように，次の傾向もまたそれは非常に強いものです。つまり，人は彼女に心酔
　　するか，そうでない場合にはまったくそうしないかです。」[43]

ハマカー＝ヴィリンクのこの叙述は，フォン・ケラーがオーデンヴァルト校
のなかで「幹部」として皆の上位におり，その「超越性」ゆえに一部の者か
ら崇拝されていた，ということを明瞭に伝えている。

198　第Ⅱ部　自由学校共同体における関係性の諸相

図6-2　生徒に囲まれるフォン・ケラー（右手前）とゲヘープ（AOS）

こうしたフォン・ケラーの「超越性」は，生徒の目にも明らかであった。先の生徒ハルトラウプは祖母に宛てた手紙のなかで，フォン・ケラーについて次のように述べている。

「彼（ゲヘープ：筆者）と並んで，ケラー先生がいます。彼女は学校全体でもっとも尊敬されており，ゲヘープの諸原理をみごとに打ち解けた，かつ洗練されたやり方で用います。彼女はとりわけ会話において影響を与え，ゲヘープはどちらかというと講演や文書によって影響を与えます。」44)

さらに別の生徒ノート（Ernst Erich Noth）もまた，その自伝『あるドイツ人の思い出』のなかで，フォン・ケラーについてこう回想している。

「協力者関係において当時もっとも重要な役割を演じていたのはおそらく（アルヴィネ）・フォン・ケラー夫人です。すでに年配で，とても気品を漂わせながら働くその貴婦人は，彼女自身の『ファミリー』の崇拝を受けていただけではありません。彼女は他にも，多くの忠実な信奉者を意のままにすることができました。当然オーデンヴァルト校にも存在していた悪口によれば，彼女は施設における陰の実力者（graue Eminenz）として，また共同体におけるひそかな共同校長として通っていました。そのうわさは確かに誇張されていました。しかし少なくとも，彼女の発言が教師会議——名誉なことにわれわれも参加していたのですが，そこでは学校共同体よりも重要な事柄が処理された——においてきわめて決定的なものでありえた，ということは確かです。」45)

このようにノートによれば，フォン・ケラーは同校の「陰の実力者」あるい

は「共同校長」とまで囁かれ，＜教師会議＞においても決定的な発言力を有していたという。実際，フォン・ケラーがオーデンヴァルト校において大きな発言力を有していたことは，＜学校共同体＞での彼女の提議にも現れていた。第5章第2節で見た通り，＜学校共同体＞に対する生徒の不満の声を吸い上げながら，＜学校共同体＞の下部組織として＜作業共同体＞を設立を呼びかけたのも，フォン・ケラーその人だったのである。

さらに，フォン・ケラーの影響力がこうした＜教師会議＞や＜学校共同体＞の議論の範囲を超えていたという証言もある。ノートは，「重要な事柄は結局，学校共同体においても教師会議においても処理されることは決してなかった。そうではなく，パウルスとアルヴィネ・フォン・ケラーが自分たちで処理した」[46)] とまで述べている。なお，別の生徒（Henry R.Cassirer）は，ゲヘープとフォン・ケラーとが「対抗関係にあったのかどうかはわからない」[47)] としつつ，「学校はパウルスに賛同する者と反対する者とに分かれており，またアルヴィネ・フォン・ケラーに賛同する者と反対する者に分かれていた」[48)] と証言している。

以上のことから，制度上の職階が存在しなかったオーデンヴァルト校においても，発言力や影響力の点で教師の間に実質的な序列性が存在していたと言うことができよう。

ただし，ここでは次のこともまた確認しておく必要があろう。それは，そうした序列性が絶対的なものとして教師組織を支配していたのではないということである。たとえフォン・ケラーが大きな影響力を有し多くの信奉者を抱えていたとしても，彼女に「心酔」しない可能性もまた存在したことを，上のハマカー＝ヴィリンクとカッシラーの証言は同時に物語っているのである。

200　第Ⅱ部　自由学校共同体における関係性の諸相

第5節　教師組織におけるゲヘープの位置
——教師からみたゲヘープ像——

　最後に，教師組織においてゲヘープがどのような位置を占めていたのかという問題について考察したい。その際主に，他の教師がゲヘープの存在をどのように認識していたのかという視点から，この問題にアプローチすることにしたい。

　ゲヘープは自由学校共同体＝オーデンヴァルト校において，構成員の主体的な活動を尊重すべく各自に最大限の自由を与えようとした。それは生徒に対しても教師に対しても当てはまる。権威主義的性格の強かったリーツの下からオーデンヴァルト校に移ってきたハールレスにとって，そのことはとりわけ印象に残るものであった。後に彼はゲヘープの生徒や教師陣に対する寛大な態度について次のように述懐している。

　　　「数年が経過して初めてわかったことは，オーデンヴァルト校に特徴的な組織のほとんどがどれほどゲヘープの存在に由来しているのか，ということです。彼は支配的な精神をもった族長では決してありませんでした。族長の命令がなければ何も起こらないということもありませんでした。したがって，彼は自己責任を負ったそれぞれの形態に対して，つまり協力者であれ生徒であれその個々人に対して，またグループや全体に対しても，自由の余地を与えることが可能でした。（中略）個々人の生活において，ファミリーや全体の共同生活において，授業やそれ以外のすべての活動において，多かれ少なかれ喜ばしい影響を与え，また絶えず自由を正当化する証明書となったのは，人間の基本的本性に対するゲヘープの確固たる信頼に基づく寛大さでした。」49)

このようにハールレスによれば，ゲヘープは構成員各自を信頼し，同校でのあらゆる活動において自由を認めたというのである。

　オーデンヴァルト校の教授活動において中心的役割を演じていたヴァーゲ

ンシャインもまた，ゲヘープの寛大な態度についてこう述べている。

> 「多くの『新しい協力者』はパウルスに丁重にお茶の時間で歓待され，（中略）その後仕事に打ち込むよう鼓舞される。しかし，何週間かすると自分の『校長（Direktor)』を意識しなくなったという印象を持つ。いかなる面でも『コントロール』はないのか。彼は忘れたようであった。もしも『年配の協力者』でない者が彼に対して，それは何の意味もないことだと折に触れて言ったならば，耐えがたいであろう。それはまさに次のことを意味せずにはおかなかった。すなわち，ここではあなたは自由を認められてしかるべきである，と。これを理解するすばらしい感情！」[50]

またヴァーゲンシャインは，1924年に初めてオーデンヴァルト校を訪れた時のゲヘープの言葉を，晩年になってもなおはっきりと記憶している。教師としての経験の乏しかった彼に対して，ゲヘープは次のように声を掛けたという。

> 「君はまだ未熟であるが，君の言うことをまじめに受け止め，君の必要としているものを君に与えよう。つまり，君自身がまず自由になることだよ。」[51]

このように教師を信頼し寛大に自由を認めるゲヘープの姿勢は，例えば授業参観に対する彼の態度にも現れていた。彼は原則的に授業参観をおこなわなかった。信頼関係の欠けた学校には未来がないと信じていた彼にとって，授業参観をおこなうことは「はなはだしい無思慮」[52]を意味するものでしかなかった。そして，もしもすべての協力者について知りたいと思えば，子どもたちがその授業からそのまま持ち帰ったものを通じて確実に信頼できる情報を得ることができる，と考えていたのである。

　ヴァーゲンシャインによれば，ゲヘープのこうした教師への信頼は，彼らに対する「距離」として現れていたという。

> 「時には，上の空で学校の建物の間をあちこち急ぎ足で軽やかに歩いているゲ

202　第Ⅱ部　自由学校共同体における関係性の諸相

ヘープに出合うこともありました。しかし大抵は，眼差しをあちこちに向けながらゲヘープは歩いていました。そんな彼に出合った者は，見過ごされない限りその神秘的な灰色の眼差しで見つめられ，引き込まれてしまいます。彼は信頼と距離が筆舌に尽くしがたい状態で混じり合った眼差しを持っていました。」[53]

また1922年から1933年までゲヘープのもとで働いていた女性教師キルヒナー＝クルーゼ（Annemarie Kirchner-Kruse）は，以上のようなゲヘープの寛大な態度が，各自の創造的な活動につながったと述べている。

　　「非常に確固たる見解，冷静で自由な見解のもとであなた（ゲヘープ：筆者）がそれぞれの個性を十分に理解し容認したことは，各自が授業において，教師会議において，祝祭や徒歩旅行において，また配置された場所で自分の最高のものを生み出す創造的な力を鼓舞しました。」[54]

ゲヘープは教師一人ひとりに対して，創造的活動の条件である自由を認めようとした。そして常に距離を置いて教師らと接していた。教師が問題を抱えて悩んでいる時でさえ，そうした姿勢を崩すことはなかった。ハマカー＝ヴィリンクは自分が仕事に行き詰まった時のゲヘープの対応を，以下のように解釈している。

　　「私は涙が出るほど寂しかった。そんな時には校長が求められるものです。しかしパウルスはずっと遠くにいました。彼は聞くともなしに聞いています。彼は見るともなしに見ています。彼はいつも親切で友好的でした。そう，とても愛想がよく親切でした。しかし，彼が答えることはありません。それは心の欠如でしょうか，それとも最高の英知でしょうか。私が思うに，彼が絶対に答えなかったというのは，私が自分自身で私の困難を解決するためだったのです。」[55]

　以上のように，ゲヘープは教師らに自由な活動を保証し，彼らと距離を置いて接していた。しかしながらここで重要なのは，かといってゲヘープが教師らに対して何の影響力も与えなかったのではない，ということである。例えば上述のごとく，彼が＜教師会議＞においてケルシェンシュタイナーの教

育論からオーデンヴァルト校の教育理念を導出しようとしたように，同校にとって重要な問題に対しては彼は常に決定的な役割を演じた。また，教師らの授業参観をせずとも，彼は生徒から授業内容について報告を受けていた。まさにハマカー＝ヴィリンクが述べているように，彼は「聞くともなしに聞いて」おり，「見るともなしに見て」いたのである。ヴァーゲンシャインがゲヘープと教師陣の「距離」を指摘するとき，常にゲヘープという不動の存在が前提とされていた。ゲヘープの存在なくしては「距離」も形成されえないのである。

　キルヒナー＝クルーゼは，ゲヘープのそうした学校構成員に行き渡る影響力について以下のように述べている。

　　「忘れがたい室内楽の夕べなどの活発な音楽生活，マイヤーのもとでの上演，イゴールのもとでの陶工の仕事，多くの外国人や客員による様々な刺激，さらにもっと多くの事柄がありました。今私が再び会って話をする当時の生徒は皆，自己の発達にとって決定的であった他者の名前を挙げます。しかしそのすべての人は，あなた，パウルスによってほとんど神秘的なやり方で統制されていました。あなたが権威として振る舞うことがなくともです。あなたの人格が及ぼす作用は驚くべきものでした。」[56]

キルヒナー＝クルーゼによれば，学校構成員はみなゲヘープによって「神秘的なやり方で統制」されていたというのである。

　オーデンヴァルト校におけるゲヘープの中心性は，生徒の目から見ても明らかであった。ノートは，「オーデンヴァルト校は彼（ゲヘープ：筆者）の作品」であり，「パウルスは（中略）オーデンヴァルト校の中心点でありアンカーでした」[57] と回想している。またハルトラウプはこう述べている。

　　「さて，学校はまさに各自の個性を育成しようとしています。学校では理想型といったものは決して想定されていません。そして学校は，あらゆる画一的な影響をも生徒から遠ざけています。それゆえ，教師たちもまた極端な個人主義者で，しばしば非常に無愛想な一匹狼です。校長であるゲヘープ先生はとりわけそうで

図6-3　フクロウ，カラスと戯れるゲヘープ（AOS）

す。彼は独特の服装と髪型をしており，自分の暇な時間には，フクロウやカケスの世話をしたり長い散歩をしたりして過ごしています。けれども，彼はこのように隠者のように見える一方で，実は真の学校長であり，その精神の担い手でもあります。」[58]

　以上のようにゲヘープは，一方で教師一人ひとりに自由な活動を認め，他方で周到に彼らを統制し影響を及ぼしていた。こうしたパラドキシカルなゲヘープの態度を，ボルノーは以下のように見事に表現している。最後にその文章を引用しておきたい。

　　「ゲヘープは当時の他の多くの教育者のように，能動的で人を魅了し去るといった指導者ではなかった。静かにそしてほとんど目立たぬように活動し，他の個々人の特色に対する信頼と寛容の雰囲気をもっていた。この雰囲気の中で，個々の人々は自己の特色に従って自己を伸ばした。彼は外面的には特に卓越した人物とは見えなかった。（中略）しかしながら彼はすべてをよく見透していたし，用心深くすべてを主宰し，そして学校中に彼の精神を浸透させた。私はいつも彼のことを中国風の次のような言葉で考えざるを得ない。『叡智でもって支配するものは極点の星にも比較し得る。彼は彼自身の位置を動かず，全ての星が彼の廻りを

めぐる』。」[59]

「極点の星」としてのゲヘープ，そして，その廻りめぐる教師ら学校構成員。こうした図式が成立していたとボルノーは指摘するのである。

小括

　本章では，オーデンヴァルト校の教職員組織について，①同校における教師以外の職員の位置づけ，②教師陣の結びつき，③教師組織におけるゲヘープのリーダーシップという3つの観点から考察してきた。以下，そのそれぞれについて明らかになったことをまとめておく。

　まず，職員についてである。オーデンヴァルト校には生徒と教師の他に，洗濯場や台所などで働く職員が多数存在していた。1927年の時点でその数は40名を越え，役割も15種類以上あった。彼らは，学校の裏方的存在としてしばしば大きな困難の伴う仕事，しかし学校が組織として機能するには必要不可欠な仕事に従事していた。オーデンヴァルト校では，こうした職員は単なる「使用人」ではなく，教師と同様に生徒に対する教育的な働き掛けが期待された。また，＜学校共同体＞での協議などを通じて，学内での職員の地位の向上が目指されたのである。

　次に，教師間の関係についてである。オーデンヴァルト校には教師組織のなかに職階は存在しなかった。新入りの教師にもベテランの教師にも，また男性教師にも女性教師にも，同等の権利が認められ，それぞれが自己の活動に専念していた。教師陣が意志疎通をおこなう重要な場としては＜教師会議＞などがあった。そこで彼らは，＜学校共同体＞で扱えないような教授上の問題や教育論について話し合った。こうした教師同士の関係は相互の信頼と協力に基づいていたが，時に教師間の確執を見ることもできた。また，教師間に制度的な上下関係はなかったが，女性教師フォン・ケラーに代表されるように，発言力や影響力の点で教師の間に実質的な（しかし絶対的ではない）

序列性を認めることができた。

　最後に，教師組織における校長ゲヘープの位置についてである。多くの教師が語っているように，ゲヘープは生徒に対してと同様，教師一人ひとりに対しても，その主体的な活動を尊重すべく各自に最大限の自由を与えようとした。教師が仕事に行き詰まっているときでさえ直接指導することはなく，常に教師らと距離を保っていた。しかしながら一方で，ゲヘープは常に教師組織の中心に位置し，自己の精神を教師らに浸透させ，また彼らを周到に統制していた。その意味では，教師らの自由な活動も，ゲヘープのカリスマ的な指導性を前提としていたと言えよう。

---

1)　Jäkel,W: Altsprachenunterricht, In: Cassirer,E. u.a.(Hrsg.): Die Idee einer Schule im Spiegel der Zeit; Festschrift für Paul Geheeb zum 80. Geburtstag und zum 40jährigen Bestehen der Odenwaldschule, Heidelberg 1950, S.88.

2)　Bölling,A.: Sozialgeschichite der deutschen Lehrer; Ein Überblick von 1800 bis zur Gegenwart, Göttingen 1983, S.10.（望田幸男他訳『歴史のなかの教師たち──ドイツ教員社会史──』ミネルヴァ書房，1987年，3頁。）

3) Schäfer,W.: Die Odenwaldschule 1910 - 1960; Der Weg einer freien Schule, Heppenheim 1960, S.100より筆者作成。

4)　Bölling,A.: Sozialgeschichite der deutschen Lehrer; Ein Überblick von 1800 bis zur Gegenwart, a.a.O., S.10.（邦訳，3頁。）

5)　Schäfer,W.: Die Odenwaldschule 1910 - 1960; Der Weg einer freien Schule, a.a.O., S.113f..

6)　Bölling,A.: Sozialgeschichite der deutschen Lehrer; Ein Überblick von 1800 bis zur Gegenwart, a.a.O., S.95ff..（邦訳，102頁以下。）

7)　Die Neue Waldkauz, 4.Jg., Nr.2, 1930, S.27.

8)　吉岡真佐樹「中等教員の資格制度と機能」，望田幸男編『近代ドイツ＝「資格社会」の制度と機能』名古屋大学出版会，1995年，89頁以下。

9)　Bölling,A.: Sozialgeschichite der deutschen Lehrer; Ein Überblick von 1800 bis zur Gegenwart, a.a.O., S.118.（邦訳，130頁。）

10)　ただし，教師の給与所得が公立の中等学校教員と比較して相対的に低いという

のは，オーデンヴァルト校のみならず私立の自由学校に共通する傾向であった (Protokoll der Tagung der "Vereinigung der Freien Schule" in Bieberstein am 23. u. 24. Oktober 1926, S.3f..〔AOS〕)。

11)　Geheeb,P.: The Odenwaldschule; after Twenty Years, In: The New Era, Vol. 11, 1930, p.188.

12)　Schäfer,W.: Die wirtschaftlichen Grundlagen der Odenwaldschule, In: Schüler der Odenwaldschule(Hrsg.): Der Neue Waldkauz, 1.Jg., Nr.12, 1928, S.164.

13)　Hamaker-Willink,A.: Briefe aus der Odenwaldschule (1930/1931), In: Neue Sammlung, 25.Jg., 1985, S.536f..

14)　Ebenda, S.538.

15)　Goar,T.S.: Über Notwendigkeit einer pädagogischen Atmosphäre, In: Cassirer,E. u.a.(Hrsg.): Die Idee einer Schule im Spiegel der Zeit; Festschrift für Paul Geheeb zum 80. Geburtstag und zum 40jährigen Bestehen der Odenwaldschule, Heidelberg 1950, S.54.

16)　Ebenda.

17)　Ebenda, S.54f..

18)　Protokoll zu der 366. Schulgemeinde, 24.8.1921.〔AOS〕

19)　Ebenda.

20)　Ebenda.

21)　Protokoll zu der 367. Schulgemeinde, 26.8.1921.〔AOS〕

22)　Ebenda.

23)　Huguenin,E.: Die Odenwaldschule, Weimar 1926, S.36.

24)　Hamaker-Willink,A.: Briefe aus der Odenwaldschule (1930/1931), a.a.O., S.532.

25)　1930 年にウーゲナンは，＜教師会議＞の開催が「およそここ 10 年の間にますます多くなっている」と述べている (Huguenin,E.: Rückblick nach 20 Jahren (1930), In: Cassirer,E. u.a.(Hrsg.): Die Idee einer Schule im Spiegel der Zeit; Festschrift für Paul Geheeb zum 80. Geburtstag und zum 40jährigen Bestehen der Odenwaldschule, Heidelberg 1950, S.73.)。

26)　Hamaker-Willink,A.: Briefe aus der Odenwaldschule (1930/1931), a.a.O., S.535.

27)　Rossmann,A.: Ein alter Lietz-Schüler bei Paul Geheeb, In: OSO-HEFTE, 6.Jg., Sondernummer, 1960, S.3f..

28)　Ilgner,A.: Die Odenwaldschule; Ihr Aufbau, In: Hilker,F.(Hrsg.): Deutsche Schulversuche, Berlin 1924, S.108.

208　第Ⅱ部　自由学校共同体における関係性の諸相

29)　Hamaker-Willink,A.: Briefe aus der Odenwaldschule (1930/1931), a.a.O., S.535.

30)　Drill,R.: Das Landerziehungsheim; Eindrücke und Bemerkungen. In: Sonderabdruck aus der Frankfurter Zeitung (Erstes Morgenblatt vom 24., 26.und 31.7.1912), S.24.

31)　Ebenda.

32)　Ilgner,A.: Die Odenwaldschule; Ihr Aufbau, a.a.O., S.108.

33)　ゲヘープはすでにハウビンダ時代にケルシェンシュタイナーと交友関係にあった。ゲヘープの弟ラインホルト（Reinhold Geheeb）がミュンヘンで風刺雑誌『ジンプリツィシムス（Simplicissimus）』の編集長をしていたため，ゲヘープはしばしばミュンヘンを訪れ，ケルシェンシュタイナーと時間を過ごしていた。ゲヘープは後年，「ケルシェンシュタイナーを現代の最も偉大な教育家であると見なしていた。しかもドイツのみならず全世界において。」と述べている（Tonbandaufzeichnung von Interview mit Edith und Paul Geheeb von Walter Schäfer, 1957）。

34)　Huguenin,E.: Rückblick nach 20 Jahren(1930), a.a.O., S.73f.. ケルシェンシュタイナーの生涯と思想については，山﨑高哉『ケルシェンシュタイナー教育学の特質と意義』玉川大学出版部，1993年を参照のこと。

35)　Hamaker-Willink,A.: Briefe aus der Odenwaldschule (1930/1931), a.a.O., S.535.

36)　Krauss,E. u.a.(Hrsg.): Felix Hartlaub in seinen Briefen, Tübingen 1958, S.72f..

37)　Lehmensick,R.: Biologie im Kurssystem, In: Cassirer,E. u.a.(Hrsg.): Die Idee einer Schule im Spiegel der Zeit; Festschrift für Paul Geheeb zum 80.Geburtstag und zum 40jährigen Bestehen der Odenwaldschule, Heidelberg 1950, S.61.

38)　Unseld,S. u.a.: Peter Suhrkamp; Zur Biographie eines Verlegers in Daten, Dokumenten und Bildern, Frankfurt a.M. 1975, S.61f..

39)　Ebenda, S.60.

40)　Ebenda, S.62.

41)　Hamaker-Willink,A.: Briefe aus der Odenwaldschule (1930/1931), a.a.O., S.524.

42)　同連盟の設立大会については第2章を参照のこと。

43)　Hamaker-Willink,A.: Briefe aus der Odenwaldschule (1930/1931), a.a.O., S.533.

44)　Krauss,E. u.a.(Hrsg.): Felix Hartlaub in seinen Briefen, Tübingen 1958, S.72f..

45)　Noth,E.E.: Erinnerungen eines Deutschen, Hamburg/Düsseldorf 1971, S.158f..

46)　"Die Schule Paul Geheebs"; Über Paul und Edith Geheeb; Ideen, Wirkungen, Nachwirkungen; 1910-1985, In: OSO-HEFTE, Neue Folge 11, 1986, S.36.

47)　Ebenda, S.39.

48) Ebenda, S.36.

49) Harless,H.: Von Hermann Lietz zu Paul Geheeb, In: Mitarbeiter der Odenwaldschule(Hrsg.): Erziehung zur Humanität; Paul Geheeb zum 90.Geburtstag, Heidelberg 1960, S.54.

50) Wagenschein,M.: Vertrauen und Distanz, In: Mitarbeiter der Odenwaldschule(Hrsg.): Erziehung zur Humanität; Paul Geheeb zum 90. Geburtstag, Heidelberg 1960, S.78.

51) Wagenschein,M.: Erinnerungen für Morgen; Eine pädagogische Autobiographie, Weinheim/Basel 1989, S.36f..

52) Wagenschein,M.: Vertrauen und Distanz, a.a.O., S.78.

53) Wagenschein,M.: Erinnerungen für Morgen; Eine pädagogische Autobiographie, a.a.O., S.35.

54) Kirchner-Kruse,A.: Erfüllte Gemeinschaft, In: OSO-HEFTE, 6.Jg., Sondernummer, 1960, S.38.

55) Hamaker-Willink,A.: Briefe aus der Odenwaldschule (1930/1931), a.a.O., S.557.

56) Kirchner-Kruse,A.: Erfüllte Gemeinschaft, a.a.O., S.38.

57) Noth,E.E.: Erinnerungen eines Deutschen, a.a.O., S.172f..

58) Krauss,E. u.a.(Hrsg.): Felix Hartlaub in seinen Briefen, Tübingen 1958, S.72f.. クラウス・マンはオーデンヴァルト校時代を回想するなかで，ゲヘープと動物の関係を次のように述懐している。「パウルスと『エディスおばさん』（中略）はフンボルトハウスを居所にえらんでいた。しかし彼が特に好んだのは垣根にかこまれた庭の一部で，そこは動物たちのいる所だった。かわいい子鹿や美しい鳥たちにこの老人は心からいつくしみながらえさを与えていた。彼はいつも言っていた。『子どもたちと一緒にいると大人たち相手の心労からいやされる。動物たちと一緒にいると子どもたち相手の心労からいやされる。』」Mann,k.: Der Wendepunkt; Ein Lebensbericht, Frankfurt a.M. 1953, S.108.（小栗浩他訳『転回点――マン家の人々――』晶文社，1986年，123頁。）

59) ボルノー,O.F.（鰺坂真訳）「パウル・ゲヘープを記念して」，小原國芳監修『全人教育』第154号，1962年，10頁以下。

第Ⅲ部　自由学校共同体を支える時間と空間

第7章　オーデンヴァルト校における時間割の創造

　第Ⅱ部では，自由学校共同体＝オーデンヴァルト校の実践を生徒-生徒，生徒-教師，教師-教師という３つの側面から検討してきた。こうした共同体生活における人間関係はいうまでもなく，けっして抽象的なものではなく，一瞬一瞬の具体的な場（時間と空間）において営まれる。第Ⅲ部では，自由学校共同体の実践を背後から支えていた学校の「時間」と「空間」の特質について考察したい。

　本章では，オーデンヴァルト校の時間割について検討する。学校教育の重要な構成要素である時間割をどのように編成すべきかという問題関心は，いわゆる「教授学の世紀」と呼ばれる 17 世紀からすでに見られる[1]。そうした関心が高まるのは，とりわけ生徒数の増加し教授内容の体系化されてくる 19 世紀の後半以降である。1910 年代には「優れた時間割は迅速かつ確実な目標への到達を意味する」[2] ことが，理論家のみならず一般の学校現場の実践家のレベルでも意識されていた。この時期，新教育の諸学校においても，合科教授や労作学校の理念等の導入とともに，そうした活動に対応したさまざまな時間割が開発された。その代表的な事例の１つが，オーデンヴァルト校で実施された「コース組織（Kursorganisation）」である。

　本章ではまず 19/20 世紀転換期ドイツにおける時間割の議論と実態について概観したうえで（第１節），他の田園教育舎系自由学校との比較でオーデンヴァルト校の日課の特色を指摘し（第２節），最後に，オーデンヴァルト校におけるコース組織導入の経緯およびその理念と実践について明らかにしたい（第３節）。

214　第Ⅲ部　自由学校共同体を支える時間と空間

第1節　19/20 世紀転換期ドイツにおける時間割

1. 教育学事典における項目「時間割」の変遷

　19/20 世紀転換期に発表された時間割に関する数多くの論文や著書をくまなく見ていくことは困難である。本章では，1860 年代から 1930 年代までにドイツで出版された主だった教育学事典を分析対象として，それぞれの事典で「時間割」という項目がどのように記載されたのかを検討することを通して，当時の時間割をめぐる議論と実態についておおまかな理解を得ることにしたい。表 7-1 は，9 つの教育学事典の出版年，項目，執筆者，掲載頁を一覧にまとめたものである[3]。

表7-1　教育学事典の項目「時間割」

出版年	事典	項目	執筆者	（巻）頁
1865	Enzyklopädie des gesammten Erziehungs= und Unterrichtswesens	Lectionsplan	Wehrmann	（Bd.4）180-185
1883	Lexikon der Pädagogik	Stundenplan (Lektionsplan)	Sander,F.	472
1899	Enzyklopädisches Handbuch der Pädagogik（1.Aufl.）	Stundenplan (Lektionsplan)	Schiller,H.	（Bd.6）930-934
1908	Enzyklopädisches Handbuch des Erziehungskunde	Stundenplan	Uhlig.G.	（Bd.2）829-833
1909	Enzyklopädisches Handbuch der Pädagogik（2.Aufl.）	Stundenplan	Schiller,H. (Rein,W.)	（Bd.9）26-31
1911	Enzyklopädisches Handbuch des Heilpädagogik	Stundenplan	Frenzel	1668-1673
1915	Lexikon der Pädagogik	Stundenplan	Wolff,J.J.	（Bd.4）1322-1327
1931	Pädagogisches Lexikon	Stundenplan (Lektionsplan)	Badenhop	（Bd.4）766-770
1932	Lexikon der Pädagogik der Gegenwart	Stundenplan u. Stundenplantheorie	Dirking.P.	（Bd.2）1059-1063

この9つの教育学事典の項目を読んでいくと，さしあたり以下の5つの論点を取り出すことが可能である。

(1)「授業計画（Lektionsplan）」から「時間割（Stundenplan）」へ

事典の項目の変遷をたどるならば，1865年の事典に「時間割（Stundenplan）」という独立した項目は存在しない。ヴェールマン（Wehrmann）の執筆した「授業計画（Lectionsplan）」の項目のなかで，「時間割（Stundenplan）」の説明がなされている。その際，時間割とは「原則的に週単位でそれぞれの学級や教師に対して1日ごとや時間ごとの授業を示すもの」[4]と定義されており，この時期にすでに時間割を週単位で作成することが一般的であったことが読み取れる。1883年と1899年の事典で「Stundenplan」という項目が登場するが，そこでは「Stundenplan（Lektionsplan）」というように，括弧書きで「Lektionsplan」が併記されている。1909年の事典以降は，1931年のものを除いて「Stundenplan」が独自項目として掲載されている。象徴的なのは，当時もっとも体系的で影響力をもったライン（Rein,W.）編の『教育学大事典（Enzyklopädisches Handbuch der Pädagogik）』において，文章はほぼ同一であるにもかかわらず，項目が初版（1899）では「Stundenplan（Lektionsplan）」，第2版（1909）では「Stundenplan」なっている点である。ワイマール期末の1932年に出版された事典では，項目が「時間割及び時間割論（Stundenplan u. Stundenplantheorie)」となっており，時間割というものを理論的対象とすることが一般化していたと推察することができる。

以上のことから，19世紀後半においては「時間割（Stundenplan）」は「授業計画（Lektionsplan）」と同義に使用されることが多かったが，20世紀に入ってからは「時間割（Stundenplan）」という用語の使用がより一般的になったと言えよう。

(2) 新教育運動期以前における時間割編成への配慮

　効果的に授業をおこなうための重要な要素として，すでに新教育運動期の以前から，時間割の編成に対する配慮はなされていた。ヴェールマンはすでに，1日のなかで授業を割り振る際の留意点として次のことを指摘している。すなわち，生徒の関心や活動が分散しないように，内容に関連のある課題を並べるべきであるということ。上級学年では，作家の読み物など個々の対象をより深く学ぶことができるように2時間続きで授業をおこなうのが望ましいということ。他方で，特に低学年では1つの活動を長時間おこなうことは困難であるので，授業に変化をつけることで元気を取り戻すことが大切であるということ。そして，学問的授業の間に技能に関わる授業（習字，図画，歌唱，体操）を挿入するのが効果的であるということ，などである[5]。

　なお，1週間の時間割については，月火水の時間割を木金土に繰り返す方式が支配的であったとされる[6]

(3) 心理学的・生理学的・衛生学的知見の影響

　およそ1890年以降，心理学的・生理学的・衛生学的知見が時間割編成に大きな影響を与えるようになる。

　ヴェールマン（Wehrmann 1865）とザンダー（Sander 1883）では心理学的・生理学的・衛生学的見地からの記述はない。しかし，ヘルマン・シラー（Schiller 1899, 1909）以降はすべての事典の時間割の記述で，心理学的・生理学的・衛生学的知見が取り入れられている。その代表的人物はシラーである。彼は，ギーセンの上級督学官（Oberschulrat），教授であり，1890年にベルリンで開催された学校会議（Schulkonferenz）において時間割に関する報告[7]をおこなっている。1897年には「教育心理学・生理学領域からの論文集」シリーズの第1巻として，『時間割――教育心理学・生理学からの提言――』を出版している。彼によれば，「授業を心理学のうえに基礎づけようとし，それゆえ生理学と衛生学もおろそかにすることができない時代にあっては，

時間割に対する表面的で少なくとも素朴な配慮が支配的であってはならないのは当然であり，時間割もまた心理学的，生理学的，衛生学的基礎のうえに打ち立てられねばならない」[8]。

　その際に中心となるのは疲労研究（Ermüdungsforschung）である。例えば，時間割の組み方について，「精神的活動に変化をつけることで疲労が軽減し成果が上がるという伝統的な考えは，疲労研究によって拒否される」[9]とともに，疲労研究の成果は次に述べる休憩時間の問題に関する議論の根拠となる。

(4) 授業時間と休憩時間

　休憩時間（Erholungspause）の必要性と留意点については，すでに1865年にヴェールマンが言及している。彼は，15分の休憩時間は午前の2時間目の後と，午後の1時間目の後におくこと，またその際にあまりに気晴らしの遊びをしてはいけないことを要求している[10]。一方，シラーは衛生学的な見地から，授業時間は1時間目55分，2・3時間目50分，4時間目45分，5時間目40分とするのが適切であるとし，休憩については年少の生徒（6〜12年生）の場合，各授業時間終了後10分，2時間目ないし3時間目のあとは15分が望ましいと述べている[11]。さらに，ボーデンホープ（Bodenhop）は，休憩が衛生学的な理由（じっとしていることと運動の交代）と心理学的な理由（精神的な疲れのあとの弛緩）から必要であると述べ，休憩の長さについては，1時間目のあとに小休憩（5分），3時間目のあと最長（15分），それ以外は10分が一般的であるとしている。ただし，6時間の短時間授業（中間学校と上級学校）の場合に限り，最後の休憩はたいてい15分であると説明している[12]。

　『教育学事典（Pädagogisches Lexikon）』の第3巻（1930）には，「時間割」とは別にシュミット（Schmidt）による「短時間授業と休憩時間（Kurzstunde und Pause）」の項目がある。シュミットは，19世紀後半から20世紀初頭に

かけての授業時間と休憩時間の変化を，簡潔に次のように整理している[13]。

19世紀後半のドイツにおける上級学校の一般的な授業時間は，午前は夏7時，冬8時始業で，4時間。午後は2時に再開し，2時間（水曜日と土曜日を除く）授業がおこなわれていた。授業時間は50分から60分で，平均55分であった。休憩は1時間目のあと5分，2時間目のあと15分の「大休憩」，3時間目の後10分，午後の5時間目のあと5分で，計35分。午前の授業と午後の授業の間の昼休みは，夏3時間，冬2時間であった。

シュミットによれば，20世紀の初頭から休憩時間が延長され授業時間が短縮される。プロイセンでは，1901年3月30日の文部省令により，授業毎に平均10分の休憩時間をとることが定められ，授業時間は1コマ50分とされた。1908年12月12日の「高等女学校の新秩序」により，1・4時間目のあと15分，2・3時間目のあと10分，計50分の休憩時間がおかれ，授業時間は1コマ45分となった。1925年6月1日より，中間学校も1コマ45分の授業となり，休憩はたいてい10分，20分，10分，10分となった。

(5) 午後の授業の削減

授業時間を午前のみにするか（Ungeteilte Unterrichtszeit），昼休みをはさんで午前と午後に分割しておこなうか（Teilte Unterrichtszeit）というのは，「本質的な問題」[14]であり，ケースごとに決定されるべきだが，分割して授業をする場合は可能なかぎり午後を2回（古くからのドイツの習慣では水曜日と土曜日）授業なしとすることが大切であると考えられてきた[15]。

今日のドイツでは昼過ぎで学校が終業となるのが一般的であるが，20世紀初頭にはまだ学校の授業時間の分割，つまり毎日午前と午後に授業がおこなわれることが多かった（水曜日と土曜日を除く）。生徒たちは，午前の授業が終了後，一旦帰宅し，家族とともに昼食（ドイツでは正餐）をとったのち，再び学校に登校して午後の授業を受けていたのである。しかし，徐々に授業時間の分割の短所が指摘されはじめる。具体的には，a) 昼食後の授業では，

教師にも生徒にも集中と没頭が困難なため，授業の成果があがらない，b)
遠距離通学の生徒は大事な成長期に温かい昼食をとることができず，パンで
すませねばならない，c) 学校に長くいると，両親の仕事のお手伝いをする
ことができず，また身体の発達に大事なスポーツや遊びをする時間や機会が
減少する，といった指摘である。そこから，授業時間をできるだけ午前にま
とめるべきだという要求が強まる。

　上級学校では，「短時間授業」の採用とあわせたかたちで，1908 年の「高
等女学校の新秩序」において昼食までに 1 日の授業を終えてしまうことが定
められた。中間学校では，1925 年 6 月 1 日の「中間学校に関する諸規定」
で同様に法制化された。民衆学校では，1920 年 7 月 30 日にプロイセン文部
省により推奨されるが，短時間授業が採用されなかったため，上級段階（30-
32 時間／週の授業が義務）では週に 1 度は午後も授業をおこなわねばならな
かった 16)。

２．19/20 世紀転換期の標準的時間割モデル

　19/20 世紀転換期のドイツにおける代表的な時間割研究者の 1 人はシラー
である。先述の通り，彼は心理学，生理学，衛生学的観点から時間割の研究
をおこない，ラインの『教育学大事典』では「時間割」の項目の執筆を任さ
れた。彼は著書『時間割——教育心理学と教育生理学からの章——』のなか
で，ギムナジウムの標準的時間割モデルを作成している。そこでは，午後の
授業がある場合と削減された場合の両方を並置させたかたちで，学年にあわ
せてそれぞれ 4 つの時間割モデル（1.Sexta und Quinta, 2.Quarta, 3.Tertia, 4.
Secunda und Prima）を示している。表 7-2 と表 7-3 は，第 3 学年（Quarta）
の時間割モデルである。

　表 7-2 も表 7-3 も，月曜から土曜までの学校週 6 日制で，水曜日と土曜日
は午前のみの授業である。表 7-2 では昼食までの授業が 4 コマであるが，表
7-3 では 5 コマとなっている。いずれにしても，1 コマが画一的に 1 時間

220　第Ⅲ部　自由学校共同体を支える時間と空間

表7-2　ギムナジウム第3学年：午後に授業がある場合

時間	月曜日	火曜日	水曜日	木曜日	金曜日	土曜日
8—9	宗教	宗教	外国語		算数	外国語
9—10	外国語	ドイツ語	地理	地理	歴史	歴史
10—11	外国語		算数	外国語		算数
11—12	ドイツ語	外国語	図画	図画	自然	自然
2—3	算数	外国語		算数	外国語	
3—4	外国語	唱歌（アルト）		ドイツ語	唱歌（ソプラノ）	
4—5	コーラスの時間	体操		体操		

表7-3　ギムナジウム第3学年：午後の授業が削減された場合

時間	月曜日	火曜日	水曜日	木曜日	金曜日	土曜日
8—9	宗教	宗教	外国語		算数	外国語
9—10	外国語	算数	地理		歴史	歴史
10—11	外国語					
11—12	算数	ドイツ語	ドイツ語	幾何学	外国語	
12—1	ドイツ語	外国語	算数	算数	自然	自然
3—4		唱歌（アルト）			唱歌（ソプラノ）	
4—5	コーラスの時間	体操			体操	

（休憩時間を含む）であり，次から次へと科目が入れ替わっていく形式である。ただし，外国語については曜日間の継続性があり，とりわけ表7-3では，3時間目が1週間を通して外国語となっている。外国語という教科のみであるが，毎日同じ時間帯に同じ教科を配置するという時間割は，後述するオーデンヴァルト校のコース組織と共通する部分であり，注目に値する。

3．時間割厳密化のパラドックス

　これまで確認してきたように，19世紀の後半を通して時間割がしだいに厳密になっていった。しかしなぜ時間割はこのように普及し厳密化していったのだろうか。ここで改めて時間割の目的について考えておこう。

　時間割は主たる目的を2つもっていた。まず第1の目的は，学習内容を子どもたちに体系的かつ効率的に伝達するためである。決められた学習内容を1週間ないし1日のなかにバランス良く配分し，それを子どもに無駄なく効果的に教えるための道具として時間割は発展してきたと言える。第2の目的は，時間を厳守することを子どもに教えるためである。時間割を通して，時間を厳守し時間通りに動くことのできる人間を作り上げることが目指されたのである。時間割によって一定の授業時間を通して学習に専念することが求められたばかりでなく，学習の開始時刻と終了時刻を守ることが重視された。「どの時点であっても始める準備ができていなければならないのと同様，いつでも中断し，片づいていないことを放置することができねばならない」[17]のである。時間の厳守は近代の資本主義社会の要請であるので，そうした社会を担っていく子どもを教育する学校において，時間厳守の習慣を身につけさせようとすることは，自然ななりゆきであった[18]。

　このような目的により，より厳密な時間割にしたがって授業をおこなうことが，子どもにも教師にも要求されるようになる。しかし，そのことによって，学校の時間について少なくとも2つのパラドックスが生じることになった点は，看過できない。

　第1のパラドックスは，人間が支配した時間によって人間が支配されるというパラドックスである。時間割によって時間を支配することができたが，それは同時に，支配した時間が持つリズムによる被支配をも意味していた。厳密な時間割によって時間の効率的使用を徹底した結果，学校のなかで学習する人間がそうした外的な時間に従属することになるというパラドックスで

ある。これは，時間の効率的使用が追求され始めた近代初期には，意識され
ていなかった事態である。例えばコメニウス（J.A.Comenius）のなかに，時
間支配の体験を通しての時間統治能力の獲得という観点を明瞭に見て取るこ
とができるが，人間が支配した時間によって人間が支配されるという事態ま
では，意識されていなかった[19]。

第2のパラドックスは，時間の効率的使用が時間の浪費につながるという
パラドックスである。授業にとって本来重要なのは，子どもの学習対象への
没入であり，時間の忘却である。ところが，時間の機械的な細分化や厳密化
は，そうした学習対象への没入や時間の忘却を妨げる恐れがある。細切れの
授業は，時間に気を取られた学習を生み出し，仮に学習に没頭している状態
が生じてもそれを無理矢理中断させてしまうのである[20]。また，課題を効
率的にこなすこと自体が自己目的化し，課題にとりくむ意味や目的が忘れ去
られるという危険性がある。期限が切られ時間が不足している状況では，人
間は行為をできるだけ早く済ませようとする。そこではもっとも手近で時間
のかからない解決策が選ばれる。それは時間を節約することになるが，そも
そもなぜその行為をおこなうのか，その行為が十全に成し遂げられるとはど
ういうことかといったことは，もはや考慮されない。「すべてをやり遂げた
かに見えて，依然として本来すべきことに直面している」[21] という意味で，
時間の浪費である。

第2節　オーデンヴァルト校と他の田園教育舎系自由学校の日課

学校教育の歴史において時間割厳密化のパラドックスに対して批判的なま
なざしが投げかけられ，時間割の編成に大きな変化が起こるのは，新教育の
実践においてである。そのもっとも大胆な時間割の変革をおこなった学校の
1つがオーデンヴァルト校である。以下では，オーデンヴァルト校の時間割
の独自性を理解するために，スイス及びドイツの他の田園教育舎系自由学校

表7-4　スイス及びドイツの田園教育舎系自由学校の日課表

	グラリスエッグ城	グリューナウ学院	ケフィコン城	新学校	栗林	イルゼンブルク
6:00	起床				起床，走り，シャ	
6:15	水浴，走り，徒手				ワー，聖書購読か	
6:30	体操，ペット整頓，				歌唱，朝食，家事	
6:45	点呼，朝食					
7:00	授業準備	起床	起床，トイレ			起床
7:15	授業(1)		朝食		授業(1)	朝食
7:30		朝のお祈り				
7:45		朝食				授業(1)
8:00			授業(1)			
8:15	授業(2)	授業(1)		授業(1-3)	授業(2)	
8:30						部屋整頓
8:45			授業(2)			
9:00		授業(2)				授業(2)
9:15	授業(3)				授業(3)	
9:30			休憩			
9:45		授業(3)				持久走
10:00	軽食		授業(3)		パン休憩	
10:15	授業(4)					授業(3)
10:30		自由時間，パン休			授業(4)	
10:45		憩	授業(4)			
11:00	自由時間	授業(4)				パン休憩
11:15						授業(4)
11:30			昼食，自由時間			
11:45		授業(5)				
12:00	昼食					図画，歌唱
12:15				昼食	昼食	
12:30	自由時間，音楽，					
12:45	朗読，着替え	昼食				
13:00						昼食
13:15						
13:30	庭での作業	自由時間，着替え	作業場，園芸，掃		図画，陶工，家具	
13:45			除		製作	
14:00		ソリ，戸外での遊		徒歩旅行，遠足，		実践的作業
14:15		戯，スケート，散		エクスカーション		
14:30	作業場	歩，博物館訪問，	図画		庭仕事，エクスカー	
14:45		チェス，手芸			ション，スポーツ，	
15:00					実験	
15:15					自由時間	
15:30	着替え，自由時間					
15:45		着替え，夕べの祈				
16:00	気分転換	り，自由時間	宿題			
16:15						夕べの祈り
16:30	授業(5)		自由時間		夕べの祈り	
16:45					自由時間	
17:00					課題の準備，購読	学問的作業時間
17:15	自立的な研究					
17:30	課題	授業(6)				
17:45						
18:00			夕食			
18:15	遊戯，体操，トイ	授業(7)				夕食，その後自由
18:30	レ		談話			時間
18:45						
19:00			朗読			
19:15	食事	食事			夕食	1日の終り，礼拝
19:30	共同の催し，散		議論			
19:45	歩，討論の夕べ，				購読，音楽，遊戯，	
20:00	お祈り				グループ活動	就寝
20:15		勉強時間，手紙執			学校議会，宿題	
20:30	就寝	筆，協同での体操				
20:45						
21:00		夕べのお祈り	就寝		就寝	
21:15		就寝				
21:30						
21:45						
22:00						

224　第Ⅲ部　自由学校共同体を支える時間と空間

の日課における授業の位置づけについて簡単に見ておきたい。

　表 7-4 は，グラリスエッグ城田園教育舎（Landerziehungsheim Schloss Glarisegg, 1902 年設立），グリューナウ学院（Institut Grünau, 1899 年設立），ケフィコン城田園教育舎（Landerziehungsheim Schloss Kefikon, 1906 年設立），スイス・ロマンド新学校（Ecole Nouvelle de la Suisse Romande, 1906 設立），栗林新学校（Ecole Nouvelle la Châtaigneraie, 1908 年設立），ドイツ田園教育舎イルゼンブルク校（Deutsches Landerziehungsheim Ilsenburg, 1898 年設立）の日課表である [22]。表 7-5 は，1914 年夏期のオーデンヴァルト校の日課表である [23]。

　オーデンヴァルト校と他の田園教育舎系自由学校の日課表を比較してみるならば，共通点として，午前に知的学習，午後に園芸や家具製作といった種々の実際的活動がおこなわれる点があげられる。決定的な相違点は，オーデンヴァルト校では授業が「早いコース（Frühkurs）」と「遅いコース（Spätkurs）」といったコースによって実施されている点である。この授業形態は，同校では「コース組織」と呼ばれ，他の学校に見られない独自のものであった。

　次節では，①コース組織はどのようにして導入されたのか，②コース組織に見られる時間割編成の原理はどのようなものか，③コース組織はどのように実践されたのか，という 3 つの観点から，コース組織の内容について検討していきたい。

第 3 節　オーデンヴァルト校におけるコース組織の理念と実践

1．コース組織の導入の経緯

　1909 年 8 月にゲヘープがヘッセン―ダルムシュタット大公国内務省（学校局）宛に提出した学校設立請願書では，計画中のオーデンヴァルト校の特色

第 7 章　オーデンヴァルト校における時間割の創造　225

表7-5　オーデンヴァルト校の日課表［1914年夏期］

5:45	起床。年長の少年の空気浴，年長の少女の散歩。
6:30-7:00	復習時間。
［6:45	年少児の起床，空気浴］
7:00	第一朝食（オートミール，ココア，牛乳，パン，バター，ムース）。
7:20	部屋整理。
7:30-9:30	早いコース。
［7:30	年少児の朝食。7:50　部屋整理。8:00　年少児の授業］
9:45	第二朝食（チーズ，パン，様々な果物）。
［10:00	年少児の第二朝食］
10:15-12:30	遅いコース。
［10:30	年少児の授業］
12:30	全員自由時間。年長の少女の空気浴。
1:30	昼食。
3:20-5:20	午後のコース（土木作業，園芸，家具製作，紙細工等）。
5:30-6:30	自由勉強。
［6:00	年少児の夕食］
7:00	夕食（通常は野菜，バター，パン，醗酵乳）。
7:30 8:00 8:30	就寝。

について次のように書かれている。

　　「未来の学校は，もっとも時代にふさわしい学校と見なされている上級実科学
　　校（Oberrealschule）の基盤の上に，作られる予定である。それは近代的で国家
　　的な教育とギムナジウムから伝達された貴重な文化要素が融合された学校であ
　　る。」24)

ここで新しい学校が上級実科学校をモデルにしている点では，ゲヘープが教
師として務めていたドイツ田園教育舎と同じである。新人文主義的伝統にし
たがうギリシャ文芸の重視は，ゲヘープがスイスに亡命する 1934 年まで続
くオーデンヴァルト校の特色であった。時間割に関する記述は学校設立請願
書には見られない。ただし，教育課程と授業方法については，「署名者（ゲ
ヘープ：筆者）は，教育課程及び授業方法の構成，そしてドイツ国家試験を
合格していない教員の雇用など，活動の自由を大公国政府から認可していた
だけるものと信じている」25) と述べ，私立学校の実験的性格と活動の自由

を要請している。

オーデンヴァルト校での授業の在り方についての検討は，学校設立請願書の提出直後には開始された。1909 年の秋，ゲヘープは，ドイツ田園教育舎ハウビンダ校時代の教え子ヨナ（M.Jona）と，授業の形態について議論している。ヨナは当時，大学で「最新の教育学と心理学」を学んでおり，2 人は「全教科における労作原理（Arbeitsprinzip），諸教科の統合（Konzentration），作業グループへの生徒の統一，年齢別クラスの廃止と教科グループへの結合を開発した」[26]という。

1910 年 4 月にオーデンヴァルト校は設立されるが，管見の限りでは，設立当初の時間割と授業形態がどのようなものであったのかを示す史料を見いだすことはできない。具体的にコース組織の準備がおこなわれるのは 1912 年のことである。ここでは，そうした新しい授業形態を可能にした条件として，第 6 章の表 6-1 に基づいて当時の教師数，生徒数を確認しておきたい。ここからは，教師 1 人あたりの生徒数がきわめて少なく，少人数での授業がおこないやすい状況であった一方で，学年別に同時に複数の授業をおこなうには教師数が十分ではなかったことを読み取ることができる。

ヨナによれば，1912 年，エアドマンとヨナは，新しい授業組織の開発をおこなっている。

> 「1912 年夏，私は授業組織の詳細な計画を仕上げました。それはオットー・エアドマンに，オーデンヴァルト校の活動組織についての根本的特徴を立案するための刺激を与えました。協同作業によって，私たちはその年の秋に，新しい活動組織を細部にわたるまで開発しました。それは労作学校（Arbeitsschule）にふさわしい形態となることが期待されるものであり，『教科専門教室（Fachzimmer）』の導入によってとられた道を矛盾なく前進させるものでした。」[27]

新しい授業組織の開発が，ヨナの協力をえてエアドマンによってなされたこと，当時ケルシェンシュタイナーらによって提唱されていた労作学校の理念

に影響をうけていたこと，さらに，教科専門教室という空間的条件の整備と同時におこなわれていたことがうかがえる。

　また，ヨナは別の箇所で，コース組織の一通りの準備を1912年の11月までかかっておこなったのち，1913年1月からの実施に向けて直前まで最後の準備作業をおこなったと述べている。

> 「私が（1912年の：筆者）晩夏に（オーデンヴァルト校のある）オーバー・ハムバッハに来たとき，コース組織での私たちの仕事が始まりました。その仕事は一通りの準備のために11月まで続きました。そして私が当時学んでいたパリから，クリスマスの時期にも1913年1月1日にコース組織を実施するために仕事をしていました。」[28]

こうして1913年1月，コース組織による授業が実施されることになる。その折に中心的な役割を果たしたのが，オーデンヴァルト校の初代教務主任（Unterrichtsleiter）エアドマンである。以下では，エアドマンがどのような人物であったのかを簡単に整理したうえで，コース組織に見られる時間割編成の原理について考察したい。

2．エアドマンによるコース組織の理念

(1) エアドマンの略歴

　エアドマンは，1883年1月30日，デュッセルドルフに生まれた。ゲヘープとはオーデンヴァルト校が設立される直前に知り合った。当時エアドマンは公立学校の教育の在り方に悩みを抱えており，オーデンヴァルト校の最初の教師の1人となった[29]。オーデンヴァルト校でコース組織の開発と実施のイニシアチブをとるかたわら，学校外の新教育の推進者たちとも交流し，第一次世界大戦後の1919年にヘッペンハイムで開催された「教育と授業の刷新のための作業グループ（Arbeitskreis für Erneuerung der Erziehung und des Unterrichts）」の会合では，講演「教育と自由学校の本質」をおこなっている。そのなかで彼は，特別に慎重な保護を必要とする子どもたちのための小さな

228　第Ⅲ部　自由学校共同体を支える時間と空間

田園教育舎と，小さな「家族」での生活について論じている。これを機に
ブーバーとロッテン（E.Rotten）と知己を得る。その後，オーデンヴァルト
校から独立して，自分の妻とゲヘープの妹アンナ（Anna Geheeb）の協力の
もと，1926 年にギーセンにノルトエック城教育舎（Erziehungsheim Burg
Nordegg）を設立した（現在の名称はノルトエック城田園学舎 (Landschulheim)）。
同校は第二次世界大戦後まで存続したが，一旦閉校したのち，1947 年 6 月
1 日に改めてエアドマンの指揮のもと再開した。1953 年まで校長を務め，
退任後も 1956 年 10 月までノルトエックに残り，その後，ベルクシュトラッ
セのゼーハイムへ転居。1960 年 2 月 24 日，ベルクシュトラッセのユーゲン
ハイムにて没。享年 77 歳 [30]。

(2) コース組織の理念——時間割編成の原理——

　1914 年 3 月，エアドマンは『タート』誌に，論文「オーデンヴァルト校
の作業組織」を発表した。本論文は，コース組織の理念と実践を非常にまと
まったかたちで紹介したもので，その後，ゲヘープ 80 歳兼オーデンヴァル
ト校創設 40 周年記念誌『時代を照らし出す学校の理念』[31] や，ディート
リッヒ（Th.Dietrich）編の田園教育舎系自由学校に関する資料集『田園教育
舎運動』[32] に再録された。

　本論文のなかでエアドマンは，目指すべき授業像として，「教師が教材を
完全に客観的に提示することが認められ，学習者に自主的活動に全力を投入
することが認められるような組織が，私たちには最良であるように思われ
る」[33] と述べ，公立学校の問題点として次の 2 点を指摘している。

　第 1 の問題点は，こまぎれの授業である。

　　「公立の学校では，生徒の学習を 1 時間単位の授業にばらばらに分けることが
　　強固なならわしとなっている。それらは 1 年全体を通して配分され，雑然と並べ
　　られたすべての教科が，次から次へと機械的に交代していく。しかし，1 週間に
　　10 科目あるいはそれ以上の題材を，一度に十分興味を抱きながら勉強できるも

のであろうか。比較的小範囲の1年の教材が45分ずつ，100回または200回に
こまぎれにされ，その都度1日おきもしくは数日おきにしか教材が取り上げられ
ず，しかも，生徒の方はその間，すべての他の題材にも従事しなければならない
状態の時に，教師はその本質がしっかりと把握されるように，各々の教材を提示
できるであろうか。」[34]

このようにエアドマンは公立学校で一般的な授業編成を批判したうえで，
「生徒がある一定期間にすべての教科をおこなうのではなく，ほんの2,3の
教科のみをおこなうように，授業を組織すること」[35] の必要性を主張する。
それによって教師は，その時その時の教材に内在する必要なものを含めた全
体の領域を提示できると同時に，生徒もまた，少ない教材に従事していると
き，専心して純粋に対象に向かう態度を身につけることができ，精神的活動
はねらいどおりに成果があがるというのである。

　第2の問題点は，学習対象の強制である。

　　「自己決定のできないまま生徒が組織によって時間割機械（Stundenplan-
　　Apparat）という番号つきの割木のように，1つの科目から次の科目へと押しや
　　られていくと——大学という唯一の例外を除けばドイツの学校はすべてそうであ
　　るが——最初から勉強において純粋に対象に向かおうとする動機が損なわれるこ
　　とになる。」[36]

そこでは学習者と教材の間に教師の権威が立ちふさがることによって，学習
者が主体的に教材に取り組むことが困難になる。エアドマンは，学習者が教
材のために教師とかかわるのではなく，教師のために教材とかかわるかぎり，
授業でなく調教であるとし，一般的な時間割による学習対象の強制を厳しく
批判する。その上で次のような提案をおこなっている。

　　「次のような組織形態，すなわち，生徒がある専門分野に従事する時に，単な
　　る組織上の条件にしばられることなく，適度な選択の自由のなかで，教師と生徒
　　によってはぐくまれた客観的な考慮に依存するような組織形態が見いだされれば，

230　第Ⅲ部　自由学校共同体を支える時間と空間

教師と生徒と教材の関係はずっと荘重で誠実なものとなるであろう。」[37]

　エアドマンはこのように述べて，その都度の学習対象の決定において生徒に一定の選択の自由が確保されることの必要性を訴えるのである。

　以上のことから，コース組織の理念，換言すれば時間割編成の原理は，①限られた教科を継続的に学習すること，②学習対象（教科）は生徒自身が決定すること，という２つの点に集約することができるであろう。

3．コース組織の実践

　上で取り上げた『タート』誌上の論文で，エアドマンはコース組織の実践紹介をおこなっている[38]。箇条書きのかたちでその内容を示したい。

- ・各々の科目ごとに「コース（Kurs）」と呼ばれる一定期間に授業は分けられる。
- ・各々のコースでは，１つのまとまった専門分野に打ち込み，１人の生徒は同時期にわずかなコースにしか従事できない。
- ・コースの選択のために，生徒にある程度の自由を認めている。
- ・すべてのコースの開始と終わりは同時期で，１年は同じ長さの活動期間に区分される。
- ・コース科目の具体例として，ドイツ語，歴史，地理，ラテン語，フランス語，英語，天文学を含めた数学，物理，鉱物学を含めた化学，生物学，家具製造，機械工，造園，農業，厚紙細工，製本，裁縫，料理などがある。
- ・コース科目と時間限定の科目として，造形芸術などがある。
- ・時間限定の科目として，宗教史，ギリシャ語，器楽，歌唱，リズム体操，体操などがある。
- ・１つの学習期間に参加できるコース数は少ない方がよいが，他方で，一面的で退屈にならないように，１日のうちに充分な変化が考慮されている。
- ・午前は，「早いコース」と「遅いコース」という２コマの学問的コースが設定される。
- ・午後は２時間，実際的な（praktisch）コースがおかれ，これは学習期間にしばられない。
- ・１つの学習期間は「学習月間（Arbeitsmonat）」と呼ばれ，ゆったりと教材領

第7章　オーデンヴァルト校における時間割の創造　231

域を充分こなせるくらいの4週間が適当である。
・学習月間の終わり頃に，次の月におこなわれるコースが発表される。
・生徒は当該の教科担当教師の了解を得てから，コースの申し込みをおこなう。
・コース選択の際には，ファミリーの長（教師）から助言をうけることができる。
・時に（年長の）生徒は1科目のみ申し込んだりまったく学問的科目を申し込ま
　ずにいることも可能であり，それによって補習や興味ある教材に集中すること
　ができる。
・学習月間の最終日の午前中は，＜学校共同体＞と呼ばれる学校の全構成員によ
　る集会において，「コース共同体（Kursgemeinschaft）」や「個別の学習者」が
　その月間の学習成果を小講演，実験，展示などの多様で方法で報告する[39]。
・特別前もって知識がなくても参加できる「オープン・コース（offener Kurs）」
　もある。
・通常，1科目のコースは定まった順序でながれ，その順序のなかに連続性があ
　る。
・教師は1年間で自分の科目の課程をすべて順番に一巡する。
・午前は2つの学問的コースの他に，毎日30分から40分の「復習時間
　（Wiederholungsstunde）」があり，コース中に生徒ができなかった専門知識を，
　反復やドリルで確かなものにするのに役立っている。
・コースシステムの技術的長所は，不満足な成績であったり病欠の者がもう一度
　当該コースを繰り返すことができる点である。
・まとまった教材領域を1ヶ月に結集させることにより，ゲストティーチャーを
　臨時に呼びやすくなる。

　エアドマンによれば，以上のようなかたちでコース組織による授業は実施
されることになるが，最後に，オーデンヴァルト校のアルヒーフに保管され
ているコース組織の資料から，学問的コースの事例を1つ取り上げてみたい。
表7-6は，1914年1月から1915年12月の2年間の「ドイツ語」のコース
記録である[40]。

　この記録は，左から①「コース長（Kursleiter）」と呼ばれるコース担当教
師の名前，②実施年月，③教材，④成果，という項目で記載されている。2
年間で25回，ドイツ語のコースが開設され，合計11名の教師がコース長を
務めている。担当回数はもっとも多いのがゲヘープの5回で，次いでハール

レス（H.Harless）の 4 回とつづく。教材については，言語体系の提示（Ⅰ 1914）に始まり，文法事項を主に扱うコース（Ⅹ 1914, Ⅺ 1914, Ⅲ 1915 など），詩（Ⅱ 1914, Ⅲ 1914, Ⅷ 1914 など）や寓話（Ⅷ 1914）や伝説（Ⅰ 1915）を扱うコース，ケルナー（Th.Körner）（Ⅺ 1914）やゲーテ（J.W.v.Goethe）（Ⅳ 1915）といった作家を扱うコース，『オデュッセイア』（Ⅴ 1915, Ⅵ 1915）や『イーリアス』（Ⅵ 1915）などの古典作品を扱うコースなどが並んでいる。なおこの時期は対ナポレオン軍の解放戦争（1813）から百周年の記念行事がドイツ国内でさまざまなかたちで開催されており，それを反映して解放戦争にかかわる詩（Ⅷ 1914）も教材に取り上げられている。おおざっぱに言えば，文法と文学が適度に交代するように配慮されているが，文法と文学のそれぞれの分野において教育内容を体系化しようとする意図を読み取ることは困難である。成果については，「良い（gut）」，「乏しい（gering）」，「なし（nicht）」の 3 段階で，すべて「良い」という評価である。

　オーデンヴァルト校では大学進学のためにアビトゥアーを取得する生徒がいた。同校のカリキュラムは上級実科学校に準じていたが，アビトゥアー合格を目的に授業が系統的に組み立てられたわけではなかった。しかも授業のコースは基本的には生徒自身が選択した。生徒がアビトゥアー合格のための学力をどのように身につけたのかは大変興味深い点であるが，現時点ではそれに関する史料を見いだすことができていない。

小括

　本章では，19/20 世紀転換期における時間割の状況を整理した上で，オーデンヴァルト校におけるコース組織による授業の実践について検討してきた。そこから明らかになったことを再度まとめておきたい。

　新教育運動期以前の 1860 年代にはすでに，効果的な学習のための時間割編成について，さまざまな配慮がなされていた。1890 年代から 20 世紀初頭にかけては，心理学・生理学・衛生学の研究成果と，午前と午後での授業時

表7-6 「ドイツ語」のコース記録（1914年1月～1915年12月）

Deutsch.

Kursleiter.	Datum	Stoff	Erfolg gut	gering	nicht
Koch	I. 1914	Aufstellung eines Systems der Sprach Laute, . Gedichte	"		
"	II. "		"		
"	III. "		"		
Schramm	IV. "		"		
"	V. "		"		
"	VI. "		"		
Pannekuck	VII. "	Fabel, Gedichte aus den Befreiungskämpfen	"		
Dettling	IX. "	Aufsatz Grammatik, Lektüre	"		
Benjamin	XI. "	Artikel, Subst. Adjektiv, Frithjofsage	"		
"	II. "	Germ. Mythologie, Hänselingsfelsen, Körner:	"		
"	III. "	Leirys, Hans Heiderl			
Hunne	I. 1815	Amelungensage, Diktat, Aufsatz	"		
Burchard	II. "	Lektüre, Gramatik, "	"		
"	IV. "	"	"		
Scheeb	III. D	Goethe, Reineke Fuchs	"		
	IV. D	"	"		
	V. "	Odyssee (Voß)	"		
	VI. "	"	"		
	VII. "	Ilias (Voß) Schw. gel.	"		
Bähr	VIII."	Uhland Herzog Ernst von Schwaben	"		
	"	J. Gotthelf			
Harleß	IX	Grammatik, Rechtschreibung, Gedicht	"		
	X	"	"		
	X	"	"		
	XI.	" Ingo. (Freitag.	"		
Preiss	XII				

図7-1 アビトゥアーに合格した4人のオーデンヴァルト校生徒たち
(1932年：AOS)

間の分割に関する論議などによって，時間割への関心が高まり，教育学事典においても「時間割」を独立した項目として設定することが定着した。その際特に疲労研究に代表される心理学・生理学・衛生学的研究成果が時間割編成に大きな影響を与えた。そこでは統計的手法によって子どもの「本性」が導出され，それに合致した教育が追求された。子どもの「本性」に合致した教育の追求という意味では，これも新教育的であると言える。しかし，統計的手法から導出される「本性」は，測定可能な平均値としての子どもの姿であった。基本的には従来の学習活動の効率化のための時間割の工夫であって，必ずしも新しい学習観や教育観から時間割の改革が試みられたわけではなかった。

　オーデンヴァルト校では，公立学校の時間割への批判から，①限られた教科を継続的に学習すること，②学習対象（教科）は生徒自身が決定すること，

という2点を理念とする「コース組織」が開発された。開発のイニシアチブをとったのは，初代教務主任のエアドマンであった。コース組織の導入に際してエアドマンが重視したのは，統計上の平均値としての子どもではなく，子ども一人ひとりの個別性であり，またその自発性であった。したがって，コース組織においては，生徒自らが子どもが自己の関心と能力に応じて学習したい対象（コース）を選択した。午前の学問的コースについては，1日に1コマ約2時間のコースを2つ選び，その2つを約4週間にわたって継続して学習することになっていた。

　以上のように，オーデンヴァルト校は，新教育における時間割の弾力化の好個の事例である。ただし，同校では時間割そのものが否定されたわけではない。時間割の存在は認めた上でその編成の仕方が変革されたのである。その目的を一言でいえば，時間に対する生徒の主体性の回復であった。外的な時計の時間に生徒の身体を適合させるのではなく，生徒が自発的に課題に取り組み，試行錯誤しながら各自のリズムで学習対象に向かい合うのを容易にすることが目指されたのである。外的な客観的時間を無視するのではなく，その枠組みを柔軟にすることによって，客観的時間のなかで主観的時間を充実させるという課題が追求されたと言えよう。

　ところで，ゲヘープは後年，オーデンヴァルト校での実践を振り返った文章のなかで，コースでの学習のための空間的条件について述べている。それによれば，コースはその都度異学年の生徒から構成されるので，いわゆる学級が存在せず，したがって学級ごとの教室もなかった。コースでの学習は，図書室や実験室などでおこなわれた。設備に関しても学校らしいものは黒板以外になかった。それでいて，「例えばドイツ語の部屋には，あらゆる時代の文芸やさらにドイツ語学の充実した図書，また教師と生徒が手に取れるように，母国語での授業に必要なあらゆる教材がそろっていた」[41]。同校の時間割と不可分の空間構成の特色については，次章で検討したい。

236　第Ⅲ部　自由学校共同体を支える時間と空間

1)　学校における時間割の歴史的概観については，拙論「教育コミュニケーションの
規定要因としての時間割」，杉尾宏編『教育コミュニケーション論──「関わり」から
教育を問い直す──』北大路書房，2011 年を参照。

2)　Boos,J.: Der Stunden-Plan in Theorie und Praxis nebst 16 ausgeführten
Muster=Stundenplan, Horb 1913, S.3.

3)　年代順に並べると以下の通りである。

・Wehrmann: Lectionsplan, In: Schmid,K.A.(Hrsg.): Enzyklopädie des gesammten
Erziehungs= und Unterrichtswesens, Band 4, Gotha 1865.

・Sander, F.: Stundenplan(Lektionsplan), In: ders.: Lexikon der Pädagogik, Leipzig
1883.

・Schiller,H.: Stundenplan(Lektionsplan), In: Rein,W.(Herg.): Enzyklopädisches
Handbuch der Pädagogik, Band 6, Langensalza 1899 (1.Aufl.).

・Uhlig,G.: Stundenplan, In: Loos,J.(Hrsg.): Enzyklopädisches Handbuch des
Erziehungskunde, Band 2, Wien/Leipzig 1908.

・Schiller,H.(W.Rein): Stundenplan, In: Rein,W.(Herg.): Enzyklopädisches Handbuch
der Pädagogik, Band 9, Langensalza 1909 (2.Aufl.).

・Frenzel: Stundenplan, In: Dannemann,A. u.a.(Hrsg.): Enzyklopädisches Handbuch
des Heilpädagogik, Halle 1911.

・Wolff,J.J.: Stundenplan, In: Rolff,E.M.(Hrsg.): Lexikon der Pädagogik, Band 4,
Freiburg 1915.

・Badenhop: Stundenplan(Lektionsplan), In: Schwartz,H.(Hrsg.): Pädagogisches
Lexikon, Band 4, Bielefeld/Leipzig 1931.

・Dirking,P.: Stundenplan u. Stundenplantheorie, In: Deutsches Institut für
wissenschaftliche Pädagogik(Hrsg.): Lexikon der Pädagogik der Gegenwart,
Band 2, Freiburg 1932.

4)　Wehrmann: Lectionsplan, a.a.O., S.181.

5)　Ebenda, S.182ff..

6)　Ebenda, S.183.

7)　Uhlig,G.: Stundenplan, a.a.O., S.831.

8)　Schiller,H.: Stundenplan(Lektionsplan), a.a.O., S.930. Schiller,H.(W.Rein):
Stundenplan, a.a.O., S.27.

9)　Wolff,J.: Stundenplan, a.a.O., S.1326.

10) Wehrmann: Lectionsplan, a.a.O., S.183.

11) Schiller,H.: Stundenplan(Lektionsplan), a.a.O., S.931. Schiller,H.(W.Rein): Stundenplan, a.a.O., S.28.

12) Badenhop: Stundenplan(Lektionsplan), a.a.O., S.767.

13) Schmidt: Kurzstunde und Pausen, a.a.O., S.194ff..

14) Sander, F.: Stundenplan(Lektionsplan), a.a.O., S.473.

15) Ebenda.

16) Badenhop: Stundenplan(Lektionsplan), a.a.O., S.766.

17) キュンメル ,F.（中戸義雄他訳）「授業のなかの時間」，森田孝他編『人間形成の哲学』大阪書籍，1992 年，216 頁。

18) 近代学校における時間割厳密化の過程とその根拠については次の論文を参照。宮本健市郎「19 世紀アメリカ合衆国における授業時間割の出現と厳密化の過程――近代学校における時間割編成原理の研究(1)――」，『兵庫教育大学紀要（第 1 分冊）』第 24 巻，2004 年。

19) ノイマン ,K.（渡邊隆信訳）「学校は待つことをおぼえない――学校，時間，人間形成――」，同『大学教育の改革と教育学』東信堂，2005 年，138 頁。

20) キュンメル ,F.「授業のなかの時間」，217-218 頁。

21) 同上書，216-217 頁。

22) Grunder,H.-U.: Das schweizerische Landerziehungsheim zu Beginn des 20. Jahrhunderts, Frankfurt am Main/Bern/New York 1987, S.136.

23) Grunder, F.: Land-Erziehungsheime und Freie Schulgemeinde; Aus vieljähriger Praxis in Deutschland, England, Frankreich und der Schweiz, Leipzig 1916, S.174f..

24) Geheeb,P.: Entwurf des Planes einer privaten Lehr- und Erziehungsanstalt, deren Gründung im Odenwald bei Darmstadt beabsichtigt wird, 20.8.1909, S.13. (AOS)（ウィルヘルム ,W. 他訳「ヘッセン―ダルムシュタット大公国文部省あて書簡（抜粋）」，鈴木聡他『青年期の教育』明治図書，1986 年，192 頁。）

25) Ebenda, S.14.（邦訳，193 頁。）

26) Jona,M.: Brief zum zehnjährigen Bestehen (1920), in: Eva Cassirer u.a.(Hrsg.): Die Idee einer Schule im Spiegel der Zeit, Heidelberg 1950, S.12.

27) Jona,M.: Aus der Entstehungszeit der Kursorganisation, In: Wagenschein,M. u.a.: Aufsätze aus dem Mitarbeiterkreis der Odenwaldschule zu ihrem zwanzigjährigen Bestehen, Heppenheim 1930, S.53.

238　第Ⅲ部　自由学校共同体を支える時間と空間

28)　Jona,M.: Brief zum zehnjährigen Bestehen (1920), a.a.O., S.13.

29)　Lennert,R.: Erinnerungen an Otto Erdmann, In: Die Sammlung, 15.Jg., 1960, S.675.

30)　u.a. Schwarz,K.: Bibliographie der deutschen Landerziehungsheime, Stuttgart 1970, S.16f..

31)　Cassirer, Eva u.a.(Hrsg.): Die Idee einer Schule im Spiegel der Zeit, Heidelberg 1950.

32)　Dietrich, T.(Hrsg.): Die Landerziehungsheimbewegung, Bad Heilbrunn 1967.

33)　Erdmann,O.: Die Arbeitsorganisation (1914), In: Dietrich,T.(Hrsg.): Die Landerziehungsheimbewegung, Bad Heilbrunn 1967, S.100. （ウィルヘルム,W. 他訳「作業組織」，鈴木聡他著『青年期の教育』明治図書，1986 年，256 頁。）

34)　Ebenda. （邦訳，257 頁。）

35)　Ebenda. （同上。）

36)　Ebenda. （同上。）

37)　Erdmann 1967: S.101. （邦訳，258 頁。）

38)　Erdmann 1967: S.102ff.. （邦訳，259 頁以下。）

39)　コースの学習月間の最後に開催される＜学校共同体＞は，学校運営全般について話し合う定例・臨時の＜学校共同体＞と区別して，＜コース終了学校共同体（Kursschlußschulgemeinde）＞と呼ばれていた。

40)　Plucer.,H. : Zusammenstellung der Kurse vom 24. Nov. 1913-19.Dez.1915, o.J. (AOS)

41)　Geheeb,P.: Die Odenwaldschule − ein Versuch neuzeitlicher Erziehung, In: Dietrich,T. (Hrsg.): Die Landerziehungsheimbewegung, Bad Heilbrunn 1967, S.118 （ウィルヘルム,W. 他訳「オーデンヴァルト校新時代の教育の試み」，鈴木聡他著『青年期の教育』明治図書，1986 年，246 頁。）

第8章　オーデンヴァルト校における学校空間の創造

　本章では，時間割とともに自由学校共同体＝オーデンヴァルト校の日常生活の基盤となっていた学校空間について検討したい。19世紀後半のドイツにおいて初等学校の普及と中等学校の細分化が進むなかで一般的だったのは，多数の子どもが学級単位で均質の四角い教室に入れられ，黒板を背にした教師と対面して一斉授業を受けるという教室の光景であった。こうした閉鎖的で画一的な教室と学校に対する批判がなされ，さまざまな学校建築上の実験が試みられるのは，19世紀末から20世紀初頭の新教育運動期であった。

　その際に議論されたのは教室内部の空間構成の問題だけではない。学校空間をめぐっては少なくとも次の4つの論点が存在した。第1は都市部か農村部かといった学校の立地である。第2は学校の敷地全体における校舎，運動場，学校園などの配置である。さらに第3は校舎内の諸施設（教室，講堂，図書館，廊下等）の配置であり，第4は教室内における黒板，教卓，学習机，椅子，壁，床，窓等の編成である。

　田園教育舎系の学校はこうした学校空間の4つの論点をすべて含み込んでいたが，一般に城や宮殿などを買い取って校舎に転用するケースが多く，そこでは第2（学校敷地内の校舎等の配置）と第3（校舎内での諸施設の配置）の点で大きな制約を受けていた。オーデンヴァルト校もまた，1910年4月の開校時の建物は校舎兼寄宿舎となるゲーテハウス1棟で，それは保養客向け旅館を購入し改築したものであった（図8-1）。しかし，その後は，富豪の義父マックス・カッシラーの経済的支援のおかげで，建物の配置や間取りを含む学校空間のほとんどすべてを1からデザインし現実化することができた。それゆえ，学校空間の個々の要素に，同校の教育理念・内容・方法が比較的明瞭に反映されており，学校空間にゲヘープらの教育的意図を読み取ることが

240　第Ⅲ部　自由学校共同体を支える時間と空間

可能である。

　本章では以下の3つを課題としたい。第1は，20世紀初頭ドイツの学校建築をめぐる議論を概観したうえで（第1節），オーデンヴァルト校における学校空間がどのように構成されていったのかを整理することである（第2節）。第2に，構成された学校空間が，同校での学習活動とどのように結びついていたのかを検討する（第3節）。そして第3に，運動場建設を事例に，学校空間創造への生徒の関与がいかなる新教育的意味を有していたのかを明らかにしたい（第4節）。

第1節　20世紀初頭ドイツの学校建築をめぐる議論

　20世紀初頭ドイツの学校建築のキーワードは，①健康的な学校，②美しい学校，③現代的な学校，の3つにまとめられる。すなわち，衛生的かつ美的で，（教育的，技術的な進歩に沿った）現代化がなされた学校が，時代の要求であった[1]。

　19世紀末からの学校建築への関心の高まりは，1899年に創刊された雑誌『学校建築（Das Schulhaus）』に見ることができる。本誌は1899年［1巻］から1922年［23巻］までと，休刊時期を挟んで1929/30年［24巻］まで発行された。編集は，作家，詩人，編集者，生活改革者であったファンゼロウ（K.L.Vanselow）がおこなった。1914年より編集顧問を置き，フィッシャー（Th.Fischer），シューマッハー（F.Schumacher），ムテジウス（H.Muthesius）などが名を連ねた。こうした専門雑誌が生まれたことは，ドイツにおいて公共の学校建築が独自の建築上の課題として確立されたことの証である[2]。

　この時期に学校建築の建築技術上および衛生上の基準が設けられるようになった。それにより，各部屋や通路の広さ，照度と照明，暖房，換気，家具といった空間設計と構成要素の規格が徐々に形成された。同時に，教室と特別室（講堂，トイレ，体育館，シャワー室，教職員居室など）の要求と，学年別学

級編成，男女別学，一斉授業などの授業組織原理とに基づく校舎内部の構成が具体化された[3]。

このように学校建築が議論の対象となった背景には，ある種の政治的意図が存在した。学校建築は「国家的，社会的な意味」をもち，「最善の学校を有する民族が，世界と未来を征服するであろう」（ファンゼロウ『学校建築』1899）と考えられた。また，都市化と義務教育制度の普及に伴う学校の新築ラッシュも学校建築をめぐる議論を活性化させた。学校建築は都市のイメージを決定する重要な要素となっていたのである[4]。

学校建築をめぐる主要な議論の1つは，学校の規模に関するものである。学校建築が巨大であることは，国家の誇りを示すものとして推奨された。それは外国の事例によって正当化されるとともに，首都間の国際競争により加速した。例えば，スウェーデンでは1901年にストックホルムで4,000人の生徒を収容する「クングスホルム民衆学校」が設立された。アメリカでは1903年にニューヨークで5,000人の生徒を収容可能な「超高層ビル型学校」が計画された。ドイツでも，1908年にベルリンに119クラスからなるドイツ最大の学校建築の建設が計画された。大規模校舎は非衛生的であまり好ましくないという理由で批判もされたが，第一次世界大戦までは，都市部では義務教育の徹底と人口増加ゆえに，巨大な学校建築によって教室数を確保することが優先された[5]。

学校建築をめぐるもう1つの大きな議論は，健康に関するものである。健康的であることが，良い学校の第1の条件であり，衛生と安全は国際的な議論のキーワードであった。1904年のニュルンベルクでの国際学校健康会議では，「光，空気，太陽」が学校建築の原則として設定され，1920年代まで適用された[6]。

新教育の公立学校への影響として，美しく芸術的な学校建築を求める運動が生じるとともに，1909年以降，「自己活動」や「労作学校」といった概念が学校建築の条例のなかに登場する。その結果，作業場や学校園，図書館な

どが学校空間構成に導入された。林間学校なども衛生上の理由で第一次世界大戦後に普及した。ただし，公立学校の外観はあまり変化が見られなかった。大都市ではレンガや砂岩のファサードをもつ巨大で重々しい建築が健在であった[7]。

　建築アヴァンギャルドの代表者たち，例えばタウト（B.Tauto），やヘスラー（O.Haesler）によって「現代的（neuzeitlich）な学校建築」が登場するのは1918年以降である。現代的な学校建築の特徴は，建築上の伝統の放棄であった。そこでは，すっきりした外観，新しい建築素材，ガラスの多用，平滑な面，水平の屋根が好まれ，建築装飾は断念された[8]。1926年から1928年に建設された。ツェレ民衆学校（図8-1）はその代表的建築である。図8-2は同校の1階平面図である。中央にタテ14メートル，ヨコ25メートルの室内運動場兼講堂が置かれ，玄関を入って左手（西側）に女子児童の教室，右手（東側）に男子児童の教室が設けられた。同校には完成後の1928年5月から12月の間に約9,000人の見学者が訪れたとされる[9]。

　新教育的な学校建築は主としてこうした現代的な学校とは逆方向のものであった。新教育の学校では，「郷土様式（Heimatstil）」と呼ばれる建築様式が好まれた。郷土様式は1904年に設立された郷土保護連盟によって推奨されたもので，1907年には郷土の景観保護に関するプロイセンの法律が制定された。郷土様式は学校建築にも影響を与え，特にドイツ北部よりも南部でそ

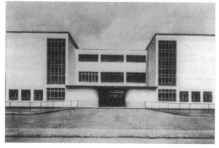

図8-1　ツェレ民衆学校 1926-28[10]

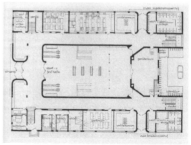

図8-2　ツェレ民衆学校 1階平面図[11]

の傾向が強かった[12]。

第2節　オーデンヴァルト校の学校空間の構成

1．学校の立地とハウスの購入・増築

　オーデンヴァルト校はドイツ中部のヘッペンハイムに設立された。ヘッペンハイムは，ダルムシュタットからハイデルベルクに延びるベルクシュトラーセの街道の中間に位置する。学校はヘッペンハイムの市街から車で約15分，街道から東方にオーデンヴァルト山地を分け入った小村オーバー・ハムバッハにある。学校の周囲はブナやシラカバの木々に覆われた丘陵地が広がっており，斜面の牧草地は今日でも牛の放牧に使われている。豊かな自然が残っており，同時に大都市にも比較的近い場所に学校が設立されたのは，ゲヘープがそれ以前に勤めていたドイツ田園教育舎ハウビンダ校とヴィッカースドルフ自由学校共同体が，都市から遠すぎると感じていたためである。

図8-3　ゲーテハウスとベルクシュトラッセ方面の眺め（AOS）

1910年4月の開校当時、建物は校舎兼寄宿舎となるゲーテハウスのみであった。ゲーテハウスは、元は夏の保養客向けの料理店を兼ねた旅館「リンデンハイム」であった。1909年12月半ば、ゲヘープと妻エディスがオーデンヴァルトに学校設立地を探すなかで、その時売りに出されていた同旅館と出会い、購入することを決めた。それは1905年に建設されたばかりの物件で、最初に見学にいったときの様子を50年後に、当時の所有者の息子ミュラー（H.Müller）に手紙で伝えている。

>「いまだ私どもにとっては忘れがたいのですが、当時はまだ若かったあなたの父上が、ヘッペンハイム駅に私どもを出迎えてくださり、その後シュタルケンブルクを通ってリンデンシュタインに向かって車で走っていきました。そこからリンデンハイム・ホテルを望むことができました。私ども2人は感激し、直ちにこの家の購入を決心しました。」[13]

その後、ゲヘープの義父カッシラーもまたこの物件を見学し購入に同意するとともに、1910年1月末にオーバー・ハムバッハ村に属している土地も入手した。物件と敷地の名義人はカッシラーであり、4月に開校するために

図8-4　エディス・ゲヘープと父カッシラー(AEH)

必要な改築作業を指揮した。

　旅館から学校への改築作業については，カッシラーの援助によって，物理的な準備は迅速に進められ，専門家による解決が保証された。彼は作業員を雇い，取り替えを必要とするリンデンハイムのすべての部分を取り外し，新しい材料と機材を備え付け，建物のすべての点を居住可能で快適になるように改修した。セントラル・ヒーティングとガス灯は 37,000 マルクの経費をかけてリンデンハイムに装置された[14]。

　開校を 1 ヶ月後に控えた 3 月中旬の改築の状態について，ゲヘープはフォン・ショルツ（I.v.Scholz）に次のように書き送っている。

　　　ハウスは「すばらしい状態で，堅牢で清潔で，自前の水道設備があります。」現在，「低圧スチーム暖房とベノイドガス照明」が装備されているところです。「ハウスは外から見るよりもずっと広々としています。1 階には 2 つのホールと大きな調理場，2 階と 3 階には全部で 18 室，ケラーには複数の入浴室以外に貯蔵室，セントラル・ヒーティング，温水　設備，洗濯場，ガス機器のための十分な空間があります。」[15]

　こうして 1910 年 4 月に開校した後，同校ではただちに新しいハウスを建設する準備が進められた。その建築プランは，ゲヘープ夫妻，義父カッシラー，そしてベンスハイムの建築家メッツェンドルフ（H.Metzendorf）によって作成された[16]。それは，山の裾野に比較的大きなハウスを 4 棟建設し，各棟に協力者と生徒の居室と教室などを混在させるという計画であった（図8-5）。しかしこの計画は，ハルト（Ph.Harth）によれば，ある種の妥協であった[17]。当初，カッシラーはゲーテハウスの隣に大規模な主校舎を 1 つ建設する予定であった。他方，ゲヘープがもともと考えていたのは，ファミリーごとに小さなハウスをたくさん作り，それとは別に授業のための校舎と作業場を建設するというものであった。

　1910 年秋から 1911 年にかけて，ヘルダーハウス，フィヒテハウス，シラーハウス，フンボルトハウス，そして機械ハウスが建設された。各ハウス

には教師と生徒の居室と教室が併存（特にフィヒテハウスとシラーハウス）していた。加えて，ヘルダーハウスには事務室が，ゲーテハウスには食堂と音楽ホールが置かれた。

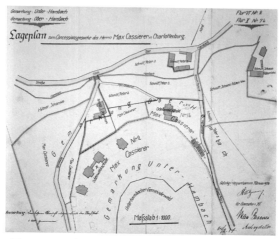

図8-5　オーデンヴァルト校ハウス配置図 1914年 (AOS)

図8-6　オーデンヴァルト校航空写真 1925年以降 (AOS)

第8章　オーデンヴァルト校における学校空間の創造　247

その後のハウスの新築と購入を年代順に並べれば，以下のようになる[18]。

1905　メッツェンドルフの設計により，保養旅館リンデンハイム（Lindenheim）（後のゲーテハウス）建設。施主はゲオルク・ミュラー（Georg Müller）。

1909　ゲヘープの義父マックス・カッシラーがリンデンハイム購入。後にゲーテハウスと命名される。

1910　オーデンヴァルト校設立。建物はゲーテハウスのみ。空気浴場の設置。

1910/11　ヘルダーハウス，フィヒテハウス，シラーハウス，フンボルトハウス，機械ハウスの建設。いずれもメッツェンドルフ設計。ゲーテハウスの改築。

1915　ヴィルヘルム・フォン・シュトルツ（Wilhelm von Stolz）の自宅を賃貸。1919年購入。カッシラーハウスと命名（後にバッハハウス（1934-）と改称）。

1918　ヘルマン・オーア（H.Ohr）により1911年に設立された家政高等女学校「ゾンネンシャインハウス」購入。後にドゥルーデハウス（1927まで），ペスタロッチーハウス（1927-）と改称。

1919　家政ハウス建設。

1921　ヴェットシュタインハウス（後の保健棟）建設。

1923-25　作業ハウス，プラトンハウス建設。いずれもメッツェンドルフ事務所設計。

1926　約3年をかけて生徒たち自身によって造成された運動場の竣工。

1926　フンボルトハウスに自前の印刷所を設備。

1937　集会場・体育館の建設。

このようにハウスが増えていった背景には生徒数の増加がある。第3章の表3-1で確認したように，開校した1910年に14人であった生徒数は，1913/14年には68人に増えた。第一次世界大戦中に若干減少したが，1919年に110人にまで増えた。その後も1920年代を通して着実に増加し続け，1930年には190人に達した。こうした新しい生徒たちを収容するために，プラトンハウス，ペスタロッチーハウス，カッシラーハウスといったハウスが購入・増築されていったのである。

2．建築家メッツェンドルフ

ところで，オーデンヴァルト校の主要なハウスの建築をすべて手がけた
メッツェンドルフとは，一体どのような人物だったのか。

彼はベルクシュトラーセで活躍する地元の著名な建築家であり，その略歴
は以下の通りである[19]。1900年代に入ってから亡くなる約20年間は特に精
力的な建築設計をこなし，最盛期にはムテジウスに比肩しうる活動をおこ
なったとされる。

メッツェンドルフは，1866年10月4日，古くからある地元の石工一家の
長男として，ヘッペンハイムに生まれた。1886年までベンスハイムの古選
帝候ギムナジウムで学んだのち，父の会社で石垣・石工業の修業しながら，
ヘッペンハイムの都市計画マイスター，クライン（Klein）の日曜製図学校に
通った。1886/87年，ダルムシュタットのラント建築専門学校ならびに工科
大学で学修し，1888-94　若き建築家として，ダルムシュタット，ハイデル
ベルク，エルバーフェルト（現在のヴッパータール）の建築事務所で見習い修
業をおこなった。1895年にヘッペンハイムに自らの建築事務所を設立し，
1897年，建築事務所をベンスハイムのハイデルベルク通り44番地に移転。
隣には彼のパトロンである製紙工場主ヴィルヘルム・オイラー（W.Euler）が
住んでいた。1897年，ダルムシュタット大公郡建築局にて郡建築監督者の
試験を受け，1901年にはヘッセン大公エルンスト・ルートヴィヒ（E.Ludwig）
により教授（Professor）の称号を授与される。1902年，妻アンナ（旧姓ヘク
ラー）（Anna(geb. Heckler)）と5人の子どもとともに，ベンスハイムのエルン
スト・ルートヴィヒ通り25番地に新築した住居に入居。1902年から23年
までの間に370件以上の別荘，邸宅，小住居，労働者住宅を設計した。その
うちベンスハイムだけで130軒を設計しており，それ以外に186軒をダルム
シュタットとハイデルベルクの間のベルクシュトラッセ沿いに設計した。
1923年2月15日，ベンスハイムにて死去。享年56歳。

第8章　オーデンヴァルト校における学校空間の創造　249

図8-7　H. メッツェンドルフ[20]

図8-8　芸術家村第1回展覧会
　　　　ポスター 1901年[21]

　メッツェンドルフは，卓越した識見によって，さまざまな所与の条件を，ひとつの明瞭な建築思想にまとめあげた。家屋の目的と自由になる資金，立地条件ともっとも入手しやすい材料，隣接する建物と周囲の自然，光や気候の様子。これらすべてが彼のもとでは，きわめて明瞭な建築構成へと作り上げられ，統一的な空間形成へとまとめられた。しかもそこでは逆に，すべての条件が無理なく満たされた。彼は，比較的簡素な課題であっても比較的豪華な課題であっても，常にこうした態度に適合するもっとも単純な形式を見つけ出した[22]。

　彼の建築は初期にはあきらかに古典主義建築であったが，19/20世紀転換期には郷土様式の一種である「別荘様式（Landhausstil）」に変化した。決定的な転機となったのは，教師・作家ホルツアマー（W.Holzamer）の別荘建築である。ホルツアマーはダルムシュタットの「マチルダの丘」に展開された芸術改革の運動に深く関与した人物である。当時，ヘッセン邦の都であった

250　第Ⅲ部　自由学校共同体を支える時間と空間

ダルムシュタットには，イギリスのアーツ・アンド・クラフト運動に共鳴したヘッセン大公ルートヴィッヒが芸術家村を建設していた。そこにはオルブリッヒ（J.M.Olbrich），ベーレンス（P.Behrens），クリスティアンセン（H.Christiansen）など才気あふれる芸術家たちが招かれた。建築，工芸，絵画など多方面にわたる彼らの作品は，1901 年から 1914 年の間に 4 回開催された芸術家村展覧会を通してドイツ国内外に発信された[23]。メッツェンドルフはこうした新しい芸術改革運動に影響を受けた。

　彼の代表作の 1 つは，ダルムシュタット近郊のベンスハイムに 1902 年に建設された自邸である（図 8-9）。その特徴を箇条書きに記すと次のようになる[24]。

・化粧塗りを施さないオーデンヴァルト産の赤色砂岩の自然石による壁。
・意識的な幅広の継ぎ目をもつ，1 階をおおう高い半地下。
・赤色の瓦（平瓦）で拭かれた急勾配の寄棟屋根。
・木製の装飾された屋根飾りを持つ，大小さまざまな張り出し部分。
・円形の建物部のいくつかの砂岩の要素は，幾何学的なユーゲントシュティールの模様によって形作られている。
・家の囲いは，支柱と木柵の付いた砂岩壁と，赤色砂岩でできた際立った正門の高いまぐさには，ハインリッヒ・メッツェンドルフという名前と 1902 年という建設年がユーゲントシュティールの書体で刻み込まれている。文字板の左右隣の渦巻形模様や，玄関支柱の上部縁飾りのダイアモンド加工は，費用のかかる石工作業である（図 8-10）。

3．学校空間に対する教員の認識

　1915 年に赴任したフランス人教師ウーゲナンは，初めてオーデンヴァルト校に着いた日に目にした同校の印象を，後年次のように記録している。

　「街道の最後のカーブにさしかかると，学校の建物が見えてきます。建物は落

第8章　オーデンヴァルト校における学校空間の創造　251

図8-9　メッツェンドルフ自邸　　図8-10　同正門（2009年3月：筆者撮影）
　　　（2009年3月：筆者撮影）

　日の最後の光に照らされて，森の端に寄り添って立っており，その手前には，淡い緑色の葉を茂らせた高い木々がまばらに伸びています。建物は別荘様式（Landhausstil）のモダンな屋敷です。それらは，茶色の板張り，色鮮やかに塗られた窓のよろい戸，とがった屋根，キズタの絡まった1階部分によって，うっとりするような景観を作り出しています。建物は風景や木の幹と同じ色をしており，遠目にはそれらと区別がつきません。

　バラの植えられたテラスの上がり口には菜園が広がっており，そこでは春先から冬に入るまで，子どもたちが土を掘り，植え，水をやるのを見ることができます。

　ハウスの内部は簡素ですが，あらゆる衛生学上の要求に適合した最新の施設を備えています。到着したときに抱く第一印象はあとあとまで残るものですが，そこにはけばけばしさやどぎつさはなく，見えるものすべてが目に心地よく上品です。広い窓は森と谷に向かって開かれ，谷をくだったかなたにはライン川が日没に輝くのを見ることができます。部屋の壁紙は簡素で，家具と板張りは同じ色をしています。余計なものは何ひとつなく，すべてが生活を快適で心地よくできるものばかりです。単調さはなく，どの部屋も違います。内外の設備は，ダルム

252　第Ⅲ部　自由学校共同体を支える時間と空間

シュタットの芸術傾向をもった傑作です。

　庭園，ハウス，大人と子どもの部屋は，花でいっぱいです。いたるところに光が差し込み，広い窓ガラス越しには美しい広葉樹の林を見ることができます。

　実験室と教室以外にも，以下のような共通の部屋があります。講堂，そこでは講演やお祈りがおこなわれ，学校共同体も開催されます。音楽ホール，それは色彩の調和によってとりわけすばらしく引き立っており，とても簡素に壁際のベンチと中央の大きなグランドピアノだけで飾られています。そして最後に広い食事ホール，そこでは4分の3の高さまで板が張られ美しいスズで装飾がなされています。」（下線：筆者）[25]

第3節　学校空間と学習活動

1．コース組織における学習

　第7章でみた通り，オーデンヴァルト校では「コース組織」という独自の時間割が開発され運用されていた。コース組織においては生徒自らが自己の関心と能力に応じて学習したい対象（コース）を選択した。午前はドイツ語，歴史，地理，生物学といった学問的コースが2コマ（各約2時間）を選び，4週間継続的に学習した。午後は家具製造，機械工，製本，裁縫といった実際的コースを1つ，約2時間取り組んだ。実際的コースは学習期間が4週間には限定されていなかった。

　学問的コースの教室は，ドイツ語，歴史，地理，語学，数学については比較的小さな教科教室が使用された（図8-11）。自然諸科学については特別教室が用意された（図8-12）。いずれのコースも5人から10人程度の少人数による学習がおこなわれた。教室の机と椅子は可動式で，学習内容と方法に応じて柔軟に配置が決められた。時にバルコニーやハウスの庭先で授業がおこなわれることもあった（図8-13）。

　実際的コースについても，活動に応じた空間が準備された。例えば，学校

第8章　オーデンヴァルト校における学校空間の創造　253

図8-11　低学年用教室（AOS）

図8-12　理科特別教室（AOS）

図8-13　バルコニーでの授業（AOS）

254　第Ⅲ部　自由学校共同体を支える時間と空間

図8-14　製本室（AEH）

図8-15　学校園（AOS）

雑誌『新ヴァルツカウツ』等を制作するための製本室（図8-14），機械工のための作業場，園芸のための学校園（図8-15）などである。生徒たちはコースごとに適切な空間に分かれて学習をおこなった。

2．コース以外の活動

　これまで繰り返し述べてきたように，ゲヘープはオーデンヴァルト校を創設するにあたり，同校をヴィッカースドルフ自由学校共同体よりも完全な自由学校共同体にしようと考えていた。そこでは，生徒，教師，職員という学校の全構成員が学校運営において自由と責任を平等に担うことを目指した。そのためのシステムが，第5章で詳しく検討した＜学校共同体＞と呼ばれる一種の全校集会である。＜学校共同体＞は14日に一度の割合で開催され，そこでは投票権の付与，各係の選出，コースにおける秩序，学校雑誌，来訪者対応など，学校運営に関わるさまざま事柄について議論された。多数決による議決が必要な場合には，教師にも生徒にも同等の投票権が与えられた（第5章参照）。＜学校共同体＞は学校運営のまさに「心臓」であり，そのた

図8-16　学校共同体室（AOS）

図8-17　空気浴場（AOS）

めに「学校共同体室 (Schulgemeinderaum)」という特別室が設けられた（図8-16）。

　また，コース以外の学習活動に対応するかたちで，それぞれ学校空間が用意された。毎日早朝の日課である空気浴のために，屋外に，木の柵で囲まれた空気浴場が設けられた（図8-17）。学校の祝祭が森を舞台に催されることもあった（図8-18）。体操やスポーツはゲヘープの考えにしたがいもっぱら屋外で行われたが，後述するように，1923年から26年の約3年をかけて，

256　第Ⅲ部　自由学校共同体を支える時間と空間

図8-18　森での祝祭（AOS）

生徒たちが敷地内に運動場を建設した。

　さらに、徒歩旅行なども重要な学校行事であり、それも含めると、同校での学習活動が学校の敷地を越えて地域社会にまで広がっていたと言える（図8-19）。

3．ハウスの使用例

　オーデンヴァルト校の学校空間は、これまで述べたように、それぞれの学習活動に対応したかたちで構成された。以下ではその具体例として、シラーハウスの空間構成を見てみたい。教師・生徒の人数やハウスの数の変化にともなって、各ハウスの部屋の使い方も年とともに少しずつ変化したが、1930年の時点でシラーハウスは次のように使用されていた（表8-1）。

　図8-20は、1910年にメッツェンドルフがシラーハウスを設計したときの建築図面の一部である。注目すべきは2階左側である。当初、番号30, 31, 33, 34の部屋は生徒もしくは教師の居室（ZIMMER）として計画されていた。しかし、ゲヘープとの協議の結果、4部屋と廊下の壁を取り除いて大きな講

第8章 オーデンヴァルト校における学校空間の創造　257

図8-19　徒歩旅行（AOS）

表8-1　1930年のシラーハウス[26]

階	用途
屋階2階	教師部屋1，生徒部屋1
屋階1階	図画室，教師部屋1，生徒部屋2
2階	＜学校共同体＞，教師部屋2，生徒部屋1
フィヒテハウスとの連絡室	図書室
1階	年少児用教室1，教科教室3
フィヒテハウスへの渡り廊下	製本室
地下室	幼児室，床屋，実験用教室，製陶室，製本室

堂（AULA）に変更することが指示されている。＜学校共同体＞のための部屋となったのはこの講堂である。

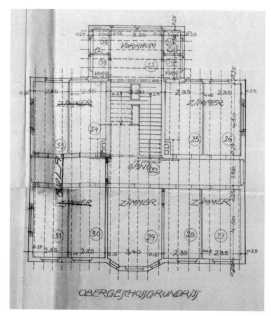

図8-20　シラーハウス2階平面図（AOS）

図8-21　シラーハウス外観（AOS）
渡り廊下をはさんで手前はフィヒテハウス

第4節　学校空間創造への生徒の関与

1．運動場建設への協力

　これまでの考察から，オーデンヴァルト校における学校空間と学習活動の強固な結びつきを確認することができた。しかし，生徒の立場からすれば，あらかじめ用意された空間を単にあてがわれていたわけではない。同校を含む田園教育舎系の学校が学校空間に関して持つ大きな特徴の1つは，生徒自身が学校空間の創造に関与していったという点である。同校ではその代表的な事例を1923年から26年の運動場建設に見ることができる。

　オーデンヴァルト校の史料室に保管されている当時の＜学校共同体＞議事録を通覧すると，運動場建設に関する最初の審議は1923年3月14日に確認することができる。提案者は生徒エアヴィン（Erwin）と教師ブレンニング（Brenning）であった。審議では，まずブレンニングが生徒たちに，新しい運動場建設のための作業を，イースター休暇中に学校にとどまっている生徒が開始することを提案している。

　　　「材木が現在安くなっているので，整地を行うべきです。そのためには石を破砕せねばなりませんが，たくさんお金がかかります。大半は市参事会員（マックス・カッシラーのこと：筆者）が出してくださいました。わたしたちにはもっと多くのお金が必要です。ですから，わたしたちはがんばって手伝わねばなりません。わたしはみなさんがイースター休暇に働いてくれることを期待しています。ひとつのグループが毎日，作業員の指揮にしたがって手伝うのです。」[27]

エアヴィンもまた，次のように建設資金の調達への協力を訴えている。

　　　「市参事会員さんが全額を支払うことができないのは，おそらく当たり前です。イースターに学校から出て行かない者は，心からオーデンヴァルト校に対する感

260　第Ⅲ部　自由学校共同体を支える時間と空間

図8-22　運動場建設の作業をする生徒たち 1923-26（AOS）

謝の気持ちを具体的に表したいと思っています。今がそのためのいい機会です。軍国主義は撤廃され，青年がそれをスポーツと取り替えねばなりません。今はドイツマルクがさほど高くないので，私はまず第1に外国に相談したいと思います。私たちは日曜日に運動場の式典をおこないます。そこもまた寄付の機会になります。」[28]

このように運動場建設への生徒の関与は，建設作業への参加と資金調達への協力という2つのかたちでおこなわれることになった。資金調達への協力に関しては，1925年11月の＜学校共同体＞において，「仲間（生徒のこと：筆者）も運動場を完成させるために，毎月小遣いの5％を運動場基金の調達のために寄付するというかたちで協力する」という提案が了承されている[29]。

2．運動場建設の新教育的意味

運動場の建設は，結果として共同体の成員であるという生徒の意識を強めた。と同時に，スポーツをより快適におこなうことのできる空間を作り出す

過程で，生徒たちは同校でのスポーツの種類や運営方法についても，考えを深めていった。

　限られた場所と時間のなかで，どのようなスポーツをどのように運営すべきかを検討するために，1924年の＜学校共同体＞において，生徒代表8人からなる「運動委員会（Spielkomission）」を設置することが決議された。そのうえで実施するスポーツについて協議した結果，あらゆるスポーツの基礎となる陸上競技と，生徒の希望の多かったサッカー，バスケットボールをおこなうこととなった。そしてその3つの競技には責任者としてそれぞれ2人の生徒が選出された[30]。

　運動場建設の完成が間近になった1925年11月には，新たに生徒代表7人からなる「スポーツ委員会（Sportkomission）」が設置された。7人の委員のうち1人の委員長，2人の会計係は同委員会が選出し，1人の出納係は＜学校共同体＞から選ばれた。委員会の業務は以下の5つとされた。

1) スポーツの種類の選考
2) スポーツグループの配置と日課のなかでのスポーツ時間の設定（スポーツ祭などの開催）
3) スポーツに関する設備の管理と拡充（スポーツ図書室の開設）
4) スポーツ器具の調達
5) スポーツ会計の管理
　　a) 収入：1. 生徒からの月々の定額出資
　　　　　　　2. 学校の補助金
　　　　　　　3. 寄付金
　　b) 資金の管理と使用

運動場建設は直接的，間接的に，次のような新教育的意味を持っていたと言えよう。建設への参加という意味での「労作」の導入，学校の構成員としての共通の課題認識の形成という意味での「共同体」意識の向上，生徒自身によるスポーツ運営という意味での「自治」の推進，スポーツの積極的実施

262　第Ⅲ部　自由学校共同体を支える時間と空間

図8-23　運動場でのホッケー（AOS）

という意味での「身体」の評価,等である。運動場建設にはこうした新教育的要素の結合を見ることができる。

　なお,こうした学校建築及び敷地の形成・整備への生徒の関与は,他の田園教育舎系の学校にも見られるとともに（図8-24），オーデンヴァルト校で現在まで継続する特徴である（図8-25）。

小括

　本章では,オーデンヴァルト校にみる学校空間の特色について考察してきた。以下では,最初の3つの課題設定に対応させながら,本章で明らかになったことを要約的にまとめておきたい。

　第1に,学校建築の動向とオーデンヴァルト校の建物配置の建築プランについてである。ドイツでは19/20世紀転換期に学校建築が独自の建築ジャンルとして確立された。1930年代始めまでの学校建築のキーワードは,「健康的な学校」,「美しい学校」,「現代的な学校」という3つであった。

　オーデンヴァルト校においては,健康的であることと美的であること,特

図8-24 ゾリング田園学舎の敷地整備作業 1910年[31]　図8-25 近年の運動場排水工事 1990年[32]

に健康的であることが重視された。そのことは，衛生の観点から立地（自然豊かなオーデンヴァルト山地），屋内設備（セントラル・ヒーティングや照明機器など）が選択されたことに示されている。建築設計は，地元の建築家メッツェンドルフによるもので，1918年以降に流行する現代的な学校ではなく，地元の素材を用い伝統的な建築技術を重視した「郷土様式」が採用された。

1910年の開校時は既存の施設を改装したゲーテハウス1棟のみで，その後1911年にかけて学校の中心となる5つの中規模のハウスが建設された。各ハウスには，複数のファミリーの居室，教室，作業室が設けられた。それは，ゲーテハウスの隣に大規模な主校舎を建設しようとした義父カッシラーと，ファミリーごとに小規模のハウスを建設し，それとは別に授業のためのハウスと作業場を設けようとしたゲヘープとの歩み寄りの結果であった。

第2に，学習活動に対応した学校空間の創造についてである。オーデンヴァルト校では1913年以降，コース組織という独自の授業形態を開発し実施していた。生徒は午前に約2時間の学問的なコースを2つ，午後は約2時間の実際的なコースを1つ選択し，それらのコースに一定期間継続的に取り組んだ。それぞれの教科や実際的作業に応じて，教科教室，特別教室，作業室が設けられた。教室の机と椅子は可動式で，学習内容と方法に応じて柔軟に配置が決められた。教科の学習は1教室に固定されているわけではなく，

学習内容に応じて，図書室やテラス，屋外などでも実施された。

　コースの授業以外では，学校運営の「心臓」として重要な役割を果たしていた＜学校共同体＞のために，＜学校共同体室＞という特別室が準備された。また，開校以来，同校の日課に組み入れられていた空気浴のために，空気浴場が設置された。ハウスを取り囲む森や，さらに学校外へと生徒の活動の空間が広がっていったことも特色である。

　第3に，学校空間の創造への生徒の関与についてである。田園教育舎系の学校では，学校建築や敷地の形成・整備への生徒の関与がしばしば見られた。オーデンヴァルト校におけるそうした最初の大規模な試みは，1923年から1926年の約3年間かけておこなわれた運動場の建設である。生徒は作業員とともに砕石や整地作業などの建設に携わると同時に，砂利の購入など建設費用を調達するために寄付金を集め，各自の月々の小遣いから一定額を募金した。それは学校施設に対して共同体の構成員が共同責任を担うという考え方を反映したものであった。

　運動場を建設する過程で，スポーツを円滑に実施のためにスポーツ委員会が設置され，生徒自身によって，スポーツの種類の選考やグループ分け，スポーツ図書館の創設，スポーツ器具の調達，スポーツ金庫の管理などがおこなわれた。以上のように，運動場建設というプロジェクトにおいては，「労作」，「共同体」，「身体」，「自治」といった新教育的要素の結合を見ることができる。

---

1)　Kemnitz,H.: Denkmuster und Formensprache pädagogischer Architekturen im ersten Drittel des 20.Jahrhunderts, In: Crotti,C./Osterwalder,F.(Hrsg.): Das Jahrhundert der Schulreformen; Internationale und nationale Perspektiven, 1900-1950, Bern/Stuttgart/Wien 2008, S.251.

2)　Ebenda, S.252.

3)　Ebenda, S.252f..

第8章　オーデンヴァルト校における学校空間の創造　　265

4）　Ebenda, S.253.

5）　Ebanda, S.253f..

6）　Ebenda, S.254.

7）　Ebenda, S.254f..

8）　Ebenda, S.255.

9）　Ebanda, S.265ff..

10）　Ebanda, S.268.

11）　Ebanda, S.267.

12）　Ebanda, S.255.

13）　Brief von Geheeb an Müller: 27.8.1960, In: Näf,M.: Paul Geheeb; Seine Entwicklung bis zur Gründung der Odenwaldschule, Weinheim 1998, S.400.

14）　Shirley,D.: The Politics of Progressive Education; The Odenwaldschule in Nazi Germany, Cambridge/London 1992, p.37.

15）　Brief von Geheeb an v.Scholz: 12.3.1910, In: Näf,M.: Paul Geheeb, a.a.O., S.400.

16）　Schäfer,W.: Die Odenwaldschule 1910-1960; Der Weg einer freien Schule, Heppenheim 1960, S.14.

17）　Ebenda.

18）　Schäfer,W.: Die Odenwaldschule 1910-1960, a.a.O., S.85. Priebe,A.: "Keine 'gothische' Kaserne und kein Schloss"-Zur Baugeschichte der Odenwaldschule, In: Kaufmann,M./Priebe,A.(Hrsg.): 100 Jahre Odenwaldschule; Der wechselvolle Weg einer Reformschule, Berlin 2010, S.219ff..

19）　Forberg,A.: Auf den Spuren von Heinrich Metzendorf in Bensheim (Prospekt), o.O. o.J.

20）　Landesamt für Denkmalpflege Hessen(Hrsg.): Kulturdenkmäler in Hessen; Kreis Bergstraße, Wiesbaden 2004, S.45.

21）　小幡一『世紀末のドイツ建築』井上書院，1987年，98頁。

22）　N.N.: Arbeiten des Architekten Professor Heinrich Metzendorf - Bensheim, o.O. o.J. , S.27

23）　ダルムシュタット芸術家村の誕生とそこでの建築および絵画の特徴については，小幡一『世紀末のドイツ建築』井上書院，1987年，89-177頁，および，長谷川章『世紀末の都市と身体──芸術と空間あるいはユートピアの彼方へ──』ブリュッケ，2000年，15-27頁を参照。

24）　Forberg,A.: Auf den Spuren von Heinrich Metzendorf in Bensheim, a.a.O..

266 第Ⅲ部 自由学校共同体を支える時間と空間

25) Huguenin,E.: Die Odenwaldschule; Mit einem Vowort von Peter Petersen: Die Stellung des Landerziehungsheims im Deutschen Erziehungswesen des 20. Jahrhunderts. Ein typlogischer Versuch, Weimar 1926, S.8f..

26) Schäfer,W.: Die Odenwaldschule 1910-1960, a.a.O., S.86.

27) Protokoll zu der 409. Schulgemeinde, 14.3.1923.（AOS）

28) Ebenda.

29) Protokoll zu der 463. Schulgemeinde, 18.11.1925.（AOS）

30) Protokoll zu der 442. Schulgemeinde, o.D.（AOS）

31) Mitgau,W.: Wie das Landschulheim nach Holzminden kam, In: Jahrbuch 2001 für den Landkreis Holzminden, Band 19, 2001, S.13.

32) Priebe,A.: "Keine 'gothische' Kaserne und kein Schloss", a.a.O., S.218.

終章　ナチス期における自由学校共同体の変容

　一般に「児童中心主義」や「子どもから」をスローガンとする新教育の諸実践は，教師の教育的意図をけっして否定したわけではないが，子どもに対する教師の直接的な働きかけを抑制することで，子どもの自由な学習や活動を保証しようとしてきた。そうした実践がおこなわれる場，すなわち教師の明確な計画性を逃れる曖昧な時空間を，山名淳にならって「アジール」と呼ぶことにしよう[1]。そこでは教師の教育的意図から相対的に自由な活動が生徒に許容されていた。

　しかし，そうした実践上のアジールが存在しうるには，もう１つ別次元のアジールが前提となっていた。それは，公立学校制度の明確な計画性を逃れる曖昧な時空間という意味での，国家-学校関係における制度レベルでのアジールである。特殊な教師-生徒関係が可能になるには，その実践が他の一般的な公立学校制度からの拘束を受けないという条件が必要であった。つまり，実践レベルのアジールが存在しうるには，制度レベルのアジールが国家によって許容される必要があった。新学校（新教育を実践した学校）の大半が，公立学校制度から距離を置く私立学校であったり，大学や師範学校の附属学校であったりした理由はそこにある。

　しかし，実践レベルのアジールが制度レベルのアジールに依存しているというアジールの二重構造は，実践レベルのアジールが寄って立つ基盤の不安定さも意味している。なぜなら，国家が公立学校制度を基準にして私立学校や附属学校を一元化しようとする時，新教育の実践もまた一元化されその多様性を失うからである。

　本章では，世界の教育史上，国家による教育統制がもっとも徹底しておこなわれた時代の１つであるドイツのナチス期に，ドイツ新教育の代表的学校

であるオーデンヴァルト校が，ナチス教育の「同質化（Gleichschaltung）」に
よって制度レベルのアジールであることが否定されていく状況にどのように
対応したのかを検討したい。

　オーデンヴァルト校における実践レベルのアジールを象徴するのが，自由
と責任を学校の全構成員が平等に担うという理念であり，その理念は一種の
全校集会である＜学校共同体＞によって具体化されていた。一方，制度レベ
ルのアジールという点では，オーデンヴァルト校はその新学校の実験的性格
が州政府によって認可されることで発足した。「本来動きの鈍い国家が簡単
には歩むことのできない新しい教育の道を，適当な人物に歩ませ，それに
よってそこでの諸経験を全体に役立てるということは，公共の利益とな
る。」[2] という理由で，オーデンヴァルト校は特別な学校として，他の公立
学校では不可能なさまざまな実践を展開することが制度的に保証されたので
ある。

　本章で注目するのは特に1930年から1934年までの時期である。この時期，
後述するようにファミリーシステムから世話係システムへ変更され，実践レ
ベルでのアジール的性格が強まった。また，ナチス政権誕生（1933年1月）
以降の学校の「同質化」政策によって同校のアジール性が強調され，それゆ
えにアジールとしての存在が危険にさらされる（アジールのパラドックス）。
その結果，オーデンヴァルト校は質変し，「オーデンヴァルト校共同体
（Gemeinschaft der Odenwaldschule）」が設立される（1934年3月17日）。その後，
ゲヘープ夫妻は生徒の一部を引き連れてスイスに移住し，新学校を設立する
（1934年4月17日）。それは制度レベルのアジールを保証してくれる新たな国
家への移転であった。

　以下ではまず，オーデンヴァルト校を含むドイツの主な田園教育舎系自由
学校がナチス政権にどのように対応したのかを概観する（第1節）。次に，ナ
チス期前夜のオーデンヴァルト校で，設立以来継続されてきたファミリーシ
ステムが廃止され世話係システムが発足する経緯を確認する（第2節）。最後

終章　ナチス期における自由学校共同体の変容　　269

に，ナチス政権成立後のナチスによるオーデンヴァルト校への干渉と，オーデンヴァルト校の質変，さらにゲヘープのスイス移住について考察する（第3節）。

第1節　ナチス体制下の田園教育舎系自由学校

　ナチスの教育政策を一言で特徴づけるとすれば，「民族共同体への奉仕」に向けて子どもたちを学校内外で教育することであったと言えよう。ヒトラー（A. Hitler）は『わが闘争』（1925/27年）において，「もしわれわれが，国家の第一の課題を，民族に奉仕し，民族の福祉のために最良の人種的要素を維持し，保護し，発展させることであると認識するならば，こうした配慮はその時々の民族，人種の小さい同胞の出生にまで広がるばかりでなく，この若い子孫が将来のよりいっそうの発展のために価値ある成員となるよう教育しなければならないことは，もちろんである。」[3] と述べている。ドイツ民族の「復興」こそが彼にとっての，そしてナチス政権にとっての最重要課題であり，他の社会諸分野と同様に教育分野においても強調されたのである。

　「民族共同体（Volksgemeinschaft）」とは，人種共同体と運命共同体という2つの意味を併せ持った特殊な概念である。人種共同体とは生物学的かつ精神的な特徴を共有する人間の集合体である。ナチスの人種政策に決定的な影響を与えたといわれるギュンター（H.F.K.Günther）の『ドイツ民族の人種学』（1922年）では，ヨーロッパ系人種として北方人種，地中海人種，ディナール人種，東方アルプス人種，当方バルト人種，ファーレン人種が挙げられる。ドイツ民族は北方人種を中核としてその他の類縁の人種からなるとされていた。運命共同体とは一定の人種のもとで共通の歴史と文化を培ってきた人間の集合体を意味する[4]。そこでは，神聖ローマ帝国の時代からドイツ民族が他の民族にもまして優れた文化を生み出しヨーロッパ全体に決定的な影響を与えてきたと理解された。こうした2つの意味を持つ民族共同体の復興のた

めに，自ら献身し尽力する人間を形成することが，教育の中心課題とされた
のである。

　ナチス期における教育の「同質化」は，ヒトラーユーゲントに代表される
学校外での青少年教育と，従来の学校教育の枠内でのカリキュラム改革や教
員の再研修を通して具体化されていった。そうした「同質化」の動きの中で，
新教育系の学校もまた，ナチス政権に対して明確な態度決定を迫られること
になる。

　新教育とナチスとの連続・非連続性について検討する際に手掛かりになる
のが「共同体」概念である。第１章で確認したように，「共同体」志向はド
イツ新教育の全般的特徴であった。エルカースは，ドイツ新教育の「共同
体」志向という側面に注目することによって，新教育とナチズムとの連続性
を指摘している。彼によれば，ワイマール期の新教育においては，民衆学校
教育と青年運動の集積から引き継がれた諸々の教育的手段（つまり，労作学校
と直観教授，祝祭と休暇，徒歩旅行と教育的指導者原理）が，常に「共同体」へと
方向づけられる。そこでは，後に大きな共同体（国家，民族，社会）において
完成されるべきものが小さな共同体（学校）のなかで開始され基礎づけられ
る，という政治的な改革期待が存在する。だが，その際に重要とされるのは，
例外を除けば，「民主主義への教育，それゆえ差異の経験，葛藤，合意形成
の手続き」ではなく，「社会的統一というロマン主義的なユートピア」であ
る。新教育が内包する，そして近代教育が構造的に内包していた，こうした
政治改革の論理形式は，さまざまな政治的立場によって利用されうるがゆえ
に「危険」なものである。「共同体」は，民族主義も共産主義も結びつきう
るような単なる「ロマン主義的な肯定的原理，不滅の救済期待」となる。そ
して新教育は，こうした曖昧な「共同体」志向のゆえに，結果的にナチズム
の「民族共同体」という国家統合のユートピアへと容易に絡めとられていっ
たというのである[5]。

　一方で，こうしたエルカースの主張とは異なった見解も存在する。テノル

ト（H.-E.Tenorth）は，エルカースの主張を部分的に承認しながらも，つまり「共同体」概念のなかに新教育とナチズムとの親和性を認めながらも，「新教育の実践および反省は，国家的なるものに染まった思想家たちや共同体思想の雄弁家たちの狭隘なディスコースや矮小な活動分野に還元できない」[6] と指摘している。テノルトによれば，ゲゼルシャフトに対置されるゲマインシャフトという概念が「他では補完できない生産的な着想」であり，それは「教育をめぐる状況が特殊な社会形式であり，相互作用に基づき，組織の論理に完全には支配されない」ということを絶えず教育者に意識させたというのである[7]。

　新教育とナチスの連続・非連続性に関しては，性急な一般化は避けねばならない。いまだ，それぞれの新教育家や学校ごとに事例研究を丁寧に積み重ねていく段階にある。田園教育舎系自由学校についても，ナチスへの関わり方は一枚岩ではなく，それぞれの学校ごとに慎重に吟味されねばならない。本研究は新教育とナチスの連続・非連続性の解明を主題とするものではないが，1910 年の学校設立からのオーデンヴァルト校の日常生活を検討してきたなかで，また，1933 年 1 月のナチスの政権掌握以降のオーデンヴァルト校の変容をみていくなかで，自由学校共同体＝オーデンヴァルト校の理念と実践にはナチスの狭隘な民族共同体思想にけっして還元することのできない，人間性の尊厳に根ざした教育の論理が存在していたことを理解することができるであろう。

　田園教育舎系の代表的な学校を見るならば，ナチス政権への対応は表 9-1 のように 3 つのタイプに大別できる。1 つめは学校の教育内容や運営組織が基本的にそのままの形で存続した学校。2 つめは教育内容や運営組織を大幅に変更することを条件に存続が認められた学校。そして 3 つめは学校の左翼思想的性格等により存続が認められずに閉鎖した学校である。オーデンヴァルト校はヴィッカースドルフ自由学校共同体とともに改組存続を余儀なくされた学校に入る。

272 終章 ナチス期における自由学校共同体の変容

表9-1 ナチス期における田園教育舎系自由学校の変化

存続	ドイツ田園教育舎 (A. アンドレーゼン) ショーンドルフ南ドイツ田園教育舎 (E. ライジンガー) ゾリング田園学舎 (T. レーマン) ザーレム城校 (K. ハーン→O. バウマンら→H. ブレンディンガー)		
改組存続	オーデンヴァルト校 ヴィッカースドルフ自由学校共同体	→ →	オーデンヴァルト校共同体 (H. ザックス, W. マイヤー) 1934 年 ヴィッカースドルフ学校共同体 (P. デーリング) 1933 年
閉鎖	レッツリンゲン自由学校・作業共同体 (B. ウッフレヒト) ヴァルケミューレ田園教育舎 (L. ネルソン, M. シュペヒト) 海辺の学校 (M. ルゼルケ)		1933 年閉鎖 1933 年閉鎖 1933 年閉鎖

　個々の学校と同時に，学校間のネットワーク組織である「ドイツ自由学校（田園教育舎及び自由学校共同体）連盟」もまた，ナチス政権の影響下で組織改編を迫られた。第2章でみた通り，同連盟は1924年10月，ドイツの7つの田園教育舎系自由学校のネットワーク組織として設立された。設立当初は第一次世界大戦後のハイパーインフレへの対応を共同で協議することが主眼であったが，徐々にそれぞれの特色ある教育実践を公立学校制度のなかで発表し意義づけることが目指された。ところが，ナチス政権誕生後の1933年9月，同連盟は「ドイツ田園教育舎ライヒ組合（Reichsfachshaft Deutsche Landerziehungsheime）」に改組することになる。9月24日にゾリング田園学舎において開催された同組合設立式典に際して，校長のレーマンは，国家と学校の関係を以下のように述べている。

　　「教育とはわれわれにとって再び人間像の生成を意味するものでなくてはならない。しかし，ルネッサンスの目指したところと異なるのは，個人の形成が民族の形成につながるところでこそ，個人の形成が確信されるという点である。しかし，国家としての民族の形成が開始されるのは，上からの力強い意志と下からの力強い意志として，国家への新たな意志が働くところにおいてである。大いなる国家と学校国家への積極的な関与が今日われわれにとってもっとも大切な教育方法である。それと比べるとあらゆる芸術的行為は現実の世界から逃れて自己満足していることは許されず，教育方法はむしろ政治的なものの純化と内面化に奉仕

するのである。」[8]

　リーツの後継者で組合の長であるアンドレーゼンもまた,「ドイツの諸田
園教育舎をわれわれの敬慕する帝国総統に捧げるとともに,ヘルマン・リー
ツの教育舎を偉大なる総統と国家社会主義運動に義務づけるという栄誉」[9]
をきっぱりと表明している[10]。

　以上のようにドイツの田園教育舎系の諸学校やネットワーク組織がナチス
政権に対して明確な態度決定を迫られるなか,オーデンヴァルト校は改組存
続という道を選ぶ。次節では,ナチス期の対応を検討する前に,ナチス政権
誕生前のオーデンヴァルト校において生徒の自治的活動が強化されたこと,
つまり実践レベルでのアジール性が高まった様子について確認しておきたい。

第2節　ナチス期前夜のオーデンヴァルト校
——ファミリーシステムから世話係システムへ——

　オーデンヴァルト校では創立以来,ファミリーシステムによって寄宿舎生
活が営まされていた。ファミリーシステムとは,教師が「ファミリーの長
(Familienhäupter)」となり,5〜8人程度の生徒とともに1つの疑似家族を
形成し,学校内での授業以外の活動を共同でおこなうというものである。寄
宿舎と教室等を兼ねる各ハウスには複数のファミリーが所属した。第4章で
確認した通り,ファミリーシステムは,もとはリーツがドイツ田園教育舎で
1904年に,それまでのプリーフェクトシステムに代わって採用したもので,
同校以外の多くの田園教育舎系の学校でも導入されていた。現在のオーデン
ヴァルト校においてもファミリーシステムが維持され,寄宿舎生活の基本単
位となっている。

　オーデンヴァルト校において,ファミリーシステムを廃止し,新たに「世
話係システム (Wartesystem)」が導入されたのは,1931年のことである。背

景としては，1930年に同校が創立20年を迎え，ドイツ国内外で一定の名声を獲得する一方で，ゲヘープが自由学校共同体の理念（自由と共同責任）をより高いレベルで現実化しようとしていたことが挙げられる。直接的契機となったのは，1930年11月にゲヘープがレッツリンゲン自由学校・作業共同体を訪問したことである[11]。訪問の理由は，同校で開催されたドイツ自由学校（田園教育舎及び自由学校共同体）連盟の年次大会への出席であった。同校では，自覚的な教育的意図の制限，共同体生活による超人間的な教育力への期待，作業の重視が強調されていた。ゲヘープは，同校ではオーデンヴァルト校以上に生徒の学校運営への参画が徹底されていることに強い感銘をうけた。

1931年3月18日の＜学校共同体＞において，ゲヘープは「学校の再構築」について以下のように生徒や教職員に語りかけている。

> 「昨秋以来，ここ学校共同体や作業共同体において，提案が強くなされており，私たちはみな，とりわけおそらく年長の仲間（生徒のこと：筆者）は，ここ数ヶ月ますます集中的にその提案に取り組んできました。1月からは，私は何人かの協力者（教師のこと：筆者）と頻繁に，最上級生の仲間と一緒になって，会議を開きました。私たちはこの提案を深く追求するなかで，ますます次のことを自覚するようになりました。すなわち，ファミリーシステムが最初は必要で，その良さを持っているにもかかわらず，21年間に私たちが経験を積んできた今，ファミリーシステムをもはや必要としないということです。また，われわれの共同体におけるファミリーシステムの発展の可能性が，われわれの共同体によって規定される形式，雰囲気において，徐々に使い果たされ，ここでなにもかもがこの古い組織を乗り越えることを迫られているということです。この共同体のどの構成員にも求められる重くて困難な責任は，少なくとも年長の仲間には，そして私の見たところ中級の仲間にも，ここ数ヶ月の間に，ますます意識されるようになってきました。」[12]

この＜学校共同体＞では，ゲヘープに対する質問は可能だが結論ありきの審議であった。それはゲヘープが尊重する民主的な合意形成からは逸脱して

いるとも言え，シェファーは「クーデター」[13]，ネフは「上からの革命」[14]と呼んでいる。こうして世話係システムは，校長ゲヘーブの強いリーダーシップのもとで，1931年の復活祭休暇後より実施されることとなった。

世話係システムにおいては，生徒はそれぞれファミリーではなく「ハウス共同体（Hausgemeinschaft）」に所属する。各ハウス共同体には5つの「世話係（Warte）」がおかれた。生徒の健康に責任をもつ衛生係（Hygienewart），学業に責任をもつ学習係（Studienwart），学校からの帰省等を管理する休暇係（Urlaubwart），小遣いを管理する会計係（Finanzwart），そしてハウス及び居室の秩序と整理整頓を取り仕切る秩序係（Ordrungswart）である。この新組織は，教師と一緒にペスタロッチーハウスに住まなくてはならない幼少児を除くすべての生徒に適用された。そして，各ハウス共同体の年長の生徒が校長ゲヘーブや時には教師フォン・ケラーと共に世話係会議を開いた。

ファミリーシステムから世話係システムに移行したことで，生活空間上の変化も起こった。上述の通り，ファミリーシステムでは教師と生徒からなるファミリーごとに各ハウスで生活していた。ところが，世話係システムでは，

図9-1　世話係会議（1931/32：AOS）

大人は全員プラトンハウスに移動し「ファミリーの長」の役目から解放され，各ハウスでは原則的に生徒だけが共同生活をおこなうこととなった。

　世話係システムに対する生徒の受けとめについては，1931 〜 32 年の学校誌『新ヴァルトカウツ（Der Neue Waldkauz)』に，世話係システムの評価について，多くの生徒の記事が掲載されている。総じて言えば，新システムによって生じる責任を担うことに，きわめて困難を感じていたと言える[15]。とはいえ，共同生活の場面から教師が退去し，生徒自身により大きな自由と責任が与えられたことは，ハウスのアジール的性格が格段に強まったと理解することができる。

第3節　ナチスによるオーデンヴァルト校の干渉と　　　　　　　　ゲヘープのスイス移住

　1933 年 1 月 30 日にヒトラーが首相となりナチス政権が発足してまもなく，オーデンヴァルト校への干渉が開始される。

　3 月 5 日のドイツ帝国議会選挙の後，3 月 6 日にライヒ内務大臣がヘッセン警視総監を社会民主主義者から国家社会主義者に交代した。翌日の 3 月 7 日にゲレント（W.Goerendt）が 10 数人の SA（突撃隊）隊員とオーデンヴァルト校を訪れ，強制的な家宅捜索をおこなった。ゲレントはヘッペンハイムの SA 隊員で 1928 年以来の熱心なナチ党員であった。ゲレントの父が 1917 年に，マックス・カッシーラー（ゲヘープの義父でオーデンヴァルト校の所有者）の経営する会社を解雇されたことへの恨みをもっていたとされる。3 月 10 日にフランクフルト新聞が，オーデンヴァルト校で大量の共産主義の書物が発見されたと報道。3 月 11 日，ゲレントが 50 人の SA 隊員と 2 人のダルムシュタットの警官とともに同校を再訪。ゲヘープは 3 月 13 日にヘッセンの新州首相兼文部大臣ヴェルナー（F.Werner）に抗議をするが，事態が好転することはなかった[16]。

こうした一連のやりとりの結果，ナチスによって同校存続の条件として提示された要求は，第1に教員をすべてナチスに同調する教員に入れ替えることであり，第2に男女の生徒を別々の棟（ハウス）に居住させることであった[17]。男女の性別に応じた教育を主要政策の1つに掲げるナチスにとっては，ドイツの中等学校で最初の本格的な男女共学をおこない，いまや世話係システムの導入によって，大人不在で男女生徒が1つのハウスで共同生活をしていることは，けっして容認しがたいものであった。

図9-2　オーデンヴァルト校を捜査するナチスSA隊員
（1933.3.7:AOS）

ゲヘープはすでにこの時点で，ナチス体制下で自由学校共同体を存続させることの困難さと，国外移転を真剣に検討し始めていた。彼は，スイスの親友フェリエールに宛てた3月15日付け書簡において，オーデンヴァルト校の置かれた緊迫した状況を報告するとともに，早期にスイス移住ができるよう協力を依頼している。

「こちらは君が想像できるよりもずっとずっとひどい状態です。おそらく私の人生においてもっとも厳しい時期です。今は君に何も説明することはできません。なぜなら，われわれの手紙のやりとりは刑事警察（Kriminalpolizei）によって監視されているからです。（中略）子どもたちはまったく危険にはさらされていません。（中略）クロード（フェリエールの息子：筆者）のことは心配なく。次のような考えがそもそも議論に値すると思われるか，どうか一度ゆっくりと考えてみてください。仮に私のこちらでの活動を断念せざるを得なくなれば，私の最良の教師たちと約100人の子どもたちとともに，スイスに行くことができるでしょうか。ドイツ語圏かフランス語圏か（どちらの可能性もおそらく君の特別な利点があると思われますが）。どこかにある程度適当な建物をいくつか，つまり，（こちらの人々が再び分別がつくようになるまで）私が当面半年間借りることのできるよう

な建物で現在たまたま空き家になっているものを，探してもらえないでしょうか。そうすれば私たちはさっそく4月か5月にも移住したいものです。」[18]

　フェリエールは直ちに候補地を探す作業を開始したが，3月19日付けのフェリエール宛ての書簡でゲヘープは，ドイツでの状況がますます厳しくなっていることと，スイスで有力な人物を紹介してもらいたい旨の依頼をしている。有力な人物としてゲヘープが具体的に挙げたのは，ボヴェ（P.Bovet）とクレパレード（E.Cleparéde：オーデンヴァルト校訪問経験有り）である。また人物の紹介と併せて，現在，スイスには適当な空き屋がいくつもあるだろうから，グニング（W.Gunning）にこの夏にレ・プランの彼の家屋を貸してもらえるかを尋ねてもらう必要はないとことわっている[19]。グニングとは，翌年のスイス移住を機に共同で学校を運営した人物である。

　4月11日付けのフェリエール宛ての書簡では，「おそらく私の人生でもっとも厳しい時期」であり，「（不安や恐怖でなく）この息苦しい緊張が数週間にわたっており，毎日逮捕されるのではないかと注意をはらっています。」と述べるとともに，数千人もの囚人が出ていることと，3，4千人収容可能な大規模な強制収容所が4つ建設されていることを知らせている[20]。

　ゲヘープがスイス移住の準備を進めるかたわらで，同校の美術教師ザックス（H.Sachs）と歴史教師マイヤー（W.Meyer）によって，オーデンヴァルト校の組織改編の準備が進められていた。改編後の学校の名称は「オーデンヴァルト校共同体」であった。オーデンヴァルト校共同体は1934年3月17日，ザックスとマイヤーの共同運営のかたちで発足した。正確にはオーデンヴァルト校とは別組織で，オーデンヴァルト校の施設所有者であるカッシラーから施設を賃貸をするかたちで運営された。ゲヘープは名誉会員（Ehrenmitglied）の第1号に任命された。

　オーデンヴァルト校共同体では教育実践も質変していった。まずは男女生徒が別棟（ハウス）で居住することが強制された。また，ヒトラーユーゲントの活動が男女生徒に導入され，オーデンヴァルト校における自由学校共同

終章　ナチス期における自由学校共同体の変容　279

図9-3　オーデンヴァルト校共同体でのスポーツ祭（1936:AOS）

体の理念を象徴的に具現化していた民主的な＜学校共同体＞は廃止された。他方で、授業場面での「コース組織」は継続された[21]。

　1934年3月30日、ゲヘープはドイツを去り、スイスに移住する。その後、24人の生徒もゲヘープの後を追ってドイツを離れた。ゲヘープが頼ったのは、ジュネーブ湖に近いベルソワ近郊のポン・セアールにあるモニエー学院（Institut Monnier）であった。同学院の校長はグニングであったが、4月17日にゲヘープとグニングの共同運営のかたちで新組織として再出発することになる[22]。

　ゲヘープはその後、グニングと袂を分かち、スイス国内で自らの「人間性の学校（Ecole d'Humanité）」を設立し、移転を繰り返しながら終戦を迎えた。1946年にベルン近郊のゴルデルンの地に落ち着き、現在に至っている。ゲヘープは戦後もドイツに戻ることなくゴルデルンの地で生涯を閉じた。一方、ドイツに残ったオーデンヴァルト校共同体は第二次世界大戦終結と共に閉鎖され、イギリスに亡命していた元ヴァルケミューレ田園教育舎校長のシュペヒト（M.Specht）の指揮の下、1946年にオーデンヴァルト校として再開され、

280　終章　ナチス期における自由学校共同体の変容

現在に至る。

小括

　以上，ナチス政権成立前後におけるオーデンヴァルト校の状況を見てきた。オーデンヴァルト校では 1910 年の開校当初から，中等学校としてはドイツ最初の徹底した男女共学を導入し，＜学校共同体＞を通しての学校運営への生徒参加といった実践をおこなっていた。1930 年代に入ると，ファミリーシステムに変わって世話係システムが採用され，教師の教育的意図からより自由な活動が生徒に認められるようになる。この時期，教師−生徒関係の実践レベルのアジール性がピークに達したと言える。しかし，1933 年 1 月にナチス政権が発足すると，「同質化」政策によって国家−学校関係の制度レベルのアジールであることが否定される。そして，教師−生徒関係の実践レベルのアジールもまた大幅に制限されていったのである。

　こうしたオーデンヴァルト校の事例は，アジールとしての新学校の不安定さ，すなわち，新学校における実践レベルでのアジールの存立が制度レベルでのアジールに依存することを，明瞭に示したものであると言える。

　ところで上述の通り，1934 年 3 月末にスイスに移住したゲヘープは，グニングのモニエー学院を共同で運営することになる。4 月 17 日，同学院の新体制での出発を祝うささやかな式典が催された。そのなかでゲヘープは，ドイツを離れ「より自由な国」スイスで教育活動を継続するにあたり，単にオーデンヴァルト校と同じことをするのではなく，学校を「理想の人間の共同体」により近づけたいという思いを子どもたちや教職員に訴えかけている。そしてジュネーブに国際連盟の本部があることを念頭に置きながら，多様な文化を基盤にした新しい学校の構想を次のように表明している。

　　　「ジュネーブ湖に面する私たちの学校の規模はつつましいものですが，フランス文化，スイス文化，ドイツ文化，そして望むらくは近いうちにイギリスの文化が，実り豊かにお互いを高め合うような交流のなかで相互に作用し合い，また西

洋と東洋が相互に出会うことになります。そして私が思い描くものを私たちがう
まく実現することができたならば，数年後にはフランスの学校でもドイツの学校
でもなく，イギリスの学校でもスイスの学校でもないような，人間性の学校
（Schule der Menschheit）になることでしょう。」[23]

　ゲヘープはオーデンヴァルト校においてと同様，新しい学校においても，
子どもたち一人ひとりに宿る個性に対して畏敬の念を持ち，さまざまな個性
をもつ者が共に学び生活する共同体を形成しようとした。そして，オーデン
ヴァルト校で可能であったより以上に，民族や国家に規制されることのない
「人間性の学校」という壮大な理想を掲げて，新天地スイスでの教育実践に
挑むことになるのである。

---

1)　山名淳「アジールと『新教育』――本共同研究の目的と視点――」，平成23-25
年度科学研究費補助金研究成果報告書（基盤研究(C)）『新教育運動期における学校の
「アジール」をめぐる教師の技法に関する比較史的研究』（研究代表者：山名淳）2014
年，1頁。また，新教育研究にアジール概念を導入した意欲的な研究として，山名淳
「＜学校＝共同体＞に穴を穿つ――『アジール』論からみた『新教育』の学校――」，
教育思想史学会編『近代教育フォーラム』第21号，2012年を参照。

2)　N.N.: Neue pädagogische Wege; zur Eröffnung der Odenwaldschule, In:
Frankfurter Zeitung, 3. April 1910, S.2.

3)　ヒトラー,A.（平野一郎他訳）『わが闘争』（下）角川書店，1973年，60頁。

4)　南利明『ナチス・ドイツの社会と国家――民族共同体の形成と展開――』勁草書
房，1998年，73-76頁。

5)　Oelkers,J.: Erziehung und Gemeinschaft; Eine historische Analyse
reformpädagogischer Optionen, In: Berg.C./Ellger-Rüttgardt,S.(Hrsg.): Du bist
nichts, Dein Volk ist alles; Forschungen zum Verhältnis von Pädagogik und
Nationalsozialismus, Weinheim 1991, S.39f.

6)　Tenorth,H.-E.: Kontroversen über Reformpädagogik, Vortrag an der Universität
Hiroshima, 1995, S.7.（山名淳訳「改革教育をめぐる論争」，小笠原道雄／坂越正樹監
訳『教育学における「近代」問題』玉川大学出版部，1998年，140頁。）

7)　Ebenda, S.8.（邦訳，141頁。）

8)　Gründungsfeier der Reichsfachschaft Deutsche Landerziehungsheime, 24.

282 終章 ナチス期における自由学校共同体の変容

September 1933, S.10. (ALS)

9) Ebenda, S.13.

10 アンドレーゼンがリーツの教育実践・教育思想の意図的な再解釈を通して，リーツとドイツ田園教育舎をナチス体制に「継承」しようとしていた点については，江頭智宏「ナチ時代におけるドイツ田園教育舎の位置付けをめぐる論議——H. リーツ『回想記』の再版に関する A. アンドレーゼンの主張を中心に——」『九州大学大学院教育学研究紀要』第 8 号，2005 に詳しい。

11) レッツリンゲン自由学校・作業共同体は 1919 年にウッフレヒトによりベルクシュトラッセのオイアーバッハに設立された。同校は「教育のない共同体 (erziehungsfreie Gemeinschft)」を理念とした。Uffrecht, U.: Die Freie Schul-und Werkgemeinschaft Letzlingen; Ein Schulversuch von bleibender Bedeutung, In: Neue Sammlung, 32.Jg., H.4, 1992, S.95-97.

12) N.N.: Die Neugestaltung der Schule; Paulus spricht in der Schulgemeinde vom 18.März 1931, In: Der Neue Waldkauz, 5.Jg., Nr.4, 1931, S.62.

13) Schäfer,W.: Die Odenwaldschule 1910-1960; Der Weg einer freien Schule, Heppenheim 1960, S.28.

14) Näf,M.: Paul und Edith Geheeb-Cassirer; Gründer der Odenwaldschule und der Ecole d'Humanité, Deutsche, Schweizerische und Internationale Reformpädagogik 1910-1961, Weinheim /Basel 2006, S.361.

15) Shirley,D.: The Politics of Progressive Education; The Odenwaldschule in Nazi Germany, Cambridge/London 1992, S.79.

16) Shirly,D.: The Politics of Progressive Education, a.a.O., pp.90-93, Näf,M.: Paul und Edith Geheeb-Cassirer; a.a.O., S.392.

17) Näf,M.: Paul und Edith Geheeb-Cassirer; a.a.O., S.392f..

18) Brief von Geheeb an Ferrière, 15.3.1933. (AEH)

19) Brief von Geheeb an Ferrière, 19.3.1933. (AEH)

20) Brief von Geheeb an Ferrière, 11.4.1933. (AEH)

21) Shirly,D.: The Politics of Progressive Education, a.a.O., p.187.

22) Näf,M.: Paul und Edith Geheeb-Cassirer; a.a.O., S.430f..

23) Geheeb,P.: Ansprache von Paul Geheeb an seine Mitarbeiter und Zöglingeanlässlich der Aufnahme seiner erzieherischenArbeit in Versoix am 17. April 1934, In: SchweizerErziehungsrundschau, Zürich, 7.Jg., 1934, S.69f..

付論　新教育の「大きな合流」を創る試み
──新教育連盟とヴェーニガー──

　19世紀末から20世紀初頭に世界同時現象として生起した教育改革の理論と実践は一般に「新教育」と呼ばれる。新教育は思想と実践それ自体の新しさとともに，その思想と実践をめぐるコミュニケーションにおいても，それ以前の教育にない新しさを有していた。すなわち，コミュニケーションへの参加者の属性と規模，コミュニケーションを成り立たせているメディア，コミュニケーションが公的・私的領域において果たす機能と影響において，新教育は類例を見ないものであった。

　こうした新教育の国際的なコミュニケーションを促進したもっとも重要なネットワーク組織は，「新教育連盟（Weltbund für Erneuerung der Erziehung, New Education Fellowship）」である。同連盟は第一次世界大戦終結後間もない1921年に創設され，新教育思想と実践の国際的連携を通して，国際協調と世界平和を促進しようとするものであった[1]。同連盟創設のイニシアチブをとったのは，イギリスのエンソア（B.Ensor）である。ドイツ語圏の代表はロッテン，フランス語圏の代表はフェリエールであり，エンソアとともに同連盟を牽引した。1921年のフランス，カレーでの連盟創設会議ののち，モントルー（1923年），ハイデルベルク（1925年），ロカルノ（1927年），エルシノーア（1929年），ニース（1932年）と定期的に国際会議が開催された。組織の規模が拡大するにつれて，ロカルノ会議以降，各国ごとに「支部（Sektion）」を結成するとともに，同連盟内の国際評議会（Internationaler Rat）に代表者を送るという原則が設けられた。イギリス（1928年），日本（1930年），アメリカ（1932年）などと同様，ドイツでも1931年10月に独自の支部が公式に創設された。

　この時，ドイツ支部の初代会長にエーリッヒ・ヴェーニガー（Erich

Weniger, 1894-1961）が選出されたことは驚きである。のちにノールの後継者としてゲッティンゲン学派を率いていくことになる彼は，当時弱冠37歳であった。確かに彼は，青年運動やホーエンロート同盟での活動を通じて，新教育的実践の経験があった。また，キールとアルトナの教育アカデミーでは，教育学および哲学の教授として，教育学における理論と実践の関係について，透徹した論考を発表していた。しかし，新教育連盟の創設にはまったく関与しておらず，ドイツ語圏の代表を務めていたロッテンと接触をもつのも，ようやく1929年以降のことである。その彼がなぜドイツ新教育の代表者に選ばれたのか。

　歴史教育，教員養成，民衆教育等の分野において多面的な活動をおこなったヴェーニガーについては，これまでに膨大な研究が蓄積されてきた[2]。しかし，ヴェーニガー研究において新教育連盟と彼の関係が主題として論じられることはなかった。その理由として，ドイツ教育学では伝統的に，精神科学的教育学派に属するアカデミズム教育学者たちは，新教育実践への直接的な関与者としてではなく，もっぱら新教育実践の外部観察者として認識されてきたということが挙げられよう。さらに，ヴェーニガー自身がその論文や著書で，ドイツ支部会長としての活動についてほとんど記録していないことに加え，彼の遺稿がながらく未整理であったため，一次史料を用いた研究が困難であったという事情が考えられよう。一方，これまでのドイツ新教育研究においても，新教育連盟へのヴェーニガーの関与については，ほとんど研究の蓄積がないのが現状である。唯一，レールス（H.Röhrs）がドイツ支部の創設過程を概説した論文[3]において，ヴェーニガーがドイツ支部会長に選出された事実について言及している。しかし，選出の経緯や，選出後彼が会長として具体的にどういった活動をしたかについては未解明のままである。

　本研究では，没後40年を経てようやくゲッティンゲン大学図書館において体系的整理がなされたヴェーニガー遺稿を主たる分析対象としながら，これまでほとんど知られていない新教育運動への責任ある関与者としての

付論　新教育の「大きな合流」を創る試み　285

ヴェーニガーに光を投げかけたい。つまり，いかなる経緯でヴェーニガーが
ドイツ支部会長に就任することになったのか，また彼が支部の中心人物とし
て何をおこない，何をおこなわなかったのかを明らかにしたい。また，その
ことを通して間接的に，ワイマール期終盤からナチス期初めにかけてのドイ
ツ新教育の国際的，国内的コミュニケーションの状況と特質の一端を描き出
したい。

第1節　ロッテンとドイツ本部

　ドイツにおける新教育連盟の中心的な担い手はロッテンである。ベルリン
生まれのドイツ系スイス人であった彼女は，第一次世界大戦中にベルリンで
平和活動に参画するなかで，後の新教育連盟副総裁ローソン（W.Rawson）と
知り合った。1921年の新教育連盟創設会議には，スイス・パスポートによっ
てフランス入りし，それ以降，1934年にスイスに移住するまで，「ドイツ本
部（Deutsche Mittelstelle）」の主任として旺盛な活動を続けた[4]。新教育の
ネットワークを広げるために国内外を飛び回る彼女の荷物には，いつもタイ
プライターと寝袋が入っていたという[5]。
　ドイツ本部とは，ドイツ語圏と部分的にはドイツ文化に方向づけられた諸
国のための，新教育連盟の国際的活動のための事務所である。それは，
1931年にドイツ支部が創設されて以降も，独立した組織として存続した[6]。
ドイツ本部の活動は大きく2つに分けることができる。1つは，新教育連盟
の世界会議にドイツ語圏から報告者や参加者を派遣することである。とりわ
け1925年にハイデルベルクで開催された第3回世界会議では，その運営に
おいて大きな役割を果たした。ブーバーの有名な講演「教育的なるものにつ
いて」は，この会議の目玉として企画されたものである。いま1つは，機関
誌『来るべき時代（Das Werdende Zeitalter）』（1922-1932）[7]の発行である。
編者はロッテンであり，1926年以降は，社会的教育学のパイオニアとして

知られるヴィルカー（K.Wilker）が加わった。同誌は，新教育連盟の姉妹紙
である英語版の『新時代（The New Era）』，フランス語版の『新時代のため
に（Pour l'Ère Nouvelle）』とともに，新教育の情報交換と啓蒙を目的とした[8]。

　ドイツ本部によって結ばれた新教育家の集団として，以下の名前をあげる
ことができる（*は『来るべき時代』常任協力者）。理論家として，ブーバー*，
エストライヒ。実践家として，ロッティヒ（W.Lottig）*，ゲヘープ，エア
ドマン*。行政官として，ヒルカー，ハインリヒ・ベッカー（H.Becker）*
等である。以上のような著名な新教育関係者も含まれていたが，ドイツ全体
からするとごく一部にすぎない。また，当時のアカデミズム教育学の中心に
位置しており，同時に新教育に強い関心をもっていた精神科学的教育学派の
理論家たちは，含まれていなかった。ヴェーニガーがロッテンと接触をもつ
のも，ようやく 1929 年以降のことである。

第2節　教育アカデミー教授としてのヴェーニガー

　ヴェーニガーが新教育連盟に関与していく 1920 年代終盤から 1930 年代初
頭，彼は 3 つの教育アカデミー（Pädagogische Akademie）で，教育学と哲学
の教授ならびに学長として，新構想の初等教員養成の仕事に携わっていた。
　教育アカデミーとは，それ以前の教員ゼミナールに代わって民衆学校教員
の養成をおこなう，単科 2 年制の高等教育機関である[9]。プロイセン文部大
臣，カール＝ハインリヒ・ベッカー（Carl-Heinrich Becker）のイニシアチブ
によって，1926 年から 1930 年の間に 15 校が設立された。教育アカデミー
は新教育とも強い結びつきをもち，C.-H. ベッカーは青年運動の社会批判力
と連帯意識に期待し，青年運動出身の若い教育者が教育アカデミーのポスト
に就くことを望んだ。そして，青年運動を教育アカデミーのなかに統合しよ
うとする試みは，「最初の教育アカデミーへの招聘人事がはっきり示してい
るように，大筋で成功した」[10]。ヴェーニガーもまた，ドイツ青年運動の 1

つの頂点に位置づけられる「自由ドイツ青年」のホーアー・マイスナー大会[11]（1913年10月）に駆けつけた青年の一人であった[12]。

ヴェーニガーはゲッティンゲン大学のノールのもとで助手および講師を務めたのち，1929年4月にキール教育アカデミーの教授に就任した。1930年4月に新設のアルトナ教育アカデミーに学長兼教授として赴任し，1932年3月の同アカデミー閉鎖にともない，4月以降フランクフルトa.M.教育アカデミーに学長兼教授として異動した。なかでも初代学長として手腕

図10-1　エーリッヒ・ヴェーニガー[13]

をふるった「アルトナでの歳月は，ヴェーニガーの人生においてもっとも充実した幸福な時期のひとつ」[14]に数えられる。

この時期のヴェーニガーの学問上の重要な仕事に，教育における理論＝実践問題に関する考察がある。その代表的論文である「教育における理論と実践」（1929）は，キール教育アカデミー教授就任講演をまとめたもので，雑誌『教育（Die Erziehung）』に掲載され，彼の名を一躍有名にした。後に，主著『理論と実践における教育の独自性』（1953）の巻頭を飾ることになる論文でもある[15]。

この有名な論文においてヴェーニガーは、教育における3段階の理論についてこう論じている。第1段階の理論とは、実践家の教育的行為に内在する、意識化されない「先行観念」としての理論である。第2段階の理論とは、実践家が体験を意識化することによって形成される経験命題としての理論である。そして、第3段階の理論とは、実践家の2つの理論を反省し一般化する、理論家による科学的理論としての理論である。ここで実践家の理論（第1段

階と第2段階の理論）と理論家の理論（第3段階の理論）には次のような関係が
ある。すなわち、実践家の経験は科学的理論に先行し、科学的理論の帰結は
ふたたび後から実践によって検証される。ここでは、「実践－理論－実践」
という循環的関係が成立していると考えられるのである。

　ヴェーニガーが教育における実践と理論の循環的関係を主張する際には、
前提として常に、理論家の教育実践に対する「こだわり（Befangenheit）」を
重視していた。ヴェーニガーによれば、実践において理論が機能する場合に
前提となっているのは、「教育的課題における、教育的行為への、理論家の
こだわりである」[16]。理論家がそもそも自己の課題を認識し、教育現実をい
きいきと把握するためにも、

　　　「理論家は実践の責任を分担せねばならず、その目的を肯定し、そうした責任
　　　と目的から思考せねばならない。（中略）こうしたこだわりには、教育理論家も
　　　また教育的態度を保持し、自己の教育的思考において教育的エートスを実現せね
　　　ばならない、ということが含まれている。」[17]

したがって、ヴェーニガーの高弟の1人であるクラフキ（W. Klafki）が精神
科学的教育学に共通する特徴の1つとして解説している通り[18]、ヴェーニ
ガーもまた理論家に対して、実践から距離をとって単に分析するという観察
者の態度とは逆の立場を要請する。そのような観察的・分析的な態度は、科
学的探究過程の中間段階の意味しか有していないと考えられるのである[19]。

　このようにヴェーニガーが、教育実践の責任を分担すべき存在として教育
理論家について自己理解していたということは、彼が新教育連盟に深く関与
していく理由を考える際に、重要な意味をもっているように思われる。

付論　新教育の「大きな合流」を創る試み　289

第3節　新教育連盟との出会い

1．エルシノーア会議での報告

　ヴェーニガーが最初に新教育連盟の活動に関与するのは，1929年8月8
〜21日にデンマークのエルシノーアで開催された第5回世界会議において
である。エルシノーア会議はその規模と影響力の点で「新教育連盟の歴史に
おける転換点」[20] となった会議であり，43カ国から1,800名以上が集まった。
ドイツとオーストリアからは237名が参加した。会議の全体テーマは「新し
い心理学とカリキュラム」であった。
　同会議の2ヶ月前にロッテンがヴェーニガーに書簡を送り，そのなかで
「新教育の哲学」部会でのドイツの報告を引き受けてもらえるよう依頼して
いる[21]。この報告は当初，ノールがおこなうことになっていた。だが，「彼
は体調がかんばしくなく，8月初旬に時間と力が尽きているのではないかと
危惧せずにはおれないという理由で，彼は当面不確定にしていた承諾を再び
撤回」[22] しなければならなかった。ノールは代わりに自分の弟子であり，
後に後継者となるヴェーニガーをロッテンに推薦したのである。
　ヴェーニガーは6月11日付けの書簡でロッテンに報告の承諾を伝えたの
ち，急いで準備にとりかかった。国外での報告を前にした心境を彼はノール
にこう伝えている。

> 「今，私はエルシノーアのことで余裕がありません。つまり，私が何を話すつ
> もりかはとてもはっきりしているので，本質的なことではないのですが，その形
> 態，短さ，国際フォーラムであるということが，私には心配です。」[23]

ヴェーニガーは8月15日にエルシノーア入りし，翌16日に「ドイツにおけ
る新教育と哲学的運動」という報告をおこなった[24]。

290 付論 新教育の「大きな合流」を創る試み

エルシノーアにおいてヴェーニガーは，自らの報告以外に，18日に開かれたドイツ支部創設のための暫定委員会の第1回会議に出席している。ただしそれは，カルゼンと同様，「メンバーになるかどうかの決断は留保しながら」，「さしあたりゲストとして」であった[25]。慎重に新教育連盟から距離をおこうとする態度から，ヴェーニガーがノールのワンポイントの代役として世界会議に出席したのであって，それ以上の新教育連盟への関与は決まっていなかったことがうかがえる[26]。

2．ノールの消極的協力

1927年以降各国で支部の創設が課題になったときに，ドイツ支部会長の有力な候補者と考えられたのはノールであった。ドイツを代表する新教育家の1人であり新教育連盟の古い会員でもあったゲヘープは，連盟総裁のエンソアに宛てた書簡のなかでこう書いている。C.-H. ベッカーもドイツ支部の会長にふさわしいが，プロイセン文部大臣という重職のために新教育連盟のための時間と体力が残されていないであろう。とすれば，

> 「NEFと進歩主義的学校に関心のある省や大学の指導者たちと私は，この（会長という：筆者）ポストにもっとも適した人物がゲッティンゲン大学のフェロー，Dr.ヘルマン・ノール教授である，という意見で一致しています。全ドイツで彼の名前は知れ渡っており，彼の知性，学問上の重要性，国際的精神に照らしてみると，彼がまさしくもっとも適当な人物です。」[27]

ロッテンもまたノールに期待しており，エルシノーア会議後にゲッティンゲンにノールを訪問し，ドイツ支部創設の計画を説明するとともに協力を依頼している[28]。

しかしながら，ノールは新教育連盟の活動に積極的ではなかった。その理由として，当時彼が雑誌『教育』や『教育学ハンドブック』（全5巻）の編集・執筆で非常に多忙であったことが挙げられよう。また，新教育を国際的

な運動として推進しようとする新教育連盟の立場が，ドイツ新教育の起源を
むしろ「ドイツ運動」に求めるノールの理論的立場と合致しなかったという
点を指摘できるかもしれない[29]。しかしおそらく，ノールを新教育連盟か
ら距離をとらせた決定的な理由は，常に財政上の困難を抱えていたドイツ本
部の企業的なやり方を彼が好ましく思っていなかったことである。1931年
3月3日付けの書簡で，ロッテンとその同僚ヴィルカーに対する不快感を，
ヴェーニガーに率直にこう伝えている。

> 「加えて，ロッテン―ヴィルカー会社は去年，私にとってさらにずっとむかつ
> くものとなり，私はこうしたことのために力を尽くす意欲がますますなくなりま
> した。ゲヘーブもまた早々に（マルクトブライトへの：筆者）彼の到着を告げて
> きましたが，彼もまた，私が本来合っていない団体に入ると考えているようです。
> あなたは私のことをよくご存知だと思いますが，私の気持ちが純粋に惹かれない
> ところには，私は参加することができません。あなたは一人でずっと立派にそれ
> を食べ尽くす（auslöffeln）ことができます。」[30]

こうして，ノールが信頼する弟子のヴェーニガーが，ドイツ支部創設の「か
じ棒」をとることになる。

第4節　ドイツ支部創設と会長への就任

1．ハンブルク地域グループの創設

　ドイツ支部の創設に先立って，ハンブルクに地域グループが結成された。
ヴェーニガーはこの地域グループ，とりわけゲープハルト（J.Gebhard）とフ
リットナー（W.Flitner）（ともにノールの弟子でありハンブルク大学勤務）と連携
しながらドイツ支部の創設に関与していくことになる。
　北ドイツの自由ハンザ都市ハンブルクはドイツにおける新教育のメッカの
1つであり[31]，新教育連盟ならびにロッテンとも深い関係をもっていた。

292 付論 新教育の「大きな合流」を創る試み

ハンブルクの教師たち，例えばイェーデ（F.Jöde：1.Jg.,1922），ロッティヒ（5.Jg.,1926）は，ロッテンの編集する『来るべき時代』に論考を発表していた。ハンブルクの教育行政を担う上級教育局もまた新教育連盟の活動に関心を示し，1925年の第3回ハイデルベルク会議以降毎回，連盟の世界会議に代表者を派遣していた[32]。地理的にはハンブルクは，ヴェーニガーが勤務するアルトナと隣接していた。

地域グループ結成に向けて，1930年1月22日にハンブルクにおいて準備会議が開催された。同会議はゲープハルト，ヴォンメルスドルフ（O.Wommelsdorff）らによって招集され，ヴェーニガーはフリットナー，ツァイドラー（K.Zeidler），ロッティヒらとともに準備委員会のメンバーとして会議に参加した[33]。同席したロッテンによれば，ヴェーニガーは，これまでのドイツ本部の支持者たちがドイツ支部と合体することの本質的な影響が期待できるような，「今後の活動の仕方について非常にすぐれた提案」をおこなった[34]。具体的には次節で扱われることになるが，既存の新教育のクライス同士がホーエンロート同盟仲介のもとで話し合う機会を設けることであった。ヴェーニガー自身，会議終了後，その様子について遠慮がちに，しかし希望を込めて，ノールに次のように報告している。

　　「先日，新教育連盟についての話し合いがハンブルクでありました。私は不可能なことを批判的に避けることと，エリーザベト・ロッテンが請け合う通りあなたが本当に参加したいのであれば，あなたの邪魔をしないことだけに，自らを限定しました。残念ながらそのことはすでに，事実上指揮が私たちに移るというくらい大きな意味をもっていました。あなたがそれを望ましいと思うかどうかについて，もう一度根本的に話す必要があるでしょう。ハンブルク学校運動との連携はプラスの材料ですが，もちろんマイナス材料も非常に多くあります。ハンブルクとアルトナの協同作業はいずれにしてもとてもすばらしいことです。そこから本当に何かが起こるかもしれません。」[35]

ハンブルクを中心とした地域グループは，1930年3月4日に結成された。

正式名称は「新教育連盟　ドイツ支部　北部地域グループ　本拠ハンブルク」とされた[36]。同グループの目的は「現代の教育運動を支援すること，とりわけドイツ教育運動を支援するとともに，そのドイツ教育運動と，『新教育連盟』が包括しようとする世界的運動との協力を支援すること」[37]と定められた。同グループの代表にはヴォンメルスドルフが，事務局長にはゲープハルトが選出された。地域グループ結成会議では43名が会員リストに名を連ねた。1930年5月に，伝統のあるハンブルクの教員組合「祖国学校・教育制度友の会」が北部地域グループの法人会員となったことは，地域グループの基盤をより確かなものにした[38]。

　地域グループ結成後はしばしば研究集会が開かれ，ルゼルケ（1930年11月11日），ローソン（1931年6月12日），ヴェーニガー（1931年11月20日），ロッテン（1932年4月1日）が講演をおこなっている。とりわけ新教育連盟副総裁のローソンがイギリスから来訪し，「新教育連盟の国際的活動，とりわけ1932年世界会議の計画」について講演したことは，同グループがドイツ新教育の拠点として期待されていたことを示している。

2．ドイツ支部会長への就任

　北部地域グループの結成を足がかりにして，1931年10月3〜5日，ドルトムントでのドイツ中間会議[39]において，ドイツ支部が公式に創設された。3日の総会において以下の役員が選出された。

　　　会長：　　E. ヴェーニガー
　　　事務局長：J. ゲープハルト
　　　理事：　　H. ベッカー，J. ゲープハルト，F. シーカー（F.Schieker），
　　　　　　　　K. ゾンターク（K.Sonntag），R. ウーリヒ（R.Ulich），L. ヴァ
　　　　　　　　イスマンテル（L.Weismantel），E. ヴェーニガー
　　　特別理事：ドイツ本部の E. ロッテン，国際評議会へのドイツ代表である M. ムヒョウ（M.Muchow）等。

294 付論 新教育の「大きな合流」を創る試み

支部の目的は，規約において「教育の刷新に寄与するとともに，新教育連盟の原則に調和しながら，現代のドイツ教育運動を教育の世界的運動に位置づけること」[40]と定められた。

ヴェーニガーは会長職を引き受けた理由を，翌年の理事会の席でこう語っている。

　　「私は特にエルシノーアにおいて，世界会議と新教育連盟の批判をしました。それだからこそ，私に対して要請がなされ，とりわけ会長として新教育連盟の活動を支援する意欲のある適当な協力者がいないということが強調されたときに，私もまた責任ある協力をおこなう義務があると感じました。それゆえに，この役職を引き受けることは，新教育連盟への信仰告白でした。」[41]

しかしながら，彼は決して自らすすんで会長になったわけではなかったようである。ドイツ中間会議後にノールに宛てた書簡に，ヴェーニガーの複雑な心境がつづられている。

　　「私は重い気持ちで，フリットナーとの長い議論のやりとりの後に，新教育連盟ドイツ支部の代表に選んでもらいました。好んでそうしたのではありません。しかし結局，本当に活気のあるハンブルク・クライスを見殺しにしないことが必要であると思われたのです。そして，おそらくいくらかは影響を与えることもできるでしょう。」[42]

第5節　ニース会議に向けての準備

1．マルクトブライトでの会合

ドイツ支部代表に選出される以前から，ヴェーニガーが当面の最重要課題としていたのは，ニースでの第6回世界会議に向けてドイツ国内の新教育の諸勢力を結集することであった。それまでのロッテンを中心としたメンバー

付論　新教育の「大きな合流」を創る試み　295

は，どちらかと言えばドイツ教育学の周辺に位置しており，ドイツの新教育の一部のみを代表していたからである。ヴェーニガーは周到な計画によってこの課題を達成しようとした。

第1段階は，ホーエンロート同盟[43]の仲介のもとで，ロッテンのドイツ本部を中心としたメンバーと，ハンブルクの新教育家たち，自らの属するノール・クライスを引き合わせ，共同でニース会議の準備のための基盤づくりをするということである。第2段階は，その作業を通して，ドイツの教育界を代表しうる人物たちからなる準備協議会（vorbereitender Rat）を設置し，ニース会議に向けて協力を仰ぐということである。

その第1段階の手始めに，ヴェーニガーは1930年7月に，「ロッテン・クライス」と「ハンブルガー・（クライス：筆者）」のリストを作成している[44]。その上で，ホーエンロート同盟代表のボイエーレ（T.Bäuerle）に宛てて協力要請の書簡を送り，会合の意義についてこう強調している。

　　「重要な点は，成人教育の世界連盟の場合とまったく同様に，もはや自国の周辺に位置するグループによってではなく，実際にその国を積極的に代表しうるグループによって合意がなされることです。他方で重要なのは，ドイツにおいて増大しつつある教育的反動に対して自由教育の諸勢力が結集することです。」[45]

ヴェーニガーが「自国の周辺に位置するグループ」ということで意図しているのは，ロッテンのクライスである。「ドイツにおいて増大しつつある教育的反動」についてヴェーニガーは何も説明していないが，1929年から30年にかけて急速にナチスが勢力を拡大していた当時の状況と重ね合わせるならば，「民族共同体への奉仕」を第一義とするナチス的な教育を指しているものと推測される。ヴェーニガーの反ナチス的な政治的態度は，「ナチズムが迫り来る事態に対して，自分たちの状況を冷静に分析することを通して，言葉によって対抗しようとする」[46]，ミュラー（O.Müller）編の論集『危機——政治的マニュフェスト——』（1932）に寄稿したことにも表れている。

296　付論　新教育の「大きな合流」を創る試み

　この会合の準備にあたって，ヴェーニガーはあくまでも黒子役に徹した。議長はホーエンロート同盟のプフライデラー（W.Pfleiderer）に依頼し，「Dr. E. ロッテン女史，Dr. ヴォンメルスドルフ，Dr. ヴェーニガーによって提案された教育の出会い」の案内状もまたホーエンロート同盟から送付してもらえるよう手配した。

　会合は 1931 年 3 月 7 ～ 8 日にヴュルツブルク近郊のマルクトブライトにおいて開催された。参加者はドイツ本部から 6 名，ハンブルクの地域グループから 6 名，ホーエンロート同盟から 5 名，計 17 名であった。ノールとフリットナーは欠席したため，ヴェーニガーは実際に 1925 年からそのメンバーであったホーエンロート同盟の一員として扱われている [47]。

　会合では，始めにヴェーニガーが報告をおこない，そのなかで「教育的自律性」の原則を強調しながら，従来のロッテンらの方針を間接的に批判し，それによって今後のドイツ支部の方向性を提言している。すなわち，ヴェーニガーは，ドイツ支部が少なくとも外見上は，特定の世界観的‐政治的グループ（平和主義）を代表しており，それによって「教育的自律性」の原則を拒否しているように見えるという懸念を表明している [48]。ヴェーニガーの考えによれば，世界観的および政治的な急進主義はみな排他的なセクトを形成してしまう。自律的な教育はそうした孤立化を拒否し，折り合いをつける。孤島においてひとつの純粋な教育を実現することではなく，広範囲にわたってあらゆる真の教育的心情を集めることが決定的な課題がある現代においては，とりわけそうである。教育者はひとつの世界観，理想，信仰からではなく，自己の教育的意志の真実性（Echtheit seines pädagogischen Wollens）に従って自己の力と自己の方向づけを創造せねばならない。つまり，教育的自律性という概念によってヴェーニガーが強調したのは，いかなる世界観的な正当化も必要とせず，そうしたものにおいては基礎づけることのできない教育的に正しい行為が存在するということである [49]。

　ヴェーニガーの報告に続いて，1932 年のニースでの第 6 回世界会議の実

際的な準備について話し合われた。ヴェーニガーはそこでドイツが会議に組織的に参加することが不可欠であると強調し，会議のために準備協議会を設置するということを提案した。準備協議会の委員長はC.-H.ベッカーに依頼することとなり，準備協議会の委員に誰がふさわしいかが協議された。

2．準備協議会の結成

　C.-H.ベッカーは当初新教育連盟への関与を躊躇していた。彼は自分がニースでの国際会議に関与するか否かは，ドイツの指導的な教育家たちがそれに協力するか否かによると考えていた。そして，マルクトブライト会議への招待に対しては，「ドイツグループを再編することは私の課題ではないという理由で」，断っていた[50]。会議後に協議会委員長就任の要請を受けた彼は，ようやく「ヴェーニガー，参事官ベッカーともその件について十分に議論し，設置されることになっている協議会での委員長を引き受ける意志を表明した」[51]。

　準備協議会の第1回会議はC.-H.ベッカーの主導のもと，1931年6月20日にベルリンで開催された。この会議を経て，次の15名の準備協議会委員が決定した[52]。

　　委員長：　C.-H.ベッカー
　　副委員長：R.ウーリヒ
　　書記：　　H.ベッカー
　　委員：　　G.ボイマー（G.Bäumer），A.フィッシャー（A.Fischer），G.ケ
　　　　　　　ルシェンシュタイナー，E.ミュラー（E.Müller），H.ノール，
　　　　　　　M.シュミット（M.Schmidt），F.シュナイダー（F.Schneider），
　　　　　　　P.シュレーテラー（P.Schröteler），E.シュプランガー
　　　　　　　（E.Spranger），H.ヴァインシュトック（H.Weinstock），
　　　　　　　E.ヴェーニガー，O.ヴォンメルスドルフ

　会議の冒頭に委員長のC.-H.ベッカーが，ドイツ教育学を結集していこう

298 付論 新教育の「大きな合流」を創る試み

という意志を表明している。

> 「これまで新教育連盟に対してドイツの側からは，教育学の限られた一部しか
> 関与してこなかった。しかし，政治的ないし信仰上の態度にかかわりなく，教育
> を刷新しようという意志をもつすべての者が統合されねばならない。」53)

その後，準備協議会の性格について以下の諸点が確認された。準備協議会の
課題は，世界会議でのドイツからの代表者の選出に際してドイツ支部ならび
にロンドンの中央委員会に助言すること。準備協議会がいかなる機関を代表
するものでもなく，超党派的に活動する審議会であること。そして，委員は
諸組織や公的職の代表者ではなく，教育学に関心をもつ個人として選出され
ること。

　引き続いてヴェーニガーが，ニース会議でドイツからいかなる問題提起を
するかについて基調報告をおこなった。そのなかで彼は，世界会議の全体
テーマは「社会変化と教育」に決まっているが，（例えばエルシノーア会議では
アングロサクソンの問題提起がそうであったように）ある特定の国の問題提起が
勝利をおさめるのではなく，ドイツから積極的に問題提起をすべきであるこ
とを強調した。彼の提案を基にして，ニース会議でのドイツの基調講演と個
別テーマについて議論され，続いてそのための候補者について具体的に審議
された54)。

第6節　「大きな合流」形成の困難

　C.-H. ベッカーは，イギリスのナン（P.Nann）と並んで，ニース会議国際
組織委員会（International Organising Committee）の副委員長にも任命された。
委員長はフランスのランジュヴァン（P.Langevan）であった。ドイツ新教育
の顔として会議に臨むことになったC.-H. ベッカーは，準備協議会の委員長
として多くの新教育家に会議での報告を依頼するとともに，彼らのための旅

付論　新教育の「大きな合流」を創る試み　299

費を調達しようとした。その限りでは，プロイセン文部大臣の地位にあった
C.-H. ベッカーの求心力を頼りにして，ドイツ新教育の諸勢力を結集しよう
というヴェーニガーの思惑は，ある程度成功したと言えよう。けれども会議
が近づくにつれて，いくつかの問題点も明らかになった。特に次の 2 点が問
題となった。

　第 1 の問題点は，1932 年 4 月 1 日にアルトナで開催されたドイツ支部理
事会において指摘された。それは，準備協議会の委員としてドイツ教育学の
「大家（Prominente）」たちを引き入れることで，一方で世界に向けてドイツ
の教育運動をよりよく代表することが可能になったが，他方で活動の本来の
担い手の作用範囲が狭められ，あるいは「大家」が優位になることで新教育
連盟に，元々のメンバーの関与を内的に不可能にするような，別の性格が加
えられたという問題である[55]。

　第 2 の問題点は，C.-H. ベッカーのイニシアチブにもかかわらず，ニース
会議へ派遣するドイツ代表者の人選が予想以上に難航したことである。
1932 年 6 月にヴェーニガーとベッカーとの間で交わされた往復書簡は，そ
うした状況とそれに対する両者の反応をよく表しており，興味深い。C.-H.
ベッカーは 6 月 7 日の書簡でヴェーニガーに，ニース会議を目前にしてもな
お思うように参加者が集まらないと告げている。

　　「ニース会議へのドイツの関与はとてもお粗末になるように思われます。断り
　　の雨あられで，補助金なしで行く人は誰もいません。」[56]

ヴェーニガーはそれに対して弱気な返事をしている。

　　「多くの断りによって会議が縮小することは非常に憂慮すべきだと思われます。
　　ドイツの代表団が本来それ以下にさがってはいけない最低ラインがありますが，
　　それはまもなく達成されるでしょう。」[57]

C.-H. ベッカーはヴェーニガーを叱咤激励するように，さらにこう書き送っ

ている。

　「私は，あなたの書簡がまことに悲観的であると思います。ニースにおいてド
イツの側で，すべてのものからなる大きな合流 (grosser Konflux) が生起しない
ということは，何の不都合でもないように思われます。（中略）私たちが派遣す
ることのできる 10 から 12 名は，コート・ダ・ジュールに向かう新しいゲルマン
の教育家の民族移動として，よりよいドイツの代表を意味しています。小さなド
イツ人のかたまりは自分たちだけで会議するのでなく，私たちは多くの外国の
人々と知り合いになるのです。この時期に一度ドイツを外部から見ておくことは，
本当にとてもすばらしいことです。そのことを，私の経験からもあなたに保証し
ます。ですから，友よ，気弱な部分は少し引っ込めて，私の忠実な同志のままで
いてください。」[58]

　1932 年 7 月 29 日〜 8 月 12 日に開催されたニースでの第 6 回世界会議には，
52 ヶ国から約 1,800 が参加した（ドイツからは 80 名）[59]。しかし，そのなか
にヴェーニガーの姿はなかった[60]。

　ヴェーニガーは教師教育の部会で報告をおこなう予定であり，「ニースへ
は場合によっては自費でも行くつもりである」[61] と考えていた。にもかか
わらず，彼は会議直前の 7 月 8 日の書簡で，病気のために欠席せざるをえな
い旨を，C.-H. ベッカー，ロッテン，ローソンらに伝えている。彼が首に慢
性の炎症を抱えていたことに加え，1932 年 3 月のアルトナ教育アカデミー
閉鎖，さらに新しい学長としてのフランクフルト a.M. 教育アカデミーへの
転勤，妻エリーザベトの病気再発と緊急手術などを考え合わせると，ヴェー
ニガーの言葉は偽りではなかろう[62]。ニース会議への出席を断念することは，
「これほど共同責任をもって準備をおこなってきた後では，つらく，少しば
つの悪いこと」[63] でもあったが，急遽代理を立てることが精一杯であっ
た[64]。

付論　新教育の「大きな合流」を創る試み　301

図10-2　ニースでの第6回新教育連盟国際会議の集合写真（1932年：AOS）
最前列左から4人目はゲヘープ

第7節　会長としての最後の活動

　ニース会議の成果に関して，C.-H. ベッカーはヴェーニガーにこう報告している。

　　「会議はおそらく成功し，ドイツを代表してくることもできたように思います。（中略）私がそのためにおこなってきた多くの苦労とニースでの会期中の努力は，おそらく報われました。」65)

　それとは対照的に，ゲープハルトは同じくニース会議後の書簡のなかで次のように報告している。

　　「いつもと同じようにニースの大会においても，実際の経過としては，私たちが事前に立てていた目標を完全には達成することはできませんでした。総花的で

302　付論　新教育の「大きな合流」を創る試み

あって深まりに欠ける『2，3年に一度の教育市（Pädagogisches Jahresmarkt）』という形態は，依然として克服することができませんでした。残念だったのは，まさに深まりを期待することのできたであろうドイツの協力者が参加していなかったことです。」[66]

　ニース会議を通してドイツ新教育の諸勢力を結集し，世界に提示するという目標を持っていたヴェーニガーにとってもまた，ゲープハルトと同様，ニース会議は決して満足できるものではなかったに違いない。だが，ヴェーニガーはそのままドイツ支部の活動から手を引いてしまうことはなかった。むしろ，「ニースと準備協議会のプラスとマイナスの経験」を活かして，その目標に近づこうとした[67]。

　1932年末をもってドイツ支部の本拠はハンブルクからドレスデンに移転し[68]，事務局長はゲープハルトからウーリヒに交代したが，ヴェーニガーは会長の職にとどまった。ハンブルクから離れたヴェーニガーは，フランクフルトにいたヴィルカーと協力して「この地で再びクライスを作ろうと試みねばならない」[69]と考え，新体制での活動に意欲を見せていた。1933年2月上旬にはドレスデンにウーリヒとロッテンを訪問し，今後のドイツ支部の運営について話し合っている。その際，第1の課題は，「今日的状況」における諸課題を要約した回状を，3月の選挙後にドイツ支部の会員と支持者たち宛に発送することであった。また第2の課題は，財政難のために1932年7月をもって休刊となっていた雑誌『来るべき時代』のために，新しい出版社を探すことであった。

　しかし，ナチス政権の誕生によるドイツ社会の変化は，ヴェーニガーとドイツ支部のそれ以上の活動を困難にした[70]。ゲッティンゲン大学図書館に所蔵されるヴェーニガー遺稿に見ることのできる，ヴェーニガーがドイツ支部会長として書いた最後の文章の1つは，上記の回状のための草稿である。そこには，ドイツ支部と『来るべき時代』をナチス政権への抵抗の核にしていこうとする彼の意志が，慎重な言い回しながら決然と示されている。

付論　新教育の「大きな合流」を創る試み　303

　「今日きわめて重要なのは，教育的責任において，また刷新運動の精神にのっとって引き続き活動する意欲のある者同士の結びつきが壊れないことである。そして，人々があくまでも活動し続け，教育外の諸権力に従属してしまわないことである。そのためには当然条件もあるが，それは根拠のないことをやめることであり，疲労や反動と見なされない回答を準備することである。さらに条件となるのは，過去の精神状態に属するような前線（Fronten）をもはや人為的に保持しないことである。こうしたすべての課題について，絶えず心をひとつにしておくことが必要なのであり，そのためには，あるドイツグループとある雑誌の存在がぜひとも必要であることが証明されると思われる。」[71]

　この時，ヴェーニガーが「運動（Bewegung）」という言葉を特別な意味を込めて自覚的に使用していたということは，ほぼ同時期に書かれた彼の論文のなかからも理解することができる。彼は，先述のミュラー編の『危機——政治的マニュフェスト——』（1932）に寄せた論文「文化批判，学校改革，政治的刷新」において，「運動」をこう定義している。

　「私たちが運動について語るのは，事実の論理のような何ものかによって何かが自ずと生じるというのではなく，人間の意志を自覚的に行為と決断へと投入すること，つまり，人間の意志を，多くの個人，グループやクライス，権力や勢力からなる意志の固まり（Willensballungen）へと投入することによって，何かが生じるということが重要だからである。」[72]

ヴェーニガーにおいて運動とは，事後的にあるいは外部から観察されるような単なる状況の結果ではなく，当事者が自分たちの置かれた状況から何かを作りだそうとする意思形成であり行為実践であると考えられるのである。

　ヴェーニガーが書いた回状の内容は実現されないまま，1933 年 5 月に彼は社会民主党寄りであるという理由で一時休職を命じられ，同年 9 月にフランクルト a.M. 教育アカデミーの学長の職を解任された。1936 年にイギリスのチェルテナムで開催された第 7 回世界会議（全体テーマは「教育と自由な社会」）には，公式な招待にもかかわらず，イタリア同様ドイツからの参加者はなかった[73]。そして第二次世界大戦後の 1950 年に再結成されたドイツ支

部（会長はフランツ・ヒルカー）の理事のリストには，もはやヴェーニガーの名前を見ることはできない。

小括

　以上，20世紀初頭の新教育運動を推進した国際的ネットワーク組織である新教育連盟を取り上げて，同連盟のドイツ支部創設とそれに関与したヴェーニガーの思想と行動を見てきた。その作業を通して，実践家と理論家たちの繰り広げた新教育をめぐるコミュニケーションの具体像を，描き出すことができたと思われる。

　そこでわれわれが目にしたのは，新教育連盟の創設当初からあったドイツ本部と新しく創設されたドイツ支部との対立や葛藤であり，またそれらを含み込みながらもドイツ新教育の「大きな合流」を目指そうとする実践家，理論家，行政官たちの協力と連帯であった。その関係性の中心にいたヴェーニガーの物おじしない態度と，卓越した組織形成能力については，これまでみた通りである。

　それにしても，まだ30歳代のヴェーニガーがドイツ支部の会長という重責を担い，一定の成果を上げることができたのはなぜなのか。その要因は次の5点にまとまることができよう。まず，①ドイツ支部創設に先立つ10年間の，ロッテンらドイツ本部による継続的な活動があったことである。加えて，②ヴェーニガーが当時のアカデミズム教育学を代表するノール・クライスの一員であり，同じクライスのゲープハルトやフリットナーの協力を得ることができたこと，③彼が新教育の一翼をになう成人教育の有力な団体であるホーエンロート同盟のメンバーであったこと，④教育アカデミーの教授ならびに学長として，C.-H. ベッカーら文部教育行政の中枢にいた人物と直接交渉しうる立場にあったこと，といったヴェーニガーの恵まれた人的ネットワークを指摘することができよう。また，体調を崩すほどの激務のなかにあって，ヴェーニガーを新教育連盟に関与しつづけさせたのは，⑤彼が教育

付論　新教育の「大きな合流」を創る試み　305

の理論＝実践問題を追求するなかで信条としていた，理論家の実践への「こだわり」であり，また実践家たちと「運動」を押し進めようとする責任意識ではなかっただろうか。何がこうしたこだわりや責任意識の源泉になっていたのかについては，ヴェーニガーの生い立ちと思想形成，上述の人的ネットワークのなかで培われた時代認識や社会認識との関わりで，さらに深く分析する必要があろう。

　最後に，新教育連盟ドイツ支部が新教育の国際的，国内的コミュニケーションにおいて果たした役割と意味について総括しておきたい。まず言えることは，新教育連盟ドイツ支部の設立を通じて国内的連携が飛躍的に促進されたという点である。確かに 1920 年代半ばまでに，ドイツ国内には多種多様な新教育の理論家と実践家がおり，またさまざまなグループが存在していた。だが，そうした個人やグループを包括するような全国規模の新教育のネットワーク組織は存在しなかった。ロッテンの率いるドイツ本部に著名な新教育の実践家が関与していたが，ドイツ新教育の全体からすればごく一部のまとまりに過ぎなかった。新教育連盟において各国ごとに支部を創設することが課題になったときにはじめて，つまり，ドイツという国単位で新教育のまとまりを構成し，それを実際に世界会議という場で諸外国に提示していくことが課題になったときにはじめて，新しい葛藤や摩擦を生み出しながらも，それ以前には見られない規模で，新教育に関心のある実践家，理論家，行政官などが連携し合う機会が与えられたのである。

　同時に言えることは，新教育連盟の機能強化のために各国に支部が設置されたことが，国際主義と国家主義のジレンマを生じさせたという点である。新教育連盟は元来，政治的・軍事的な国家間闘争を批判し，教育の国際的連携によって国際協調と世界平和を実現しようとするものであった。しかし，同連盟の組織的拡大にともなって国単位で支部が創設されたことによって，世界会議は自国の新教育の水準を他国に誇示する場として受け止められるようになった。国際主義を理念とする新教育連盟が，その機能を強化するはず

の組織の細分化と体系化（支部設置）によって，同時に国家主義的性格を強めるという矛盾を抱えることになったのである。そうした事態は，スポーツを通じた世界平和の祭典という理念とは裏腹に各国がメダルの獲得を通じて国の威信を示そうとするオリンピックになぞらえて，「新教育のオリンピック化」と形容することができるかもしれない。このことは，教育の国際的連携による国際協調と世界平和という理念の実現がけっして容易なものではないことを表している。そして今日なおわれわれがその課題の前に立たされていることを想起させてくれる。

1) 新教育連盟の創設については次の文献を参照。山﨑洋子『ニイル「新教育」思想の研究――社会批判にもとづく「自由学校」の地平――』大空社，1998 年，277-299頁。山﨑洋子「『教育の新理想』と新教育連盟に関する考察――1920 年代イギリス新教育運動の実態解明にむけて――」，教育史学会編『日本の教育史学』第 41 集，1998年。岩間浩『ユネスコ創設の源流を訪ねて――新教育連盟と神智学協会――』学苑社，2008 年，51-78 頁。

2) Gaßen,H.: Weniger-Forschung und Weniger-Literatur 1968-1992; Widersprüchliche Interpretationen. in: D.Hoffmann/K.Neumann: Tradition und Transformation der Geisteswissenschaftlichen Pädagogik; Zur Re-Vision der Weniger-Gedenkschrift, Weinheim 1993, S.240-242.

3) Röhrs,H.: Gründung und Gestaltung der "Deutschen Sektion" des "Weltbundes für Erneuerung der Erziehung"(1921 bis 1931) -Ein bildungspolitisch bedeutsames Kapitel der internationalen Reformpädagogik. In: Kodron,C./ Kopp,v.B./ Lauterbach,U./Schäfer,U./Schmidt,G.(Hrsg.): Vergleichende Erziehungswissenschaft. Herausforderung -Vermittlung- Praxis. Festschrift für Wolfgang Mitter zum 70. Geburtstag. Band 2, Frankfurt a.M. 1997.

4) Oelkers,J.: Reformpädagogik; Eine kritische Dogmengeschichte, Weinheim/ München [3]1996, S.227f.. Haubfleisch,D.: Elisabeth Rotten(1882-1964) -eine (fast) vergessene Reformpädagogin, In: Hansen-Schaberg,I.(Hrsg.): "etwas erzählen"; Die lebensgeschichtliche Dimension in der Pädagogik, Hohengehren 1997.

5) Heckmann,G.: Leben ohne Gewalt. Elisabeth Rotten: geb. 15.Febr.1882, gest. 2.

Mai 1964, In: Neue Sammlung, 4.Jg., H.6, 1964, S.494.

6）ドイツ本部の所在地は当初ベルリンにあったが，1924 年にレーン地方のヴァヒヤ近郊のコールグラーベンに移転，1929 年 11 月にドレスデンに再度居を移し，1931 年 9 月以降はドレスデン近郊の田園都市ヘレラウに落ち着いた。こうした大都市ベルリンからの脱出には，ドイツのアナーキスト，ランダウアー（G.Landauer）の影響を見ることができる。ロッテンは第一次世界大戦中にランダウアーと出会い，彼の「ユートピア社会主義」の思想に感銘を受けた。現行の社会秩序からの「離脱」と小規模な入植共同体の「開始」という実践的提言は，第一次世界大戦後のドイツにおいて，ロッテンのみならず青年運動に関わった多くの若者たちを，入植実践に導いたという（Haubfleisch,D.: Elisabeth Rotten(1882-1964), a.a.O., S.120.）。

7）『来るべき時代』の前誌は，「国際連盟ドイツ連合（Deutsche Liga für Völkerbund）」の教育部門の責任者でもあったロッテンが編集していた『国際教育展望（Internationale Erziehungs-Rundschau）』（1920-1921）である。『国際教育展望』は徹底的教育改革者同盟の機関誌『新しい教育（Die Neue Erziehung）』の付録として刊行されていたが，1922 年以降，誌名を『来るべき時代（Das Werdende Zeitalter）』に変えて独立して出版された。なお，『来るべき時代』という誌名は，ランダウアーの死後その友人ブーバーによって編集された論集『来るべき人間（Der werdende Mensch）』（1921）にならって命名された。

8）Haubfleisch,D./Link,J.-W.: Das Werdende Zeitalter (Internationale Erziehungs-Rundschau); Register sämtlicher Aufsätze und Rezensionen einer reformpädagogischen Zeitschrift in der Weimarer Republik, Oer-Erkenschwick 1994.

9）教育アカデミーでの教員養成の特質として，佐藤は次の 4 点をあげている。①従来の機関以上に教育学を保護奨励すること，②学生を陶冶財に精通させること，③郷土の自然，文化そして民族性を保護奨励すること，④共同社会に献身しうる教員の人格を育成すること（佐藤史浩「プロイセンの Pädagogische Akademie の成立過程について」，東北大学教育学部教育行政学・学校管理・教育内容研究室『研究集録』第 9 巻，1978 年，89 頁以下）。

10）Becker,H./Kluchert,G.: Die Bildung der Nation; Schule, Gesellschaft und Politik vom Kaiserreich zur Weimarer Republik, Stuttgart 1993, S.394.

11）本大会では，「自由ドイツ青年は，自己の決定により，自己の責任において，内面の真実をもってその生を形成せんとする」というマイスナー宣言が採択された。ドイツ青年運動の 1 つの頂点に位置づけられる本大会の背景・内容・反響等については，

308　付論　新教育の「大きな合流」を創る試み

田村栄子『若き教養市民層とナチズム——ドイツ青年・学生運動の思想の社会史——』名古屋大学出版会，1996 年に詳しい。

12)　Schwenk,B.: Erich Weniger‐Leben und Werk, In: Dahmer,I./Klafki,W.(Hrsg.): Geisteswissenschaftliche Pädagogik am Ausgang ihrer Epoche‐Erich Weniger, Weinheim/Berlin 1968, S.6f..　教育アカデミーと新教育運動との関係については，拙論「ワイマール期における教員養成と新教育運動——アルトナ教育アカデミーを中心として——」，兵庫教育大学学校教育研究会編『教育研究論叢』第 6 号，2005 年を参照のこと。

13)　1948 年撮影。（SUBG, Weniger 5:34）

14)　Ebenda, S.16.

15)　本論文を中心としたヴェーニガーにおける教育の理論＝実践問題の把握については，以下の論文を参照。坂越正樹「理論＝実践の循環的構造——ヴェーニガーの把握を中心に——」，小笠原道雄編『教育学における理論＝実践問題』学文社，1985 年。宮野安治「ヴェーニガー教育学の世界（Ｉ）——教育における理論と実践——」，大阪教育大学教育学教室『教育学論集』第 27 号，1999 年。森川直「精神科学的教育学における理論＝実践問題——ヴェーニガー教育学の再評価——」，『岡山大学教育学部研究集録』第 122 号，2003 年等。

16)　Weniger,E.: Theorie und Praxis in der Erziehung, In: Die Erziehung, 4.Jg., 1929, S.590.

17)　Ebenda.

18)　クラフキは精神科学的教育学に共通する原理として次の 4 点をあげている。①教育理論と教育実践との関係の解明，②教育学の「相対的自律性」ないし「相対的独自性」の解明，③教育現実及びすべての教育理論を歴史的現象として考察すること，④科学的認識の源泉及び方法の問題。小笠原は，それらが精神科学的教育学全般に共通するというよりもむしろ，ノールとヴェーニガーを中心として考えたほうが適当ではないかと述べている（小笠原道雄編『精神科学的教育学の研究——現代教育学への遺産——』玉川大学出版部，1999 年，14 頁）。なお，教育の理論と実践についてのこうした把握は，ヴェーニガーにおいてその後も基本的に維持される。彼は 1957 年の論文「科学的方法と科学的態度」のなかで，より一層明確にこう述べている。「教育的行為の固有性と独自性を可能にするような，教育現実における真の基礎づけは，理論自身が実践の教育的責任を分担し，この責任から思考し，そこから事実と要求を見るときにはじめて，理論に対して開かれる。このように教育実践の責任を分担することによって，すなわち，こうした教育的課題へのこだわりによって，思考と研究の方

法もまた固有なかたちで規定されるのである。」(Weniger,E.: Wissenschaftliche Methode und wissenschaftliche Haltung, In: Die Sammlung, 12.Jg., 1957, S.10.)

19) Klafki,W.: Aspekte kritisch-konstruktiver Erziehungswissenschat; Gesammelte Beiträge zur Theorie-Praxis-Diskussion, Weinheim/Basel 1976, S.19.（小笠原道雄監訳『批判的・構成的教育科学――理論・実践・討論のための論文集――』黎明書房，1984年，21頁。)

20) Tagebuch des Weltbundes für Erneuerung der Erziehung 1920-1953, Sonderdruck der Deutschen Sektion im Weltbund für Erneuerung der Erziehung, Wiesbaden 1953.

21) Brief von Rotten an Weniger, 7.6.1929. (SUBG, Weniger 1:734)

22) Ebenda.

23) Brief von Weniger an Nohl, 29.7.1929. (SUBG, Nohl 591:1)

24) Weniger,E.: Neue Erziehung und philosophische Bewegung in Deutschland, In: Die Volksschule, 25.Jg., H.13, 1929.

25) Denkschrift von Rotten, 20.8.1929. (SUBG, Weniger 3:7,11)

26) 同会議では，ドイツ支部の本拠としてハンブルクが，会長として州督学官 (Landesschulrat) のウムラウフ (K.Umlauf) の名前が提案された。

27) Brief von Geheeb an Ensor, 21.12.1928. (AEH)

28) Brief von Nohl an Geheeb, 9.12.1929. (AEH) なお，ロッテンとノールとの関係は，エルシノーア会議以前に始まっていた。ロッテンは，ジュネーブの「国際教育局 (Bureau International d'Education)」の創設（1925年）に参画し，フェリエールとともにその副局長を務めていた（局長はボヴェ (P.Bovet)）。1926年5月，ロッテンは副局長としてノールに書簡を送り，国際教育局の協力者になってもらえるよう依頼し，快諾を得ている。さらに彼女はノールへの礼状のなかで，新教育連盟のドイツ本部の活動を紹介し協力を求めている（Brief von Rotten an Nohl, 18.5.1926, 8.7.1926. (SUBG, Nohl 457)）。

29) ノールの主著『ドイツにおける教育運動とその理論』（1933）において，モンテッソーリ (M.Montessori)，デューイ (J.Dewey)，ドクロリー (O.Decroly) など国外の新教育家に副次的な位置しか与えられていないことは，ペーターゼンの『新ヨーロッパの教育運動』（1926）と好対照をなしている。

30) Brief von Nohl an Weniger, 3.3.1931. (SUBG, Weniger 1:624)

31) ハンブルクにおける芸術教育運動を含む学校改革運動とその主体を担った民衆学校教師たちの思想と活動については，鈴木幹雄『ドイツにおける芸術教育学成立過

310 付論 新教育の「大きな合流」を創る試み

程の研究——芸術教育運動から初期 G・オットーの芸術教育学へ——』風間書房，
2001 年に詳しい。

32) ハンブルク上級教育局はエルシノーア会議に関するヴュルテンベルク文部省か
らの照会に対して，「ドイツ以外の国のすぐれた教育家たちとの話し合いや交流が与
えてくれる刺激は非常に有益であったので，（中略）1929 年のエルシノーアでの次回
会議にも代表を派遣するつもりである」と回答している（Oberschulbehörde an
Württembergisches Kultusministerium 20.12.1928, StAH 874b）。ハンブルクの地域グ
ループの代表となる民衆学校教師ヴォンメルスドルフもまた，エルシノーア会議に派
遣された代表団の 1 人であった。

33) Wommelsdorff,O.: Weltbund für Erneuerung der Erziehung. Regionale Gruppe
Niederelbe, In: Das Werdende Zeitalter, 9.Jg., 1930, S.143.

34) Brief von Rotten an Nohl, 6.2.1930. (SUBG, Nohl 457)

35) Brief von Weniger an Nohl, 28.1.1930. (SUBG, Weniger 1:624)

36) Gebhard,J.: Weltbund für Erneuerung der Erziehung, Deutsche Sektion.
Bezirksgruppe Norden, Sitz Hamburg, In: Das Werdende Zeitalter, 9.Jg., 1930.

37) Satzung. (SUBG, Weniger 3:7,11)

38) N.N.: o.T., Im: Das Werdende Zeitalter, 9.Jg., 1930, S. 301. 「祖国学校・教育制度
友の会」については，小林万里子「ハンブルク学校改革運動における『子どもから』
の教育学——民衆学校教師の存在基盤としての意味内容——」，教育哲学会編『教育
哲学研究』第 79 号，1999 年を参照。

39) ドイツ中間会議は，新教育連盟の世界会議と次の世界会議のあいだに開催され，
ドイツ語圏の会員と支持者が集まるものであった。ドルトムントでの会議には約 100
名が参加した。

40) Satzung. (SUBG, Weniger 3:7,11)

41) Protokoll der Vorstandssitzung, 1.4.1932. (SUBG, Weniger 3:11)

42) Brief von Weniger an Nohl, 29.10.1931. (SUBG, Nohl 591:1)

43) ホーエンロート同盟とは「ヴァイマル民衆大学運動史上けっして看過すること
が許されない民衆教育の理論と実践のセンターともいうべき」組織である（新海英行
『現代ドイツ民衆教育史研究——ヴァイマル期民衆大学の成立と展開——』日本図書
センター，2004 年，193 頁）。同盟の名称は 1923 年から 1930 年まで開かれた会議の
開催地（シュトゥットガルトのホーエンロート）に由来し，フリットナーとならんで
ヴェーニガーは若き活動家として同盟の多くの催し物に参加していた（小川哲哉『フ
リットナー民衆教育思想の研究——ドイツ青年運動から民衆教育運動へ——』青簡舎，

付論　新教育の「大きな合流」を創る試み　　311

2008 年，162-165 頁）。

44)　この「まったく愉快な」(Brief von Nohl an Weniger, 7.7.1930. (SUBG, Weniger 1:624)) リストでは，ロッテン・クライスにブーバー，ゲヘープ，エストライヒ，パウルゼン（W.Paulsen)，ヴァイスマンテルなどが含まれていた。ハンブルガー・クライスに属するのは，ゲープハルト，ゲッツェ（C.Götze)，ロティヒ，ヴォンメルスドルフ，ツァイドラーなどであった。

45)　Brief von Weniger an Bäuerle, 19.7.1930. (SUBG, Weniger 3:7,1)

46)　Weniger,E.: Die Eigenständigkeit der Erziehung in Theorie und Praxis; Probleme der akademischen Lehrerbildung, Weinheim o.J.(1953), S.541.

47)　Protokoll von Herrigel, 9.3.1931. (GStA, C.-H.Becker 8223)

48)　Ebenda.

49)　Protokoll von Gebhard, 12.3.1931. (GStA, C.-H.Becker 8223)

50)　Brief von C.-H.Becker an Geheeb, 5.3.1931. (GStA, C.-H.Becker 378)

51)　Brief von C.-H.Becker an Gebhard, 8.4.1931. (GStA, C.-H.Becker 5019)

52)　Protokoll des 1. vorbereitenden Rates. (SUBG, Weniger 3:7,2) 本会議への出席者は，当日欠席したノールとシュミット，会議上で追加されたケルシェンシュタイナーとシュナイダー，会議後に追加されたシュプランガーを除く 10 名であった。ケルシェンシュタイナーが加えられたことについて，ヴェーニガーは「ケルシェンシュタイナーの名前が新教育連盟に人々を誘う際におそらく象徴的な意味を持ちうるであろう」と考えていた（Brief von Weniger an C.-H.Becker, 10.6.1931. (GStA, C.-H. Becker 5019))。

53)　Ebenda.

54)　ヴェーニガーは会議後，C.-H. ベッカーとの役割分担について，準備協議会に委託された個々の問題，つまり候補者決定と個々のテーマについては口出ししないが，込み入った候補者選定などについては判断をまかせてほしいと C.-H. ベッカーに提言している（Brief von Weniger an C.-H.Becker, 1.7.1931. (GStA, C.-H.Becker 5019))。

55)　Protokoll der Vorstandssitzung. (SUBG, Weniger 3:11)

56)　Brief von C.-H.Becker an Weniger, 7.6.1932. (GStA, C.-H.Becker 5035)

57)　Brief von Weniger an C.-H.Becker, 14.6.1932. (GStA, C.-H.Becker 5035)

58)　Brief von C.-H.Becker an Weniger, 21.6.1932. (SUBG, Weniger 3:11)

59)　Boyd,W./Rawson,W.: The Story of the New Education, London 1965, p.93. (国際新教育協会訳『世界新教育史』玉川大学出版部，1966 年，175 頁。)

60)　準備協議会委員としては，1932 年 1 月に死去したケルシェンシュタイナー以外

312 付論 新教育の「大きな合流」を創る試み

に，ノールとシュプランガーもニース会議を欠席している。出席が予定されていたフリットナーも会議直前に参加を取りやめた。

61) Brief von Weniger an C.-H.Becker, 27.4.1932. (GStA, C.-H.Becker 5035)

62) 妻エリーザベトはノールに，ヴェーニガーはとても体調がすぐれず，3ヶ月の休養が必要であると伝えている（Brief von Nohl an Weniger, 11.7.1932. (SUBG, Weniger 1:624)）。ヴェーニガー不参加の知らせを受けて，ドイツ支部創設のために彼と行動を共にしてきた事務局長ゲープハルトは，「大会そのもののためだけでなく，今後のドイツの活動のためにも残念です」（Brief von Gebhard an Weniger, 22.7.1932. (SUBG, Weniger 3:11)）と伝えている。

63) Brief von Weniger an Rotten, 8.7.1932. (SUBG, Weniger 3:11)

64) ヴェーニガーは当初，ハレ教育アカデミーのライヒヴァイン（A.Reichwein）にニース会議で自分の代役として報告をおこなうとともに，C.-H.ベッカーを補佐してくれるよう依頼した（Brief von Weniger an Reichwein, 19.7.1932. (SUBG, Weniger 3:5,116)）。しかしライヒヴァインが固辞したため，アルトナとフランクフルト a.M. でのヴェーニガーの同僚，プファーラー（G.Pfahler）が代役を引き受けることになった。

65) Brief von C.-H.Becker an Weniger, 5.9.1932. (GStA, C.-H.Becker 5035)

66) Brief von Gebhard an Weniger, 19.8.1932. (SUBG, Weniger 3:11)

67) Brief von Weniger an Rotten, 21.11.1932. (SUBG, Weniger 3:11)

68) 事務局の移転はゲープハルトの提案によるものであった。理由は，事務局を支える理事がフランクフルト（ヴェーニガー），ドレスデン（ウーリヒ，ロッテン），ハンブルク（ゲープハルト）の3箇所に分散し，またドイツ支部とドイツ本部が地理的に離れていることは，ドイツ支部の理事の活動にとって大きな妨げになるというものであった。

69) Brief von Weniger an Gebhard, 21.11.1932. (SUBG, Weniger 3:11)

70) Röhrs,H.: Der Weltbund für Erneuerung der Erziehung; Wirkungsgeschichte und Zukunftsperspektiven, Weinheim 1995, S.23.

71) Entwurf von Weniger. (SUBG, Weniger 3:11)

72) Weniger,E.: Kulturkritik, Schulreform und politische Erneuerung, In: Müller,O. (Hrsg.): Krisis; Ein politisches Manifest, Weimar 1932, S.271f..

73) Tagebuch des Weltbundes für Erneuerung der Erziehung 1920-1953, a.a.O..

主要参考文献

Ⅰ. 史料

（1） ゲヘーブ公刊著作・書簡集

Geheeb,P.: Ein Beitrag zur Behandlung der konstitutionellen Schwäche im Kindesalter, In: Zeitschrift für Schulgesundheitspflege, 13.Jg., 1900.

P.G.(Geheeb,P.): Biologie, In: Lietz,H.(Hrsg.): Das fünfte Jahr in Deutschen Land-Erziehungsheimen, Berlin 1903.

P.G.(Geheeb,P.): Das 4. Jahr im D.L.E.H. Haubinda in Thüringen, In: Lietz,H. (Hrsg.): Das siebente Jahr in Deutschen Land-Erziehungsheimen, Leipzig 1905.

P.G.(Geheeb,P.): Das fünfte Jahr im D.L.E.H. Haubinda in Thüringen; Oster 1905 bis Oster 1906, In: Lietz,H.(Hrsg.): Deutsche Land-Erziehungsheime in Schloss Bieberstein, Haubinda i. Thüringen, Ilsenburg i. Harz; Das achte Jahr 1905/1906, Leipzig 1906.

Geheeb,P./Wyneken,G.: Erster Jahresbericht der Freien Schulgemeinde Wickersdorf; 1.Sept.1906 - 1.März 1908, Jena 1908.

Geheeb,P.: Rede zur Eröffnung der Odenwaldschule (1910), In: Reble,A.(Hrsg.): Geschichte der Pädagogik, Band 2, Stuttgart 1971. （ウィルヘルム,W. 他訳「オーデンヴァルト校開校演説」、鈴木聡他『青年期の教育』明治図書, 1986 年。）

Geheeb,Paul und Edith: Die Odenwaldschule (1910), In: Flitner,W./Kudritzki,G. (Hrsg.): Die deutsche Reformpädagogik (Band 1), Die Pioniere der pädagogischen Bewegung, Dusseldorf/München 1961.

Geheeb,P.: Die Zukunft des Landerziehungsheimes. In: Das Alumnat, 1.Jg., 1912.

Geheeb,P.: "Landerziehungsheime" und "Freie Schulgemeinde", In: Kunstwart und Kulturwart, 27.Jg., 1914.

Geheeb,P.: Koedukation als Lebensanschauung, In: Die Tat, 5.Jg., H.12, 1914.

Geheeb,P.: Zum "Aufruf an die Jugend", In: Der Vortrupp, 6.Jg., H.7, 1917.

P.G.(Geheeb,P.): Ein Brief an Hermann Lietz, In: Die Deutschen Landerziehungsheime und ihre Bürger im großen deutschen Kriege, XVⅢ. Januar bis März 1918, Leipzig 1918.

314 主要参考文献

Geheeb,P.: Koedukation als Grundlage der Erziehung, In: Andreesen,A.(Hrsg): Das Landerziehungsheim, Leipzig 1926.

Geheeb,P.: Koedukation und weibliche Bildung; Eine Problemstellung, In: Die Neue Erziehung, 8.Jg., H.2, 1926.

Geheeb,P.: Einige Bemerkungen zu dem vorstehenden Artikel, In: Die Neue Erziehung, 8.Jg., H.8, 1926.

Geheeb,P.: Neue Erziehung, In: Schüler der Odenwaldschule(Hrsg.): Der Neue Waldkauz, 3.Jg., H.11, 1929.

Geheeb,P.: New Education, In: Progressive Education, Vol.7, No.6, 1930.

Geheeb,P.: The Odenwaldschule-after Twenty Years, In: The New Era, Vol.11, No.48, 1930.

Geheeb,P.: Die kulturelle Bedeutung der Koedukation, In: Pädagogische Warte, 38.Jg., H.12, 1931.

Geheeb,P.: Die Odenwaldschule im Lichte der Erziehungsaufgaben der Gegenwart, In : Pädagogische Hochschule, 3.Jg., 1931. (ウィルヘルム ,W. 他訳「現代の教育課題を照らし出す学校——オーデンヴァルト校——」, 鈴木聡他『青年期の教育』明治図書, 1986 年。)

Geheeb,P.: Paul Geheeb schreibt über die Odenwaldschule, In: Gymertribüne; Zeitschrift der Schüler des Städtischen Gymnasiums in Bern, 1934.

Geheeb,P.: Ansprache von Paul Geheeb an seine Mitarbeiter und Zöglinge anläßlich der Aufnahme seiner erzieherischen Arbeit in Versoix am 17. April 1934, In: Schweizer Erziehungsrundschau, 7.Jg., 1934.

Geheeb,P.: Die Odenwaldschule; Ein Versuch neuzeitlicher Erziehung (Vortrag 1934 vor der pädagogischen Vereinigung des Lehrervereins Zürich), Zürich o.J. (ウィルヘルム ,W. 他訳「オーデンヴァルト校——新時代の教育の試み——」, 鈴木聡他『青年期の教育』明治図書, 1986 年。)

Geheeb,P.: A School of Mankind, In: The New Era, Vol.17, No.3, 1936.

Geheeb,P.: Ein Briefwechsel über Altersstufen und Koedukation, In: Internationale Zeitschrift für Erziehung, 6.Jg. H.4/5, 1937.

Geheeb,P.: Idee einer "Schule der Menschheit"; Rede zur Eröffnung von Paul-Geheeb-Schule in der Schweiz im Herbst 1934, In: Cassirer,E. u.a.(Hrsg.): Die Idee einer Schule im Spiegel der Zeit; Festschrift für Paul Geheeb zum 80. Geburtstag und zum 40jährigen Bestehen der Odenwaldschule, Heidelberg 1950.

主要参考文献　315

Geheeb,P.: Erziehung zum Menschen und zur Menschheit, In: Bildung und Erziehung, 4.Jg., 1951.

Geheeb,P.: Idee und Projekt einer Schule der Menschheit; Vortrag, gehalten in Zürich im Februar 1943, In: OSO-Hefte, 16.Jg., Nr2/3, 1970.

Geheeb,P.: Lebenslauf, In: Schäfer,W.(Hrsg.): Paul Geheeb-Briefe; Mensch und Idee in Selbstzeugnissen, Stuttgart 1970.（ウィルヘルム,W. 他訳「履歴」, 鈴木聡他『青年期の教育』明治図書, 1986 年。)

Schäfer,W.(Hrsg.): Paul Geheeb-Briefe; Mensch und Idee in Selbstzeugnissen, Stuttgart 1970.

（2）オーデンヴァルト校の学校雑誌・記念誌・便覧

Schüler der Odenwaldschule(Hrsg.): Der Waldkauz, März 1920.

Schüler der Odenwaldschule(Hrsg.): Der Waldkauz, April 1920.

Schüler der Odenwaldschule(Hrsg.): Der Waldkauz, März 1921.

Schüler der Odenwaldschule(Hrsg.): Der Neue Waldkauz, 1.Jg., 1927.

Schüler der Odenwaldschule(Hrsg.): Der Neue Waldkauz, 2.Jg., 1928.

Schüler der Odenwaldschule(Hrsg.): Der Neue Waldkauz, 3.Jg., 1929.

Schüler der Odenwaldschule(Hrsg.): Der Neue Waldkauz, 4.Jg., 1930.

Schüler der Odenwaldschule(Hrsg.): Der Neue Waldkauz, 5.Jg., 1931.

Schüler der Odenwaldschule(Hrsg.): Der Neue Waldkauz, 6.Jg., 1932.

Schüler der Odenwaldschule(Hrsg.): Der Neue Waldkauz, 7.Jg., 1933.

OSO-HEFTE; Berichte aus der Odenwaldschule, 1.Jg., 1955.

OSO-HEFTE; Berichte aus der Odenwaldschule, 4.Jg., 1958.

OSO-HEFTE; Berichte aus der Odenwaldschule, 6.Jg., Sondernummer, 1960.

OSO-HEFTE; Berichte aus der Odenwaldschule, 7.Jg., 1961.

OSO-HEFTE; Berichte aus der Odenwaldschule, 8.Jg., 1962.

OSO-HEFTE; Berichte aus der Odenwaldschule, 9.Jg., 1963.

OSO-HEFTE; Berichte aus der Odenwaldschule, 16.Jg., 1970.

OSO-HEFTE; Berichte aus der Odenwaldschule, Neue Folge 1, 1973/1974.

OSO-HEFTE; Berichte aus der Odenwaldschule, Neue Folge 9, Sonderheft, 1985.

OSO-HEFTE; Berichte aus der Odenwaldschule, Neue Folge 11, 1986.

Wagenschein,M. u.a.: Aufsätze aus dem Mitarbeiterkreis der Odenwaldschule zu ih-

316   主要参考文献

rem zwanzigjährigen Bestehen, Heppenheim 1930.

Cassirer,E. u.a.(Hrsg.): Die Idee einer Schule im Spiegel der Zeit; Festschrift für Paul
Geheeb zum 80. Geburtstag und zum 40jährigen Bestehen der Odenwaldschule,
Heidelberg 1950.

Mitarbeiter der Odenwaldshule(Hrsg.): Erziehung zur Humanität; Paul Geheeb zum
90. Geburtstag, Heidelberg 1960.

Kreis der Förderer der Odenwaldschule(Hrsg.): Erziehung und Wirklichkeit; Fest-
schrift zum 50jährigen Bestehen der Odenwaldschule, Braunschweig 1960.

Niemann,B.(Hrsg.): Altschüler-Erinnerungen aus 80 Jahren OSO, Heppenheim 2010.

Kaufmann,M./Priebe,A.(Hrsg.): 100 Jahre Odenwaldschule; Der wechselvolle Wege
einer Reformschule, Berlin 2010.

Prospekt der Odenwaldschule, o.J.(nach 1926).

Prospekt der Gemeinschaft der Odenwaldschule, 1. Oktober 1936.

（３）学校・文書館所蔵未刊行史料

a）オーデンヴァルト校史料室（Archiv der Odenwaldschule：AOS と略記）

Akten über die "Vereinigung der Freien Schule (Landerziehungsheim und Freie
Schulgemeinde) in Deutschland", 1924-1931.

Akten über die Ausschlüsse in der Odenwaldschule, 1927.

Geheeb,A.: Lebenslauf(ohne Titel), o.J..

Geheeb,P.: Entwurf des Planes einer privaten Lehr= und Erziehungsanstalt, deren
Gründung im Odenwald bei Darmstadt beabsichtigt wird, 20.8.1909. (ウィルヘ
ルム ,W. 他訳「ヘッセン―ダルムシュタット大公国文部省あて書簡（抜粋）」，鈴
木聡他『青年期の教育』明治図書，1986 年。)

Geschäfts-Ordnung für die Schulgemeinde der Odenwaldschule, 1.Auflage, ange-
nommen am 22.11.1912.

Gästebücher der Odenwaldschule.

Liste der Briefe an Paul Geheeb zu seinem 60. Geburtstag, 1930.

Plucer.,H. : Zusammenstellung der Kurse vom 24.Nov.1913-19.Dez.1915, o.J..

Protokoll zu der "Heppenheimer Tagung", 11. - 14.7.1919.

Protokoll zu der Tagung der "Vereinigung der Freien Schulen" in Bieberstein am
23. und 24.10.1926.

主要参考文献　317

Protokolle zu den Schulgemeinden der Odenwaldschule, 1921-1930.

Protokolle zu den Arbeitsgemeinschaften der Odenwaldschule, 1922-1924.

Sitzungsbericht der Zusammenkunft der Leiter der Landerziehungsheime und ferien Schulen in Neudietendorf am 14. und 15.10.1922.

Tagebuch von Drude Höppener-Fidus, 31.3.1916-1.6.1918.

Tonbandaufzeichnung vom Interview mit Edith und Paul Geheeb von Walter Schäfer, 12.1959.

b）人間性の学校史料室（Archiv der Ecole d'Humanité：AEH と略記）

Korrespondenz zwischen P.Geheeb und A.Ferrière, 1923, 1933-1934.

Korrespondenz zwischen P.Geheeb und E.Geheeb, 1933-1934.

Korrespondenz zwischen P.Geheeb und B.Ensor, 1928.

Korrespondenz zwischen P.Geheeb und H.Nohl, 1929.

c）ヘルマン・リーツ学校ビーバーシュタイン城校史料室（Archiv der Hermann Lietz-Schule Schloss Bieberstein：AHLS と略記）

Wyneken,G.: Rundschreiben an die Eltern der Wickersdorfer Schülerschaft, o.J..

d）ゾリング田園学舎史料室（Archiv des Landschulheims am Solling：ALS と略記）

Gründungsfeier der Reichsfachschaft Deutsche Landerziehungsheime, 24. 9.1933.

e）ドイツ青年運動文書館（Archiv der deutschen Jugendbewegung：AdJB と略記）

Antwort vom Preussischen Minister für Wissenschaft, Kunst und Volksbildung an die Vereinigung der Freien Schulen in Deutschland, 10.1.1925.

Eingabe von der Vereinigung der Freien Schulen in Deutschland an den Minister für Wissenschaft, Kunst und Volksbildung in Preußen, 27.11.1924.

Geheeb,P.: Ein Brief an die Eltern einiger Kinder, die mir seither im D.L.E.H. Haubinda anvertraut waren, Ende Juli 1906.

Jahresbericht der Freien Schulgemeinde Wickersdorf, 1908/1910/1911/1912.

Statut der Vereinigung der Freien Schulen (Landerziehungsheime und freie Schulgemeiden) in Deutschland, 28.10.1924.

Sitzungsbericht der Zusammenkunft der Landerziehungsheime und Schulgemeinden in der Odenwaldschule, 27. und 28.10.1924.

318 主要参考文献

Wyneken,G.: Die Gründung der Freien Shulgemeinde 1906, o.J..

f) ニーダーザクセン州立ゲッティンゲン大学図書館，手書・稀覿本部門（Niedersachsische Staats- und Universitatsbibliothek Göttingen, Abteilung für Handschriften und seltene Drucke： SUBG と略記）
Cod. Ms. E. Weniger 1:238, 1:624, 1:657, 1:690, 1:734, 3:5,116, 3:5,160, 3:7,1-11, 3:11.
Cod. Ms. H. Nohl 457, 591, 793.

g) ハンブルク州立文書館（Staatsarchiv Hamburg： StAH と略記）
Akten über Freie Schulgemeinden, Reformschulen, Landerziehungsheime und dergl. „Verschiedenes", 1907-1932. (361-2 V Oberschulbehörde V , Nr.894a)

h) プロイセン文化財機密文書館（Geheimes Staatsarchiv Preusischer Kulturbesitz：GStA と略記）
Ⅵ .HA Nl C.-H.Becker Nr.378, 3425, 3598, 4855, 5019, 5035, 8175, 8179, 8219, 8223, 8240, 8241, 8244, 8246, 8252, 8333, 8356.

（4）新聞記事
Andreesen,A.: "Das Landerziehungsheim"; Ein Rückblick auf die Tagung, In: Deutsche Allgemeine Zeitung, 30.5.1925.
Budde,G.: Landerziehungsheime; Ihre deutsche Aufgabe, In: Hannov. Courier, 16.5.1925.
Drill,R.: Das Landerziehungsheim; Eindrücke und Bemerkungen, In: Sonderabdruck aus der Frankfurter Zeitung (Erstes Morgenblatt vom 24., 26. und 31.7.1912).
Drill,R.: Neues aus zwei Schulgemeinde, In: Frankfurter Zeitung, 58.Jg., Nr.91, 1.4.1914 (Erstes Morgenblatt).
Majer=Leonhard,E.: Das Landerziehungsheim; Zur Tagung des Zentralinstituts für Erziehung und Unterricht vom 18. bis 20. Mai in Berlin, In: Frankfurter Zeitung, 28.5.1925.
Mann,K.: Die Odenwaldschule, In: Vossische Zeitung, Band 194, Nr.393, 19.8.1924.
N.N.: Neue pädagogishe Wege; zur Eröffnung der Odenwaldschule, In: Frankfurter Zeitung, 3.4.1910.
N.N.: Anzeige der Odenwaldschule, In: Illustrirte Zeitung, Band 138, Nr.3586,

21.3.1912.

N.N.: Das Landerziehungsheim, In: Berliner Tageblatt, 18.5.1925.

N.N.: Wiedergeburt der Jugend; Tagung der Landerziehungsheime, In: Vossische Zeitung, 19.5.1925.

N.N.: Kunst und Sport im Landerziehungsheim; Der Schluß der Tagung, In: Vossische Zeitung, 21.5.1925.

N.N.: Paul Geheeb † , In: Die Welt, 3.5.1961.

N.N.: Paul Geheeb; Zu seinem Tode, In: Frankfurter Allgemeine, 3.5.1961.

N.N.: Edith Geheeb, In: Südhessische Post, 1.7.1975.

Steche,O.: Die deutschen Landerziehungsheime und freien Schulen, In: Frankfurter Zeitung, 13.5.1925.

（5）その他の史料

Andreesen,A.: Warum lehnen wir die Koedukation in Bieberstein ab?, In: Die Neue Erziehung, 8.Jg., H.2, 1926.

Andreesen,A.: Wickersdorf und die "Vereinigung der Freien Schulen", In: Die Neue Erziehung, 8.Jg., H.4, 1926.

Andreesen,A.(Hrsg.): Das Landerziehungsheim, Leibzig 1926.

Andreesen,A.: Die Landerziehungsheimbewegung und ihre Ergebnisse, In: Die Erziehung, 5.Jg., 1930.

Badenhop: Stundenplan(Lektionsplan), In: Schwartz,H.(Hrsg.): Pädagogisches Lexikon, Band 4, Bielefeld/Leipzig 1931.

Block,F.: Der Nutzen einer Studienreise durch die Landerziehungsheime und freien Schulen, In: Pädagogisches Zentralblatt, 8.Jg., H.3, 1928.

Boos,J.: Der Stunden-Plan in Theorie und Praxis nebst 16 ausgeführten Muster= Stundenplänen, Horb 1913.

Cassirer,H.R.: Und alles kam anders...; Ein Jouralist erinnert sich, Konstanz 1992.

Die Wickersdorfer Leitung: Berichtigung, In: Die Neue Erziehung, 7.Jg., H.9, 1925.

Dirking,P.: Stundenplan u. Stundenplantheorie, In: Deutsches Institut für wissenschaftliche Pädagogik(Hrsg.): Lexikon der Pädagogik der Gegenwart, Band 2, Freiburg 1932.

Frenzel: Stundenplan, In: Dannemann,A. u.a.(Hrsg.): Enzyklopädisches Handbuch des Heilpädagogik, Halle 1911.

320　主要参考文献

Flitner,W.: Die drei Phasen der Pädagogischen Reformbewegung (1928), In: Ders:
　　Gesammelte Schriften, Band 4, Paderborn/München/Wien/Zürich 1987.

Geheeb,E.: Aus meinem Leben, In: Geheeb,E. u.a.: Edith Geheeb-Cassirer zum 90.
　　Geburtstag, Meringen 1975.

Gebhard,J.: Weltbund für Erneuerung der Erziehung, Deutsche Sektion,
　　Bezirksgruppe Norden, Sitz Hamburg, In: Das Werdende Zeitalter, 9.Jg., 1930.

G.W.(Wyneken,G.): Die Kameradschaftlichkeit der Freien Schulen, In: Die Grüne
　　Fahne, 1.Jg., H.11/12, 1925.

Gregor-Dellin,M.(Hrsg.): Klaus Mann; Briefe und Antworten; Band 1: 1922-1937,
　　München 1975.

Hamaker-Willink,A.: Briefe aus der Odenwaldschule (1930/1931), In: Neue Samm-
　　lung, 25.Jg., 1985.

Hamm,W.: Erinnerungen an den alten Paul Geheeb, In: Leben und Arbeit, Jg.1961,
　　H.2, 1961.

Harless,H.: Wer ist der Schäpfer der Freien Schulgemeinde, In: Der Vortrupp, 6.Jg.,
　　H.11, 1917.

Hertlein,L.: Koedukation in der Odenwaldschule, In: Die Neue Erziehung, 8.Jg., H.2,
　　1921.

Ilgner,A.: Die Strafe in der Odenwaldschule, In: Oesteich,P.(Hrsg.): Strafanstalt oder
　　Lebensschule, Karsruhe 1922.

Karsen,F.: Ein Besuch in der Odenwaldschule, In: Elternbeirat, 2.Jg., 1921.

Krauss,E./Hartlaub,G.F.(Hrsg.): Ferix Hartlaub in seinen Briefen, Tübingen 1958.

Kurella,A.: Aufruf an die Jugend, In: Der Vortrupp, 6.Jg., Nr.2, 1917.

Lietz,H.: Emlohstobba; Roman und Wirklichkeit?; Bilder aus dem Schulleben der
　　Vergangenheit, Gegenwart oder Zukunft?, Berlin 1897.

Lietz,H.: Deutsche Land-Erziehungsheime; Erziehungsgrundsätze und Einrich-
　　tungen, Leipzig 1909.

Lietz,H.: Die Deutsche Land-Erziehungsheime; Gedanken und Bilder, Leipzig 1910.

Lietz,H.: Die Deutsche Nationalschule; Beiträge zur Schulreform aus den Deutschen
　　Landerziehungsheimen, Leipzig 1911.（川瀬邦臣訳「ドイツ国民学校」，川瀬邦
　　臣他『田園教育舎の理想』明治図書，1985 年。）

Lietz,H.: Lebenserinnerungen; Von Leben und Arbeit eines deutschen Erziehers,
　　hrsg. von Meißner,E., Veckenstedt(Harz) 1920.

Lüders,E.: Minna Cauer; Leben und Arbeit; Dargestellt an Hand ihrer Tagebücher und nachgelassenen Schriften, Gotha 1925.

Lüttich,A.: Treibende Gedanken im Leben der Odenwaldschule, In: Das Alumnat, 3.Jg., H.12, 1915.

Mann,K.: Die freie Schulgemeinde (1924), In: Naumann,U./Töteberg,M.(Hrsg.): Klaus Mann; Die neuen Eltern; Aufsätze, Reden, Kritiken 1924-1933, Hamburg 1992.

Mann,K.: Vor dem Leben; Erzählungen, Hamburg 1925.

Mann,K.: Kind dieser Zeit (1932), München 1965.

Mann,K.: Der Wendepunkt; Ein Lebensbericht, Hamburg 1984. (小栗浩他訳『転回点——マン家の人々——』晶文社，1986 年。)

N.N.: Tagung "Das Landheim", In: Pädagogisches Zentralblatt, 5.Jg., H.6, 1925.

N.N.: Tagung "Das Landerziehungsheim", In: Pädagogisches Zentralblatt, 5.Jg., H.7/8, 1925.

N.N.: o.T., Im: Das Werdende Zeitalter, 9.Jg., 1930.

Nohl,H.: Die pädagogische Bewegung in Deutschland und ihre Theorie (1935), Frankfurt a.M. [10]1988. (平野正久他著訳『ドイツの新教育運動』明治図書，1987 年。)

Nohl,H.: Pädagogik aus dreizig Jahren, Frankfurt a.M. 1949.

Nohl,H.: Erziehergestalten (1958), Göttingen [3]1963.

Noth,E.E.: Erinnerungen eines Deutschen, Hamburg/Düsseldorf 1971.

Parker,E.: Ein ehemaliger Landerziehungsheimer erzählt von >seiner< Koedukation, In: Harless,H.(Hrsg.): Jugend im Werden, Bremen 1955.

Reiner,P.: Wer ist der Schäpfer der Freien Schulgemeinde, In: Der Vortrupp, 6.Jg., H.13, 1917.

Sander, F.: Stundenplan(Lektionsplan), In: ders.: Lexikon der Pädagogik, Leipzig 1883.

Schiller,H.: Stundenplan(Lektionsplan), In: Rein,W.(Herg.): Enzyklopädisches Handbuch der Pädagogik, Band 6, Langensalza 1899 (1.Aufl.).

Schiller,H.(W.Rein): Stundenplan, In: Rein,W.(Herg.): Enzyklopädisches Handbuch der Pädagogik, Band 9, Langensalza 1909 (2.Aufl.).

S-n.: Das Landerziehungsheim, In: Die Neue Erziehung, 7.Jg., H.7, 1925.

Steiner,R.: Die Erkenntnis-Aufgabe der Jugend; Ansprachen und Fragenbeantwortungen, Aufsätze und Berichte aus den Jahren 1920 bis 1924 in Ergänzung zum

322   主要参考文献

«Pädagogischen Jugendkurs»von 1922, Dornach 1981.

Tagebuch des Weltbundes für Erneuerung der Erziehung 1920-1953, Sonderdruck der Deutschen Sektion im Weltbund für Erneuerung der Erziehung, Wiesbaden 1953.

Uffrecht,B.(Hrsg.): Freie Schul- und Werkgemeinschaft; Blätter zum Gedankenaustausch, Letzlingen 1925.

Uhlig,G.: Stundenplan, In: Loos,J.(Hrsg.): Enzyklopädisches Handbuch des Erziehungskunde, Band 2, Wien/Leipzig 1908.

Wagenschein,M.: Schulgemeinde; auf zweierei Art, In: Bildung und Erziehung, 2.Jg., 1949.

Wagenschein,M.: Erinnerungen an Paul Geheeb, In: Pädagogik heute, H.4, 1968.

Wagenschein,M.: Erinnerungen für Morgen; Eine pädagogische Autobiographie, Weinheim/Basel 1989.

Wehrmann: Lectionsplan, In: Schmid,K.A.(Hrsg.): Enzyklopädie des gesammten Erziehungs= und Unterrichtswesens, Band 4, Gotha 1865.

Weniger,E.: Theorie und Praxis in der Erziehung, In: Die Sammlung, 4.Jg., 1929.

Weniger,E.: Neue Erziehung und philosophische Bewegung in Deutschland, In: Die Volksschule, 25.Jg., H.13, 1929.

Weniger,E.: Kulturkritik, Schulreform und politische Erneuerung, In: Müller,O. (Hrsg.): Krisis; Ein politisches Manifest, Weimar 1932.

Weniger,E.: Gedächtnisworte für Ludwig Pallat † 22. November 1946, In: Die Erziehung, 2.Jg., 1947.

Weniger,E.: Die Eigenständigkeit der Erziehung in Theorie und Praxis; Probleme der akademischen Lehrerbildung, Weinheim o.J.(1953)

Weniger,E.: Wissenschaftliche Methode und wissenschaftliche Haltung, In: Die Sammlung, 12.Jg., 1957.

Wolff,J.J.: Stundenplan, In: Rolff,E.M.(Hrsg.): Lexikon der Pädagogik, Band 4, Freiburg 1915.

Wommelsdorff,O.: Weltbund für Erneuerung der Erziehung, Regionale Gruppe Niederelbe, In: Das Werdende Zeitalter, 9.Jg., 1930.

Wyneken,G.: Deutsche Landerziehungsheime, In: Sonderabdruck aus den Comenius-Blättern, Band 10, H.5/7, 1902.

Wyneken,G.: Die "Katastrophe" des Herrn Geheeb, Jena 1909.

主要参考文献　323

Wyneken,G./Halm,A.(Hrsg.): Wickersdorfer Jahrbuch, 1908/1910.

Wyneken,G.: Der Gedankenkreis der Freien Schulgemeinde; Dem Wandervogel ge-
widmet (1913), Jena [2]1914.

Wyneken,G.: Wickersdorf, Lauenburg(Elbe) 1922.

Wyneken,G.: Schule und Jugendkultur (1913), Jena [3]1919.

小原國芳『小原國芳全集　第12巻　教育講演行脚・身辺雑記（1）』玉川大学出版部,
1966年。

小原國芳「パウル・ゲヘープ園長の思い出」, 小原國芳監修『全人教育』第154号,
1962年。

ボルノー,O.F.（鯵坂真訳）「パウル・ゲヘープを記念して」, 小原國芳監修『全人教育』
第154号, 1962年。

Ⅱ. 先行研究

Badry,E.: Die Gründer der Landerziehungsheime, In: Scheuerl,H.(Hrsg.): Klassiker
der Pädagogik, Band 2, München 1979.

Becker,G. u.a.: Die deutschen Landerziehungsheime, In: Arbeitsgemeinschaft Freier
Schulen(Hrsg.): Handbuch Freie Schulen, Hamburg 1993.

Böhm,W.: Zur Einschätzung der reformpädagogischen Bewegung in der Erziehungs-
wissenschaft der Gegenwart, In: Pädagogische Rundschau, 28.Jg., Nr.7, 1974.

Bollnow,O.F.: Geheeb, Paul, In: Historische Kommission bei der Bayerischen Akade-
mie der Wissenschaft(Hrsg.): Neue Deutsche Biographie, 3.Band, Berlin 1957.

Dietrich, T.(Hrsg.): Die Landerziehungsheimbewegung, Bad Heilbrunn 1967.

Edelstein,W.: Die Odenwaldschule, In: Schäfer,W.(Hrsg.): Schülermitverantwortung
in den deutschen Landerziehungsheimen, Stuttgart o.J.

Flitner,W./Kudritzki,G.(Hrsg.): Die deutsche Reformpädagogik (Band 1); Die Pioniere
der pädagogischen Bewegung, Düsseldorf/München [5]1995.

Grunder,F.: Land-Erziehungsheime und Freie Schulgemeinde; Aus vieljähriger Pra-
xis in Deutschland, England, Frankreich und der Schweiz, Leipzig 1916.

Hanusa,B.: Die religiöse Dimension der Reformpädagogik Paul Geheebs; Die Frage
nach Religon in der Reformpädagogik, Leipzig 2006.

Hierdeis,H.: Die »Schulgemeinde« in der Odenwaldschule unter Paul Geheeb, In:
Kriss-Rettenbeck,L./Liedtke,M.(Hrsg.): Regionale Schulentwicklung im 19. und
20. Jahrhundert, Bad Heilbrunn 1984.

324　主要参考文献

Hilker,F.(Hrsg.): Deutsche Schulversuche, Berlin 1924.

Hohmann,M.: Die Pädagogische Insel; Untersuchungen zur Idee einer Eigenwelt der Erziehung bei Fichte und Goethe, Wyneken und Geheeb, Düsseldorf 1966.

Huguenin,E.: Die Odenwaldschule, Weimar 1926.

Ilgner,A.: Die Odenwaldschule; Ihr Aufbau, In: Hilker,F.(Hrsg.): Deutsche Schulversuche, Berlin 1924.

Jäkel,W.: Die Odenwaldschule, In: Schweizer Monats Hefte, 12.Jg., 1932.

Karsen,F.: Deutsche Versuchschulen der Gegenwart und ihre Probleme, Leipzig 1923.（小峰総一郎著訳『現代ドイツの実験学校』明治図書，1986 年。）

Karstät,O.: Versuchsschulen und Schulversuch, In: Nohl,H./Pallat,L.(Hrsg.): Handbuch der Pädagogik, Band 4, Berlin/Leipzig 1928.

Keller,A.v.: The Odenwaldschule, In: Progressive Education, Vol.1, 1924.

Koerrenz,R.: Landerziehungsheime in der Weimarer Republik; Alfred Andreesens Funktionsbestimmung der Hermann Lietz-Schulen im Kontext der Jahre von 1919 bis 1933, Frankfurt am Main/Bern/New York/Paris 1992.

Konrad,F.-M.: Die Schulgemeinde; Ein reformpädagogisches Modell zur Förderung des sozial-moralischen Lernens in Schule und Jugendfürsorge, In: Pädagogisches Forum, H.4, 1995.

Kurzweil,Z.E.: Odenwaldschule (1910-1934), In: Paedagogica Historica, 13.Jg., 1973.

Lembke-Ibold,B.: Paul Geheeb; Gemeinschaft und Familie im Landerziehungsheim, Hamburg 2010.

Müller-Holtz,H.: Warten auf das Wartesystem?, In: OSO-HEFTE; Berichte aus der Odenwaldschule, Neue Folge 1, 1973/1974.

Näf,M.: Briefe von und an Moritz Goldschmidt und Familie; aus dem Nachlass von Paul und Edith Geheeb-Cassirer in der Ecole d'Humanité (CH-6805 Goldern-Hasliberg), Basel 1989 (Privatdruck).

Näf,M.: Pädagogischer Rebell oder sentimentaler Träumer?; Paul Geheeb zum 125. Geburtstag, In: Unterwegs, 7.Jg., 1995.

Näf, M.: Paul Geheeb; Seine Entwicklung bis zur Gründung der Odenwaldschule, Weinheim 1998.

Näf, M.: Paul und Edith Geheeb-Cassirer; Gründer der Odenwaldschule und der Ecole d'Humanité, Deutsche, Schweizerische und Internationale Reformpädagogik 1910-1961, Weinheim /Basel 2006.

Petersen,P.: Die Stellung des Landerziehungsheims im Deutschen Erziehungswesen des 20. Jahrhunderts; Ein typologischer Versuch, In: Huguenin,E.: Die Odenwaldschule, Weimar 1926.

Priebe,A.: "Keine 'gothische' Kaserne und kein Schloss"-Zur Baugeschichte der Odenwaldschule, In: Kaufmann,M./Priebe,A.(Hrsg.): 100 Jahre Odenwaldschule; Der wechselvolle Weg einer Reformschule, Berlin 2010.

Röhrs,H.: Die Reformpädagogik; Ursprung und Verlauf unter internationalem Aspekt (1979), Weinheim ³1991.

Schäfer,W.: Die Odenwaldschule 1910-1960; Der Weg einer freien Schule, Heppenheim 1960.

Schäfer,W.: Vereinigung der Freien Schulen (Landerziehungsheime und freie Schulgemeiden) in Deutschland, gegründet 1924, [Dokument. Aus dem Archiv der Odenwaldschule zusammengestellt], In: OSO-Hefte, 6.Jg., H.2, 1960.

Schäfer,W.: Paul Geheeb; Mensch und Erzieher, Stuttgart 1960.

Schäfer,W.: Ein Leben im Dienste des Menschen, In: Pädagogik heute, H.4, 1968.

Schäfer,W. u.a.: Probleme der Schule im gesellschaftlichen Wandel; Das Beispiel Odenwaldschule, Frankfurt a.M. 1971.

Schäfer,W.: Erziehung im Ernstfall; Die Odenwaldschule 1946-1972, Frankfurt a.M. 1979.

Scheibe,W.: Die Reformpädagogische Bewegung 1900-1932; Eine einführende Darstellung (1969), Weinheim/Basel ¹⁰1994.

Schwarz,K.: Paul Geheeb; Leben und Werk, In: Pädagogik und Schule in Ost und West, 18.Jg., 1970.

Shirley,D.: The Politics of Progressive Education; The Odenwaldschule in Nazi Germany, Cambridge 1992.

Shirley,D.: Radikaler Humanismus; Die Lebensarbeit von Paul und Edith Geheeb in der Odenwaldschule und in der Ecole d'Humanité, In: Röhrs,H./Lenhart,V. (Hrsg.): Die Reformpädagogik auf den Kontinenten; Ein Handbuch, Frankfurt a.M./Berlin/Bern/New York/Paris/Wien 1994.

Shirley, D.: Reformpädagogik im Nationalsozialismus; Die Odenwaldschule 1910 bis 1945, Weinheim/München 2010.

Springer,S.: Das erzieherische Verhältnis in der Pädagogik der deutschen Landerziehungsheimbewegung, In: Pädagogische Rundschau, 41.Jg., 1987.

326　主要参考文献

Uffrecht,U.: Die Freie Schul- und Werkgemeinschaft Letzlingen; Ein Schulversuch von bleibender Bedeutung, In: Neue Sammlung, 32.Jg., H.4, 1992.

天野正治「H. リーツ，G. ヴィネケン，P. ゲヘープ，K. ハーン――田園教育舎の創始者たち――」，天野正治編『現代に生きる教育思想5　ドイツ (II)』ぎょうせい，1982年。

入沢宋寿『最近教育の思潮と実際』明治図書，1931年。

ウィルヘルム ,W.「自由と信頼――パウル・ゲヘープの教育思想とその実践――」，鈴木聡他『青年期の教育』明治図書，1986年。

小川正行『独逸に於ける新教育』目黒書店，1928年。

久野敏郎「オーデンワルトシューレ (Odenwaldschule)」，東京文理科大学教育学会編『教育学研究』，第3号，1932年。

篠原助市『欧州教育思想史 (下)』玉川大学出版部，(1956年初版) 1972年。

菅野文彦「『ゲーテ復興』と改革教育学・新教育」，『兵庫教育大学研究紀要』，第12巻，第一分冊，1992年。

田花為雄「田園学校」，『岩波講座　教育科学』第4冊，1931年。

田花為雄「田園学校 (二)」，大日本学術協会編『教育学術界』，第72巻，第6号，1936年。

原聡介「田園教育舎の理想」，吉田昇他編『近代教育思想』有斐閣，1979年。

伊藤敏子「田園教育舎と心身問題――オーデンヴァルト学校からエコール・デュマニテへの推移に注目して――」，奈良女子大学文学部教育文化情報学講座年報『人間形成と文化』第7号，2010年。

伊藤敏子「新教育における心身論と教育愛の連関――オーデンヴァルト学校設立100周年に寄せて――」，『三重大学教育学部研究紀要 (教育科学)』第62巻，2011年。

伊藤敏子「新教育運動研究の分水嶺としての負の遺産?――『決別』と『継承』をめぐる論争を貫くもの――」，『三重大学教育学部紀要 (教育科学)』第64巻，2013年。

Ⅲ. その他の参考文献

Amlung,U./Haubfleisch,D./Link,J.-W./Schmitt,H.(Hrsg.): Die alte Schule überwinden; Reformpädagogische Versuchsschulen zwischen Kaiserreich und Nationalsozialismus, Frankfurt a.M. 1993.

Arndt,H./Müller-Holtz,H.: Schulerfahrungen-Lebenserfahrungen; Anspruch und

主要参考文献　　327

Wirklichkeit von Bildung und Erziehung heute; Reformpädagogik auf dem Prüf-
stand, Frankfurt a.M./Berlin/ Bern/New York/Paris/Wien 1995.

Baacke,D./Schulze,Th.: Aus Geschichte lernen; Zur Einübung pädagogischen Verste-
hens, Neuausg., Weinheim/München 1993.

Bauer,H.: Zur Theorie und Praxis der ersten deutschen Landerziehungsheime; Er-
fahrungen zur Internats- und Ganztagserziehung aus den Hermann-Lietz-
Schulen, Berlin 1961.

Becker,H./Kluchert,G.: Die Bildung der Nation; Schule, Gesellschaft und Politik vom
Kaiserreich zur Weimarer Republik, Stuttgart 1993.

Becker,G. u.a.: Die deutschen Landerziehungsheime, In: Arbeitsgemeinschaft Freier
Schulen (Hrsg.): Handbuch Freie Schulen, Hamburg 1993.

Berg,C.(Hrsg.): Handbuch der Bildungsgeschichte, Band 4, München 1991.

Böhm,W.: Zur Einschätzung der reformpädagogischen Bewegung in der Erziehungs-
wissenschaft der Gegenwart, In: Pädagogische Rundschau, 28.Jg., Nr.7, 1974.

Böhme,G.: Das Zentralinstitut für Erziehung und Unterricht und seine Leiter, Neu-
burgweier/Karlsruhe 1971.

Bölling,A.: Sozialgeschichte der deutschen Lehrer; Ein Überblick von 1800 bis zur
Gegenwart, Göttingen 1983. (望田幸男他訳『歴史のなかの教師たち──ドイツ
教員社会史──』ミネルヴァ書房, 1987 年。)

Boyd,W./Rawson,W.: The Story of the New Education, London 1965. (国際新教育協
会訳『世界新教育史』玉川大学出版部, 1966 年。)

Danner,H.: Das erzieherische Verhältnis in Rousseaus Émile, In: Paedagogica Histori-
ca, 18.Jg., 1978.

Danner,H.: Überlegungen zu einer 'Sinn'-orientierten Pädagogik, In: Langeveld, M.J./
Danner,H.: Methodologie und >Sinn<-Orientierung in der Pädagogik, München
1981. (宮崎秀光訳「『意味』に定位した教育学についての論考」, 山崎高哉監訳
『意味への教育──学的方法論と人間学的基礎──』玉川大学出版部, 1989 年。)

Danner,H.: Verantwortung und Pädagogik; Anthropologische und ethische Untersu-
chungen zu einer sinnorientierten Pädagogik (1983), Königstein ²1985.

Faulstich-Wiekand,H.(Hrsg.): Abschied von der Koedukation?, Frankfurt a.M. 1987.

Faulstich-Wiekand,H.: Koeducation; enttäuschte Hoffnungen?, Darmstadt 1991.

Feidel-Mertz,H.(Hrsg.): Schulen im Exil; Die verdrängte Pädagogik nach 1933, Ham-
burg 1983.

328   主要参考文献

Flitner,A: Reform der Erziehung; Impulse des 20. Jahrhunderts; Jenaer Vorlesungen (1992), München/Zürich [2]1993.（森田孝監訳『教育改革　二〇世紀の衝撃――イェーナ大学連続講義――』玉川大学出版部，1994年。）

Frevert,U.: Frauen-Geschichite zwischen Bürgerlicher Verbesserung und Neuer Weiblichkeit, Frankfurt a.M. 1986.（若尾祐司他訳『ドイツ女性の社会史――200年の歩み――』晃洋書房，1990年。）

Forberg,A.: Auf den Spuren von Heinrich Metzendorf in Bensheim (Prospekt), o.O. o.J..

Gaßen,H.: Weniger-Forschung und Weniger-Literatur 1968-1992; Widersprüchliche Interpretationen. in: D.Hoffmann/K.Neumann(Ursg.): Tradition und Transformation der Geisteswissenschaftlichen Pädagogik; Zur Re-Vision der Weniger-Gedenkschrift, Weinheim 1993.

Geiger,Th.: Gemeinschaft, In: Vierkandt,A.(Hrsg.): Handwörterbuch der Soziologie, Stuttgart 1931.

Geuter,U.: Homosexualität in der deutschen Jugendbewegung; Jungfreundschaft und Sexualität im Diskurs von Jugendbewegung, Psychoanalyse und Jugendpsychologie am Beginn des 20.Jahrhunderts, Frankfurt a.M. 1994.

Grunder,H.-U.: Das schweizerische Landerziehungsheim zu Beginn des 20. Jahrhunderts, Frankfurt am Main/Bern/New York 1987.

Haubfleisch,D./Link,J.-W.: Das Werdende Zeitalter (Internationale Erziehungs-Rundschau); Register sämtlicher Aufsätze und Rezensionen einer reformpädagogischen Zeitschrift in der Weimarer Republik, Oer-Erkenschwick 1994.

Haubfleisch,D.: Elisabeth Rotten(1882-1964) – eine (fast) vergessene Reformpädagogin, In: Hansen-Schaberg,I.(Hrsg.): "etwas erzählen"; Die lebensgeschichtliche Dimension in der Pädagogik, Hohengehren 1997.

Heckmann,G.: Leben ohne Gewalt. Elisabeth Rotten: geb. 15.Febr.1882, gest. 2.Mai 1964, In: Neue Sammlung, 4.Jg., H.6, 1964.

Herrmann,U.(Hrsg.): »Neue Erziehung«,»Neue Menschen«; Ansätze zur Erziehungs- und Bildungsreform in Deutschland zwischen Kaisereich und Diktatur, Weinheim/Basel 1987.

Hermann,U./Oelkers,J.: Reformpädagogik; ein Rekonstruktion- und Rezeptionsproblem, In: Zeitchrift für Pädagogik, 40.Jg., Nr.4, 1994.

Hepp,C.: Avantgarde; Moderne Kunst, Kulturkritik und Reformbewegungen nach

主要参考文献　329

der Jahrhundertwende (1987), München [2]1992.

Hoffmann,D.: Politische Bildung 1890-1933; Ein Beitrag zur Geschichte der pädago-
gischen Theorie, Hannover/Berlin/Darmstadt/Dortmunt 1970.

Hoffmann,D./Neumann,K.(Hrsg.): Tradition und Transformation der Geisteswissen-
schaftlichen Pädagogik; Zur Re-Vision der Weniger-Gedenkschrift, Weinheim
1993.

Koebner,Th. u.a.(Hrsg.): »Mit uns zieht die neue Zeit« ; Der Mythos Jugend, Frank-
furt a.M. 1985.

Kemnitz,H.: Denkmuster und Formensprache pädagogischer Architekturen im er-
sten Drittel des 20.Jahrhunderts, In: Crotti,C./Osterwalder,F.(Hrsg.): Das Jahr-
hundert der Schulreformen; Internationale und nationale Perspektiven, 1900-
1950, Bern/Stuttgart/Wien 2008.

Klafki,W.: Aspekte kritisch-konstruktiver Erziehungswissenschat; Gesammelte
Beiträge zur Theorie-Praxis-Diskussion, Weinheim/Basel 1976, S.19. （小笠原道
雄監訳『批判的・構成的教育科学――理論・実践・討論のための論文集――』黎
明書房，1984 年。

Koerrenz,R./Collmar,N.(Hrsg.): Die Religion der Reformpädagogik; Ein Arbeitsbuch,
Weinheim 1994

Kruse,K.: Zur Geschichte der Schullandheimbewegung und Schullandheimpädago-
gik, In: Verband Deutscher Schullandheime e.V.(Hrsg.): Pädadogik im Schulland-
heim; Handbuch, Regensburg 1975.

Kutzer,E.(Hrsg.): Hermann Lietz; Zeugnisse seiner Zeitgenossen, Stuttgart 1968.

Landesamt für Denkmalpflege Hessen(Hrsg.): Kulturdenkmäler in Hessen; Kreis
Bergstraße, Wiesbaden 2004.

Lehberger,R./de Lorent,H.-P.(Hrsg.): Nationale und internationale Verbindungen der
Versuchs- und Reformschulen in der Weimarer Republik, Hamburg 1993.

Lenzen,D.(Hrsg.): Pädagogik und Alltag; Methoden und Ergebnisse alltagsorien-
tierter Forschung in der Erziehungswissenschaft, Stuttgart 1980.

Lennert,R.: Erinnerungen an Otto Erdmann, In: Die Sammlung, 15.Jg., 1960.

Linse,U.: »Geschlechtsnot der Jugend«; Über Jugendbewegung und Sexualität, In:
Koebner,Th./Janz,R.-P./Trommler,F.(Hrsg.): »Mit uns zieht die neue Zeit«; Der
Mythos Jugend, Frankfurt a.M. 1985.

Lundgreen,P.: Sozialgeschichite der deutschen Schule im Überblick, Teil 1-2, Göttin-

330　主要参考文献

gen 1981.（望田幸男監訳『ドイツ学校社会史概観』晃洋書房，1995 年。）

Mitgau,W.: Wie das Landschulheim nach Holzminden kam, In: Jahrbuch 2001 für den Landkreis Holzminden, Band 19, 2001.

Naumann,U.(Hrsg.): «Ruhe gibt es nicht, bis zum Schluß»; Klaus Mann(1906-1949), Hamburg 2001

N.N.: Arbeiten des Architekten Professor Heinrich Metzendorf-Bensheim, o.O. o.J.

Oelkers,J.: Erziehung und Gemeinschaft; Eine historische Analyse reformpädago-gischer Optionen, In: Berg,C./Ellger-Rüttgardt,S.(Hrsg.): Du bist nichts, Dein Volk ist alles; Forschungen zum Verhältnis von Pädagogik und Nationalsozialis-mus, Weinheim 1991.

Oelkers,J.: Ursprung und Verlauf in Zentraleuropa, In: Röhrs,H./Lenhart,V. (Hrsg.): Die Reformpädagogik auf den Kontinenten; ein Handbuch, Frankfurt am Main/ Berlin/New York/Paris/Wien 1994.

Oelkers,J.: Reformpädagogik; Eine kritische Dogmengeschichte(1989), Weinheim/ München ³1996.

Panter,U.: Gustav Wyneken; Leben und Arbeit, Weinheim 1960.

Petersen,P.: Die Neueuropäische Erziehungsbewegung, Weimar 1926.

Plessner,H.: Grenzen der Gemeinschaft; Eine Kritik des sozialen Radikalismus, Bonn 1924.

Priester,k.: Frauenbildung. In: Brankertz,H. u.a. (Hsrg.): Enzyklopädie Erziehungs-wissenschaft, Band 9, Stuttgart 1983.

Riedel,M.: Gesellschaft, Gemeinschaft, In: Brunner,O. u.a.(Hrsg.): Geschichtliche Grundbegriffe, Band 2, Stuttgart ³1994.

Reble,A.(Hrsg.): Geschichite der Pädagogik; Dokumentationsband 2, Stuttgart 1971.

Reble,A.: Schulgeschichtliche Beiträge zum 19. und 20. Jahrhundert. Bad Heilbrunn 1995.

Reble,A.: Theodor Litt; Einführende Überschau, Bad Heilbraunn 1996.

Röhrs,H.: Ein übersehenes Kapitel der Landerziehungsheime, In: Pädagogische Rundschau, 41.Jg., 1987.

Röhrs,H.: Der Weltbund für Erneuerung der Erziehung; Wirkungsgeschichte und Zukunftsperspektiven, Weinheim 1995.

Röhrs,H.: Gründung und Gestaltung der "Deutschen Sektion" des "Weltbundes für Erneuerung der Erziehung"(1921 bis 1931) -Ein bildungspolitisch bedeutsames

Kapitel der internationalen Reformpädagogik. In: Kodron,C./ Kopp,v.B./ Lauterbach,U./Schäfer,U./Schmidt,G.(Hrsg.): Vergleichende Erziehungswissenschaft. Herausforderung-Vermittlung-Praxis. Festschrift für Wolfgang Mitter zum 70. Geburtstag, Band 2, Frankfurt a.M. 1997.

Schmitt,H.: Zur Realität der Schulreform in der Wemarer Republik, In: Rülcker,T./ Oelkers,J.(Hrsg.): Politische Reformpädagogik, Bern/Berlin/Frankfurta.M./New York/Paris/Wien 1998.

Scheibe,W.: Schülermitverantwortung; Ihr pädagogischer Sinn und ihre Verwirklichung, Darmstadt 1959.

Schwarz,K.(Hrsg.): Bibliographie der deutschen Landerziehungsheime, Stuttgart 1970.

Schwenk,B.: Erich Weniger – Leben und Werk, In: Dahmer,I./Klafki,W.(Hrsg.): Geisteswissenschaftliche Pädagogik am Ausgang ihrer Epoche-Erich Weniger, Weinheim/Berlin 1968.

Stadtverwaltung Geisa(Hrsg.): Festschrift 1175 Jahre Geisa, Fulda 1992.

Tenorth,H.-E.:"Reformpädagogik"; Erneuter Versuch, ein erstaunliches Phänomen zu verstehen, In: Zeitschrift für Pädagogik, 40.Jg., 1994.（坂越正樹訳「『改革教育』——驚異的な現象を理解するための新たな試み——」，小笠原道雄／坂越正樹監訳『教育学における「近代」問題』玉川大学出版部，1998年。）

Tenorth,H.-E.: Nachwort; Reformpädagogik, ihre Historiographie und Analyse, In: Scheibe,W.: Die Reformpädagogische Bewegung 1900-1932; Eine einführende Darstellung (1969), Weinheim/Basel [10]1994.

Tenorth,H.-E.: Das Zentralinstitut für Erziehung und Unterricht; Außeruniversitäre Erziehungswissenschaft zwischen Politik, Pädagogik und Forschung, In: Geißler,G./Wiegmann,U.(Hrsg.): Außeruniversitäre Erziehungswissenschaft in Deutschland; Versuch einer historischen Bestandsaufnahme, Frankfurt a.M. 1996.

Tönnies,F.: Gemeinschaft und Gesellschaft; Grundbegriffe der reinen Soziologie, Darmstadt [8]1988.（杉之原寿一訳『ゲマインシャフトとゲゼルシャフト——純粋社会学の基本概念——(上下)』岩波書店，1957年。）

Unseld,S. u.a.: Peter Suhrkamp; Zur Biographie eines Verlegers in Daten, Dokumenten und Bildern, Frankfurt a.M. 1975.

アーレント,H.（大久保和郎他訳）『全体主義の起源（1）—(3)』みすず書房，1972/74

332 主要参考文献

年。

石橋哲成『ヨーロッパ教育史紀行』玉川大学出版部，1983年。

伊藤暢彦「教育原理としてのゲマインシャフト」，大谷大学哲学会編『哲学論集』第
40号，1993年。

井上茂子「西ドイツにおけるナチ時代の日常史研究——背景・有効性・問題点——」，
『教養学科紀要』第19号，1986年。

今井重孝「新教育運動のシステム論的再評価をめざして——ドイツの事例——」，近
代教育思想史研究会編『近代教育フォーラム』第3号，1994年。

今井康雄「グスタフ・ヴィネケンにおける社会批判的教育思想の両義性——20世紀初
頭ドイツの教育＝社会関係への一照射——」，日本教育学会編『教育学研究』第
47巻，第3号，1980年。

今井康雄「社会化と教育——西ドイツ教育学の議論から——」，日本教育学会編『教
育学研究』第51巻，第2号，1984年。

今井康雄『ヴァルター・ベンヤミンの教育思想——メディアのなかの教育——』世織
書房，1998年。

岩間浩『ユネスコ創設の源流を訪ねて——新教育連盟と神智学協会——』学苑社，
2008年

ウェーバー，M.（世良晃志郎訳）『支配の諸類型』創文社，1970年。

ウェーバー，M.（尾高邦雄訳）『職業としての学問』岩波書店，1982年。

ヴェーバー＝ケラーマン，I.（鳥光美緒子訳）『ドイツの家族——古代ゲルマンから現
代——』勁草書房，1991年。

上山安敏『神話と科学——ヨーロッパ知識社会世紀末～20世紀——』岩波書店，
1984年。

上山安敏『世紀末ドイツの若者』講談社，1994年。

上山安敏／桜井哲夫「世紀末思想の可能性——サークルの精神史——」，『現代思想』
第22巻，第2号，1994年。

江頭智宏「ナチ時代におけるドイツ田園教育舎の位置付けをめぐる論議——H.リーツ
『回想記』の再版に関するA.アンドレーゼンの主張を中心に——」，『九州大学大
学院教育学研究紀要』第8号，2005年。

江頭智宏「1930年代における学校共同体ヴィッカースドルフ」，『九州大学大学院教育
学コース院生論文集』第3号，2003年。

エルカース，J.（伊藤敏子訳）「独創的な教育の時代としての新教育？」，『奈良女子大
学教育学科年報（教育学・教育方法学・心理学）』第12号，1994年。

主要参考文献　333

遠藤孝夫『管理から自律へ——戦後ドイツの学校改革——』勁草書房，2004 年。

小笠原道雄『現代ドイツ教育学説史研究序説——ヴィルヘルム・フリットナー教育学の研究——』福村出版，1974 年。

小笠原道雄「新教育理論の学問的基礎——ドイツ——」，長尾十三二編『新教育運動の理論』明治図書，1988 年。

小笠原道雄編『精神科学的教育学の研究——現代教育学への遺産——』玉川大学出版部，1999 年。

小川哲哉『フリットナー民衆教育思想の研究——ドイツ青年運動から民衆教育運動へ——』青簡舎，2008 年。

川瀬邦臣「『学校闘争』史における H. リーツの位置——田園教育舎研究（1）——」，『東京学芸大学紀要』第一部門，第 36 集，1985 年。

川瀬邦臣／リーツ,H.『田園教育舎の理想——ドイツ国民教育改革の指針——』明治図書，1985 年。

川瀬邦臣「H. リーツの共同体教育論」，『東京学芸大学紀要』第一部門，第 47 集，1996 年。

カーン,S.（喜多迅鷹他訳）『肉体の文化史——体構造と宿命——』法政大学出版局，1989 年。

キュンメル,F.（中戸義雄他訳）「授業のなかの時間」，森田孝他編『人間形成の哲学』大阪書籍，1992 年。

クーンズ,C.（姫岡とし子監訳）『父の国の母たち——女を軸にナチズムを読む——（上）』時事通信社，1990 年。

クラウル,M.（望田幸男他訳）『ドイツ・ギムナジウム二〇〇年史——エリート養成の社会史——』ミネルヴァ書房，1986 年。

クラフキ,W.（小笠原道雄編）『教育・人間性・民主主義』玉川大学出版部，1992 年。

コッカ,J.（加来祥男編訳）『工業化・組織化・官僚制——近代ドイツの企業と社会——』名古屋大学出版会，1992 年。

コッカ,J.（肥前栄一他訳）『歴史と啓蒙』未來社，1994 年。

小幡一『世紀末のドイツ建築』井上書院，1987 年。

小林万里子「ハンブルク学校改革運動における『子どもから』の教育学—— 民衆学校教師の存在基盤としての意味内容——」，教育哲学会編『教育哲学研究』第 79 号，1999 年。

ゴッフマン,E.（石黒毅訳）『アサイラム——施設被収容者の日常世界——』誠信書房，1984 年。

334　主要参考文献

小峰総一郎／カルゼン,F.『現代ドイツの実験学校』明治図書，1986 年。

小峰総一郎『ベルリン新教育の研究』風間書房，2002 年。

坂越正樹「理論＝実践の循環的構造――ヴェーニガーの把握を中心に――」，小笠原
　　道雄編『教育学における理論＝実践問題』学文社，1985 年。

坂越正樹『ヘルマン・ノール教育学の研究――ドイツ改革教育運動からナチズムへの
　　軌跡――』風間書房，2001 年。

佐藤史浩「プロイセンの Pädagogische Akademie の成立過程について」，東北大学教
　　育学部教育行政学・学校管理・教育内容研究室『研究集録』第 9 巻，1978 年。

佐藤学『学校の挑戦――学びの共同体を創る――』小学館，2006 年。

シェラー,W.／ヴァイマー,H.（平野一郎監訳）『ドイツ教育史』黎明書房，1979 年。

芝健介「現代ドイツにおける文化史・社会史・歴史人類学の位相――歴史学のパラダ
　　イムをめぐって――」，『現代史研究』第 39 巻，1993 年。

白石晃一「英国アボッホルム校の労作教育の成立について――セシル・レディの労作
　　教育の歴史的考察――」，『東京教育大学教育学部紀要』第 17 巻，1971 年。

新海英行『現代ドイツ民衆教育史研究――ヴァイマル期民衆大学の成立と展開――』
　　日本図書センター，2004 年。

新明正道『ゲマインシャフト』刀江書院，1937 年。

鈴木幹雄『ドイツにおける芸術教育学成立過程の研究――芸術教育運動から初期 G・
　　オットーの芸術教育学へ――』風間書房，2001 年。

鈴木聡「教育における伝統と未来，拘束と自由をめぐる問題――G. ヴィネケンと
　　Th. リットを中心に――」，日本教育学会編『教育学研究』第 52 巻，第 2 号，
　　1985 年。

鈴木聡／ウィルヘルム,W.／ヴィネケン,G.／ゲヘープ,P.『青年期の教育』明治図書，
　　1986 年。

高倉翔他編『現代学校経営用語辞典』第一法規，1980 年。

高橋勝／広瀬俊雄編『教育関係論の現在――「関係」から解読する人間形成――』川
　　島書店，2004 年。

竹岡敬温他編『社会史への途』有斐閣，1995 年。

竹中亨『帰依する世紀末――ドイツ近代の原理主義者群像――』ミネルヴァ書房，
　　2004 年。

田代尚弘『シュプランガー教育思想の研究――シュプランガーとナチズムの問題――』
　　風間書房，1995 年。

田村栄子『若き教養市民層とナチズム――ドイツ青年・学生運動の思想の社会史――』

名古屋大学出版会，1996 年。

中央教育審議会答申「幼稚園，小学校，中学校，高等学校及び特別支援学校の学習指導要領等の改善について」（http://www.mext.go.jp/a_menu/shotou/new-cs/information/1290361.htm : 2015.4.1 閲覧）

対馬達雄「ペーターゼンにおけるゲマインシャフトの理念と学校共同体の形成」，日本教育学会編『教育学研究』第 54 巻，第 2 号，1987 年。

対馬達雄「学校共同体の簇生」，長尾十三二編『新教育運動の生起と展開』明治図書，1988 年。

テノルト,H-E.（小笠原道雄他監訳）『教育学における「近代」問題』玉川大学出版部，1998 年。

鳥光美緒子「教育史記述と子どもの未来」，日本教育学会編『教育学研究』第 63 巻，第 3 号，1996 年。

中野光『大正自由教育の研究』黎明書房，1968 年。

長尾十三二「田園教育舎系新教育運動についての一考察」，『東京教育大学教育学部紀要』第 3 号，1957 年。

長尾十三二編『新教育運動の生起と展開』明治図書，1988 年。

ノイマン,K.（小笠原道雄他監訳）『大学教育の改革と教育学』東信堂，2005 年。

橋本紀子『男女共学制の史的研究』大月書店，1992 年。

長谷川章『世紀末の都市と身体——芸術と空間あるいはユートピアの彼方へ——』ブリュッケ，2000 年。

ハルダッハ＝ピンケ,I.／ハルダッハ,G.編（木村育世他訳）『ドイツ／子どもの社会史——1700-1900 年の自伝による証言——』勁草書房，1992 年。

ヒトラー,A.（平野一郎他訳）『わが闘争』（上下）角川書店，1973 年。

平野正久「『ドイツ新教育運動』研究の現状と課題——< Reformpädagogik >の訳語を中心に——」，『大阪大学人間科学部紀要』第 20 巻，1994 年。

福元圭太『「青年の国」ドイツとトーマス・マン——20 世紀初頭のドイツにおける男性同盟と同性愛——』九州大学出版会，2005 年

舟山俊明「改革教育学とドイツ青年運動——転換期における知とロマン——」，長井和雄他編『ロマン主義教育再興』東洋館出版社，1986 年。

古沢常雄／小林亜子／フェリエール,A.『活動学校』明治図書，1989 年。

ベーメ,H.（大野英二他訳）『現代ドイツ社会経済史序説』未来社，1976 年。

ヘンスラー,O.（舟木徹男訳・解題）『アジール——その歴史と諸形態——』国書刊行会，2010 年。

ポイカート,D.（小野清美他訳）『ワイマル共和国——古典的近代の危機——』名古屋大学出版会，1993年。

マクレランド,Ch.E.（望田幸男監訳）『近代ドイツの専門職——官吏・弁護士・医師・聖職者・教師・技術者——』晃洋書房，1993年。

松原岳行『教育学におけるニーチェ受容史に関する研究——1890-1920年代のドイツにおけるニーチェ解釈の変容——』風間書房，2011年。

ミッテラウアー,M.／ジーダー,R.（若尾祐司他訳）『ヨーロッパ家族社会史——家父長制からパートナー関係へ——』名古屋大学出版会，1993年。

南利明『ナチス・ドイツの社会と国家——民族共同体の形成と展開——』勁草書房，1998年。

宮澤康人編『社会史のなかの子ども——アリエス以降の＜家族と学校の近代＞——』新曜社，1988年。

宮澤康人『＜教育関係＞の歴史人類学——タテ・ヨコ・ナナメの世代間文化の変容——』学文社，2011年。

宮野安治「ヴェーニガー教育学の世界（Ⅰ）——教育における理論と実践——」，大阪教育大学教育学教室『教育学論集』第27号，1999年。

宮本健市郎「19世紀アメリカ合衆国における授業時間割の出現と厳密化の過程——近代学校における時間割編成原理の研究(1)——」，『兵庫教育大学紀要（第1分冊）』第24巻，2004年。

宮本健市郎『アメリカ進歩主義教授理論の形成過程——教育における個性尊重は何を意味してきたか——』東信堂，2005年。

モッセ,G.L.（三宅昭良訳）『ユダヤ人の〈ドイツ〉——宗教と民族をこえて——』講談社，1996年。

望田幸男／田村栄子『ハーケンクロイツに生きる若きエリートたち——青年・学校・ナチズム——』有斐閣，1990年。

望田幸男編『近代ドイツ＝「資格社会」の制度と機能』名古屋大学出版会，1995年。

森川直「精神科学的教育学における理論＝実践問題——ヴェーニガー教育学の再評価——」，『岡山大学教育学部研究集録』第122号，2003年。

モレンハウアー,K.（今井康雄訳）『忘れられた連関——＜教える―学ぶ＞とは何か——』みすず書房，1987年。

矢野智司『贈与と交換の教育学——漱石，賢治と純粋贈与のレッスン——』東京大学出版会，2008年。

山﨑高哉『ケルシェンシュタイナー教育学の特質と意義』玉川大学出版部，1993年。

主要参考文献　337

山﨑洋子『ニイル「新教育」思想の研究——社会批判にもとづく「自由学校」の地平——』大空社，1998 年。

山﨑洋子「『教育の新理想』と新教育連盟に関する考察——1920 年代イギリス新教育運動の実態解明にむけて——」，教育史学会編『日本の教育史学』第 41 集，1998年。

山﨑洋子「イギリス新教育運動における両義的可能性とパースペクティヴ——『共同体』と『学級』へのアプローチにもとづいて——」，『鳴門教育大学研究紀要（教育科学編）』第 20 巻，2005 年。

山名淳『ドイツ田園教育舎研究——「田園」型寄宿制学校の秩序形成——』風間書房，2000 年。

山名淳「学校空間の教育哲学（2）——学校における『閉鎖性』と『開放性』のあいだ——」，小笠原道雄編著『教育の哲学』放送大学教育振興会，2003 年。

山名淳『夢幻のドイツ田園都市——教育共同体ヘレラウの挑戦——』昭和堂，2006 年。

山名淳「アジールと『新教育』——本共同研究の目的と視点——」，平成 23-25 年度科学研究費補助金（基盤研究（C））研究成果報告書『新教育運動期における学校の「アジール」をめぐる教師の技法に関する比較史的研究』（研究代表者：山名淳）2014 年。

山名淳「＜学校＝共同体＞に穴を穿つ——『アジール』論からみた『新教育』の学校——」，教育思想史学会編『近代教育フォーラム』第 21 号，2012 年。

山本秀行『ナチズムの記憶——日常生活からみた第三帝国——』山川出版社，1995 年。

ラカー,W.（西村稔訳）『ドイツ青年運動——ワンダーフォーゲルからナチズムへ——』人文書院，1985 年。

ラフ,D.（松本彰他訳）『ドイツ近現代史』シュプリンガー・フェアラーク東京，1990年。

リンゼ,U.（内田俊一他訳）『生態平和とアナーキー——ドイツにおけるエコロジー運動の歴史——』法政大学出版局，1990 年。

若尾祐司『近代ドイツの結婚と家族』名古屋大学出版会，1996 年。

渡邊隆信「ダンナーの『教育的責任』論——その特質と今日的意義——」，教育哲学会編『教育哲学研究』第 70 号，1994 年。

渡邊隆信「ワイマール期における教員養成と新教育運動——アルトナ教育アカデミーを中心として——」，兵庫教育大学学校教育研究会編『教育研究論叢』第 6 号，2005 年。

渡邊隆信「教育関係論の問題構制」，教育哲学会編『教育哲学研究』100 号特別記念号，

2009 年。

渡邊隆信「エーリッヒ・ヴェーニガーに見る戦後歴史教育の再構築──『歴史教育の新たな道』とその周辺──」，對馬達雄編著『ドイツ　過去の克服と人間形成』昭和堂，2011 年。

初 出 一 覧

第 1 章
・「ゲゼルシャフトとしての大都市／ゲマインシャフトとしての学校」, 教育思想史学
　会編『近代教育フォーラム』第 9 号, 2000 年。
・「ドイツ新教育運動における『共同体』形成論」, 教育思想史学会編『近代教育フォー
　ラム』第 10 号, 2001 年。
・「ゲヘーブにおける『自由学校共同体』理念の特質」, 兵庫教育大学学校教育研究会
　編『教育研究論叢』第 5 号, 2004 年。

第 2 章
・「田園教育舎運動の史的再構成——『ドイツ自由学校連盟』の創設と活動に着目し
　て——」, 日本教育学会編『教育学研究』第 67 巻, 第 3 号, 2000 年。
・田園教育舎系自由学校のネットワーク形成——オーデンヴァルト校会議（1924 年）
　を中心に——」, 兵庫教育大学学校教育研究会編『教育研究論叢』第 3 号, 2001 年。

第 3 章
・「オーデンヴァルト校における『自由学校共同体』理念の実践化——生徒—生徒関
　係を中心として——」,『広島大学教育学部紀要（第一部）』第 44 号, 1996 年。

第 4 章
・「20 世紀初頭ドイツにおける男女共学の実験——オーデンヴァルト校の日常生
　活——」,『兵庫教育大学研究紀要（第 1 分冊）』第 18 巻, 1998 年。
・「ドイツ田園教育舎運動における男女共学と性」, 小笠原道雄監修『近代教育の再構
　築』福村出版, 2000 年。

第 5 章
・「オーデンヴァルト校における P．ゲヘーブの教育実践——＜学校共同体＞を中心
　として——」, 教育史学会編『日本の教育史学』第 38 集, 1995 年。
・「田園教育舎における教師—子ども関係——オーデンヴァルト校の＜活動共同体＞
　の分析から——」, 中国四国教育学会編『教育学研究紀要（第一部）』第 40 巻,

340 初 出 一 覧

1995 年。

第 6 章

・「オーデンヴァルト校における教師─教師関係──『自由学校共同体』の一側面──」,
中国四国教育学会編『教育学研究紀要(第一部)』第 42 巻, 1997 年。

第 7 章

・「ドイツ新教育における授業時間割の創造──オーデンヴァルト校の『コース組織』
を中心に──」, 平成 17-19 年度科学研究費補助金(基盤研究(C))『新教育運動
期における授業時間割の改革と編成原理に関する比較社会史的研究』(研究代表
者:宮本健市郎)2008 年。
・「教育コミュニケーションの規定要因としての時間割」, 杉尾宏編著『教育コミュニ
ケーション論──「関わり」から教育を問い直す──』北大路書房, 2011 年。

第 8 章

・「ドイツ新教育における学校空間の創造──オーデンヴァルト校を事例として──」,
『兵庫教育大学研究紀要』第 39 巻, 2011 年。

終章

・「『アジール』としての新学校の存立条件──オーデンヴァルト校 1930─1934──」,
平成 23-25 年度科学研究費補助金(基盤研究(C))『新教育運動期における学校の
「アジール」をめぐる教師の技法に関する比較史的研究』(研究代表者:山名淳)
2014 年。

付論

・「Erich Weniger als Vorsitzender der deutschen Sektion des 'Weltbundes für
Erneuerung der Erziehung'」, In: Sektion Historische Bildungsforschung der
DGfE (Hrsg.): Jahrbuch für Historische Bildungsforschung, Band 10, 2004.
・「新教育『運動』のリアリティ──新教育連盟とヴェーニガー──」, 教育思想史学
会編『近代教育フォーラム』第 14 号, 2005 年。

あ と が き

　本書は，1997年2月に広島大学から博士（教育学）の学位を授与された論文「P. ゲヘープにおける『自由学校共同体』の理念と実践に関する研究──オーデンヴァルト校の日常生活史──」に加筆修正を施したうえで，その後2014年までの間に発表した関連論文をあわせて一書にしたものである。

　それにしても本研究に着手してから長い年月が経過した。修士論文では精神科学的教育学の系譜に位置するダンナーの教育的責任論の学説研究をおこなった。ダンナーは「代理責任」の考え方に基いて教育者の担うべき責任を論理的かつ体系的に論じており，そのバランスのとれた理論体系は魅力的であった。しかし，2つの点から研究の方向性に疑問を感じるようになった。1つは，「代理責任」のみならず，「共同責任」や「自己責任」をも包含した教育的責任論が今日必要ではないか，しかもそれを，子どもと多様な他者との関係性のなかで検討すべきではないかという点である。いま1つは，学説研究では理論の論理性・体系性を重視する反面，その理論の背後にある具体的な教育現実や，そこでの教師や生徒の息づかいのようなものを理解するのが困難だという点である。こうした課題意識から博士課程後期に進学後は，さまざまな教育理論や実践を探った。その過程で出会ったのが，ゲヘープの自由学校共同体＝オーデンヴァルト校であった。以来，断続的に研究を続けて約20年になる。当初の予定よりもずいぶんと長い時間のかかった研究に，本書によって一区切りをつけることができ，まずはほっとしているところである。とはいえ，史料面の制約などから十分に論じ切れていない箇所があることも確かである。読者諸氏の忌憚のないご批正を賜りたい。

　本書が成るにあたり，これまでに学恩を頂戴した方々に心より御礼を申し上げたい。誰よりもまず感謝を申し上げねばならないのは，広島大学大学院

の教育哲学研究室でご指導いただいた小笠原道雄先生である。私が博士課程前期に入学したとき，研究室は「第2期黄金時代」を迎えていた（実際に外部の人にそのように言われた）。近い年齢層に才気と意欲に満ちた院生がひしめいており，M1の私は一番上のオーバードクターから数えて13番目であった。「特研」と呼ばれるゼミでは先輩方から本質を突いた厳しい質問が飛んできた。小笠原先生はいつも最後に，それまでの質疑を踏まえて研究の方向性を示すような大局的なコメントをくださった。まさしく火の出るような特研であったが，切磋琢磨するにはこの上のない場であった。その当時は大学院のゼミはどこもこんなものだと思っていたが，今になってみると質量ともにたぐいまれな研究室であったと思う。小笠原先生が伝統の上に年月をかけて創り上げられた研究室に，末弟の1人として在籍させていただたことが，何よりの幸運であった。

　同じく教育哲学研究室の坂越正樹先生には，公私にわたりひとかたならぬご指導を賜った。最初の投稿論文が思うように書けずにいた時，ドイツ留学中の先生に手紙で相談したところ，すぐさま細かい文字で懇切な助言と叱咤激励のお返事をいただいた。学位論文の審査段階では原稿をすみずみまでチェックしていただいた。この度，広島大学理事・副学長の激務のなか，本書刊行の相談にのってくださるとともに，風間書房をご紹介賜ったのも坂越先生である。心より御礼申し上げたい。

　岡山大学の学部と大学院では森川直先生に教育学研究の基礎を教わった。小学校教員を目指していた私が研究の世界に飛び込むのを，そっと後押ししてくださった。お忙しい中，毎週時間を作ってドイツ語文献講読の個別指導をしていただいたことは，その後，広島大学で研究を進める上での最上の鍛錬となった。改めて感謝申し上げる次第である。先生がよく口にされていた「愚直の一念」という言葉は今，私の座右の銘になっている。

　長期短期合わせて約2年のドイツ留学に際して，受入教員としてご指導いただいたゲッティンゲン大学のホフマン（Dietrich Hoffmann）先生に対して

あとがき　343

も一言御礼を申し上げたい。同大学の教育学ゼミナールでヴェーニガーの最後の助手と，ロートの最初の助手をされていた先生は，ドイツ教育学会でも科学研究コミッションの委員長を長く務められていた。ゲッティンゲン学派をはじめとする 20 世紀ドイツの教育学研究の全体像を俯瞰して論じることのできる数少ない研究者の 1 人である先生に，直接ご指導をいただいことを誇りに思う。またホフマン先生を介してブラウンシュヴァイク工科大学のノイマン（Karl Neumann）先生と知遇を得た。その後ノイマン先生とは教師教育に関する日独共同研究に取り組むことができたのは望外の喜びであった。付論のドイツ専門誌への掲載にあたっては，フンボルト大学のテノルト（Heinz-Elmar Tenorth）先生にご高配を賜った。

　1995 年以来現在に至るまで，とぎれることなく共同研究を続けている神戸「新教育」研究会のメンバー，宮本健市郎先生，山﨑洋子先生，山名淳先生には，常日頃より研究上の刺激をいただいている。とりわけ山名先生は私が広島大学大学院入学時に教育哲学研究室の助手をされていた先輩であり，研究分野が近いことからも，本研究の遂行にあたって数え切れないご指導とご助言をいただいてきた。本書の各章のうち博士号取得以降に発表した成果の多くは，この研究会での共同研究をきっかけに取り組んだものである。また本研究会の活動を通して，長尾十三二先生，中野光先生，平野正久先生といった新教育研究の大先達の謦咳にふれることができたことも貴重な経験となった。メンバーそれぞれの職場環境が次々と変化し多忙感が増すなかで，純粋に新教育のことを議論できる年 3，4 回の研究会は，至福の時間であり，これからも大事にしていきたい。

　他にも感謝申し上げるべき人は多い。すべての人のお名前を挙げることはできないが，広島大学の佐々木正治先生と岡東壽隆先生には，ご多忙のなか学位論文の査読を引き受けていただき，専門的見地から貴重なアドバイスを賜った。広島大学大学院時代には，教育哲学研究室の大先輩にあたる鳥光美緒子先生が主宰されていた社会史研究会に参加させていただき，研究方法論

上の新しい視点を学んだ。同じく研究室の大先輩で，新教育を含むドイツ教育思想史研究をリードされている今井康雄先生には，本研究を始めた頃，ヴィッカースドルフ自由学校共同体の貴重な史料をご提供いただいた。それは私が一次史料を活用した研究をおこなう大きな契機となった。近代教育思想史研究会（現，教育思想史学会）では，最初の創設大会に参加して以来，大学の垣根を超えて気鋭の先生方と知り合い研究交流する機会を得てきた。とりわけ初代代表の原聡介先生と初代事務局長の森田尚人先生には，温かい励ましとご指導をいただいている。教育史学会では對馬達雄先生にお声かけいただき，光栄にもドイツにおける「過去の克服」の共同研究に参加させていただいた。「1人でもよいから本物の研究の後継者を育ててほしい」という先生からの宿題を果たすことができるよう，これからも精進したい。

　本書で使用した一次史料の閲覧・収集にあたってはオーデンヴァルト校史料室，人間性の学校史料室，ヘルマン・リーツ学校ビーバーシュタイン城校史料室，ゾリング田園学舎史料室，ドイツ青年運動文書館，ニーダーザクセン州立ゲッティンゲン大学図書館，プロイセン文化財機密文書館，ハンブルク州立文書館等に大変お世話になった。とりわけ，オーデンヴァルト校の歴代校長のハルダー（Wolfgang Harder），ステアリング（Whitney Sterling），カウフマン（Margarita Kaufmann）氏，同校史料室担当教員のミュラー＝ホルツ（Henner Müller-Holtz），アルファイ（Hartmut Alphei），プリーベ（Alexander Priebe）氏，さらに人間性の学校の元校長のリュッティ（Armin Lüthi）氏と同校史料室担当のユッカー（Jürg Jucker）氏は，度重なる調査に際して史料閲覧の援助のみならず，宿泊や食事にまで便宜を図ってくださった。先生方やファミリーの生徒たちとの雑談のなかで，現在と過去のオーデンヴァルト校の様子やゲヘープのエピソードをうかがうことも，学校訪問の楽しみの1つであった。また，ゲヘープに関する2冊の伝記的研究を著しているネフ（Martin Näf）氏には，バーゼルのご自宅を訪問し書簡等の一次史料についてご助言をいただいた。記して御礼申し上げたい。

あとがき　345

　本書の刊行の準備をしていた期間のほとんどを，私は兵庫教育大学の教員として過ごした。たくさんの現職教員が大学院生として在籍する環境のなかで，ドイツ新教育の歴史研究と現代日本の教育課題とをいかに結びつけるかという問いに向かい合った17年であった。容易に答えの見つからない問いを前にして，開き直って片方に傾斜するのではなく，両者の往還を粘り強く考えつづけることができたのは，杉尾宏先生と故安部崇慶先生をはじめとする教育基礎講座（現，教育コミュニケーションコース）の先生方が，性急に実践的有用性を求めることなく，牛歩のような研究の進展を温かく見守ってくださったおかげである。また同大学に赴任して以来，渡邉満先生には，教育思想史研究と現代の教育課題との架橋を身をもって示していただくとともに，常日頃より公私にわたるご厚情を頂戴している。また今は同僚となったが，鈴木幹雄先生には私が兵庫教育大学に赴任して以来，折に触れて研究室に足を運んで，実直な研究の大切さを説いてくださった。神戸大学は今，思いがけない学部改組のまっただ中にある。これまでの経験を活かして，同僚の先生方と一緒に新学部での教育学研究と教員養成教育に挑戦していきたい。

　本書の出版に際しては風間書房の風間敬子社長に格別のご高配を賜った。また編集においては斉藤宗親氏に大変丁寧なお仕事をしていただくとともに，写真のレイアウト等，私の無理な要望にも的確に応えていただいた。改めて心より深謝の意を表したい。なお，刊行にあたっては，独立行政法人日本学術振興会平成27年度科学研究費助成事業（科学研究費補助金）（研究成果公開促進費）（課題番号：15HP5189）の交付を受けた。

　最後に私事ながら，兵庫に戻って小学校教員になることなく研究の道に進むことを理解してくれた両親と，常に最初の読者として原稿に目を通してくれる同学の妻に，この場を借りて感謝したい。

2015年12月

　　　　　　　　　　フクロウ啼く兵庫の寓居にて　　渡　邊　隆　信

事 項 索 引

あ行

アーツ・アンド・クラフト運動　250
アジール　267-268, 273, 276, 280
ヴァルケミューレ田園教育舎　272, 279
ヴィッカースドルフ学校共同体　272
ヴィッカースドルフ自由学校共同体　1,
　5, 35, 38, 43-44, 62, 69-71, 72, 102-103,
　119-121, 152, 254, 271-272
海辺の学校　69, 74, 80, 272
運動　70-71, 85, 303, 305
運動場　240, 242, 247, 259-264
オーデンヴァルト校共同体　268, 272,
　278-279

か行

改革教育　1, 11, 67-68, 70, 86, 91
学費　73-74, 98, 110
学校運営　107-109, 112, 130, 151, 165, 170,
　172, 174, 254, 264, 274, 280
学校園　239, 241, 254
学校会議　216
学校共同体　3, 9-10, 43-48, 56, 62, 100,
　105-109, 112, 151-177, 188-191, 205, 238,
　254, 257, 268, 279
学校共同体室　255, 264
学校空間　10, 239-265
学校建築　11, 240-242, 262, 264
学校田園寮　78, 90
家庭教師学校　25-26
ガンデルスハイム学舎　74
休憩時間　217-218
給与　111, 184, 206
教育アカデミー　284, 286-287, 303-304,

307
教育運動　78, 86
教育的落差　171, 176
教師会議　111, 160, 180, 189-193, 197-199,
　207
共同責任　53-54, 56, 95, 106, 109, 163,
　171-172, 174, 264, 274, 300
共同体（ゲマインシャフト）　5, 18-27,
　54-55
郷土様式　242, 249, 263
郷土保護連盟　242
協力者　180, 193-194, 198, 200-201, 245
空気浴　110, 130, 134, 141, 147, 159, 225
空気浴場　134, 247, 255, 264
グラリスエッグ城田園教育舎　223-224
栗林新学校　223-224
グリューナウ学院　223-224
芸術家村展覧会　249-250
芸術教育運動　25, 67
ケフィコン城田園教育舎　223-224
コース終了学校共同体　157-158, 169, 238
コース組織　157, 159, 213, 224-235, 252,
　263, 279
国際学校健康会議　241
国際教育局　309
国際禁酒協会　31
国際連盟　280
国際連盟ドイツ連合　307

さ行

ザーレム城校　69, 74, 272
作業共同体　10, 151, 164-174
時間割　10, 213-238
社会支援活動のための女性・婦人グループ

348 事項索引

31

祝祭　190, 202, 256, 270

自由ヴァルドルフ学校　25, 70-71, 78, 88

自由ドイツ青年　57, 287, 307

自由の夕べ　152

上級実科学校　41, 225, 232

ショーンドルフ南ドイツ田園教育舎　69, 72-74, 83, 90, 272

職員　179, 185-189, 205, 254

女性運動　30-32, 37, 42, 117, 119

私立（自由）学校ライヒ連合会　75

新教育　1, 11, 24-27, 55, 260-264, 267, 270-271, 283, 290-293, 304-306

新教育連盟　283-286, 289-294, 301, 304

新教育連盟ドイツ支部　10, 283, 291-293, 302, 304-305

スイス・ロマンド新学校　223-224

生活改革運動　22, 64, 147

精神科学的教育学　67, 284, 286, 288, 308

生徒委員会　103-105, 109

青年運動　49, 124, 284, 286

青年文化　50

製本室　254, 257

世話係システム　268, 273-276, 280

全体集会　47, 152

祖国学校・教育制度友の会　293

ゾリング田園学舎　69, 71-73, 89, 263, 272

た行

代理責任　171-172, 174, 176

男女共学　5, 32, 37, 40-41, 81, 86, 115-150, 181, 277

中央教育研究所　68, 74, 77-81, 89

ツェレ民衆学校　242

徹底的学校改革者同盟　25, 82, 89

デューラー校　69

デューラー同盟　64

田園教育舎運動　1, 5-6, 9, 25, 36, 67-68,

83-85

ドイツ運動　67, 86, 291

ドイツ学校田園寮ライヒ連合　78

ドイツ自由（私立）教育施設ライヒ連合会　88

ドイツ自由学校（田園教育舎及び自由学校共同体）連盟　68, 71, 75-76, 79, 84-85, 87, 196, 272, 274

ドイツ先遣隊同盟　64

ドイツ田園教育舎　1, 5, 11, 14, 35-36, 68-72, 119, 224, 272-273

ドイツ田園教育舎連盟　87

ドイツ田園教育舎ライヒ組合　89, 272

ドイツ本部　285-286, 292, 304-305, 307, 309

同質化　10, 268, 270, 280

投票権　54, 105-106, 108, 157-159, 169, 172, 254

徒歩旅行　160, 193, 202, 256-257, 270

な行

日常生活史　7-8

日常生活への転換　7

人間性の学校　3-4, 279, 281

ノルトエック城教育舎　28, 228

は行

ハウス共同体　189, 275

罰　159-160, 175

ビショフシュタイン城教育校　74

ビデールズ校　141

ヒトラーユーゲント　270, 278

疲労研究　217

ファミリーシステム　127-128, 130, 142, 268, 273-275, 280

プリーフェクトシステム　104, 273

文化批判　26, 67, 84, 86

ペスタロッチー・フレーベル・ハウス　42

別荘様式　249, 251
ベルトールト・オットー学校　71
ベルリン婦人福祉協会　31
ヘレラウ新学校　74, 88
ホーアー・マイスナー大会　64, 287
ホーエンロート同盟　284, 292, 295-296, 310
ホッホヴァルトハウゼン山間学校　71-72, 148

ま行

全き家　19, 57
民族共同体　10, 269-271, 295
モニエー学院　279-280

や行

ユートピア社会主義　307
ユーゲントシュティール　147, 250

ら行

ライヒ学校会議　118
レッツリンゲン自由学校・作業共同体　69-72, 89, 91, 111, 272, 274, 282
連絡会　189
労作学校　25, 213, 226, 241, 270
ロマン主義　270

わ行

ワンダーフォーゲル　22, 49

人 名 索 引

あ行

アーレント（Arendt, H.） 23-24

アヴェナリウス（Avenarius, F.） 57, 64

アンドレーゼン（Andreesen, A.） 69, 74-75, 79-83, 145, 272-273, 282

イェーデ（Jöde, F.） 292

イェケル（Jäkel, W.） 2

イルグナー（Ilgner, A.） 2, 175, 191

ヴァーゲンシャイン（Wagenschein, M.） 183, 200-201, 203

ヴァイスマンテル（Weismantel, L.） 293, 311

ヴァインシュトック（Weinstock, H.） 297

ヴィット（Witt, E.M.v.） 32

ヴィネケン（Wyneken, G.） 1-3, 5-6, 35-39, 43-51, 55-56, 62, 69-70, 72, 103, 126-127

ヴィルカー（Wilker, K.） 286, 302

ウーゲナン（Huguenin, E.） 2, 106-107, 135, 137, 192, 207, 250

ウーリヒ（Ulich, R.） 293, 297, 302, 312

ヴェーニガー（Weniger, E.） 10, 77, 283-312

ウェーバー，マックス（Weber, M.） 21-22, 57

ウェーバー，マリアンネ（Weber, M.） 122

ヴェーラー（Wehler, H.-U.） 7-8

ヴェルナー（Werner, F.） 276

ヴォンメルスドルフ（Wommelsdorff, O.） 292-293, 296-297, 311

ウッフレヒト（Uffrecht, B.） 69, 91, 272, 282

ウムラウフ（Umlauf, K.） 309

エアドマン（Erdmann, O.） 28, 64, 226-231, 235, 286

エギディ（Egidy, M.v.） 32-33

エストライヒ（Oestreich, P.） 25, 118, 286, 311

エルカース（Oelkers, J.） 24, 86, 91, 270

エンソア（Ensor, B.） 283, 290

オイケン（Eucken, R.） 61

オットー（Otto, B.） 25-26

小原國芳 11-12

オルブリッヒ（Olbrich, J.M.） 250

か行

カウアー（Cauer, M.） 30-33, 61, 119

カッシラー，エーファ（Cassirer, E.） 101, 197

カッシラー，ヘンリー（Cassirer, H.） 139

カッシラー，マックス（Cassirer, M.） 41-42, 239, 244, 247, 276

カルゼン（Karsen, F.） 2, 70, 139, 152, 290

ギュンター（Günther, H.F.） 269

グニング（Gunning, W.） 278-280

グメリン（Gmelin, K.） 35

クラフキ（Klafki, W.） 288, 308

クラマー（Kramer, A.） 69

クリスティアンセン（Christiansen, H.） 250

クルツヴァイル（Kurzweil, Z.E.） 106, 157

グルンダー（Grunder, F.） 2

クレッチマー（Kretschmar, L.v.） 32

人名索引　351

クレパレード（Cleparéde, E.）　278
クレラ（Kurella, A.）　45-46
ケイ（Key, E.）　52
ゲーテ（Goethe, J.W.v.）　28, 37, 52
ゲープハルト（Gebhard, J.）　291-293,
　301-302, 311
ゲッツェ（Götze, C.）　311
ゲヘープ，アンナ（Geheeb, A.）　28-29,
　228
ゲヘープ，エディス（Geheeb, E.）　3,
　41-42, 61, 124, 186-187, 244
ゲヘープ，ラインホルト（Geheeb, R.）
　28, 208
ケラー（Keller, A.v.）　2, 34, 101, 136,
　164-166, 196-199, 205, 275
ケルシェンシュタイナー（Kerschenstein-
　er, G.）　25, 83, 192, 208, 226, 297, 311
ゲレント（Goerendt, W.）　276
コッカ（Kocka, J.）　7
コメニウス（Comenius, J.A.）　222
ゴルトシュミット（Goldschmidt, M.）　29
コンラート（Konrad, F.-M.）　3

さ行

ザックス（Sachs, H.）　272, 278
佐藤学　5
シーカー（Schieker, F.）　293,
シェファー（Schäfer, W.）　2, 4, 72, 87,
　140, 181, 275
シャーリー（Shirley, D.）　3-4
シャイベ（Scheibe, W.）　1
シューマッハー（Schumacher, F.）　240
シュタイナー（Steiner, R.）　25, 57, 71, 88
シュテッヘ（Steche, O.）　80
シュナイダー（Schneider, F.）　297
シュプランガー（Spranger, E.）　297,
　311-312
シュプリンガー（Springer, S.）　3

シュペヒト（Specht, M.）　272, 279
シュミット（Schmidt, M.）　297
シュレーテラー（Schröteler, P.）　297
シラー（Schiller, H.）　216-217, 219
ジンメル（Simmel, G.）　21
ズーアカンプ（Suhrkamp, P.）　183, 194-
　196
ズットナー（Suttner, B.v.）　32
ゾンターク（Sonntag, K.）　293

た行

タウト（Tauto, B.）　242
ツァイドラー（Zeidler, K.）　292, 311
ディルタイ（Dilthey, W.）　85
デーリング（Döring, P.）　272
テノルト（Tenorth, H.-E.）　86, 270-271
デューイ（Dewey, J.）　309
デルプフェルト（Dörpfeld, F.W.）　43
テンニース（Tönnies, F.）　21-24
ドクロリー（Decroly, O.）　309
トリューパー（Trüper, J.）　34

な行

ナウマン（Naumann, F.）　32
ナン（Nann, P.）　298
ネフ（Näf, M.）　3-4, 29, 275
ネルソン（Nelson, L.）　272
ノイエンドルフ（Neuendorff, G.H.）　69
ノート（Noth, E.E.）　98, 198-199, 203
ノール（Nohl, H.）　1, 26, 67-68, 78, 84-
　86, 91, 289-291, 297, 308-309, 311-312

は行

ハールレス（Harless, H.）　46-48, 200
ハーン（Hahn, K.）　1, 6, 69, 272
パウル（Paul, J.）　123
バウマン（Baumann, O.）　272
パウルゼン（Paulsen, W.）　311

352 人名索引

バドリー（Badry, E.）　6
バドレー（Badley, J.H.）　141
ハヌザ（Hanusa, B.）　3-4
パラート（Pallat, L.）　1, 78-79
ハリス（Harris, T.W.）　123
ハルトマン（Hartmann, E.v.）　32
ハルトラウプ（Hartlaub, F.）　108, 193, 198, 203
ハルム（Halm, A.）　38
パルムグレン（Palmgren, K.E.）　123
ヒーアダイス（Hierdeis, H.）　3
ヒトラー（Hitler, A.）　269, 276
ヒルカー（Hilker, F.）　71, 91, 286, 304
ピンダー（Pindar）　51
ファンゼロウ（Vanselow, K.L.）　240
フィッシャー，アロイス（Fischer, A.）　297
フィッシャー，テオドール（Fischer, Th.）　240
フィヒテ（Fichte, J.G.）　33-34, 37, 60, 122
ブーバー（Buber, M.）　184, 228, 285-286, 307, 311
フェリエール（Ferriére, A.）　30, 52, 72, 277-278, 283, 309
プファーラー（Pfahler, G.）　312
プフライデラー（Pfleiderer, W.）　296
フリットナー（Flitner, W.）　26, 291-292, 310, 312
ブレンディンガー（Blendinger, H.）　272
フンボルト（Fumboldt, W.v.）　28
ヘーゲル（Hegel, G.W.F.）　33
ペーターゼン（Petersen, P.）　25, 121, 309
ベーベル（Bebel, A.）　33, 60
ベーメ（Böhme, H.）　18
ベーレンス（Behrens, P.）　250
ヘスラー（Haesler, O.）　242
ベッカー，ゲロルト（Becker, G.）　87
ベッカー，カール＝ハインリヒ（Becker,

C.-H.）　80, 286, 290, 297-301
ベッカー，ハインリヒ（Becker, H.）　286, 293, 297
ヘッケル（Haeckel, E.）　27, 59
ヘッペナー＝フィドゥス，ドゥルーデ（Höppener-Fidus, D.）　133-135
ヘッペナー＝フィドゥス，フーゴ（Höppener-Fidus, H.）　147
ベリング（Bölling, R.）　180
ボイエーレ（Bäuerle, T.）　295
ボイマー（Bäumer, G.）　117, 297
ボヴェ（Bovet, P.）　278, 309
ポーペルト（Popert, H.）　64
ホフマン（Hoffman, H.）　123
ホルツアマー（Holzamer, W.）　249
ボルノー（Bollnow, O.F.）　183, 204-205

ま行

マイニンゲン（Meiningen, E.v.）　38
マイヤー（Meyer, W.）　272, 278
マン，クラウス（Mann, Klaus）　135-136, 148, 161, 209
マン，トーマス（Man, Thomas）　148, 161
ミュラー，エルンスト（Müller, E.）　297
ミュラー，オスカー（Müller, O.）　295
ミュンスターベルク（Münsterberg, H.）　123
ムテジウス（Muthesius, H.）　240
ムヒョウ（Muchow, M.）　293
メッツェンドルフ（Metzendorf, H.）　245, 247-250, 256, 263
モンテッソーリ（Montessori, M.）　309

や行

山名淳　267
ヨナ（Jona, M.）　226-227

人名索引　353

ら行

ライジンガー（Reisinger, E.）　83, 272
ライナー（Reiner, P.）　46-48, 80
ライヒヴァイン（Reichwein, A.）　312
ライン（Rein, W.）　33-34, 123, 215, 219
ランケ（Ranke, L.v.）　7
ランジュヴァン（Langevan, P.）　298
ランダウアー（Landauer, G.）　307
リーツ（Lietz, H.）　1-6, 29, 33-39, 55, 59,
　68-70, 72, 84-85, 120, 152, 273
リプシウス（Lipsius, R.）　33, 35
リューダース（Lüders, E.）　31

ルートヴィヒ（Ludwig, E.）　248
ルゼルケ（Luserke, M.）　38, 69, 272, 293
レーマン（Lehmann, T.）　73, 83, 272
レールス（Röhrs, H.）　1 , 86, 284
レッシング（Lessing, Th.）　59
レディ（Reddie, C.）　35-36, 104, 120
レンブケ＝イボルト（Lembke-Ibold, B.）
　4
ローソン（Rawson, W.）　285, 293, 300
ローマン（Lohmann, J.）　69
ロッティヒ（Lottig, W.）　286, 292, 311
ロッテン（Rotten, E.）　228, 283, 285-286,
　289, 291-296, 300, 302, 307, 309, 312

著者略歴

渡邊 隆信（わたなべ たかのぶ）

1967年　兵庫県生まれ
1996年　広島大学大学院教育学研究科博士課程後期（教育学専攻）単位取得退学
　　　　日本学術振興会特別研究員（PD）
1997年　兵庫教育大学学校教育学部講師
2001年～2002年　文部科学省在外研究員（若手）（ドイツ・ゲッティンゲン大学）
2003年　兵庫教育大学学校教育学部助教授
2011年　兵庫教育大学大学院学校教育研究科教授
2014年　神戸大学大学院人間発達環境学研究科教授

著書
『日本とドイツの教師教育改革』（共著，東信堂，2010年）
『ドイツ　過去の克服と人間形成』（共著，昭和堂，2011年）
『教員養成スタンダードに基づく教員の質保証』
　　（共編著，ジアース教育新社，2012年）
『教員養成と研修の高度化』（共編著，ジアース教育新社，2014年）など

ドイツ自由学校共同体の研究
───オーデンヴァルト校の日常生活史───

2016年2月25日　初版第1刷発行

　　　　　　　　著　者　　渡　邊　隆　信
　　　　　　　　発行者　　風　間　敬　子

　　　発行所　株式会社　風　間　書　房
　　　〒101-0051　東京都千代田区神田神保町1-34
　　　　　　電話03(3291)5729　FAX 03(3291)5757
　　　　　　　　　　　　　　振替00110-5-1853

　　　　　　印刷　藤原印刷　　製本　井上製本所

©2016　Takanobu Watanabe　　　　　　NDC分類：372
　　ISBN978-4-7599-2116-8　　Printed in Japan

JCOPY〈(社)出版者著作権管理機構　委託出版物〉
本書の無断複製は，著作権法上での例外を除き禁じられています。複製され
る場合はそのつど事前に(社)出版者著作権管理機構（電話03-3513-6969,
FAX 03-3513-3679, e-mail: info@jcopy.or.jp）の許諾を得て下さい。